DANCE OF DAYS

MARK ANDERSEN

MARK JENKINS

EDIÇÕES ideal

MARK ANDERSEN

MARK JENKINS

DANCE OF DAYS

DUAS DÉCADAS DE PUNK NA CAPITAL DOS EUA

EDIÇÕES ideal

Título original: *Dance of Days – Two Decades of Punk in the Nation's Capital*

EDITOR: Marcelo Viegas

CAPA, PROJETO GRÁFICO E DIAGRAMAÇÃO: Daniel Justi

TRADUÇÃO: Ana Carolina Odinique e Marcelo Viegas

REVISÃO: Mário Gonçalino

FOTO DA CAPA: Jim Saah

DIRETOR DE MARKETING: Felipe Gasnier

CONSELHO EDITORIAL: Maria Maier

ASSESSORIA DE IMPRENSA: Laura D. Macoriello

CATALOGAÇÃO NA PUBLICAÇÃO

Bibliotecária: Fernanda Pinheiro de S. Landin CRB-7: 6304

A544d. Andersen, Mark. Dance of Days: duas décadas de punk na capital dos EUA / Mark Andersen e Mark Jenkins; tradução Marcelo Viegas e Ana Carolina Odinique. São Paulo : Edições Ideal, 2015. 520 p. ; 23 cm

Tradução de: *Dance of Days : two decades of punk in the nation's capital.*

ISBN 978-85- 62885-01-3

1. Grupos de rock - Washington (Distrito de Colúmbia, Estados Unidos) - História e critica. 2. Músicos de rock - Washington (Distrito de Colúmbia, Estados Unidos). I. Jenkins, Mark. II. Título.

CDD: 781.66 23.05.2015

EDIÇÕES IDEAL

Caixa Postal 78237

São Bernardo do Campo/SP

CEP: 09720-970

Tel: 11 2374-0374

www.edicoesideal.com

Impressão e acabamento: Mark Press Brasil

Brendan Canty e Guy Picciotto, do Fugazi, durante o show no Monumento de Washington, em agosto de 1993.

(FOTO: PAT GRAHAM)

"You know I thought my eyes would be dry

But now I see and know

The moment has a bitter taste

I will not have my statements

Spit back in my face

We all struggle

For our dreams to be realized

They end up objects of our own despise

Why?

The dance of days

How did I find myself

Standing in this place?

We had done so much

And now I find myself

Standing in this place again

We can do so much more..."

E M B R A C E

"Sabe, eu pensei que meus olhos estariam secos

Mas agora eu vejo e sei

Este momento tem um sabor amargo

Eu não terei minhas afirmações

Cuspidas de volta na minha cara

Todos nós lutamos

Para nossos sonhos serem realizados

Eles acabam como objetos do nosso próprio desprezo

Por que?

A dança dos dias

Como eu fui acabar

parado aqui?

Nós fizemos tanto

E agora me encontro

parado aqui de novo

Nós podemos fazer muito mais..."

, 1 9 8 5

DANCE OF DAYS

MARK ANDERSEN

MARK JENKINS

INTRODUÇÃO

POR MARK JENKINS

DANCE OF DAYS É UM LIVRO PREDOMINANTEMENTE DE MARK ANDERSEN. Ele teve a ideia, fez uma pesquisa extensa e escreveu o primeiro rascunho. Meu trabalho foi direcionar e simplificar o manuscrito, enfatizando a narrativa, podando algumas divagações e tornando-o, no geral, mais acessível.

Ainda assim, não sou apenas o cara que reescreveu. Eu acompanho a música local desde 1976, então fui capaz de adicionar detalhes e análises baseadas em observações empíricas que Andersen – que só chegou em Washington em 1984 – não poderia ter feito. Na verdade, algumas das citações e comentários que sobreviveram do primeiro rascunho são de resenhas que eu escrevi para o *Washington Post*, o *Washington City Paper*, dentre outros jornais.

Uma das minhas metas era tornar o livro mais objetivo. Mas não queríamos perder completamente "a voz" de Andersen. Como ele se envolveu intimamente nos eventos mostrados no livro, sua presença em primeira pessoa não poderia (e não deveria) ser eliminada. Ela foi preservada em uma série de apartes durante o livro. Também há dois apartes meus, no começo do livro.

Andersen e eu temos visões diferentes sobre alguns (mas certamente não sobre todos) tópicos abordados nessa história. Isso é parcialmente explicado pelas nossas diferentes experiências em Washington e sua cena Punk. Também discordamos (algumas vezes) quanto a relevância de determinadas informações para a história. Para simplificar: Andersen é mais interessado na mensagem, enquanto eu prefiro apenas contar a história. Mesmo assim, concordamos que essa é uma história que vale a pena ser contada. E acredito que nós dois concordamos que *Dance of Days* conta isso melhor do que qualquer livro que algum de nós poderia ter produzido sozinho.

Meu trabalho neste livro é dedicado a memória de Libby Hatch.

PREFÁCIO À EDIÇÃO BRASILEIRA

POR MARK ANDERSEN

"Lavar as mãos no conflito entre poderosos e despossuídos não significa ser neutro, mas colocar-se ao lado dos poderosos."

Essas palavras de Paulo Freire ficavam penduradas atrás da porta de entrada da Positive Force House. Durante mais de uma década, cada visitante da nossa "comuna punk" era confrontado por esse pôster ao entrar – e aqueles que moravam na casa viram essa frase tantas vezes que o seu significado deve ter sido absorvido por nossa corrente sanguínea.

Na minha opinião, ela é talvez a melhor expressão daquilo que a "política punk" deveria ser: ficar ao lado dos oprimidos, para que juntos possamos encontrar o poder. Afinal, a palavra "punk" sempre referiu-se ao oprimido, ao excluído, às pessoas descartáveis, àqueles que foram esquecidos. Aqueles que assumem esse rótulo devem definitivamente tomar partido dessas pessoas, na sua própria comunidade, em qualquer lugar do mundo.

Isso também demonstra que ideias como o punk são globais em sua relevância. Assim, estou muito feliz de saber que a história da cena punk de DC significa bastante para tantas pessoas não apenas no Brasil, mas na América Latina como um todo. Claro, eu sei que o Brasil tem a sua própria história no punk, iniciada nos anos 1970, e que diversas vezes incluiu as ideias do straight edge, do riot grrrl, do "faça você mesmo" e ações políticas que também foram absolutamente centrais na comunidade de DC.

Ao descrever as palavras de Paulo Freire como palavras "punk", estou fazendo uma dupla reivindicação. Primeiro, que o punk aprende com todas as outras formas de resistência, absorvendo essas ideias e criando as suas próprias, expressando-as de modo único... e devemos muito a esses precursores. Em segundo lugar, que o espírito e a atitude que poderíamos chamar de "punk" não é uma propriedade exclusiva dos amantes do rock, com piercings, tatuagens ou quaisquer outras características estereotipadas do movimento.

Não, "punk" é apenas mais um rótulo para a criatividade, a indignação e a compaixão que têm alimentado cada componente do progresso humano desde tempos imemoriais. Dessa forma, temos que buscar aliados em lugares inesperados, estabelecendo conexões com comunidades diferentes para construirmos um movimento que tenha a força para mudar de fato o nosso mundo, ou seja, para fazer a revolução.

Isso significa que, ao mesmo tempo em que pago tributo para tudo aquilo que as bandas brasileiras e a comunidade punk latino-americana já conquistaram (e conquistaram muito), outras vozes punks também me inspiraram – e continuam me inspirando.

"Quando dou comida aos pobres, chamam-me de santo. Quando pergunto por que eles são pobres, chamam-me de comunista."

Essas palavras saíram da boca de um bispo brasileiro – Dom Hélder Câmara –, mas como elas poderiam ser mais punk? Ou então a ação direta de movimentos como o MST, lutando no mais puro esquema "faça você mesmo" por necessidades vitais, por direitos humanos? Ou mesmo Leonardo Boff, desafiando toda a estrutura da hierarquia católica para viver de acordo com a sua própria prática revolucionária encontrada no livro *Igreja: carisma e poder*?

Aqueles que estão protestando contra a corrupção ou contra a brutalidade policial não são também "punks" no melhor sentido da palavra? Não deveríamos desafiar um "partido dos trabalhadores" a ficar do lado dos trabalhadores, e não ser governado pelo deus-dinheiro? Ou lutar para ver os assassinos uniformizados de Eduardo de Jesus (e tantos outros como ele) enfrentarem a justiça? Se pararmos para analisar, vamos descobrir que o punk está em todos os lugares, muitas vezes nos mais inesperados, fazendo aliados incomuns – mas essenciais.

Isso ainda sugere que a energia e o idealismo que alimentam nossos movimentos do underground também precisam ser deslocados das margens para o centro, para construir um mundo que tenha lugar para todos, no qual todas as pessoas sejam importantes e ninguém seja esquecido. Nós começamos no underground, fazendo tudo o que podemos com aquilo que temos, onde quer que estejamos... mas não paramos por aqui. Esta é uma missão de vida, e o poder do punk é eternamente relevante em todos os momentos, em todos os lugares.

Eu já disse antes que o "agora" é sempre mais importante do que o "passado". Se for assim, eu espero que essa história de garotos-tornando-se-adultos enquanto tentam se manter fiéis aos seus princípios seja o combustível para todos vocês em suas próprias jornadas, em suas próprias aventuras. Que este livro (e todas as diversas esperanças e sonhos que ele contém) seja uma inspiração para você ir além, da sua própria maneira, para fazer aquilo que ainda não foi feito, transformando "o que é" em "o que pode ser".

De todo modo, obrigado por reservar um tempo para ler essas palavras sobre a saga punk de DC – não existem palavras mais importantes nesse mundo para mim. Essa história contém o melhor de muitas vidas, e agora é parte da sua também, se você quiser.

"So I say to the youth right now/don't sway to the unjust/no matter what they say/ never give in/never give in!" (*"Então eu digo para os jovens agora/Não vacile perante os injustos/Não importa o que eles dizem/Nunca desista/Nunca desista!"*) - Bad Brains, 1980

Com amor, Mark Andersen. 23 de maio de 2015.

Mark Andersen e o pôster de Paulo Freire, que durante muitos anos esteve atrás da porta de entrada da Positive Force House. Hoje o pôster está na parede da casa de Andersen (aka Wolveshaven), onde a foto foi tirada.

(FOTO: TULIN OZDEGER)

1975 * 1976

* *

PRIMÓRDIOS DO PUNK

* *

POR MARK ANDERSEN

UM VENTO DE PRADARIA SOPROU AS FOLHAS DE OUTONO PELAS RUAS de Plentywood, Montana. Um garoto de cabelos longos, jeans empoeirados e botas de cowboy, todo encolhido para se proteger da brisa gelada, entrou em uma pequena loja de discos.

O aquecimento da estreita sala (que era a Garrick's Records And Tapes) embaçou os óculos de armação redonda do garoto. Após tirar as luvas de trabalho e limpar as lentes dos óculos, ele vasculhou as caixas, parando para pegar um LP em particular. O garoto observava uma fotografia PB muito forte, de uma mulher com um olhar desafiador e cabelo desgrenhado. Enquanto o fazia, uma emoção cintilou em seus olhos, e um leve sorriso surgiu em seu rosto. Era o disco que ele vinha buscando.

O ano era 1975. O álbum era *Horses* da Patti Smith. Eu tinha 16 anos, e estava dando uma pausa no transporte de grãos para um sindicato de fazendeiros que ficava próximo dali. Eu era o filho mais novo numa família de fazendeiros, e vivia na zona rural, na Reserva Indígena Fort Peck, 24 quilômetros da cidade ou rua pavimentada mais próxima.

Tinha crescido imerso em devoção conservadora cristã e patriotismo do tipo "ame--o ou deixe-o". Em meados dos anos 1970, eu estava distante dessas crenças, sentindo-me sufocado pela estreiteza do meu mundo. E desconfiava que Patti Smith era alguém que me entendia, como uma alma gêmea. Quando toquei *Horses* pela primeira vez no meu rádio de plástico, a voz profunda de Patti Smith e o trecho "Jesus died for somebody's sins/But not mine" ("Jesus morreu pelos pecados de alguém/Mas não pelos meus") bastaram para saber que eu estava certo.

Eu cresci achando que nada "se encaixava", especialmente eu. Quando mostrei meu precioso disco para um amigo, ele deu uma olhada e disse "Ela nunca penteia o cabelo?". Fiquei magoado pela sua reação, mas não exatamente surpreso. Na música, como na maioria das coisas, eu estava acostumado a discordar dos meus colegas.

Minha alienação alcançou extremos alarmantes e inexplicáveis. Por mais estranho que isso pareça, algumas vezes podia "escutar" a raiva rugindo na minha cabeça, como um ruído sombrio. Às vezes, isso bloqueava todo o resto. Mais de uma vez temi pela minha sanidade.

O rock foi uma das poucas coisas que me deu esperança. Quando criança, no final dos anos 1960, início dos 70, eu ouvia faíscas reconfortantes de raiva e melodia através do rádio. Músicas como "(I Can't Get No) Satisfaction", dos Rolling Stones, e "Heart Full of Soul", dos Yardbirds, intercaladas com a contagem de corpos em uma guerra num lugar longínquo chamado Vietnã, notícias de protestos estudantis, fome em Biafra, e muito mais durante o trajeto empoeirado do ônibus que me levava da escola para casa.

No meio dos anos 1970, meu hino era "I'm Not Like Everybody Else", do Kinks. A primeira vez que li sobre essa música foi no livro *Mystery Train*, de Greil Marcus, um dos dois livros – o outro foi *Buried Alive*, biografia de Janis Joplin escrita por Myra Friedman – que roubei da Biblioteca Sheridan County, pois certamente jamais poderia encontrá-los em outro lugar.

A descrição de Greil Marcus, por si só, me convenceu que essa era minha música: "*Um temível e feroz bocado de hard rock... o vocalista Ray Davies começava a música como um garoto frágil sendo empurrado contra a parede por uma gangue de brutamontes – ou seja, todos os outros –, e em seguida explodia com uma raiva que negava o mundo inteiro, pois ele não serviria, ele não iria e não poderia mudar. E no úl-*

timo refrão, ele estava livre..." Meses depois, consegui encontrar a música em um LP escondido numa caixa de ofertas da (loja) Woolworth, em Williston (North Dakota). Corri para casa, coloquei o disco pra tocar e fui transportado. Não importava que nenhum dos meus conhecidos teria vontade de escutá-la sequer uma vez. Ela (a música) me mostrou que eu não estava só, que a dor que sentia era real, e que o mundo era insano, não eu.

É impossível não superestimar quão importante a música se tornou para mim naqueles anos. Em "When the Music's Over", do The Doors, Jim Morrison cantava "The music is your only friend" ("A música é a sua única amiga"). Apesar de todo o melancólico egocentrismo da canção, aquelas palavras expressavam exatamente como me sentia. Passei verões inteiros basicamente na fazenda, indo a cidade apenas por algumas horas a cada uma semana ou duas. Não frequentava a igreja, não bebia, não fumava, não tinha namorada, não era atleta. Ou seja, não fazia parte de nenhum grupo social de adolescentes. Meus colegas me respeitavam como um bom estudante (ainda que relativamente preguiçoso), mas em geral eu vivia sozinho.

Meus gostos tendiam a acentuar meu isolamento, pois eu desdenhava da música atual, e preferia nomes mais antigos e obscuros do rock e do blues. Uma publicação, chamada *Rock Revolution*, tornou-se minha bíblia. Em especial as seções "The Heavy Metal Kids", "Glitter Rock" e "Rages to Come: Predictions of Rock's Future", todas escritas pelo amável maluco Lester Bangs.

As descrições enlouquecidas, porém convincentes, de Bangs a respeito de bandas como MC5, New York Dolls, Stooges, entre outras, logo me colocaram numa busca frenética por esses heróis do underground. Naquela época, os anos 1960 ainda não eram "mercadorias rentáveis". Além disso, eu morava em uma das regiões mais rurais dos EUA, centenas de quilômetros de alguma loja de discos decente. Desse modo, meus interesses musicais me obrigavam a remexer os cestos de promoção. O esforço extra, contudo, tornou ainda mais doce a descoberta de discos como *Kick Out The Jams* (MC5), *Too Much Too Soon* (New York Dolls), ou o primeiro dos Stooges. De Melanie até Ted Nugent, passando por Jefferson Airplane, os artistas dos anos 1960 se tornaram meus heróis. Minha paixão pelo rock daquele período, e a subsequente escavação da sua história, forneceu um sentido, ainda que frágil, para minha vida.

Essa busca criou uma consciência inicial de um mundo além do que conhecia. O rock estava muito interligado com as lutas políticas e culturais dos anos 1950 e 1960, e também com o tédio que tomava conta da América em meados da década de 1970.

Embora o rock não tenha sido explicitamente político no seu início, culturalmente foi revolucionário. O rock era o filho bastardo do rhythm and blues negro e da country music branca; sua ascensão coincide com momentos marcantes na luta pelos direitos civis, como o Boicote aos Ônibus de Montgomery ou o caso Brown Contra o Conselho de Educação, uma decisão da Corte Suprema que declarou inconstitucional a separação entre estudantes negros e brancos nas escolas públicas. Atentos a isso, os conservadores denunciaram o rock usando termos racialmente carregados como "música da selva".

As letras irreverentes do rock também eram repletas de referências à sexualidade. Na época em que foram lançadas, músicas como "Good Golly Miss Molly", de Little Richards, eram consideradas obscenas por alguns. Até mesmo Elvis Presley dançando era visto como algo muito indecente para o horário nobre da TV. Apesar das limitações da revolução sexual terem se tornado evidentes, a sexualidade franca e refrescante do rock foi um revigorante saudável naquele momento.

Ainda que menos óbvio, mas mesmo assim real, havia também o fato de que essa nova música estava surgindo, de modo geral, à partir dos canais independentes, como a gravadora Chess Records, de Chicago, e o Sun Studios, de Memphis. Como Martin e Seagrave discutem em seu livro, *Anti-Rock: The Opposition to Rock'n'roll*, os poderes corporativos da época estavam preocupados que a nova música estivesse fora do seu controle, e que ela pudesse minar o apelo e a rentabilidade das suas existentes mercadorias pop.

Em breve, contudo, esses poderes ganharam o controle dessa nova música. A crueza da música e das letras foi atenuada. No começo dos anos 1960, muito do que era chamado de rock and roll tinha mais em comum com o pop tolo que havia precedido o rock do que propriamente com os originais (e indecentes) Chuck Berry, Little Richards ou Jerry Lee Lewis.

Esta triste situação foi revertida com uma segunda onda do rock, que começou com os Beatles e a Invasão Britânica. Logo o renascimento do rock americano seguiria os mesmos passos, em grande parte em enclaves da contracultura. A geração "baby boom" cresceu, e sua música também. Ao invés de lamentar o "Summertime Blues" ou celebrar "School Days", muitas canções usavam uma perturbadora – e quase secreta – linguagem, que defendia as drogas, o sexo, a liberdade pessoal e uma nova cultura em oposição à antiga.

No final dos anos 1960, as palavras "rock" e "revolução" haviam se tornado sinônimos na cabeça de muitas pessoas. A luta dos direitos civis, juntamente com a Guerra do Vietnã, produziu ativistas jovens muito comprometidos, que lidavam – com maior ou menor facilidade – com a contracultura que estava florescendo. A voz rude e rebelde dos anos 1950, agora tinha se transformado na contestação radical de artistas como Jefferson Airplane, Bob Dylan e Jimi Hendrix. O rock agora parecia a voz da nova consciência, o prenúncio de uma nova era.

Mas isso precisava ser transformado em dinheiro. A gravadora CBS Records – lar de Janis Joplin, Dylan e outros artistas fundamentais dos anos 1960 – se gabava da frase "The Man Can't Bust Our Music", que circulou em anúncios durante o tumultuado ano de 1968. Ainda que fosse divertido ver uma das maiores corporações da indústria do entretenimento se proclamando *antiestablishment*, não era convincente. Mas muitos dos esforços para cooptar o idealismo dos anos 1960 não eram assim tão mal feitos. Enquanto muitos músicos podem ter achado que conseguiriam usar a estrutura do *mainstream* para promover a causa, as grandes gravadoras estavam certas que lucros, ao invés da "revolução", seriam o resultado.

Com a imensa turbulência provocada pela guerra, a propagação de novos tipos de drogas e a segurança artificial da vida universitária, havia combustível de sobra para alimentar as ilusões da contracultura. Em 1973, contudo, quando o envolvimento direto das tropas americanas no Vietnã e a ameaça de radicalização do projeto entraram num impasse, a equação mudou.

Muito da ideologia dos anos 1960, apesar de tudo, parecia ter sido contaminada pelo hedonismo e interesse pessoal. A cultura das drogas gerou vítimas e transformou em vícios incapacitantes uma energia que antes era positiva. Some-se a isso as demandas econômicas por uma carreira e família, e terá um quadro no qual as possibilidades da vida não pareciam assim tão ilimitadas. Ainda que o caso de Jerry Rubin – do líder yippie gritando "do it" para o típico engravatado de Wall Street – seja extremo, ficou evidente para as "crianças rebeldes" da América que falar de revolução era muito mais fácil do que vivê-la de fato.

O rock também sentiu o baque. Em parte por conta da morte prematura de alguns de seus líderes criativos. Contudo, mesmo antes disso já estava sendo encaminhado um divórcio gradativo do rock com a política radical da contracultura. Os interesses (pessoais) de um Rock Star dificilmente seriam aprimorados através da destruição do sistema que tornava possível o seu elevado padrão de vida. Não foram feitos muitos esforços para criar uma alternativa para a indústria, e existiam poucas instituições com desejo de transformar o idealismo dos anos 1960 numa prática duradoura. Os simples frutos do sucesso, combinados com as exigências dos negócios, foram suficientes para conduzir os roqueiros rebeldes para o *establishment*.

Um episódio contado no livro *Uncovering the Sixties: The Life and Times of the Underground Press*, de Abe Peck, ilustra esta tendência com dolorosa veemência. Jeff Shero, um escritor com um jornal underground muito popular, chamado *The Rat*, conhecia Janis Joplin desde a época do colégio, no começo dos anos 1960. Em 1968, entretanto, Janis era uma estrela, a mais celebrada cantora de rock nos EUA. Quando Shero a chamou para fazer uma entrevista, ela timidamente respondeu, "Bom, querido, eu tenho falado com a *Time* e a *Newsweek*. Por que deveria dar uma entrevista para uma velha revistinha hippie?"

Shero respondeu usando o apelo óbvio da solidariedade para com a contracultura ("porque o rock faz parte da nossa cultura"), mas Joplin retrucou com um ponto de vista também evidente: "Ora, milhões de pessoas lêem a *Newsweek*. Eu prefiro fazer isso." Mesmo que isso tenha sido muito amargo para os adeptos da contracultura, como o próprio Shero, esta era a dura realidade quando a disputa envolvia interesses pessoais e a ilusão da solidariedade pelo rock/revolução.

Conforme os sonhos dos anos 1960 perdiam força, o rock se tornava - mais uma vez - mero entretenimento. Algumas estrelas como Joplin, Hendrix e Morrison viraram ícones, e foram poupados do embaraço da instabilidade criativa e da humilhação comercial por suas mortes. Contudo, artistas como os Rolling Stones, The Who e Dylan ostentavam um estilo de vida cheio de glamour, protegidos do mundo através de sua riqueza, mas sua música perdera vitalidade. Ao mesmo tempo, montanhas de dinheiro estavam sendo investidas em gravações, produções e marketing relacionado ao rock. Em meados dos anos 1970, o rock era altamente lucrativo, profissional e chato pra diabo!

A transformação foi gritante. Em 1969, no auge da guerra do Vietnã, os Rolling Stones fizeram uma tour pelos EUA, na qual Mick Jagger usava, para zombar, um chapéu estilo Tio Sam e o símbolo do ômega, que era o sinal da resistência ao alistamento. Já em 1975, os Stones eram um showbiz completo, circense, repleto de pênis infláveis gigantes. O vocal cada vez mais afetado de Jagger não mostrava nem um pouco de emoção sincera ou significado. Se isso não fosse o bastante, ver os Stones lado a lado com a elite social (incluindo nessa lista a Princesa Margareth da Inglaterra) era por si só suficiente para causar arrepios na espinha de qualquer adepto impenitente da contracultura.

Ian Hunter, a força criativa por trás da potente banda dos anos 70 Mott the Hoople, eternizou perfeitamente o momento com a canção "Apathy 83". Escrita em 1975, após ter visto um show bem desanimado dos Rolling Stones, o refrão (com o trecho "and it's apathy for the devil" – em português, "e é apatia pelo diabo") parodiava o incendiário clássico "Sympathy For The Devil". Foi um elogio amargo, não apenas para os Stones como uma força artística, mas para o rock como um todo.

Sobre uma sinuosa e triste linha de baixo, Hunter cantava com muita expectativa: "I'm standing on the edge of Vesuvius/My mouth is running dry" ("Estou parado na borda do Vesúvio/Minha boca está ficando seca"). Mas depois, no fim da música, vem a assustadora percepção: "There ain't no rock'n'roll no more/Just the music of the rich... apathy's at a fever pitch" ("Já não existe mais rock'n'roll/Apenas a música dos ricos... a apatia está borbulhando"). Um ataque tão forte aos "deuses" do rock era algo sem precedentes até então, mas falava a verdade. "Apathy 83" foi o epitáfio para uma fé em decadência.

A música de Hunter me ajudou a entender porque o rock parecia inofensivo e desinteressante. Naquela época, escrevi uma anotação no meu diário: "Deve haver emoções verdadeiras, e é por isso que escuto música, para me libertar da minha limitada existência, para ampliar meus horizontes... É por isso que amo o blues, e a música derivava dele, pelo fato de serem tão intensos e emocionalmente envolvidos. Por isso a música dos anos 1960 me fascina tanto. Foi feita em uma época de ideais, grandes esperanças, grandes expectativas, com uma tremenda sinceridade e intensidade. Este é o problema com o rock de hoje: ninguém acredita o bastante, e por isso ninguém está disposto a se posicionar e se sacrificar."

Patti Smith, claro, foi uma exceção a minha acusação. Seu LP de 1976, *Radio Ethiopia*, me pegou ainda mais do que *Horses*. Além de sua música mais centrada e agressiva, fiquei paralisado ao ler as notas do encarte, nas quais Patti escreve sobre liberdade artística, a luta com sua criação cristã e o legado dos anos 1960. O que Patti parecia estar dizendo era que o idealismo atribuído àquele momento (que vinha recuando rapidamente) poderia continuar fazendo parte de nossas vidas. Eu fiquei fascinado com sua versão de "My Generation" no programa *Saturday Night Live*, e comecei a comprar qualquer revista que falasse dela, além de procurar o seu primeiro single ("Hey Joe/Piss Factory") e também bootlegs como *Teenage Perversity and Ships in the Night*.

No meio disso tudo, conheci uma nova revista chamada *Rock Scene*, pela qual me apaixonei. Muito embora ela fosse quase um zine de fotos bem tosco, tinha senso de humor e com frequência trazia Patti Smith e outros músicos desconhecidos de Nova York, como os Ramones, Talking Heads, Television, Heartbreakers e Richard Hell. Também devorava sua excêntrica coluna de aconselhamento assinada pelo transexual Wayne (agora Jayne) County. Admirando a coragem desse sujeito desajustado, até pensei em escrever para pedir alguns conselhos.

Entretanto, estava começando a querer algo mais do que meros conselhos. Para sobreviver psicologicamente no meu ambiente hostil, eu havia me retirado para um passado romanceado na minha cabeça. Neste lugar imaginário, tudo fazia sentido.

Mas meu refúgio era uma mentira, uma fantasia. O passado se fora, e eu era apenas um adolescente irritado e confuso, deslocado no tempo. Eu odiava o presente e não via futuro. Eu realmente não vivia, apenas existia. A minha vida se resumia a evitar tudo: eu me escondia das pessoas, do trabalho e das minhas próprias emoções. Apesar de criticar tanto as outras pessoas, eu também não estava fazendo nada. Estava definhando em um vácuo, fazendo trabalhos manuais que odiava, tendo aulas que não pareciam importar. Eu me sentia preso, e ainda mais perdido e amargo do que antes.

Fui crescendo ainda mais fatalista, e acabei atraído pelo lado mais escuro dos anos 1960: Charles Manson e o fatídico festival de Altamont. Apesar do rock ter aberto novas portas na minha cabeça, eu não acreditava de fato em mim mesmo, ou nessas possibilidades. Na verdade, apenas fizeram minha existência mais insuportável. Eu não via nenhuma saída, a não ser a morte.

Como a maioria dos jovens suicidas, não entendia o que estava acontecendo comigo. Não sabia como pedir socorro – e tampouco acho que aceitaria se me oferecessem. Meus pais realmente tentaram, sem sucesso. Mas eles também me batiam quando eu ia longe demais. O castigo apenas me fez sentir mais solitário e auto-destrutivo.

Não lembro a primeira vez que eles me bateram, mas lembro da última. Como era de praxe, tinha sido indisciplinado e hostil sobre alguma coisa ou outra. Quando terminou a paciência, minha mãe pegou um mata moscas – como era seu costume, meu pai preferia usar o cinto – e, impulsionada pela frustração, estava se preparando para me bater com o cabo de metal.

E ela de fato me bateu. Mas, pela primeira vez, não aceitei o golpe. Ao invés disso, segurei o impacto com minha mão. Quando o cabo metálico bateu na palma da minha mão, meus dedos se fecharam em volta dele. Arranquei o mata-moscas da mão da minha mãe, e o quebrei de um jeito que não teria mais conserto. Com os punho fechados, eu a confrontei: meu corpo de adolescente magricela se aproximando ameaçadoramente da figura pequena da minha mãe. Derramando minha raiva, com os dentes cerrados, fui severamente enfatizando cada palavra: "NUNCA... MAIS... ME... BATA."

O enfrentamento se encaminhava alucinadamente para uma resolução violenta... mas parou um pouco antes disso. Vendo o medo nos olhos da minha mãe, uma vergonha brotou dentro de mim, e minha fúria cega diminuiu. Sem dizer nenhuma palavra, joguei o mata-moscas no chão, me virei, e fui embora.

Apesar do momento ter sido, de uma certa forma, um pequeno triunfo, também me deixou apavorado, afinal por um triz não ataquei minha própria mãe. Sentia-me à beira do abismo, flertando com a barbárie, sem direção, sem esperança, sem motivo para viver. Raiva e solidão eram tudo o que eu tinha.

Pouco depois disso, no final de 1976, peguei a nova edição da *Rock Scene*. Folheando suas páginas, meus olhos se fixaram em uma pequena foto de um garoto raivoso, com um cabelo espetado, gritando num microfone. O lema dessa banda que acabara de conhecer era igualmente impactante: "Nós odiamos tudo." Estremeci levemente, com repulsa por aquela imagem feia.

Mas, ao mesmo tempo, era algo atraente. Então, um pouco surpreso, pensei: "Também me sinto assim, também odeio tudo". Antes de virar a página, olhei de relance para a foto mais uma vez, assim poderia lembrar do nome da banda. Eles se chamavam Sex Pistols.

Esse foi o dia em que minha vida começou.

1976
*
1977

CAPÍTULO UM

* *

META UMA BALA NA JUKEBOX

* *

O CLIMA NO THE KEG – UM DECADENTE CLUBE HARD ROCK NO BAIRRO Glover Park (Washington) – de repente ficou tenso.

Era uma noite úmida, em julho de 1976. Uma desconhecida banda local, Overkill, estava na metade do seu set que misturava estranhas músicas próprias e versões do Velvet Underground, Roxy Music e outras garage bands obscuras dos anos 1960. Como se a música e a aparência do Overkill (boa parte dos membros usava cabelos bem curtos e óculos escuros) não fossem suficientes para mostrar que não se tratava de uma banda de rock convencional, ainda havia vários aparelhos de televisão ligados no palco, irradiando imagens aleatórias para a plateia.

Esperando por covers de hits do hard rock, boa parte do público do The Keg ficou atordoado com o que viu. Uma das músicas do Overkill tinha um refrão que dizia: "We can be weird together" ("Nós podemos ser esquisitos juntos"). Mas pouquíssimos ouvintes pareceram interessados em aceitar o convite.

Um cara descontente, cheio de álcool na cabeça, com um cabelo na altura dos ombros, ficava gritando para o Overkill tocar Alice Cooper. A banda o ignorou, e continuou seu show. Irredutível, o chatão não parava. Em uma pausa entre as músicas, o baixista Harrison Sohmer tirou seus óculos espalhafatosos, foi até o microfone e disse "Por que você não vai dar a bunda pro Alice Cooper?"

O cabeludo redobrou seus comentários, e agora contava com o reforço de dois amigos igualmente cabeludos. Então Barney Jones, vocalista da banda, vestido com uma roupa preta e branca muito justa e óculos escuros estilo Yoko Ono, dirigiu-se para a frente do palco. "Por que você não corta seu cabelo?", ele perguntou.

Uma década antes, provocações como essas eram vociferadas pelos velhos conservadores aos jovens que se auto-proclamavam membros da nova contracultura. Em meados dos anos 1970, cabelos longos era bem comuns entre homens cuja única conexão com a cultura jovem dos anos 1960 se dava através do restante do seu hedonismo. As palavras do vocalista Jones, bem como a própria apresentação do Overkill, mostravam que os anos 1960 tinham acabado, e que algo precisava ser feito pelos anos 1970.

Um dos espectadores aquela noite era Myron Bretholz. Ele era DJ da rádio WGTB-FM (nas proximidades da Universidade de Georgetown), e escrevia para a revista *Unicorn Times*: ele estava bem ciente do marasmo do rock atual. Para ele, aquela noite foi revigorante. Uma vez mais, o rock pareceu perigoso, inteligente, perspicaz e ter sentido.

Na edição seguinte de *Unicorn Times*, Bretholz reverenciou o que havia visto: "O Overkill está fazendo algo tão radical, tão pra frente, que eu me sinto na obrigação de publicar o seguinte: o Overkill está tocando punk rock, e isso, numa cidade em que o show do Dan Fogelberg provavelmente esgotaria ingressos com um mês de antecedência, isso meus amigos, é radical."

X X X

Em teoria, punks desdenhavam de hippies, mas a hostilidade muitas vezes era exercida por diferentes "seitas da mesma fé". Assim, não foi surpresa que o punk de DC tenha se anunciado primeiramente em três bairros que haviam sido o centro da contracultura dos anos 1960: na chique, mas super estudiosa Georgetown, na diversificada e cada vez mais gay Dupont Circle, e na poliglota, de alma revolucionária Adams Morgan.

Ainda que a Universidade de Georgetown fosse uma instituição conservadora, firmemente dirigida pelos jesuítas, sua estação de rádio se tornou um porto seguro para o punk de DC no seu período inicial. Fundada em 1960 por Francis B. Heyden (um excêntrico padre que comandava o departamento de astronomia), a WGTB não tinha um propósito acadêmico direto. Como Georgetown não possuía um departamento de jornalismo ou de radiodifusão, quando Heyden deixou a WGTB não havia nenhum departamento para substituí-lo. A rádio acabou caindo nas mãos dos estudantes, sendo encabeçada pelo diretor de programas Peter Barry Chowka e pelo engenheiro-chefe Ken Sleeman.

Sob sua liderança, a estação que antes apresentava notícias esportivas e música suave, foi transformada no centro de radicalismo do campus, transmitindo o ponto de vista de repórteres maoístas e radicais feministas, comentaristas gays e lésbicas, bem como rock cada vez mais pesado ou experimental. Ruth Stenstrom, que trabalhava na WGTB, recorda: "As explosões culturais dos anos 60 haviam se tornado institucionalizadas em uma rádio com uma direção muito competente, e que era apoiada pelos ouvintes".

Como era de se esperar, a nova postura da WGTB gerou controvérsias. Chowka foi forçado a demitir-se em 1972, após sofrer acusações de estar usando a rádio para apoiar a campanha presidencial de George McGovern. Sleeman assumiu seu posto, e por um tempo foi capaz de agradar tanto a administração quanto a equipe da rádio. Já no final de 1975, contudo, o ativismo contínuo da rádio recebeu um ataque inusitado de uma fonte super importante: o ex Vice Presidente Spiro Agnew. "A voz do Comunismo do Terceiro Mundo está muito difundida na Academia", reclamou Agnew para o *New York Times*. "A WGTB, uma pequena estação de rádio da Universidade de Georgetown, transmite o que parece ser propaganda para o Terceiro Mundo, e se mostrou muito alegre a respeito da queda do Vietnã do Sul."

No final do ano, Sleeman tinha sido removido do seu posto. Em março de 1976, a Universidade demitiu toda a equipe da rádio, e tirou a estação do ar por três meses. No final da primavera de 1976, retornou ao ar aquilo que a administração de Georgetown tinha a esperança de ser uma versão mais "domesticada" da WGTB. Um dos DJs reintegrados era o aluno da Georgetown Steve Lorber, cujo programa "Mystic Eyes" já havia começado a tocar algumas músicas que vinham emergindo do CBGB, em Nova York.

Em uma entrevista, Lorber brincou que havia entrado pela primeira vez no ar em 1974, "subornando o diretor musical com algumas cartelas de ácido." Lorber não tinha muita simpatia pela gestão "hippie" da rádio, mas o alegrava o fato que a "WGTB permitia colocar no ar qualquer tipo de música". Graças a Lorber, Bretholz, John Paige, e outros DJs que sobreviveram à limpa, ou que chegaram pouco depois dela, a WGTB logo se tornaria a talvez mais importante instituição no desenvolvimento da cena punk inicial de DC. A rádio tinha retornado ao ar bem a tempo de ajudar no renascimento do rock.

X X X

Washington não estava no circuito das turnês do punk em 1976, mas era porque o punk realmente não tinha um circuito de turnês. Bandas como Modern Lovers, Television e Talking Heads raramente eram vistas fora de suas cidades natais. Mesmo assim, a revista *Punk* e discos de punk rock estavam disponíveis em lojas de discos locais, e enquanto a rádio comercial WHFS favorecia Bruce Springsteen e Jackson Browne, a WGTB tocava de tudo: desde bandas obscuras de proto-punk dos anos 1960 como Monks, até art rock britânico como Henry Cow, passando pela nova safra de bandas americanas como Pere Ubu.

Mil novecentos e setenta e seis também foi o ano em que Patti Smith Group e os Ramones – tendo finalmente lançado por grandes gravadoras – conseguiram tocar em DC, ainda que em locais um tanto quanto inadequados: Patti tocou no The Cellar Door, a casa folk de Georgetown onde o músico local Nils Lofgren conheceu Neil Young; já os Ramones fizeram três noites do seu famoso set de 20 minutos no Childe Harold, um restaurante em Dupont Circle, antes conhecido como o quintal da cantora Emmylou Harris. Essas bandas foram depois seguidas por outros nomes importantes do punk, embora o Television nunca tenha ido a Washington, e o show dos Sex Pistols, numa pista de patinação no subúrbio de Alexandria, foi uma das quatro datas dos EUA canceladas por problemas da banda com a imigração.

Quando o Overkill começou a tocar, no verão de 1976, foi saudado como a primeira banda punk de Washington. Porém, o quinteto gerado na Universidade Católica não foi algo sem precedentes. Muitos anos antes, a banda Dubonettes havia começado a oferecer sua versão para o rock glitter do New York Dolls. Em 1976, rebatizada como Charlie and the Pep Boys, gravou um álbum pela A&M Records; o disco foi produzido por Lofgren, cuja banda Grin foi uma das primeiras dos anos 1970 (em DC) a redescobrir o apelo melódico e energético da música de três minutos.

Mais ou menos na mesma época que os Dubonettes começaram a tocar, a banda The Razz estava direcionando sua sonoridade para algo na praia do Flamin' Groovies (fase *Teenage Head*) e do Roxy Music (inclusive eles abriram um show do Roxy Music em 1974, na Universidade de Maryland). Quando o Overkill surgiu, o Razz estava num hiato, mas o quinteto logo começou a tocar novamente, tornando-se uma das maiores atrações locais nos anos 1970. Dentro de um ano, essas bandas receberam a companhia de nomes como The Look, The Ritz, The Controls e The Slickee Boys.

Dentre essas bandas, a que mais tempo durou foi o Slickee Boys, a criação de Kim Kane, um colecionador de discos apaixonado pelas bandas de garagem americanas e britânicas dos anos 1960. Assim como a maioria dos seus colegas suburbanos, ele havia trabalhado no Departamento de Estado, e passou boa parte da juventude no exterior, em especial na Coréia do Sul.

Embora estivesse bem longe da área de influência do rock durante sua infância, Kane se envolveu com a música desde pequeno. Em seu retorno aos EUA em 1968, esse "envolvimento" foi confirmado quando viu bandas como o Jimi Hendrix Experience e Alice Cooper. Depois de terminar os estudos e entrar no mercado de trabalho, Kane encontrou conforto ao montar sua coleção de discos, formada principalmente por rock antigo e nomes alternativos contemporâneos, como os Stooges.

No começo de 1976, Kane percebeu que algo estava acontecendo. Ele já andava meio intrigado pela cena oriunda do CBGB, em Nova York, e então começou "a ler semanários ingleses de música, como o *New Musical Express* e *Melody Maker*, nos quais estavam aparecendo pequenas notas sobre essas estranhas bandas novas, tipo Sex Pistols." Kane havia se tornado amigo de Lorber, através do seu programa de rádio na WGTB, e o DJ o incentivou a montar sua própria banda, mesclando rock dos anos 1960 com punk. "A energia era a mesma", disse Kane. "Eu vinha pensando em formar uma banda desde 1967 e o punk me deu aquele empurrãozinho final".

Além de mesclar rock com punk, Kane também quis usar imagens chocantes de outras culturas, aproveitando sua experiência de ter passado a juventude na Coréia. Para o nome da futura banda, ele escolheu "Slickee Boys", uma gíria usada para se referir aos valentões de rua da Coréia, com visual rockabilly, que vendiam facas, cigarros e outras coisas do mercado negro para os soldados americanos. Com um conceito e a sonoridade em mente, Kane pegou na guitarra de verdade pela primeira vez e começou a procurar por parceiros.

A formação original da banda trazia o inexperiente Kane, seu irmão Tommy e um guitarrista mais tarimbado, Marshall Keith. Kane recrutou o vocalista e a "cozinha" na mais improvável das fontes, uma banda de soft rock (chamada Lone Oak) que estava se separando.

Tommy Kane conhecia uma das vocalistas do grupo (Martha Hull) da época do colégio, no subúrbio de Bethesda, em Maryland. A voz profunda e suave de Martha, além do seu carisma no palco, complementava os figurinos estranhos e o estilo teatral de Kane, ajudando a equilibrar a mistura de punk, pop e psicodelia, que constituía o que eles mesmos chamavam de som "slickee-delic".

Como Kane não acreditava que houvesse lugares onde a banda pudesse tocar, eles se juntaram – inicialmente – apenas para gravar um single. Depois de seis ensaios, o Slickee Boys gravou seu primeiro compacto em junho de 1976. Lorber, que havia se tornado um incentivador da banda e a coisa mais próxima de um empresário que eles tinham, produziu o disco no estúdio Underground Sound, em Largo (Maryland).

O EP trazia uma música escrita por Kane ("Manganese Android Puppies"), além de quatro covers bem ecléticos: "Brand New Cadillac", de Vince Taylor, o rei do rockabilly britânico; "Psycho Daisies", dos Yardbirds; "What a Boy Can't Do", versão para "What a Girl Can't Do", da banda local The Hangmen; e uma vigorosa releitura do tema principal do filme *Exodus*, de 1960.

"Fizemos o melhor que podíamos com o que tínhamos, mas não tínhamos a menor ideia do que estávamos fazendo", disse Kane. "Infelizmente, nós confiamos nos engenheiros de som. Eles nos diziam o que fazer. Por isso nosso som era tão 'fofinho' no começo. Eles (os engenheiros de som) não eram punks, e por isso tentavam reproduzir uma sonoridade limpa, audível, tipo música pra tocar na rádio".

Gravar as músicas foi apenas o início do desafio; o próximo passo seria lançar esse material em vinil. Com o entusiasmo típico, Kane montou seu próprio selo, chamado Dacoit, e com a ajuda de Lorber conseguiu lançar o disco. Kane até redigiu um mini manifesto expressando a ética "faça você mesmo" do selo: "Dacoit é o caso clássico de empresa cujo lema é 'Nós podemos fazer do nosso jeito'. Nós simplesmente lançamos nossas próprias músicas, do jeito que achamos melhor. Nós até colamos nossas próprias capas! Nossa própria arte, nossa própria produção, realmente do nosso jeito".

Fiel aos motivos idiossincráticos de Kane, o álbum foi intitulado *Hot and Cool*, uma menção à uma banda coreana de covers dos Beatles, e apresentava uma arte com muita influência de HQ japonês. Embora mais tarde Kane tivesse repudiado o EP, considerando-o um equivocado primeiro esforço, o álbum se mantém como um testamento da energia contagiante do "faça você mesmo" daqueles primeiros anos do punk.

Após ter gravado, prensado e produzido o primeiro disco punk de DC, o próximo passo era bastante óbvio: conseguir um show. "Foi uma grande sensação de vazio", relembra Kane. "Tínhamos uma banda, mas aonde iríamos tocar? Com quem iríamos tocar? Por pura coincidência, descobrimos essa banda, Overkill, que tinha feito alguns shows. Eles nos deixaram tocar um set de seis músicas, durante os intervalos de sua apresentação no My Friend's House", um bar que servia caranguejo e cerveja, no subúrbio de Maryland.

X X X

A conexão foi estabelecida por Lorber. De acordo com Randy Austin (guitarrista e compositor do Overkill), Lorber conheceu Harrison Sohmer numa loja de discos em Georgetown, mais ou menos na mesma época em que os Slickees estavam se formando.

A maioria dos integrantes do Overkill já vinha tocando junto desde 1975, mas a banda só ficou realmente completa com a entrada do vocalista Barney Jones, que voltou da faculdade em maio de 1976. Austin relembra: "Após ter falado com Harrison, Steve (Lorber) foi a um de nossos ensaios. Creio que ele gostou de nós, e meio que virou nosso empresário."

O set do Overkill era formado por pepitas do garage rock dos anos 60, como "Pushin' Too Hard" (The Seeds), coisas mais recentes como "Vicious" do Lou Reed, e apenas algumas músicas próprias. Embora reconhecendo a grande influência exercida pelo Velvet Underground naquela época, Austin afirma que "Realmente não estávamos tentando seguir o modelo de ninguém. Apenas estávamos nos divertindo com essas músicas antigas, e tentando compor algumas, fazer um som com a nossa cara."

Diferentemente do Slickee Boys, o Overkill estava louco para tocar. Depois de pesquisar um pouquinho, Lorber decidiu entrar em contato com o The Keg, um decadente bar de heavy metal em Glover Park, na região norte de Georgetown (e a poucos quarteirões de seu apartamento). O Overkill revelou-se uma banda cativante ao vivo, com o vocalista Jones transpirando um carisma imprevisível e pungente. "Barney tinha muita presença de palco, totalmente desinibido, e usava uns adereços bem estranhos", disse Kane.

E isso foi demais para os frequentadores do The Keg. "As pessoas estavam esperando escutar uma banda cover do Zeppelin ou Aerosmith, e ao invés disso se deparavam conosco", Austin recorda. "Às vezes eles ficavam bem hostis".

Michael Reidy, da então adormecida banda Razz, foi um dos que testemunhou esses confrontos entre o Overkill e o público. "Barney era uma figura", ele diz. "Quando o público insultava a banda, ele não tinha medo de devolver a provocação. Sabe como é, 'Nós somos uma merda? Então suba aqui e eu vou esfregar merda na sua cara'. Ninguém mais fazia esse tipo de coisa naquela época." Empolgados com os shows do Overkill, Reidy e o guitarrista Abaad Behram logo convenceriam seus companheiros de banda a tirar o Razz da aposentadoria.

O Overkill tocou regularmente no Keg durante aquele verão, e a rádio WGTB tocou a sua versão crua, porém convincente, de "In Jim's Garage", do Brute Force. No outono de 1976, entretanto, a banda encarou o que viria a ser um inimigo permanente para as bandas punk de DC: a faculdade. Jones decidiu voltar aos estudos, o que decretou o fim do Overkill. Existem apenas alguns poucos registros dos shows da banda, embora o Slickee Boys viesse a gravar a música mais conhecida do Overkill, chamada "Heart Murmur".

X X X

Outro fã do Overkill que em breve tocaria no palco do Keg foi Howard Wuelfing, um crítico de rock e músico natural de Nova Jersey, que mudou para DC após se formar na faculdade (Rutgers), em 1975. "Foi a época mais idiota para me mudar," relembrou Wuelfing, "porque eu estava começando a ouvir falar sobre as bandas do CBGB. E em DC não estava acontecendo nada."

Wuelfing já era fã dos New York Dolls, Dictators e Stooges, e foi muito inspirado pelos Ramones e também por Richard Hell and the Voidoids. Mas, antes de formar sua própria banda, Wuelfing foi recrutado pelo guitarrista Robert Goldstein para tocar baixo no seu novo grupo, The Look.

Bem humoradamente, Goldstein se descreve como "um dos milhões de adolescentes que comprou uma guitarra depois de ter ouvido os Beatles". Ele aprendeu a tocar sozinho, e até chegou a participar de algumas bandas de colégio na sua terra natal, um cidadezinha perto de Pittsburgh. Em 1967 mudou-se para DC, para estudar em Georgetown.

Enquanto estava em Georgetown, Goldstein testemunhou a metamorfose da rádio WGTB, que se tornou uma referência para a contracultura. Ele também desenvolveu um crescente interesse pelo mundo da arte, e decidiu montar uma banda que unisse suas duas paixões.

Após colocar Teaman Treadway no vocal e Chris Thompson (também DJ na WGTB) na bateria, a banda The Look fez seu primeiro show no início de 1977. O quarteto se dividia em dois direcionamentos. "Goldstein estava mais envolvido com o art-rock, de nomes como Roxy Music e David Bowie, enquanto eu estava mais para Monkees, Ramones, Richard Hell, uma coisa mais podrona", disse Wuelfing.

Pouco depois, a banda acrescentou uma tecladista, Xyra Harper, que também havia sido DJ da WGTB e vocalista numa formação antiga do Overkill (ela co-escreveu "Heart Murmur"). Originalmente uma "flower child" (jovem hippie), Harper encontrou uma energia similar no punk. Seu programa de rádio, "Revolt Into Style," defendia um punk mais artístico (e frequentemente britânico), equilibrando assim com a predileção de Lorber pelo garage rock.

O primeiro show do The Look aconteceu no Keg, substituindo de última hora os Slickee Boys. O show improvisado deu certo, e eles se tornaram residentes nas noites de segunda-feira no Keg.

Graças aos shows regulares e ao sólido trabalho feito pelo Overkill e Slickee Boys, um certo sentimento de comunidade começou a se desenvolver. "Eu realmente não havia percebido naquela época, mas é verdade. Era a nossa versão da cena punk", observou Wuelfing anos depois. "As pessoas iam ao Keg com coleiras de cachorro e camisetas rasgadas. Num determinado momento, você dava uma olhada num show no Keg e via muita gente que ainda não tinha uma banda, mas que já estava pensando em ter".

X X X

Em 1976, a embrionária cena punk estava mais enraizada nos campus do centro da cidade, mas a WGTB enviou a mensagem aos jovens ouvintes nos subúrbios. Um dos "convertidos" foi Mike Heath, um adolescente perdido naquilo que ele descrevia como uma "Babilônia suburbana" – no caso Burtonsville, em Maryland.

Heath viu os Slickee Boys pela primeira vez no outono de 1976, após ter ingressado na Universidade de Maryland. "Foi excitante e assustador ao mesmo tempo", relembrou. "Visualmente, era uma banda com um *look* intimidante, especialmente Kim Kane, com seus longos cabelos negros, um bigode à la Fu Manchu e roupas selvagens. Os outros caras da banda também pareciam durões. Martha Hull, com seu vozeirão, lembrava uma mulher de gângster."

Para Heath, assim como para outros punks, "naquela época era uma guerra para conseguir as coisas, um lugar para tocar ou simplesmente para ser ouvido". Heath tentou encontrar um espaço, escrevendo sobre a ascensão da cena inglesa para um informativo estudantil da Universidade de Maryland. Mas ele foi rejeitado, tanto pelas publicações *mainstream* quanto pelas "alternativas". Seguindo o exemplo do fanzine punk britânico *Sniffin' Glue*, Heath começou o primeiro fanzine local dedicado exclusivamente ao punk; ele escolheu o nome *Vintage Violence*, uma homenagem ao primeiro álbum solo de John Cale (ex-Velvet Underground).

"Isso foi antes da popularização da máquina de Xerox", relembrou Heath. "Eu escrevia todos esses artigos - sem fotos, apenas textos - e então os datilografava, naquelas folhas para mimeógrafo, enfiava-me em alguma sala de mimeógrafo no campus e imprimia algumas centenas de cópias". Algum tempo depois, Rob Kennedy e Caki Callas se juntariam a Heath na produção dos fanzines, agregando as habilidades gráficas de Callas (e o acesso a uma máquina de Xerox) para as publicações.

Mais ou menos oito meses após Michael Reidy ter visto o Overkill discutindo com a plateia no Keg, o Razz voltou a tocar. Embora a banda existisse, de uma forma ou de outra, desde o início dos anos 1970, eles estavam hibernando desde 1975. O Razz era mais digerível para o público das casas de show (e também para os proprietários) por causa do seu repertório de rock mais raiz, além da qualidade técnica dos seus músicos. Robert Goldstein se lembra de uma vez que o seu The Look tocou com o Razz no Keg: "Eles nos ofuscaram totalmente."

Apesar de sua raiz no rock mais tradicional, o Razz tinha um espírito punk, personificado pelo seu extravagante vocalista, Reidy. Assim como os Slickee Boys, o quinteto era uma banda de colecionadores de discos, mas com um charme especial. Como Randy Austin observa, "embora o Razz fizesse um som à la Stones/Hard Rock dos anos 70, eles tocavam com um puta senso de estilo, impondo sua identidade".

O Razz ajudou a preencher a lacuna entre o público mais antigo de rock e a cena emergente, contribuindo assim para essa última sobreviver. O ressurgido Razz começou a tocar no Keg, mas rapidamente expandiu seu horizonte e começou a frequentar outros palcos, incluindo o do Psychedelly, um bar num subúrbio próximo de Bethesda. Seu proprietário, Lou Sordo, não era muito simpático quanto ao punk, mas ficou suficientemente impressionado com o Razz e começou a aceitar bandas similares no seu clube. E, no fim das contas, o Psychedelly se tornou uma parada obrigatória para muitas bandas novas.

"No início, o que manteve o Slickee Boys vivo foi o Razz", disse Kane. "Não podíamos tocar em nenhum lugar. Mas o Razz era maior, e tinha portas abertas. E nos levavam junto".

A solidariedade do Razz com outras bandas novas não era algo incomum. O Overkill tinha arrumado o primeiro show para os Slickee Boys, e os Slickees fizeram o mesmo com o Look. Este espírito de causa comum num ambiente um tanto quanto hostil acabava minimizando a competição. "Todos eram realmente bem legais, é a mais pura verdade", disse Keith Campbell, outro que foi convertido ao punk bem no começo.

Aluno da famosa American University, Campbell já vinha tocando guitarra há muitos anos, mas estava decepcionado com o rock dos anos 1970. Após várias bandas cover, ele estava querendo começar algo diferente, algo original, mas não vinha tendo muito êxito nessa empreitada.

Um dia, em abril de 1976, Campbell se deparou, nas escadas do Centro Estudantil, com um aluno de cabelo super encaracolado, destruindo transistores de rádios e lendo sua poesia com um enorme megafone. A encenação não atraiu quase ninguém, mas Campbell ficou vidrado. "Eu apenas fiquei parado ali, assistindo, e disse pra mim mesmo, 'Meu, esse cara é bom!'"

O artista se autodenominava Nicky Butane, mas seu nome verdadeiro era Roddy Frantz. Ele e Campbell se tornaram grandes amigos, trocavam ideias sobre música e faziam planos. Frantz conhecia muito bem a cena do CBGB; seu irmão Chris fazia parte da então desconhecida banda Talking Heads. "Eu me lembro do Roddy me dizendo que eles seriam grandes, e eu não levava a sério, ironizava até", recorda-se Campbell, rindo.

Animados com o primeiro álbum do Ramones, Campbell, Frantz e outros dois músicos montaram a banda The Controls. Como muitas bandas punk, o Controls ignorou os ensinamentos do rock convencional. Seu primeiro show – no pub da American University em março de 1977 – abriu com uma declamação de poesia, e então mudou para uma barulheira à la Ramones, com o vocal de Frantz (meio recitado, meio cantado) comandando tudo. Essa mistura, da crueza com o artístico, copiava a estética criada pelo The Look.

O Controls teve vida curta e a banda se dissolveu por diferenças pessoais. Apesar disso, Campbell estava satisfeito, de um jeito que seus esforços anteriores nunca tinham conseguido. "Roddy não conseguia cantar, mas era um grande *performer*. Então eu pensei, 'vamos fazer assim mesmo e que se dane'", diverte-se Campbell anos depois. "Isso é que era tão bom no punk. Era bem aberto, tudo era permitido."

X X X

Talvez a encarnação mais improvável dessa mente aberta de DC tenha sido a banda White Boy. O fundador da banda, James Kowalski, era um fã de rock dos anos 1950, que se tornou um executivo de uma empresa gráfica. Em um viagem de negócios a Nova York, ele foi ver o Suicide e o Cramps no Max's Kansas City. E saiu de lá transformado. "Aquilo me assustou! Achei que havia uma grande chance do Alan Vega (vocalista do Suicide) ser louco, quero dizer, louco de verdade! Ele ficava jogando vidro para todos os lados, agindo de um jeito muito bizarro."

A anarquia dessa performance forjou o "ex-rebelde" de 36 anos. "Quando voltei de Nova York, ia ter uma festa num porão perto de minha casa", lembrou-se. "Eu falei para a banda que iria tocar que conseguiria montar uma banda em quatro dias para abrir o show deles."

A apresentação improvisada acabou sendo memorável. "Nós tocamos para uma garotada da Wilson High School", disse Kowalski. "E nós apavoramos esses moleques. Eles estavam ali sentados no porão, e a banda entrou e começou a tocar apenas um acorde, repetidas vezes. Eu apareci de repente, vindo da porta dos fundos, vestido com uma capa velha, e com dezenas de anéis em cada um dos dedos, badulaques dourados, maquiagem e uma peruca gigante. Segurei o microfone e gritei 'Boa noite e pau no seu cu!' E todos aqueles garotos pensaram, 'Ai meu Deus!'"

Não demorou muito para Kowalski assumir o nome artístico "Mr. Ott". Ele também trouxe para a banda o seu filho adolescente Glen ("Jake Whipp"), para tocar guitarra. Seu projeto musical acabou se transformando no White Boy, uma banda diferente de qualquer outra jamais vista em DC. Steve Lorber descreveu o White Boy, na época: "Uma estranha combinação de pai e filho, que misturava um som heavy metal progressivo com um punk meio maníaco". Ainda que essa descrição fosse razoavelmente precisa, ela dificilmente transmitiria todo o caos que o grupo provaria ser capaz de gerar.

Nenhuma gravadora pensaria em contratar uma banda cujo vocalista era um homem de meia idade calvo, que usava conjuntos chamativos, óculos de sol espaciais, perucas coloridas e que rolava no palco enquanto cantava sua música mais conhecida, "I Could Puke" ("Eu Poderia Vomitar"). Mas Kowalski encontrou inspiração e conselhos bem úteis na pessoa de David Thomas, então conhecido como Crocus Behemoth, o vocalista gordão do Peru Ubu, de Cleveland.

"Eu era um grande fã do Pere Ubu", Kowalski relembrou. "Então liguei para o serviço de informações de Cleveland, passei alguns nomes que estavam no encarte do disco do Pere Ubu e assim acabei conseguindo seu nome verdadeiro e telefone". Thomas revelou-se uma grande – e amigável – fonte de informação e incentivo.

Seguindo todos os seus conselhos, o White Boy gravou e lançou seu primeiro EP no início de 1977.

Apesar das letras infantis, discos como *Spastic* – segundo o *New Musical Express*, "fez Iggy Pop soar como um diretor de igreja" – foram esforços *do it yourself* muito importantes. A banda produzia, gravava e lançava seus discos por um selo próprio, chamado Doodley Squat, que ficava na casa da família Kowalski, num bairro tranquilo da capital. "Nós compusemos", estava orgulhosamente escrito no encarte do disco – e isso não era uma ostentação óbvia, levando em conta que, pouco tempo antes, o único jeito de sair da garagem era tocando covers.

ANTES DO PUNK

POR MARK JENKINS

Na minha infância, morei em vários lugares na Costa Leste, mas principalmente em Alexandria, na Virginia, que fica do outro lado do rio Potomac de Washington. Graças à influência do meu melhor amigo, tornei-me um fã dos Beatles quando tinha nove anos. Fiquei fiel aos Beatles por muito tempo, mas gradativamente comecei a escutar uma gama mais ampla de música.

Meu primeiro show de rock foi dos Beatles no Shea Stadium, em 1965. Aquele foi um evento singular, mas não se mostrou assim tão especial: naquela época, a maioria dos shows acontecia em estádios, ou outras instalações desportivas, com som bem fraco e pouquíssima conexão entre o artista e o público. Na minha adolescência, vi alguns shows em Georgetown, em lugares como o Emergency (um clube para todas as idades que não servia bebidas alcoólicas) e o Cellar Door (que permitia menores de 18 anos acompanhados por adultos). Mas o lugar que mais frequentava era o Capital Centre, uma arena coberta para jogos de basquete, onde a maioria dos fãs conseguia ver o palco apenas através dos enormes telões. Ir a um show de rock era quase a mesma experiência de assistir um programa televisivo de rock, como o *Midnight Special*.

Isso mudou para mim em 1974-75, época em que passei a maior parte do tempo em Boston e Nova York. Fui ao CBGB, The Rat, e clubes similares, e vi shows de nomes como Patti Smith, Television, Ramones, The Heartbreakers, Talking Heads, Jonathan Richman, The Real Kids e Willie Alexander. Essas bandas não apenas trouxeram de volta meu interesse pelo rock, que havia enfraquecido no início dos anos 1970: elas também redefiniram o rock ao vivo para mim, como algo urgente, íntimo e imprevisível. Apesar de ser apenas um adolescente quando visitei pela primeira vez o CBGB, o punk foi o início da minha segunda vida como um fã de rock.

Em 1976, mudei-me para Washington, uma cidade que conhecia muito bem, apesar de nunca ter morado lá. Minha reação, quando cheguei, foi bem diferente em comparação com a de Mark Andersen, que havia chegado uma década antes. Washington não tinha tablóides alternativos, tampouco clubes como os de Nova York ou Boston, mas, como cidade, parecia funcionar de modo mais eficiente. Na metade dos anos 1970, Nova York e Boston enfrentavam um período fraco de investimentos, com sistemas de trânsito que não seriam tolerados em Mumbai ou Cidade do México. Washington, por outro lado, estava prestes a inaugurar um novo sistema ferroviário. Washington também era menos racialmente polarizada do que Nova York ou Boston. Isso foi um alívio, pois morava em Boston durante as rebeliões contra a segregação nos ônibus escolares.

Eu comecei a enviar resenhas para revistas de rock em meados dos anos 1970, e eram ocasionalmente publicadas em veículos como *Creem e Fusion*. Em Washington, escrevi para uma série de pequenos jornais alternativos, que se mantinham ativos por pouco tempo. Minha primeira matéria sobre uma banda punk local foi uma nota sobre o *Hot and Cool*, dos Slickee Boys, publicada no *Washington Newsworks*. Então, desde o início me aventurei como jornalista, para manter um certo distanciamento da cena punk.

Isso não quer dizer que não era amigo desses músicos. Afinal, alguns deles (como Howard Wuelfing) também eram críticos musicais, e muitos trabalhavam nas lojas de discos que eu frequentava. A banda Shirkers foi criada pelo meu colega de trabalho Steve Bialer, junto com minha namorada Libby Hatch, que depois tocaria também no Tru Fax & The Insaniacs. Ajudei a desenhar pôsteres, flyers e capas de discos para o Shirkers, The Nurses, The Insaniacs, dentre outras. Como um jornalista freelancer, esforçava-me para ser justo quando escrevia sobre estas e outras bandas locais. Mas, naqueles dias, a cena punk de DC era pequena demais para que seus participantes não assumissem múltiplas funções.

X X X

Embora o Keg ainda restringisse bandas punk para as noites livres, o clube forneceu um núcleo ao redor do qual uma comunidade maior poderia surgir. Em 1978, uma segunda geração de bandas estava emergindo de porões e garagens: The Young Turds, D'Chumps, Half Japanese, Nice Guise, The Rudements, The Puppets e Shirkers tinham uma energia que não era vista há anos em DC. "Foi um período de crescimento, muito entusiasmo e atividade, com muitas bandas aparecendo", recorda-se Kane.

O público também estava aumentando, mas a crescente lista de bandas ainda tinha poucos lugares para tocar. Grupos mais renomados, como os Slickee Boys, podiam tocar o suficiente para sobreviver, mas não para construir uma legião de fãs. E era ainda mais desencorajador para as bandas que estavam começando.

Shows esporádicos eram organizados em restaurantes ou bares, mas nenhum desses espaços estava disposto a convidar uma banda como o White Boy para se tornar atração regular. Vários shows também eram organizados em lugares super vanguardistas como o WPA (Washington Project for the Arts) e o MOTA (Museum of Temporary Art), que ocupavam salas miseráveis em prédios no centro da cidade, que o governo já havia agendado para demolição. Nessa mesma vizinhança ficava o Atlantis, um espaço que se tornaria uma instituição de DC.

A descoberta do Atlantis se deu por acaso. Após o Look ter se separado, Goldstein se aliou com o ex-vocalista do Controls, Roddy Frantz, para formar aquela que seria uma das bandas mais populares (e polêmicas) da cidade, o Urban Verbs. O novo grupo precisava de um lugar para ensaiar, e Goldstein encontrou esse lugar num edifício chamado Atlantic, onde ele alugou um escritório para o seu trabalho como consultor de design. Goldstein fez um acordo para usar o restaurante (pouco frequentado) do prédio como um novo clube de New Wave; o Verbs tocaria de graça em troca de um lugar para ensaiar.

O primeiro show punk no Atlantis rolou em 27 de janeiro de 1978: o Urban Verbs tocou seu repertório completo, seguido pelos Slickees e pelo White Boy. Em pouco tempo o punk dominaria toda a agenda do clube, mas as relações entre os proprietários e os fregueses sempre foi tensa. O Atlantis foi o principal espaço para shows punk na cidade por um ano. Em 1980, foi reaberto com um novo nome, que fazia menção ao endereço do prédio: 930 F Street NW.

X X X

Mais ou menos na mesma época, o Urban Verbs ajudou a criar um novo ponto de referência punk: o estúdio Inner Ear, de Don Zientara. Zientara era um ativista anti--Guerra do Vietnã, engenheiro de gravação iniciante e, ocasionalmente, músico, já que havia tocado em bandas locais junto com Goldstein. Zientara havia aprendido como montar amplificadores e sistemas de PA usando televisores e rádios antigos, e tinha um pequeno mixer e um gravador, com os quais conseguia fazer gravações bem cruas, porém competentes. Atendendo a um pedido de Goldstein, Zientara fez diversas gravações ao vivo do Look e do Urban Verbs.

Gravando shows no Atlantis, Zientara entrou em contato com mais bandas da área. Vendo o que Zientara havia feito pelo Verbs, outras bandas começaram a conversar com ele, para que ele também as gravasse. Para atender melhor essa pequena - porém crescente - demanda, ele montou um estúdio no porão da sua casa em Arlington, na Virginia.

Outra peça fundamental para a cena de DC havia surgido alguns meses antes, em setembro de 1977, com a abertura da loja de discos *Yesterday and Today*, em Rockville, subúrbio de Maryland. O proprietário, Skip Groff, tinha sido DJ na WMUC, a estação de rádio da Universidade de Maryland. Depois disso, teve uma passagem pela rádio WINX, em Rockville, onde convenceu o gerente a deixá-lo tocar rock menos *mainstream* num programa que era transmitido tarde da noite. O programa se chamava *Heavy Metal Thunder*, e Skip tocava (em 1973 e 1974) Roxy Music, Bowie, Blue Oyster Cult, Slade, mais ou menos esse tipo de glam-rock underground.

A priori, Groff havia imaginado que sua loja atenderia a demanda de pessoas mais ou menos com seu próprio perfil, que tivessem interesse em raridades dos anos 1960. Entretanto, como ele mesmo recorda, "quando você começa a vender 20 discos do Buzzcocks e apenas um dos Beatles, suas convicções mudam bem rapidinho."

Groff enfatizou que o sucesso da loja que em breve se tornaria conhecida pelas iniciais "*Y and T*" realmente foi "uma questão acidental, e não fruto de um planejamento". Embora não planejado, o surgimento de uma loja que atendia à comunidade punk foi crucial. Para bandas locais como Slickee Boys e White Boy, que já tinham álbuns, mas poucos lugares para vendê-los, a *Y and T* se tornou seu ponto de venda oficial. Para os fãs de punk rock, cansados de pedidos via correio, ou de distribuidores e importadores pouco confiáveis, a loja se tornou um meio para ter acesso à explosão punk dos EUA e do Reino Unido. De 1977 a 1979, "em média sete novos singles e três novos álbuns de punk chegavam na loja em uma semana normal. E havia consumidores para esses discos toda semana", disse Groff.

A loja gerou empregos para muitos punks, a começar por Kim Kane e Howard Wuelfing. E também se tornou um ponto de encontro, onde muitas gravações de bandas locais foram ouvidas pela primeira vez. "As pessoas entravam na loja com demo--tapes o tempo todo," relembrou Kane. "E Skip tocava essas fitas na loja." Não demorou muito para Skip criar um selo, chamado Limp Records: foi a consequência natural daquelas fitas demo que circulavam na *Y and T*. Embora Groff estivesse interessado em muitas das bandas que ele conheceu através da loja, ele se focou primeiramente nos Slickee Boys. "A primeira vez que vi um show dos Slickees, eles foram incrivelmente divertidos, e pedi naquela noite que eles fossem a primeira banda do meu selo", disse Groff.

Antes de entrar em estúdio para gravar o disco, Kim Kane realizou o sonho de conhecer Londres, em outubro de 1977, para vivenciar em primeira mão a explosão do punk. Após desembarcar, Kane viu num flyer que o X-Ray Spex tocaria naquela mesma noite, no famoso Marquee Club. Apesar de estar um pouquinho preocupado ("porque eu tinha cabelão, cavanhaque, e tinha aquela coisa punk de 'matem os hippies'"), Kane foi direto para o show.

Foi uma noite desconcertante. Rindo com a própria lembrança, Kane conta: "A maior parte do show eu fiquei bem atrás, pois estava com um pouco de medo da dança. A Poly Styrene [falecida vocalista do X-Ray Spex] estava demais, gritando muito. E o público 'pogando', cantando junto e cuspindo". No final do show, Kane acompanhou com admiração os punks saindo do clube, descendo pela rua Wardour e cantando uma versão *a capella* de "Oh Bondage Up Yours" (música do X-Ray Spex). Kane relembra: "Um grupo cantava 'oh bondage', e outro grupo respondia 'up yours!'... Isso bem no centro de Londres, no meio da rua... e isso me deixou louco!" Kane passou as duas semanas seguintes assistindo shows das melhores bandas de punk rock da Inglaterra, visitou o escritório da gravadora Stiff Records, a loja da Rough Trade e ainda conheceu Mark P., o criador do zine *Sniffin' Glue*.

Quando o entusiasmado Kane voltou de Londres, os Slickee Boys entraram em estúdio com Don Zientara, e gravaram o que seria o compacto *Mersey, Mersey Me*, o primeiro lançamento da Limp Records. Kane não gostava das gravações anteriores da banda. Tanto é verdade, que ele só permitiu que fossem prensadas 100 cópias do LP *Separated Vegetables*, porque ele havia ficado muito insatisfeito com o som do disco gravado em 1977. No entanto, trabalhar com Zientara foi diferente. Apesar dos seus equipamentos serem bem toscos, Zientara se mostrou um cara agradável e muito prestativo, que ajudava as bandas a encontrar sua própria sonoridade (ao invés de forçá-las para uma sonoridade pré-existente). Com essa atitude flexível, porém muito inteligente – e com orçamentos baixos no seu estúdio –, o engenheiro de som se tornaria um recurso valioso para as inexperientes bandas punk de Washington. O Inner Ear era o "Sun Studio do punk de DC, isso resume sua importância", explica Kane.

O ponto central do EP de quatro músicas era a explosiva faixa de abertura, "Put a Bullet Thru the Jukebox". A letra foi escrita pelo crítico de rock Jim Testa, um amigo de longa data de Wuelfing, em resposta a um artigo da *Village Voice*, que argumentava que o ódio que alguns fãs de rock sentiam pela disco music era, na verdade, homofóbico e racista. Então, Testa escreveu um manifesto anti-disco, expressando sua opinião "de que haviam razões artísticas legítimas para se odiar a Disco Music, razões que não tinham nada a ver com gostar ou não de negros ou gays."

De certa forma, isso representava, em uma única música, o espírito que Kane havia presenciado nos shows do X-Ray Spex. Além de ser um ataque à febre disco, era também uma convocação para os punks, com Martha Hull gritando: "Put a bullet thru the jukebox!" ("Meta uma bala na jukebox!"). Mas se essa música parecia sugerir uma luta para a fidelização dos jovens, a verdade é que o punk de DC não era para crianças. Nessa época, a maioria das pessoas envolvidas na cena estava com seus vinte e poucos anos.

Contudo, a rádio WGTB estava alcançando muitos garotos, que começavam a descobrir o punk. Kane percebeu que esses garotos representavam o futuro do punk de Washington. Numa entrevista de 1978, para uma publicação estudantil, Kane argumentou: "Precisamos despertar o interesse desses garotos, fazê-los tocar guitarra, falar sobre música. É assim que uma cena cresce, ganha corpo."

Ao mesmo tempo em que Kane falava, um grupo crucial de garotos estava se conhecendo (e também conhecendo o punk), num colégio na região noroeste de DC.

DANCE OF DAYS

MARK ANDERSEN

MARK JENKINS

1977

*

1978

CAPÍTULO DOIS

ATITUDE MENTAL POSITIVA

ERA O OUTONO DE 1977. UMA POEIRA, PROVENIENTE DE UMA EXPLOSÃO no Parque Fort Reno, estava baixando. Alguns garotos estavam do outro lado da rua, em frente ao colégio Woodrow Wilson, vendo os últimos pedaços da bomba caindo no chão. Um deles era um garoto de 15 anos chamado Ian MacKaye, que usava um boné de baseball virado pra trás, para manter seu cabelo comprido longe do rosto enquanto andava de skate.

MacKaye tinha chegado por lá na hora do almoço, para ver a bomba caseira explodir. Momentos antes, o fabricante da bomba, Jeff Nelson, acendeu o pavio da bomba caseira que havia enterrado no parque, e correu para o outro lado da rua. Então Nelson (que tinha fama de ser um garoto meio doidão) juntou-se aos seus amigos, conversando com empolgação e tomado de adrenalina. MacKaye observou Nelson, e então voltou para a escola de tijolos vermelhos.

Jeff Nelson passara boa parte da sua vida no exterior. Talvez por causa disso, ele tenha aprendido a se divertir sozinho, desenvolvendo muitos *hobbies*, incluindo uma certa fascinação com a história das guerras. Desde sua chegada em DC, ele se tornara um apaixonado fabricante de bombas caseiras. Algum tempo depois, ele superou essa fase das bombas: "era apenas uma forma de chamar a atenção", ele explicou. E deu certo. No início de 1978, não muito depois de seu showzinho vespertino com a bomba, ele estava na mesma classe de Ian MacKaye, no curso de alemão. Eles viraram amigos rapidamente.

MacKaye já fazia parte de uma *crew* de skatistas, que incluía colegas do colégio Wilson como Mark Sullivan, Bert Queiroz, o irmão mais novo de MacKaye chamado Alec, e um garoto da vizinhança, Henry Garfield. Todos eram o que mais tarde Garfield chamou de "garotos hiperativos": entediados com suas vidas pacatas de classe média branca em DC, estavam sempre procurando por algo para preencher o tempo.

Garfield era o garoto durão, pois sofrera abusos em casa. Na escola primária, foi diagnosticado como "hiperativo" e passou por um tratamento com Ritalina. Um pesadelo para os disciplinadores, Garfield entrou e saiu de diferentes escolas por anos, antes de ser mandado para a Bullis, uma escola apenas para garotos, em Potomac. "Foi aquele tipo de viagem de escola militar, uniforme, cabelo raspado, e tudo mais", relembra-se amargamente Garfield. "Por sete anos me disseram para calar a boca e sentar. Basicamente isso."

Naquela época, o skate era uma recreação radical. Ele conquistava, principalmente, garotos com muita energia, como Garfield, MacKaye e muitos outros que usavam seus skates para extravasar. "Estávamos ficando loucos", disse Garfield alguns anos depois. "Andávamos de skate todos os dias até às quatro da manhã, para acordar no outro dia às 9 horas e andar ainda mais!"

"Andar de skate era um esforço intenso, mais ou menos no limite, pelo menos naquela época. E a música extrema parecia combinar com isso", lembra-se Queiroz. Aquele grupo de skatistas curtia aquilo que Garfield descreveu como "música energética. Qualquer coisa com muito volume e força."

Com exceção de Henry Garfield, a vida social desse grupo de amigos girava em torno do colégio Wilson. Apesar de se localizar em um bairro rico, o colégio Wilson atendia uma área muito grande, chegando não apenas à parte da classe média branca e negra, mas também aos guetos do centro da cidade. Dos cerca de 1.500 alunos da Wilson, 60% eram negros, 20% brancos, e o restante asiáticos ou latinos.

Se a composição racial do colégio Wilson não era muito diferente da maioria das escolas públicas de DC, em muitos aspectos ele era mais parecido com as escolas preparatórias particulares. O Wilson mandava 80% dos seus alunos para a universidade, inclusive para as principais faculdades americanas, a chamada Ivy League (Brown, Columbia, Cornell, Dartmouth, Harvard, Princeton, Penn e Yale). De acordo com um oficial de admissão de uma dessas faculdades de elite, o Wilson tinha "uma ótima reputação entre as demais universidades, por preparar garotos inteligentes e motivados."

A *crew* de skatistas foi uma reação a esse ambiente absolutamente orientado para um objetivo. Um outro grupo de garotos rebeldes se formou ao redor do Wilson Players Drama Club, o grupo teatral do colégio, do qual MacKaye também fazia parte. Entre as aulas, os alunos davam uma escapada para o porão para se divertir, fumar maconha, beber cerveja, beijar garotas e escrever nas paredes.

Os colegas de Ian MacKaye se impressionavam com sua inteligência e individualidade. Garfield relembra: "Mesmo quando éramos bem pequenos, o Ian foi o primeiro do nosso grupo que teve suas próprias ideias, e que ousava discordar das coisas. Por exemplo, quando estávamos fazendo coisas estúpidas, o Ian parava e dizia, 'Olha, isso é idiotice!'. Nós o fizemos passar por poucas e boas, mas todos percebíamos que o cara tinha princípios. Apesar da pouca idade, ele tinha seu próprio jeito de fazer as coisas."

Talvez o exemplo mais notável disso tenha sido a rejeição de MacKaye às drogas. Apesar de andar com a galera que usava, ele nunca bebeu ou fumou. "Eu gostava da rebeldia", recorda-se Ian, "mas sempre achei que tudo aquilo seria ainda mais forte sem as drogas". Vários fatores formaram esse seu ponto de vista, incluindo um histórico familiar de alcoolismo. Além disso, em 1975 sua família mudou-se para a Califórnia, onde moraram por um ano. Durante esse ano em que a família MacKaye esteve fora, os amigos de Ian entraram naquela fase de experimentar drogas. "Como eu estava longe, perdi essa transição," explicou MacKaye, "e isso me deu uma perspectiva única. Pude notar quão drasticamente eles mudaram por causa das drogas. E não gostei do que vi."

Esse desgosto aumentou quando a turma de skatistas começou a frequentar o Capital Centre, a arena local para jogos de basquete, hóquei e shows de hard rock. Os shows eram extremamente empolgantes para eles, mas alguns aspectos pareciam feios e estúpidos. Como Garfield se recorda, "nós íamos ao 'Cap Centre' e alguns caras ficavam loucos de *quaalude*[1], tipo caindo pelas escadas. Daí nós pensávamos, 'Cara, essa música nos faz querer andar de skate e sair apavorando pela rua, e não ficar desmaiado desse jeito'".

A visão de seus colegas totalmente derrotados pelas drogas fortaleceu a postura antidrogas de alguns nesse pequeno grupo. "Nós pensamos, 'foda-se, então nós somos caretas'; para nos livrar das drogas, para nos livras do tédio, para nos livrar do alcoolismo ou dessa coisa de tomar-tranquilizantes-e-dormir-no-estacionamento-do-Shopping", disse Garfield. "Os doidões tinham as loucuras deles, e nós tínhamos as nossas. Com nossos skates e nossa música, não precisávamos de drogas."

Assumidamente antidrogas, o roqueiro Ted Nugent, de Detroit, tornou-se um herói para os skatistas. Fazendo pouco caso do estímulo artificial, Nugent fez alguns dos petardos roqueiros mais diretos daquela época. Era tudo que os skatistas procuravam – alto, agressivo e livre de drogas. Para Ian MacKaye, Nugent talvez tivesse um outro atrativo: as suas raízes sonoras remetiam aos anos 1960. E MacKaye tinha alguma coisa com o final dos anos 1960, pois era velho o bastante para se lembrar de reuniões anti-guerra que ia com seus pais, e era fascinado pela contracultura do período. Nugent dividiu o palco com nomes como MC5 e Stooges. E, ao contrário dessas bandas (ou de outras prediletas de MacKaye, como Janis Joplin e Jimi Hendrix), Nugent ainda estava por aí.

A paixão de Ian pela contracultura dos anos 1960 também foi parte da formação da sua postura antidrogas. Isso pode parecer estranho, visto que a cultura das drogas foi um dos maiores legados dos anos 1960. Mas as drogas mataram Jimi e Janis, assim como tantos outros. Para MacKaye, era nítido que as drogas estavam longe de ter sido a força vital da rebelião dos anos 1960: na verdade foram parcialmente responsáveis pela sua destruição.

A convicção antidrogas de Ian MacKaye estava muito bem estabelecida quando seu círculo de amizades começou a cuidadosamente explorar essa nova música chamada punk. Ian comprou seu primeiro álbum de punk rock – *I Could Puke*, do White Boy – de um amigo de colégio chamado Seth Martin, que morava perto da casa dos caras do White Boy, e trabalhava com frequência como roadie para a banda. MacKaye ouviu o compacto muitas e muitas vezes, abismado com aquela ousadia. Para ele e seus amigos rebeldes, o disco do White Boy era como um gigantesco letreiro que dizia: "Tudo é Permitido".

1 N. de T.: Droga tranquilizante/sedativa muito utilizada nos anos 70.

Os skatistas também se inspiraram numa dupla de alunos mais velhos do colégio Wilson, Nathan Strejcek e Danny Ingram. Os amigos de longa data estavam entediados com a música daquela época. "Éramos grandes fãs de bandas como Led Zeppelin e Aerosmith, mas eles realmente tiveram uma grande queda no final dos anos 1970", disse Strejcek. "Estávamos a procura de alguma coisa nova". Eles então mergulharam na cena de Georgetown, que havia crescido bastante, também em função das exibições noturnas do filme *The Rocky Horror Picture Show*. Ingram até conseguiu um trabalho de meio-período num cinema de Georgetown.

Um dia, no início de 1978, aconteceu um fato marcante para Ingram: "Um cara com quem eu tinha trabalhado, e que morou um tempo em Londres, apareceu com o primeiro disco do Damned, o primeiro do X-Ray Spex, o primeiro Stranglers e alguns LPs do Wire. Ele simplesmente me deu os discos e disse 'Confie em mim, você vai gostar disso'". Mais ou menos na mesma época, Strejcek arrumou o *Never Mind the Bollocks*, do Sex Pistols. Strejcek e Ingram nunca mais foram os mesmos. Ingram: "O Sex Pistols e todas aquelas bandas pareciam oferecer uma coisa que nenhuma outra banda tinha naquela época. Eu pensei, 'Se isso é punk, então acho que sou um'". Não demorou para que fizessem amizade com o pessoal do White Boy, e começaram a andar com a galera de James Kowalski. A WGTB se tornou seu guia para o que havia de novo na música. "Costumávamos escapar de casa à noite para visitar Xyra [Harper], quando ela fazia seu programa de rádio", revelou Ingram.

A mudança dos amigos foi logo notada pelos outros. "Nathan tinha um cabelo bem comprido", relembra-se Jeff Nelson. "Um dia ele apareceu na escola com o cabelo curto, espetado e pintado de rosa. Isso impressionou todo mundo. Nathan e Danny foram os primeiros punks da escola." Os alunos mais jovens do colégio Wilson estavam atentos às mudanças nas atitudes e no jeito de vestir de Strejcek e Ingram. Esses jovens alunos, e muitos outros adolescentes da capital, também passaram a escutar a WGTB, em especial o programa da Harper, e isso era a conexão deles com tudo que estava acontecendo. E, naturalmente, eles também começaram a se aventurar na loja *Yesterday And Today*, em busca de discos de punk rock.

X X X

Lá pela metade de 1978, a WGTB tinha atingido seu ápice de audiência e influência. E isso acabou causando um grande problema para a administração da Universidade de Georgetown. Os esforços da Universidade para "domar" a estação haviam claramente falhado, e a tensão tinha novamente se instalado entre a WGTB e a administração. A comunicação entre a equipe da rádio e o administrador geral, Robert Uttenweiler, era praticamente inexistente.

Ao mesmo tempo, aconteceu uma amarga ruptura em um outro ponto estratégico da cena punk local, a casa de shows Atlantis. Ao longo da primeira metade de 1978, o "casamento de conveniência" entre o clube e seus frequentadores foi desmoronando. O proprietário Paul Parsons estava descontente com a baixa venda de bebidas alcoólicas, até mesmo nos shows mais lotados. Como se sabe, é da venda de bebidas que os clubes tiram a maior parte do seu lucro. Resultado: ele começou a proibir a entrada de menores nos shows.

O Atlantis também parou de agendar shows de bandas como White Boy, Rudements e Ebenezer & the Bludgeons, pois elas atraíam um público mais jovem, que não bebia. A personalidade autoritária de Parsons, somada com suas práticas questionáveis de negócios, aumentaram ainda mais a tensão. Kim Kane se recorda: "Infelizmente, Parsons e seu assistente Kevin DuPlain eram totalmente desagradáveis e loucos. Eles não gostavam de pagar as bandas. E, se não gostassem da banda, eles literalmente a tiravam do palco no meio do set ".

Além disso, Parsons passou a perseguir seus críticos, como Mike Heath e Rob Kennedy, que relataram na *Vintage Violence* o incidente ocorrido entre Parsons e os Cramps, num show caótico da banda no Atlantis, em abril de 1978. "O Cramps fez um show selvagem, maluco e totalmente desinibido, e Parsons ficou em choque", disse Heath. "Ele ficou com medo que a banda quebrasse os móveis do lugar. Para nós, era um pouco difícil de entender aquela situação, afinal ele era dono de um clube punk, e o Cramps era uma banda punk de verdade. O que ele esperava? No final, ele acabou fodendo com os caras, roubou dinheiro deles. Rob – que era amigo dos Cramps – veio até mim e disse, 'temos que escrever sobre isso!'. Então nós escrevemos." Tempos depois, quando voltou ao Atlantis, Heath foi chutado para fora. Kennedy teve uma recepção ainda mais dramática. "Parsons literalmente o algemou e chamou a polícia", contou Heath.

Em meados de 1978, a enorme quantidade de reclamações levou a um grande boicote ao Atlantis. Os punks de DC se viram numa posição irônica: estavam boicotando o único clube punk e new wave da região. De todo modo, o boicote funcionou. Em agosto de 1978, menos de 200 ingressos (1100 estavam disponíveis) foram vendidos para um show do Dead Boys no Teatro Ontário. O show foi promovido pelo Atlantis.

Não havia nenhum clube para substituir o Atlantis. Assim, várias bandas voltaram ao esquema de tocar em tradicionais bares de rock, ou conseguir shows ocasionais em galerias e espaços de arte. A gravadora Limp Records ajudou a organizar algumas "cervejadas" em galpões alugados da Legião Americana. Aconteceram reuniões para falar sobre a abertura de um clube para competir com o Atlantis, mas ninguém parecia ter o dinheiro necessário.

Keith Campbell (Controls, Nice Guise) resumiu a frustração daquele momento: "Ou você era um traíra e tocava no Atlantis, ou era um radical e tocava apenas em festas fechadas para garotos bêbados se rastejando aos seus pés". Campbell tinha acabado de sair do Nice Guise, e montou a banda DCeats, com Harrison Sohmer (ex-Overkiller), Vic Quick e Martha Hull, que havia saído do Slickee Boys de modo inesperado. A saída de Martha foi o segundo golpe para o Slickee Boys em poucas semanas. Howard Wuelfing tinha acabado de sair para formar a banda Nurses, ao lado do guitarrista Marc Halpern e da tecladista Shelly Dietrick. Desfalcada dos seus dois vocalistas, a banda encarava um futuro incerto.

O boicote contra o Atlantis aumentou a distância entre o Urban Verbs e alguns dos seus antigos amigos e parceiros. Ainda que as lembranças sobre isso sejam diferentes (Roddy Frantz se recorda de apoiar o boicote, enquanto Robert Goldstein se lembra de desprezá-lo), o Urban Verbs foi visto por muitos como a banda que não aderiu ao boicote. De fato, olhando para o passado, o Urban Verbs tinha muito mais a perder com o boicote do que a maioria das outras bandas locais. Desde a abertura do Atlantis, o Urban Verbs havia se tornado uma das bandas mais populares da cena. Quem descobriu o lugar foi Goldstein, e ele entendia melhor do que os outros a realidade financeira de Parsons. Além disso, a banda não tinha nenhum problema com ele (Parsons), e o prédio continuava sendo seu lugar de ensaios.

Fora isso, Goldstein não pretendia ser membro de uma banda estritamente local por muito tempo. "Desde o começo eu achava que o Urban Verbs poderia ir além da comunidade local, e ser uma banda mais reconhecida", ele disse. "Por isso não estava interessado em me envolver com briguinhas políticas, como esse boicote".

Esse racha anunciava o início de duas cenas distintas: um grupo mais *roots*, associado ao Razz e ao Slickee Boys, e um contingente mais art-punk, liderado pelo Verbs.

A tensão foi temporariamente desarmada com a "rendição" da administração do Atlantis, que resolveu acatar a maioria das demandas da comunidade punk. Com ou sem a adesão dos Verbs, o boicote foi suficiente para convencer Parsons e DuPlain, que fizeram esforços mais significativos para agradar as bandas. "Foi muito legal", diz Kim Kane, "Parsons nos convidou, e se rendeu às nossas demandas. O boicote foi um ato político que realmente deu certo". Apesar disso, a cena do Atlantis nunca mais foi como antes.

X X X

O sucesso comercial de bandas como The Cars e Blondie fez com que alguns músicos locais considerassem a possibilidade de acordos com *majors*, especialmente após a Warner Brothers ter contratado o artista local Root Boy Slim and the Sex-Change Band, em 1978. Mas o primeiro álbum punk da região (tirando as 100 cópias do *Separated Vegetables*) foi *30 Seconds Over DC: Here Comes the New Wave!*, lançado pela Limp Records. A coletânea (selecionada por Skip Groff e David Howcroft, um DJ da WGTB) trazia 16 nomes da cena local. Tanto o título do álbum (tirado do filme *30 Seconds Over Tokyo*, sobre o bombardeio dos EUA na cidade durante a Segunda Guerra Mundial, e que também inspirou uma música da Pere Ubu) quanto a sua arte (um desenho de Kim Kane que retratava um ataque aéreo num monumento de Washington) sugeriam que o disco era uma declaração de guerra cultural.

No encarte do álbum, críticas à disco music, ao heavy metal e aos clubes locais; por outro lado, exaltava a WGTB e a possibilidade de construir uma cena local forte, para que as bandas não precisassem mais migrar para Nova York e Los Angeles, capitais da indústria musical. A música "The Break", do Penetrators, abordava a mesma questão de modo mais discreto: "How much can we take?/This shit has got to break/Our future is at stake/So be different for your own sake!" ("Quanto podemos aguentar?/Essa merda tem que parar/O nosso futuro está em jogo/Então, seja diferente para o seu próprio bem!").

Algumas faixas desse disco aceitaram prontamente esse desafio! O Slickee Boys e o Rudements participaram com registros ao vivo, o primeiro com a enérgica "Attitude" e o segundo com "Imagination". "I Can Explain", do Nurses, é um tesouro pop cru; o White Boy contribuiu com a raivosa "I Hate".

No entanto, a faixa mais marcante desse disco foi "I Want Something New", do Half Japanese. A banda era formada por Jad e David Fair, dois irmãos muito diferentes fisicamente, mas que usavam o mesmo tipo de óculos de nerd. Os irmãos Fair compartilhavam com o espírito livre do White Boy, mas substituíram a estética bruta por um drama juvenil desajeitado e idealismo rock. Inspirados nos Stooges, Patti Smith e

Jonathan Richman, a dupla pegou uma guitarra desafinada, uma bateria e criou um barulho infernal. No meio da cacofonia, Jad gritava: "No more Beatlemania/Once is enough/We will not buy your records, no/Once is enough/Don't let them sell you old--fashioned mania/Once is enough!" ("Nada mais de Beatlemania/Uma vez é o suficiente/Nós não vamos mais comprar seus discos/Uma vez é o suficiente/Não os deixe vender manias ultrapassadas/Uma vez é o suficiente!"). Depois de 100 segundos de caos, eles pararam e chamaram isso de música.

E, por incrível que pareça, funcionou. Comparado com o espírito explosivo de "I Want Something New", boa parte do resto de *30 Seconds Over DC* parecia trivial. Mesmo assim, é difícil não admirar a diversidade dessa coletânea. Faixas como "No Fun", um frágil blues punk de Mark Hoback, "Knocking Down Guardrails" de Tina Peel, "Murder One" do Young Turds (cuja mórbida letra foi ofuscada pela inspirada interação entre sax e guitarra), "Everytime You Give Me a Call", uma canção anti-amor de Billy Synth, "Jet Lag Drag" do Chumps ou "Martyr Me" do Judie's Fixation, mostravam quão longe a cena tinha chegado desde a tumultuada estreia do Overkill no Keg, pouco mais de dois anos antes.

X X X

A cena punk apresentada em *30 Seconds Over DC* tinha se formado em bairros e campi predominantemente brancos, no lado oeste da cidade, que era também a localidade do colégio Wilson e de seus jovens punks. Em 1978, contudo, o punk atravessou o Rio Anacostia, em direção aos distritos do lado leste, de esmagadora maioria negra. Dois adolescentes negros foram os responsáveis por isso: Sid McCray e Darryl Jenifer.

McCray vinha de uma família de militares, que havia se mudado para o sudoeste de DC durante os tumultos que se seguiram ao assassinato de Martin Luther King Jr., em 1968. Darryl, por outro lado, era nativo de DC, e veio de um lar estilhaçado, mudando frequentemente de um membro da família para outro. No início de 1970, ele se mudou para a mesma rua de McCray, e os dois se tornaram inseparáveis.

Um dos interesses que compartilhavam era a música. Além da black music daquela época, eles também curtiam o que Jenifer chamava de "doomsday music" ("música do juízo final"): Black Sabbath, Kiss, Budgie e Led Zeppelin. Entretanto, no final dos anos 1970, o heavy metal não parecia mais potente para eles. "Já não trazia mais energia", lembra-se McCray.

Então, num dia em 1977, McCray assistiu uma reportagem sobre o punk britânico na televisão. Intrigado, no dia seguinte comprou os álbuns do Sex Pistols e do Damned. O impacto dessa música – tão nova e crua – foi imediato, dramático e transformador, ainda que inicialmente destrutivo. "Fui para casa e coloquei os discos para tocar", ele disse. "Tive um acesso de fúria e detonei meu quarto!". Com uma vaga consciência de que havia uma cena local, McCray começou a fuçar, e então encontrou o Atlantis.

"Sempre gostei da parte rebelde do punk", explica McCray. "Estava me sentindo frustrado, pois o *establishment* estava matando todos nossos líderes – Malcolm X, Luther King, os Panteras Negras. Naquela época, só havia 'música de festa', tá ligado, aquele velho clichê sexo, drogas e rock'n'roll. Acho que senti que era hora de começar a pensar sobre as coisas, de questionar a autoridade. Basicamente, o punk estava me dizendo isso: 'Não aceite essas coisas como sendo verdadeiras, sem ao menos tê-las checado antes.' Era a hora de se rebelar e de entender o que estava acontecendo."

McCray começou a dividir sua nova paixão com Jenifer, mostrando para ele Pistols e Damned, assim como novas descobertas, tipo Eater e o rapidíssimo Dickies. Jenifer gostou muito do que ouviu, mas estava mais interessado em se juntar a uma banda de jazz fusion, que estava se formando em um outro bairro com os irmãos Paul e Earl Hudson e seu amigo Gary Miller.

Paul era o irmão mais velho e o idealizador dessa nova banda. Assim como McCray, eles também eram de uma família militar e já tinham morado em várias partes do mundo. Quando o pai deles se aposentou das Forças Aéreas, no início dos anos 1970, a família Hudson se fixou no subúrbio de Maryland.

Paul Hudson era um excelente atleta e tinha uma mente muito criativa, mas seu espírito livre fez com que tivesse muitos conflitos com seu pai, que tinha uma visão mais convencional das coisas. Sentindo-se pressionado após ter se formado no colégio em 1975, ele foi (sem o menor entusiasmo) para a Escola Preparatória de Medicina, apenas para ser reprovado. "Eu ia, me sentava na frente, bem na frente dos professores, e os desafiava o dia inteiro!", Hudson relembra . "Chegou uma hora em que me senti entediado com a escola, e realmente entediado com a vida de uma forma geral. Estava bem claro que não poderia ser um médico. Isso era o que meus pais queriam que eu fizesse. Eu tinha que tomar uma grande decisão, e tinha que ser logo."

Hudson tinha um grande amor na vida: a música. Ele passou os primeiros anos de sua vida em Liverpool. Os seus pais costumavam chamar os filhos para cantarem juntos as canções dos Beatles. "Desde aquela época eu sabia que, de alguma forma, teria que tocar música", recorda-se Hudson. "Mas nunca levei isso muito a sério. Eu costumava compor músicas, mas nunca mostrava para ninguém."

Após cair fora da escola, Hudson trabalhou como segurança no estacionamento de um hospital. Ele teve contato com drogas pesadas, incluindo heroína, e engravidou uma mulher. Quando seu filho nasceu, em 1977, seu futuro parecia sombrio. "Um dia estava em casa, deitado no sofá da sala, e meu pai chegou, me viu e começou a falar 'O que você está fazendo com a sua vida?'. Ele falou sem parar", recorda-se Hudson. "Daí eu disse, 'Pai, eu quero ser músico'. Ele ficou puto e falou, 'Cara, vai fazer alguma coisa útil, vá ler um livro ou sei lá!'"

Furioso, Hudson foi até a prateleira de livros do seu pai. "Eu peguei o primeiro que vi, sentei-me e comecei a ler". O livro era *Think and Grow Rich (Pense e Enriqueça)* de Napoleon Hill, um precursor do gênero autoajuda. Supostamente inspirado na conversa com um magnata da indústria chamado Andrew Carnegie, Hill escreveu e publicou o livro durante a Grande Depressão (década de 1930).

As ideias de Napoleon Hill cativaram Paul Hudson. Tratava-se de um mix estranho de slogans de pensamento positivo, súplicas para ler a Bíblia e um espiritualismo new age que apelava para um poder sobrenatural da mente. O conceito central era o *PMA* – *Positive Mental Attitude* (Atitude Mental Positiva). De acordo com Hill, essa ideia – discutida em *Pense e Enriqueça*, mas apenas nomeada num segundo volume, *Sucesso Através de uma Atitude Mental Positiva* –era a "chave mestra para o sucesso", que ajudara pessoas do calibre de Thomas Edison, Helen Keller, Abraham Lincoln, Henry Ford e Gandhi a alcançarem seus objetivos.

"Definição de propósito" era algo fundamental na filosofia de Napoleon Hill. A pessoa tinha que saber o que queria, para se focar inteiramente na obtenção do resultado. Essa concentração intensa demandava a prática regular de preces, e um processo quase hipnótico chamado "autossugestão", além de outros rituais místicos. Hill enfatizava que: "Objetivos são alcançados porque a pessoa que procura concentrou toda sua energia para um propósito pré-definido".

Hudson começou a aplicar os princípios da Atitude Mental Positiva nas suas ambições musicais. Ainda que não estivesse interessado no aspecto financeiro, ele ficou encantado com o chamado de Hill para uma grande missão: "*Pense e Enriqueça* teve um grande impacto na minha vida. Serviu como um auxílio para que eu pudesse definir direções, e assim começar minha vida na música. A mente controla a matéria, você pode fazer isso! Então, com 18 anos, eu disse 'vou montar uma banda!'"

Ele levou sua ideia (de uma banda baseada nas teorias de Napoleon Hill) para seu amigo de bairro, Gary Miller, que tocava baixo. Miller trocou o baixo pela guitarra, e começou a ensinar Hudson a tocar baixo. Earl Hudson, seu irmão mais novo, assumiu a bateria. Outros amigos, incluindo Jenifer, passaram pela banda. A banda deveria se chamar Mindpower, nome tirado diretamente dos livros de Napoleon Hill. "Queríamos um nome que representasse o que achávamos que era a necessidade da juventude, o que nós e nossos amigos necessitávamos ", Hudson disse. Embora alguns amigos tenham tirado sarro desse interesse de Hudson pela Atitude Mental Positiva, Miller, Jenifer e Earl Hudson também começaram a estudar a obra de Hill.

Hudson era o guia ideológico da banda, mas Miller logo assumiu a liderança musical. A banda de jazz fusion Return to Forever (cujos membros eram da cientologia) era uma grande influência. Mesmo assim, Miller disse que "não estávamos tocando fusion de verdade, embora creio que podia ser chamado assim porque nossa música era uma mistura de tudo que aparecia."

Uma das máximas de Hill era "Faça agora!". Assim, após terem ensaiado por apenas algumas semanas, o Mindpower fez seu primeiro show no porão da casa da família Hudson. Eles distribuíram panfletos para os garotos do colégio e amigos da vizinhança, e conseguiram arrastar um bom público. Porém, musicalmente o show foi um desastre. O set começou meio tímido, depois ficou ainda mais tímido quando Jenifer foi acometido por medo de palco, forçando a banda a improvisar. O público começou a vaiar e atirar coisas. "Foi um fiasco total", admite Hudson, uma história tristemente confirmada pelos demais integrantes da banda.

A banda inteira sofreu com essa experiência desastrosa, mas o show foi um golpe forte especialmente para Hudson. As pressões da paternidade somadas com um emprego sem muito futuro, transformaram seu próximo passo em algo crucial. Hudson retomou os estudos da obra de Hill, e uma nova série de mensagens pareceu emergir: "Se um plano falhar, tente outro. Transforme derrota em sucesso. Esteja sempre preparado para tentar algo novo".

"Eu lembro de conversar com Gary e Darryl, e dizia que precisávamos fazer algo original, que tínhamos que pensar num som tão novo e inovador que ninguém mais pudesse copiar", disse Hudson. Como esse som seria, entretanto, não estava muito definido. Então Jenifer levou o Mindpower para um encontro com Sid McCray.

Embora McCray e Jenifer fossem bons amigos, os outros membros da banda não conheciam McCray direito, e não faziam ideia de que ele tivesse sido transformado pelo punk. Assim, eles foram surpreendidos pelo novo McCray, que usava jaqueta de couro e correntes, com um cabelo cortado e enfeitado com mechas descoloridas. E o espanto aumentou quando McCray mostrou para eles alguns dos seus novos discos favoritos, de bandas como Sex Pistols, The Damned, The Clash e Dead Boys. Mesmo tendo crescido com Beatles, Stones e ainda gostando de rock, Hudson era o mais chocado.

"Nós não sabíamos nada sobre nenhuma dessas bandas", Hudson relembrou anos depois. "Eu fiquei lá criticando, e Darryl, que era o cara do rock, fã de Black Sabbath e todas aquelas coisas, me disse, 'Ei cara, qual é? Você não está entendendo'". Enquanto Jenifer defendia obstinadamente essa estranha nova música, algo mudou de posição na cabeça de Hudson. Com um sorriso largo, ele virou para o resto da banda e perguntou: "Por que não tocamos um punk rock?"

1979

CAPÍTULO TRÊS

* *

SUPERTOQUE

* *

UMA MULTIDÃO BARULHENTA E VESTIDA DE MODO POUCO CONVENCIONAL chegava ao Salão das Nações, na Universidade de Georgetown, para um show com Cramps, Urban Verbs e D'Chumps. O clima sugeria um funeral ou um possível motim.

De certo modo, essas emoções contraditórias faziam sentido. Três dias antes, 31 de janeiro de 1979, a WGTB havia sido tirada do ar por Timothy Healy, reitor da Universidade de Georgetown. O seu transmissor tinha sido vendido por um dólar e sua frequência transferida para a Universidade do Distrito de Columbia. Por isso, o show era um evento paradoxal: um show beneficente para uma estação de rádio que não existia mais.

Essa crise vinha sendo construída desde maio de 1978, quando o reitor Healy anunciou que a rádio era um "passivo financeiro" e poderia ser fechada. No começo, poucos acreditaram que isso poderia realmente acontecer. "A estação de rádio tinha um histórico de ser tirada do ar por breves períodos de tempo, por não apoiar a própria Universidade", lembrou Xyra Harper. "Quando ficávamos um pouco mais radicais, eles nos tiravam do ar por um tempo".

Nem mesmo uma petição assinada por 20 mil ouvintes seduziu Healy. Dessa vez, a rádio não foi simplesmente silenciada por um tempo, mas sim vendida, tornando qualquer *revival* impossível.

Os motivos exatos para o fim da WGTB permanecem sem explicação. Embora a rádio tenha irritado a administração por uma década, Healy jamais admitiu outra explicação que não fosse financeira. Como uma frequência de rádio FM tinha um imenso valor em potencial – e a Universidade literalmente se desfez da sua licença – essa explicação parece implausível.

A programação de punk e art-rock provavelmente não foi a questão crucial. Para uma estação de uma Universidade jesuíta, a programação gay e lésbica da WGTB e os anúncios do serviço público de aconselhamento sobre aborto eram mais polêmicos. A pior ofensa da estação, contudo, foi algo mais banal: a falta de vontade da estação de transmitir os jogos de basquete da Georgetown nos sábados à noite. "Eu sei que isso parece realmente uma razão terrível para ter perdido a estação, mas foi o que aconteceu", disse Harper.

Se o fim da WGTB foi um alívio para a administração da universidade, para a comunidade punk foi um golpe duro. "O fim da WGTB foi um tremendo golpe", disse Mike Heath. "Eu chorei. Um monte de gente chorou."

Um pouco dessa tristeza e dessa raiva foi expressado numa disputada e espirituosa manifestação, que aconteceu nos degraus do prédio da administração da universidade na tarde de 3 de fevereiro. As emoções ainda eram muito evidentes quando o Salão das Nações se encheu de punks. A perda da WGTB foi o fim de uma era. Mas, naquela noite, o passado do punk de DC iria conhecer o seu futuro.

O show foi aberto para todas as idades e foi muito promovido durante as últimas semanas em que a WGTB esteve no ar. Dessa forma, muitos adolescentes que ouviam a WGTB estavam lá, e muitos deles assistindo um show de punk rock pela primeira vez.

Dentre esses debutantes, boa parte da galera do skate do Colégio Wilson, que ainda usavam os cabelos longos, típicos dos meninos do final dos anos 1970. Lá também estava um garoto de 13 anos chamado Guy Picciotto, que estudava num colégio em período integral. "A WGTB era a única estação que tocava bandas um pouco mais alternativas. Foi assim que ouvi pela primeira vez bandas como Adverts", disse Picciotto. "Por isso foi muito duro ver a rádio acabar".

Essa tristeza também foi sentida por David Byers – um jovem negro de uma escola católica chamada Arcebispo Carroll – que também estava lá naquela noite. "A primeira vez que ouvi alguma coisa legal foi na WGTB. Foi dolorido perdê-la", ele disse. Aquele foi o primeiro show punk para Byers e seu amigo Chris Haskett, que o acompanhava naquela noite.

Enquanto esses garotos se misturavam – anonimamente – na multidão, um outro grupo de novatos não conseguia passar despercebido. Parados perto da entrada, esses garotos punks negros, com um visual muito diferente, entregavam flyers de um show. Sua aparência imponente combinava com as hipérboles destacadas em negrito naqueles flyers: "A banda mais rápida do mundo", "Devastadora", "Você está preparado? Nós estamos", estavam entre as frases que divulgavam o show da sua nova banda, Bad Brains.

O Bad Brains era o Mindpower que se tornou punk, com um novo visual e um novo som. Paul Hudson, Gary Miller e Darryl Jenifer tinham até novos nomes: "HR Brain", "Dr. Know" e "Darryl Cyanide", respectivamente. Apenas Sid McCray (que sairia da banda em breve) e Earl Hudson não assumiram novas identidades.

Um outro livro agora fazia companhia aos trabalhos de Napoleon Hill no direcionamento da banda: *1988 – The New Wave Punk Rock Explosion*, uma antologia dos artigos de Caroline Coon sobre o Sex Pistols, Clash, Damned e Slits. Depois de ler esse livro, o Bad Brains adotou o estilo punk com mais veemência ainda. "Nós criamos muitas das nossas roupas, nossos amigos nos ajudavam a costurar", HR relembra. "Quando descobrimos o punk, essa foi uma das coisas mais legais. Você fazia sua música, fazia suas roupas, você podia criar tudo!"

Porém, a moda não era o ponto central para eles. "Nós apoiamos a militância que já vinha ocorrendo no punk rock", disse Jenifer. "O lema era 'se você tem alguma coisa para dizer, então diga'. Nós ficávamos putos por ver nosso povo acreditando em ilusões criadas pela sociedade".

A mudança da banda tinha sido repentina, porém sincera. "Se alguém me falasse que estávamos procurando um artifício para chamar a atenção, eu diria que estava errado", disse HR. "Não estávamos procurando um artifício. O que estávamos procurando era o que todos os músicos procuram, ou seja, criar algo. Essa é a diferença entre um vendido e quem é de verdade. É uma linha muito tênue. Existem os que fazem música porque alguém pede para que façam – para ser popular –, e tem aqueles que fazem música por amor, porque é o que eles precisam fazer. Quando ouvimos punk rock, dissemos 'É aí que a energia está!'"

O Mindpower tirou o seu novo nome de uma música do quarto álbum dos Ramones, chamado *Road to Ruin*. Embora Jenifer não gostasse muito do disco, o título da música grudou na sua cabeça. HR: "Estava conversando com Darryl sobre um novo nome pra banda, e disse que tinha que ter algo a ver com a mente, e tinha que ser mau, mas 'mau' no sentido que a palavra tinha na rua, que era algo foda. Então ele disse: 'Bad Brains!'. E eu disse 'é isso'. Só depois ele me contou sobre a música dos Ramones". Com sua ênfase no poder da mente para transformar a realidade, o uso do título pela banda inverteu o significado original da música dos Ramones.

A renovada banda se mudou para uma casa alugada em Forestville, no subúrbio de Maryland. Lá eles ensaiaram sem parar, preparando-se para ressurgir. E aproveitaram para divulgar bastante o show durante o evento da WGTB, afinal o lugar estava lotado.

O Bad Brains chamou a atenção de muitos que estavam lá. "O HR tinha pequenos dreadlocks e a lateral da cabeça raspada", recorda-se Ian MacKaye. "Ele vestia uma jaqueta tipo do Johnny Rotten, com um monte de porcarias penduradas. Darryl tinha o cabelo descolorido de um lado, Earl tinha a cabeça raspada, e Gary costumava usar trajes cirúrgicos sujos de sangue, máscaras e coisas do gênero. Quando eles davam um rolê por Georgetown, eram os desgraçados mais assustadores que você já tinha visto."

No palco do Salão das Nações, a antítese dos inexperientes Bad Brains: Urban Verbs, uma banda *cool*, artística. Graças a uma demo-tape produzida pelo cultuado Brian Eno, o Urban Verbs assinaria em breve com a Warner Brothers. Firme e energética, mas também melancólica e atmosférica, a banda tinha muita presença de palco. Bob Boilen, um dos organizadores do show, descreveu o grupo dessa forma: "Uma assombrosa síntese de poesia beat e rock'n'roll". Naquela noite, no entanto, eles foram ofuscados pelo Cramps, que fez dois sets, um antes e um depois dos Verbs.

O Cramps (uma banda punkabilly nova-iorquina que tocava com frequência em Washington) já tinha um bom número de fãs em DC. O vocalista Lux Interior abriu com uma leve provocação ao show dos Verbs: "Aquilo foi um show ou uma dança? Bom, a parte do show acabou." A plateia se agitou quando o vocalista começou a se contorcer, subiu nas caixas de som e se atirou no público, levando para o palco o terror de filmes B presente nas músicas da banda. As pessoas começaram a subir nas mesas, para ver melhor o palco, e então as mesas foram caindo, uma a uma.

Os adolescentes na plateia, acostumados com o anonimato nos shows no Capital Centre, estavam petrificados. "As pessoas estavam quebrando janelas, jogando cadeiras para todos os lados", Guy Picciotto se recorda maravilhado. "Não dava pra saber o que o Lux faria em seguida. Ele parecia totalmente descontrolado! Aquilo virou um caos. Mesmo cagando de medo, eu pensava: 'isso é a melhor coisa que já vi na vida!'"

O fato é que já havia um sentimento de raiva no ar, pelo fim da WGTB, e o show do Cramps acabou canalizando essa raiva. "Sim, as pessoas estavam com raiva da Georgetown pelo que fizeram com a rádio", disse Picciotto. "Havia um ar de total desespero, pois as pessoas tinham perdido sua única conexão com a contracultura. É claro que muitos estavam apenas zoando, mas muitos estavam lá para protestar."

No final do show, o salão parecia um campo de batalha. O seguro contratado por Boilen e pelo coorganizador David Howcroft cobria 775 dólares em danos, permitindo assim usar o lucro da noite para financiar outros eventos. O show pode até não ter salvado a WGTB; mas para alguns espectadores, tudo havia mudado.

"Eu nasci de novo", brincou Picciotto. "Eu tinha 13 anos, e só tinha visto shows de rock em grandes arenas, de bandas como Kiss e Aerosmith. Aí, de repente, estava ali, com a banda a poucos metros de distância, tocando com muita intensidade, e o público reagindo de modo visceral. Experimentar essa interação foi algo que abriu minha mente".

"Naquela época eu achava que Ted Nugent era a coisa mais selvagem que existia, então o show do Cramps mudou totalmente minha vida", revela Ian MacKaye. "Era simplesmente inacreditável. A coisa mais foda que já tinha visto. Era tudo aquilo que imaginava que o rock'n'roll deveria ser. Então eu pensei, 'é isso, sou um maldito punk rocker'".

Algumas semanas depois, Ian MacKaye e Jeff Nelson foram assistir o primeiro show do The Clash em DC. E foram de cabelo cortado. "O show do Salão das Nações foi o primeiro que nos fez querer ter uma banda", disse Nelson. Ele e MacKaye se aliaram com Mark Sullivan e um amigo do colégio, Geordie Grindle, um vocalista e guitarrista com experiência em bandas cover. MacKaye nunca tinha tocado baixo e Nelson tampouco havia tocado bateria, mas eles decidiram aprender. Para criar o nome da banda, juntaram o nome da sua *junk food* favorita, o bolinho Twinkies, com o verbo "to slink" ("esgueirar"): nascia The Slinkees.

A banda começou tocando covers ("Louie Louie", "At the Hop" e " No Fun"), e depois acrescentaram músicas que tiravam sarro dos hippies ("Deadhead" para zoar com o Grateful Dead e "Dead Bird" para sacanear o Lynyrd Skynyrd). Outra música celebrava a típica dieta adolescente, "I Drink Milk". Em "Conservative Rock", Sullivan dizia: "We don't sit in circles/We don't meditate/We don't eat health food/Cuz Cokes and Twinkies are great" ("Nós não sentamos em círculo/Nós não meditamos/Nós não comemos alimentos saudáveis/Porque Coca-Cola e Twinkies são demais"). Tempos depois, MacKaye chamaria esses sons de "minhas primeiras músicas de protesto".

X X X

Assim que o Slinkees começou a tocar, o Atlantis fechou as portas. Em uma entrevista ao *Washington Post*, o dono Paul Parsons colocou toda a culpa na clientela: "Todos os finais de semana os punks bagunçavam o lugar, arrancavam a fiação, detonavam os banheiros e ficavam andando pelo prédio como vândalos". O jornal não se preocupou em mostrar o lado dos frequentadores ou das bandas, que poderia ter revelado que Parsons violava códigos de incêndio, não respeitava leis a respeito de bebidas alcoólicas, mentia para as bandas sobre equipamento e grana, bania jornalistas (e até algemou um deles), foi processado por várias bandas e até sofreu um boicote.

O Bad Brains queria muito tocar no Atlantis, até compôs uma música chamada "Jamming at the Atlantis". Já havia, de fato, a promessa de uma data, mas a casa fechou antes disso. Eles não se abateram, e continuaram a marcar shows no porão. Isso impressionava até mesmo os mais velhos de guerra. Kim Kane relembra: "Os shows tinham um clima das antigas festas caseiras de rhythm and blues. Gente esparramada por todos os cantos, buracos nas paredes, muitos jovens punks de DC abarrotados no porão, ouvindo esses caras tocando com fúria e uma velocidade demoníaca. A energia deles era incrível."

Além dessa avassaladora e caótica performance, a banda tinha um estilo único. "Estávamos buscando um som original, e trazendo todas nossas referências do jazz, rock, funk", disse Dr. Know. As letras estavam cheias de referências à Atitude Mental Positiva. Um conceito popularizado por um empresário branco, velho e rico, estava sendo levado ao punk rock por rapazes negros, inspirados por jovens ingleses que eles na verdade não conheciam. Parece confuso, mas para o Bad Brains tudo isso fazia sentido.

Um dos elementos mais desafiadores nessa equação era a questão racial. Ao se tornarem punks, os integrantes do Bad Brains haviam entrado num mundo predominantemente branco. Na comunidade negra eles também enfrentaram problemas, pois a palavra "punk" era usada como um insulto homofóbico. E, na cena punk, o começo tampouco foi encorajador. Panfletando num show de metal no Keg, eles foram ofendidos e chamados de "nigger" por algumas pessoas, diz McCray. Noutra oportunidade, abrindo para o Slickee Boys em Baltimore, a banda foi recebida com insultos racistas e ameaças.

Howard Wuelfing, que estava no show, afirma que os provocadores eram "apenas garotinhos fazendo barulho". Mas Jenifer se recorda amargamente da reação racista que enfrentou naquela noite. "Algumas pessoas não podiam suportar que caras negros estivessem tocando rock."

O talento do Bad Brains foi logo reconhecido. Em março de 1979, apenas algumas semanas após a estreia da banda no porão, Skip Groff convidou Kim Kane para produzir o Bad Brains, numa gravação que ele havia arranjado no estúdio de Don Zientara. Groff admitiu que chamou Kane porque a banda o intimidava. "Eu sabia que a banda era muito boa, mas, francamente, eu tinha um pouco de medo deles". No dia da gravação, o Bad Brains se atrasou muito, e teve apenas uma hora para gravar e mixar sete músicas. Kane relembra: "Metade desse tempo eles usaram só para microfonar a pedaleira caseira de Darryl. Por causa disso, Gary (Dr. Know) teve que dobrar todas as guitarras de uma vez só, enquanto a fita rolava". Ele conseguiu, e fez de primeira. Impressionado, Kane disse que "a pegada e a velocidade deles estavam incríveis naquele dia".

O Bad Brains saiu na segunda edição de um novo fanzine, *The Infiltrator*, idealizado por uma ex-funcionária da WGTB, Mary Levy, com a ajuda dos ex-DJs e colegas Xyra Harper e Chris Thompson (ex-baterista da banda Look, e depois Tiny Desk Unit). Na mesma época, Howard Wuelfing começou a fazer seu próprio zine, o *Descenes*. O aparecimento desses dois fanzines foi muito importante para a comunidade punk de DC. Bem como a volta do Slickee Boys, que reapareceu com o vocalista Mark Noone. A banda começou a tocar direto, mostrando seu novo material, como "Gotta Tell Me Why", um grudento hit escrito por Noone. O sucesso de bandas como o Cars fazia crer que o som power-pop do Slickee tinha potencial comercial. "Gotta Tell Me Why" era, até o momento, a coisa mais profissional e *mainstream* que eles haviam feito.

Ted Niceley (baixista do Razz) coproduziu "Gotta Tell Me Why", e sua própria banda estava se direcionando para um som mais "ameno". O quinteto havia se tornado uma das principais atrações locais, por causa do seu som blues-punk e também pela presença de palco do seu vocalista Michael Reidy, mas os três compactos que o Razz lançou entre 1978 e 1979 mostravam uma tendência em direção ao power-pop.

Um dos motivos para esse novo direcionamento foi a entrada de um novo guitarrista, Tommy Keene. Ele foi o primeiro compositor produtivo da banda, mas não caiu nas graças de Reidy (vocal). "O Tommy chegava com as letras mais banais que você pode imaginar, e eu dizia, 'Tommy, não posso cantar isso'. Ele pegava mal", contou Reidy. "Ele também não curtia quando colocava minhas letras nas músicas dele. Porque minhas letras eram tipo 'Eu te odeio, eu me odeio, odeio todo mundo'. E ele dizia 'não acredito que você fez isso, você arruinou minhas belas canções!'"

A mudança tornou a banda mais "vendável", e vários jornalistas previam que o Razz logo iria para uma grande gravadora. Com a crescente visibilidade do gênero "new wave", várias bandas de DC começaram a pensar nessas possibilidades.

Se julgarmos apenas pela sonoridade, a melhor banda de power-pop de DC foi o Nurses, que em meados de 1979 era formado pelo trio Howard Wuelfing, Marc Halpern e Harry Raab. Apesar da habilidade como compositores, eles tinham uma atitude anárquica demais para uma banda *mainstream.* Wuelfing: "Era um pop meio niilista". Foi ele quem produziu o primeiro single do Tru Fax and the Insaniacs, banda que contava com Libby Hatch (ex-Shirker). Era um quarteto de punk pop bem melódico, comparado por alguns com o Blondie. Mas nem todas as bandas que vieram à tona nesse período tinham potencial comercial. Bom exemplo disso é a já citada dupla de irmãos Half Japanese, que havia começado a gravar seus sons de modo caseiro em 1974, moldando uma inaptidão baseada em absoluta sinceridade e pura paixão.

A inocência impetuosa do Half Japanese era genuína e atraente. Seus discos (que eles mesmos lançavam e vendiam) começaram a conquistar muitos admiradores. Quando a banda Chumps se separou, o baixista (Ricky Dreyfuss) e o saxofonista (John Dreyfuss) se juntaram ao Half Japanese, além do guitarrista Mark Jickling. Essa formação maior permitiu que a banda transportasse para os palcos as experiências captadas no seu *home studio.* Quando assinaram com um excêntrico selo independente do Reino Unido, chamado Armageddon, os irmãos Fair aprontaram mais uma de suas fanfarronices: seu primeiro álbum (*½ Gentlemen/Not Beasts*) foi um disco triplo!

Em função da crescente influência de Jake Whipp, o White Boy também estava desenvolvendo um som mais comercial. O terceiro single da banda foi considerado muito *mainstream* até pelo seu próprio vocalista. "Comparando com as outras coisas que já fizemos, é um disco mais acessível", Mr. Ott afirmou numa entrevista naquela época. "Do ponto de vista do Jake Whipp, creio que é 'musicalmente mais competente', mas como não sou um músico, realmente não dou a mínima pra isso". Mr. Ott admitiu que a nova fase "não estava dando certo para mim". Então ele decidiu sair da banda, e o White Boy fez um show de despedida num bar chamado Louie's Rock City, no subúrbio de Virginia. "Eu já tinha feito tudo o que queria", ele disse para outro entrevistador. "Pensei sobre isso, e decidi que não estava à venda. Nem mesmo por muito dinheiro eu faria aquilo".

X X X

O Louie's Rock City foi um dos muitos clubes locais que começaram a aceitar shows de punk rock, mas só de vez em quando e nas noites mais fracas. Outro foi um bar de hard rock chamado Bayou, em Georgetown. Esse ficou famoso no meio punk não apenas por receber bandas de renome (Stiff Little Fingers, Undertones, 999), mas também pelos seus seguranças hostis e pela sua inflexível recusa em fazer shows para todas as idades.

Muitos menores se especializaram em falsificar identidade, ou em entrar pelas janelas e porta dos fundos. E muitos deles nutriam um grande ódio pelo Bayou, embora tenha sido lá que os punks adolescentes da região tenham visto pela primeira vez o Bad Brains, abrindo para o Damned, em 24 de junho de 1979. Quase ninguém tinha ido para ver o Bad Brains, mas a desconhecida banda roubou a cena. Anos depois, Kim Kane ainda fala com entusiasmo: "Foi um daqueles shows estupendos, um verdadeiro marco. Eu adorava o Damned, mas o Bad Brains engoliu os caras. Não havia comparação". Para os garotos que viram a banda pela primeira vez, foi uma revelação. Henry Garfield e a galera do colégio Wilson estavam lá, usando identidades falsas. "O Bad Brains colocou o Damned – com toda sua maquiagem – no bolso!". Os próprios membros do Damned ficaram impressionados. Kane se recorda: "Rat Scabies, baterista do Damned, ficou parado no meio do público assistindo a tudo, pasmo!". Depois do show, Scabies se ofereceu para ajudar o Bad Brains a conseguir shows na Inglaterra.

Como a banda não tinha dinheiro, isso parecia bem pouco provável. Mas, tocar fora de Washington era algo que HR queria fazer, principalmente depois do Bad Brains ter sido banido do Bayou. Nos subúrbios, as oportunidades eram ainda mais limitadas. Em agosto, o município de Prince George (através de um departamento que cuidava de bebidas alcoólicas) proibiu shows punk no Varsity Grill, um bar próximo ao campus da Universidade de Maryland, que já havia abrigado shows de bandas como Razz, Slickee Boys, Ramones e Bad Brains. "Esse tipo de música atrai pessoas indesejáveis", explicou um inspetor desse departamento. "Os cidadãos da área tinham medo de atravessar a rua para ir até seus carros". Como a ação não foi contestada, o conselho estendeu a proibição para outros estabelecimentos. A banda Original Fetish foi impedida de tocar na universidade por causa de seu nome "sugestivo". Apesar da proibição, o Varsity Grill tentou fazer um show, mas a administração pública exigiu que as bandas assinassem um documento afirmando que não eram uma "banda punk". As três bandas (Destroy All Monsters, Nurses e Penetrators) se recusaram a assinar, e o show foi cancelado.

No centro da cidade, a cena de DC procurou refúgio em espaços não comerciais. O Urban Verbs fez vários shows na galeria de arte Corcoran, e muitas bandas começaram a tocar no District Creative Space, mais conhecido como "DC Space". Mistura de bar e espaço de artes, o DC Space abriu no final de 1977. No começo, o que rolava mais era jazz, poesia e arte performática, mas logo se tornaria uma referência para a cena punk. Certa vez o Bad Brains tocou no segundo andar do DC Space, mas foi banido por um motivo muito prático: o público agitou de maneira tão vigorosa que o chão do prédio (do século 19) quase veio abaixo. Apesar disso, a banda acabou encontrando um espaço para tocar regularmente: uma cooperativa de arte situada no bairro Adams Morgan.

A cooperativa Madams Organ foi fundada no início da década de 1970 por um grupo de estudantes dissidentes da escola de arte Corcoran. Na segunda metade da década, o bairro passou por um processo de "enobrecimento urbano" e, com isso, muitos membros originais da Madams Organ acabaram saindo. Como muitos *yippies*[1] estavam começando a se interessar pelo punk, bandas como Nurses, Root Boy Slim e Bad Brains foram chamadas para tocar.

Petrificados pela energia do Bad Brains, Tommy Ashton e Russell Braen (colaboradores da Madams Organ) começaram a organizar mais shows no espaço. Com poucas oportunidades de tocar em outros lugares, as bandas estavam loucas para tocar. Em um mês, o espaço já estava recebendo dois shows por semana, e a música rapidamente começava a tomar conta de outras missões da cooperativa. Mas havia problemas. "O lugar era nojento, fedorento e mal administrado", disse Wuelfing. "Todos es-

1 N. de T.: Os yippies eram os membros da Youth International Party, um movimento de contracultura jovem e radical, que surgiu no final dos anos 1960 nos EUA, como uma espécie de desdobramento das lutas estudantis pela liberdade de expressão e contra a guerra do Vietnã.

tavam sempre muito putos com o som do lugar". Kane se relembra do mesmo: "Tinha o pior sistema de som do mundo: dois microfones e um alto-falante jurássico, e era isso! Sem monitores, sem nada."

As deficiências técnicas eram compensadas por outros aspectos: shows sem limite de idade e, basicamente, nenhuma regra. A Madams Organ virou a casa dos punks mais jovens. "Era um lugar onde eu podia encontrar pessoas que não estavam preocupadas com carrões, o jogo do Redskins ou com o cartão de crédito do papai", contou Garfield. "Eu me sentia isolado no meio desse tipo de gente. Os outros garotos do (colégio) Wilson ficavam juntos o dia todo, então pra mim era bem legal ver pessoas diferentes, amigáveis, num lugar onde todo mundo parecia meio doido, e onde você podia fazer o que quisesse. Na minha escola (Bullis) eu não podia fazer nada sem que me julgassem."

Até mesmo um detrator como Wuelfing admitiu que "a Madams Organ deu a várias bandas uma razão para existir, simplesmente por ser um lugar para tocar. Não havia muitas opções naquela época". Para o Bad Brains, que rapidamente se tornou a "banda da casa", era um paraíso. O talento e a energia da banda foram convertendo os artistas mais velhos da cooperativa, que eram um tanto reticentes em relação ao punk. Os fãs mais jovens, que já tinham "pirado" com o Bad Brains no clube Bayou, ficaram ainda mais embasbacados vendo a banda nesse esquema mais intimista.

"O Bad Brains era tudo pra gente", disse Henry Garfield. "Nunca vi nada como o Bad Brains de 1979 e 1980, nem antes nem depois. A impressão é que eles iam explodir bem na sua frente. E lá estávamos nós, 35 sortudos assistindo a maior banda do planeta, por dois dólares. O HR cantando bem na minha frente. Era assustador e incrível. Lembro-me de pensar: 'espero que ele não pule em cima de mim'... Alguns segundos depois, eu estava caído de costas no chão, com o HR gritando na minha cara. Esse foi um dos maiores momentos da minha vida".

Começava a ficar claro que o Bad Brains era algo realmente especial. Eles pareciam possuir o tal do "supertouch" (em tradução livre, "supertoque"), que cantavam numa de suas músicas: o poder de inspirar com sua energia, com sua presença.

X X X

Uma das bandas que o Bad Brains inspirou fez o seu show de despedida: o vocalista Mark Sullivan teve que ir para a faculdade, então o Slinkees marcou aquele que deveria ser o seu último show, ao lado de uma nova banda chamada Zones. Esse quarteto foi o primeiro a tocar uma versão punk para "Stepping Stone", do Monkees, uma música que depois se tornaria um hino do punk de DC.

Aconteceram problemas: o show mudou de lugar na última hora e a iluminação caseira do Zones não funcionou como planejado. "Apenas produziu uma grande nuvem de fumaça, que tomou conta da garagem e colocou um monte de gente pra fora, na chuva", relembra Alec MacKaye. Esse show acabou convencendo o restante do Slinkees a continuar com a banda. Nelson, Grindle e MacKaye decidiram continuar tocando várias músicas do Slinkees, mas mudaram de nome e de vocalista. Eles chamaram para cantar um dos pioneiros do punk no colégio Wilson, Nathan Strejcek. "Isso foi algo muito importante pra gente, porque víamos o Nathan como um pioneiro do punk, e nós estávamos só começando", disse Ian MacKaye. "Achávamos que ele ia esnobar a gente". Mas, para a surpresa da banda, Strejcek topou. "Eu nunca tinha cantado antes", ele se recorda, "mas o punk era assim mesmo, você achava algo que queria fazer, e fazia".

Com a entrada de Strejcek, o Slinkees passou a se chamar The Teen Idles. O primeiro show aconteceu no porão da casa de Strejcek, em dezembro de 1979. Nesse dia também tocaram o Zones e o Untouchables, que trazia no vocal o garoto de 13 anos Alec MacKaye, e mais três jovens punks do colégio Wilson, Bert Queiroz (baixo), Eddie Janney (guitarra) e Rich Moore (bateria).

X X X

A proibição aos shows de punk rock em Prince George foi revogada depois de um mês, mas continuava muito difícil para o Bad Brains arrumar um show lá. Quando encontravam um lugar para tocar, geralmente tinham que fazer muitas concessões.

Depois de ter lido no jornal *Overthrow* que o Clash havia feito shows gratuitos nas regiões mais carentes de Londres, o Bad Brains decidiu fazer o mesmo em DC, trabalhando em conjunto com um pessoal do *Rock Against Racism*. HR audaciosamente arrumou um show em Valley Green, um projeto de casas populares no sudeste da cidade. Para abrir o show, ele chamou o Trenchmouth. Graças à presença de palco à la Iggy Pop do seu vocalista (Charlie Danbury) e à guitarra afiada de Scott Wingo, a banda conseguiu ganhar alguns da plateia, formada na maioria por garotos e uns poucos adultos desconfiados. O público parecia se divertir, rindo do contorcionismo do vocalista ou tentando pegar no seu cabelo espetado; inclusive até derramaram uma lata de cerveja em cima do cara...

Enquanto o Bad Brains se preparava para tocar, mais pessoas (crianças e adultos) foram saindo de suas casas para ver o que estava acontecendo. A banda começou com um daqueles reggaes bem longos que eles estavam começando a testar nessa época. Moradores ainda desconfiados apareciam nas janelas, intrigados com o espetáculo, e outros permaneciam a uma boa distância do palco. Então a banda começou a disparar seu repertório mais rápido, e alguns garotos começaram a se aproximar, bem como uma galera mais velha. No final do set, uma boa quantidade de gente estava ao redor do pequeno palco. Nick English (uma espécie de quase empresário da banda na época) estava maravilhado com a habilidade do Bad Brains de ganhar uma plateia como essa, nitidamente não-punk: "No começo a plateia estava meio chocada, mas o HR tem esse jeito alegre, extrovertido. Ele é um líder nato, sabe como fazer contato com as pessoas, deixá-las a vontade."

Outro show gratuito, dessa vez no Lincoln Park (perto do Capitólio), não foi tão bem sucedido. "A polícia ficou circulando com cavalos", recorda-se Jenifer. "E o HR dizendo coisas como 'Por que não podemos ficar numa boa e fazer nosso show, sem que ninguém fique nos oprimindo?' Finalmente chegou um policial, desligou a porra toda e disse: 'Vão embora daqui! Acabou o show!' Parecia que eles não queriam que as coisas acontecessem pra gente em DC."

A música "Banned in DC" ("Proibidos em DC") foi feita pouco após esse acontecimento, e expressava uma raiva direta contra os clubes que fecharam as portas para a banda. A música também traz uma referência aos planos de tocar na Inglaterra: "Banned in DC/With a thousand other places to go/We gonna swim across the Atlantic/That's the only place we can go" ("Proibidos em DC/Com milhares de outros lugares para ir/Nós vamos atravessar o Atlântico/Esse é o único lugar onde podemos ir").

Nick English aconselhou a banda a não viajar sem permissão de trabalho. Ele avisou que jovens punks negros não deveriam esperar ser recebidos com flores na alfândega inglesa. HR escutou, mas continuou planejando. Depois de tocar em mais um lugar "tapa-buraco" em DC, o quarteto seguiu para Nova York, e depois Londres. Para levantar dinheiro para as passagens, o Bad Brains fez shows em clubes como o CBGB e o Pier One. Com a ajuda de algumas bandas nova-iorquinas (The Dots, The Stimulators e The Mad) e do seu crescente número de fãs, eles foram para a Inglaterra.

O ímpeto da banda de nunca desistir fez com que eles superassem várias adversidades, mas dessa vez não teve jeito. Quando o Bad Brains chegou ao aeroporto Gatwick, eles foram "escolhidos", detidos e interrogados na alfândega, exatamente como Nick English tinha avisado. Após terem sido forçados a ficar sentados no chão de um centro de detenção por horas, eles foram deportados. Para piorar, no meio dessa confusão todo o equipamento da banda misteriosamente desapareceu.

De volta a Nova York, o Bad Brains estava sem grana, sem instrumentos e sem lugar para ficar. Desesperado, HR ligou para Neil Cooper, dono do '80s Club, às três da manhã, para tentar um show de última hora e, assim, conseguir algum dinheiro para comer. Cooper ainda não tinha visto a banda, mas já sabia da fama. Ele concordou em deixá-los abrir um show na noite seguinte, para o Stimulators (eles permitiram que o Bad Brains usasse seus equipamentos). Como muitos outros, Cooper endoidou quando viu o Bad Brains pela primeira vez, e começou a ir em todos os shows.

Graças a outros shows usando equipamentos emprestados, o Bad Brains sobreviveu e conseguiu até gravar duas músicas que seriam o primeiro single da banda. "Pay to Cum" era o possível lado A, uma paulada de um minuto com uma letra provocativa e um *riff* de guitarra feroz. Super rápida, mas tocada com absoluta precisão, a música estava à frente do que havia na época dentro do punk.

Mesmo assim, ainda faltava um contrato e dinheiro para lançar o seu próprio single. As faixas permaneceram inéditas, enquanto a banda "falida" continuava a sofrer em Nova York por mais algumas semanas. No dia de Natal, o Bad Brains se encontrava no Exército da Salvação, na fila do sopão. "Nova York acabou conosco", disse Dr. Know. Três meses após terem deixado DC, o Bad Brains voltava para casa.

A banda logo estaria tocando novamente na Madams Organ. Ainda otimista, HR falou ao *Unicorn Times:* "Alguns pensam que a nova onda está morrendo, mas eu acho que está apenas começando". Em Washington, isso provou ser verdade, em grande parte por causa do exemplo do Bad Brains.

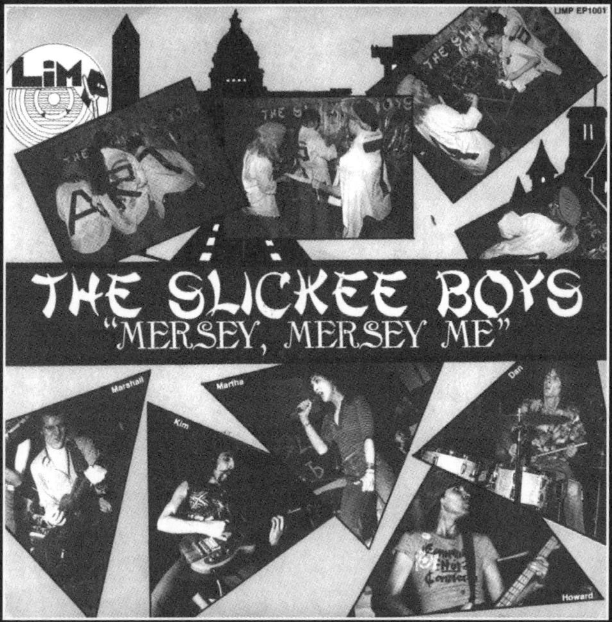

Capa do primeiro compacto do Slickee Boys, “Mersey, Mersey Me”, de 1977.

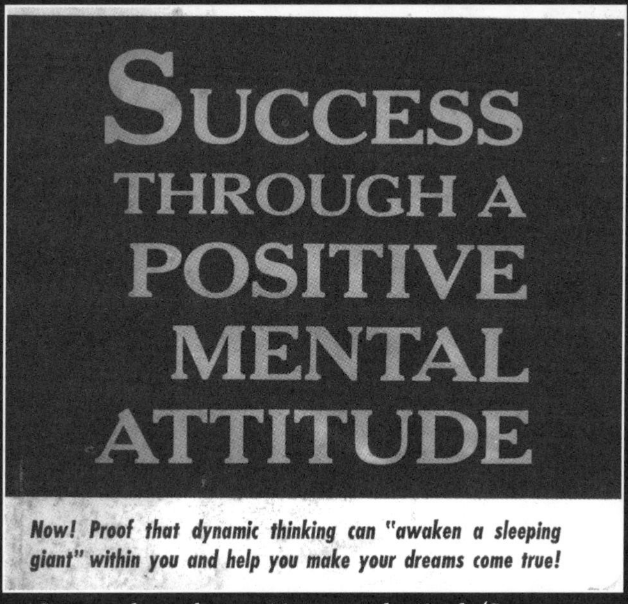

Capa do livro *Success through a positive mental attitude* (Sucesso através de uma atitude mental positiva), de Napoleon Hill.

Pôster da WGTB com Jim Morrison
(The Doors).

Skip Groff, Ted Niceley (baixista do Razz) e Don Zientara no estúdio Inner Ear.

(FOTO: KIM KANE)

Kim Kane, da banda Slickee Boys.

(FOTO: SKIP GROFF)

Xyra Harper. (FOTO: LUCIAN PERKINS)

Barney Jones e Randy Austin, do Overkill. (FOTO: KIM KANE)

Mr. Ott e Jake Whipp, da banda White Boy. (FOTO: PETER MUISE)

Linda France, Roddy Frantz e Robert Goldstein, do Urban Verbs. (FOTO: PETER MUISE)

Steve Lorber. (CORTESIA DE MARK JENKINS)

Rich Moore e Jeff Nelson vestindo camisetas do Urban Verbs, em outubro de 1978.

(FOTO: THEODORE NELSON, DA COLEÇÃO DE JEFF NELSON)

Michael Reidy, da banda The Razz. (FOTO: SKIP GROFF)

Henry Garfield (aka Rollins), Alec MacKaye e Mark Sullivan no Madams Organ, no final de 1979. (FOTO: KIM KANE)

A banda The Slinkees no porão onde ensaiava. (FOTO: THEODORE OU ANDY NELSON)

HR e Dr. Know, do Bad Brains, na galeria Hard Art. 15 de setembro de 1979.

(FOTO: LUCIAN PERKINS)

HR, do Bad Brains. Rock Against Racism. Setembro de 1979. (FOTO: LUCIAN PERKINS)

A plateia do show do Teen Idles na Hard Art Gallery, no final de 1979. Algumas pessoas que estão na foto: Ann Aptaker, Edd Jacobs, Paul Cleary, Bert Queiroz, Mark Sullivan e Kari Winter. (FOTO: LUCIAN PERKINS)

HR e o público no DC Space. (FOTO: GREGORY R. STALEY)

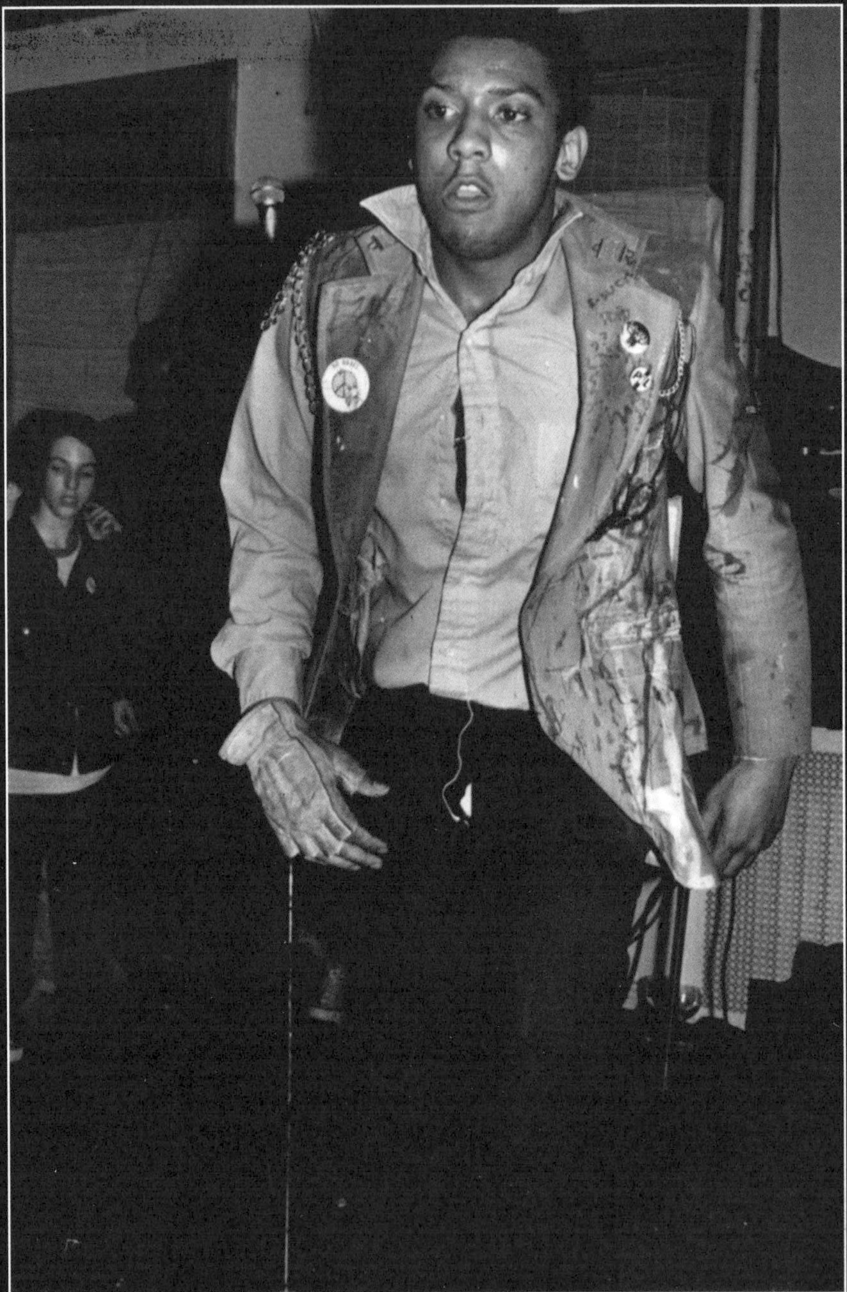

HR no DC Space. (FOTO: GREGORY R. STALEY)

Jad Fair. (FOTO PROMOCIONAL DO SELO 50 SKIDILLION WATTS)

Diana Quinn e Libby Hatch, da banda Tru Fax, no Madams Organ. (FOTO: MARK JENKINS)

1980

CAPÍTULO QUATRO

LEVANTAR E IR

PARECIA MAIS UMA TÍPICA NOITE DE ROCK TRADICIONAL NO Psychedelly. A atração principal, o roqueiro estilo anos 50 Billy Hancock, tocaria mais tarde. Mas agora, uma banda de aparência muito jovem se ajeitava no palco, mostrando muita dificuldade com o equipamento. Finalmente, o vocalista – uma figura magra, vestida com um pijama pink e jaqueta de couro preta – se aproximou do microfone e murmurou com voz grave: "You broke my heart/'cause I couldn't dance/You didn't even want me around/But now I'm back to let you know/I can really shake it down/Do you love me?"[1] ("Você partiu meu coração/Porque eu não podia dançar/

1 N. de T.: "Do you Love me?" é um hit do grupo de soul music The Contours, lançado em 1962.

Você nem mesmo me queria por perto/Mas agora estou de volta para que você saiba/ Que eu posso sim agitar/Você me ama?").

Então, o caos punk teve início. Guitarra, baixo e bateria começaram a tocar num volume ensurdecedor, em três afinações e tempos diferentes. O vocalista desistiu de qualquer pretensão de cantar e começou a gritar roucamente, enquanto girava pelo palco como um pião. Assim que o hit de 1962 do grupo The Contours foi assassinado, o público se dividiu em duas partes. Os fãs da banda, em maior número, correram para a frente do palco; o resto do público recuou, horrorizado.

O Teen Idles havia chegado, demonstrando sua habilidade de inspirar e chocar ao mesmo tempo, na melhor tradição punk. O caos descrito acima foi presenciado por Monica Regan (jornalista do *Unicorn Times*), que assistiu ao primeiro – e único – show da banda no clube Psychedelly, em abril de 1980.

"O Teen Idles é uma banda de adolescentes muito novos para servir o exército, muito amadores (musicalmente) para se preocuparem em fazer grana, e talvez muito exuberantes e intensos para uma cena como a de DC, dominada por profissionais", ela escreveu. "Naquela noite, abastecidos apenas por refrigerantes de laranja e uva que tomaram antes do show, o Teen Idles destruiu em cima do palco. Mais tarde, em uma cena que se repetiria muitas vezes em sua breve existência, a banda foi gentilmente convidada a nunca mais tocar no clube".

Isso era uma rotina para a banda, que se divertia irritando roqueiros velhos e donos de bares. "Até que é legal que sintam medo da gente", disse o baterista Jeff Nelson na época. "Mas claro, isso nos faz tocar em menos lugares." O show no Psychedelly foi o décimo primeiro da banda, e eles já haviam sido alertados que não poderiam tocar mais em três clubes pelos quais haviam passado. Dos shows que sobraram, dois foram em porões ou garagens, e os demais na Madams Organ.

Eles não tinham a menor intenção de se tornarem músicos profissionais, mas levavam a sério o que estavam fazendo. Ensaiavam com muito afinco, buscando fazer novas músicas e dominar seus instrumentos. Além dos sons da época do Slinkees ("Trans Am", "I Drink Milk" e "Deadhead"), eles tinham várias músicas novas, incluindo "Fiorucci Nightmare", "Pipebomb" e seu hino "Teen Idles". Essa música expressava as preocupações do jovem quarteto: "Life has been the same for a long time/ Go to school and witness the crimes/Go home and see it on the evening news/We got nothing to do... We're as idle as teens can get/Hanging out in record shops/Go to a concert the boredom stops/Went to Bayou they Said 'no'/You're not 18 you can't see the show" ("A vida tem sido a mesma já faz muito tempo/Ir pra escola e testemunhar os crimes/Ir pra casa e ver isso no noticiário/Não temos nada para fazer... Somos ociosos como qualquer adolescente/Passando o tempo em lojas de discos/O tédio passa quando vamos num show/Fui no Bayou e eles disseram 'não'/Você não tem 18, não pode assistir ao show").

A música descrevia os integrantes da banda como "completamente entediados, um desperdício de vinte anos", mas eles não iriam perder nem sequer um segundo a mais. "Não montávamos bandas porque estávamos entediados. A gente fazia isso porque tinha que fazer. Se não fizéssemos, teríamos enlouquecido", disse Henry Garfield, roadie, incentivador número um e, de acordo com Ian MacKaye, o "quinto Idle".

"Tínhamos muita energia", disse MacKaye. "Às vezes, quando estávamos no palco, tocávamos o mais rápido possível, meio como se estivéssemos com medo de que alguém pudesse nos tirar dali." No começo, o som dos Idles era mais ou menos na mesma velocidade dos Slinkees, mas eles foram acelerando o andamento. Mais uma vez, culpa do Bad Brains: depois da roubada em Nova York, eles foram convidados pelos Idles a ensaiar e usar seu equipamento, no porão da casa da família Strejcek. Para não atrapalhar tanto o sossego da família, as duas bandas ensaiavam na mesma noite. Geralmente, o Teen Idles ensaiava primeiro, e depois o Bad Brains. "Reclamávamos dos nossos instrumentos de merda, daí eles pegavam os mesmos instrumentos de merda e faziam aquela música maravilhosa", recorda-se MacKaye, "era um outro mundo". Jeff Nelson: "O Bad Brains nos influenciou de maneira extraordinária com sua rapidez e entrega frenética. Fomos de um som tipo Sex Pistols para um outro tão rápido e pesado quanto podíamos."

Agradecido pela ajuda, o Bad Brains conseguiu que os Idles abrissem seu primeiro show na volta ao Madams Organ, no final de janeiro. O som do Teen Idles tinha menos qualidade em comparação ao Bad Brains, mas era repleto de determinação e energia. A atitude da banda rapidamente fez com que ganhassem admiradores, principalmente entre os punks mais jovens. Porém, nem todos os "velhos de guerra" pareciam entusiasmados...

Mary Levy estava na plateia pouco amigável do primeiro show do Teen Idles na Madams Organ, e escreveu sobre isso no zine *Descenes*: "Os 'punkinhos' guardavam os lugares que conseguiram (com muita luta) ao lado do palco, bebendo refrigerante e rindo, exibindo toda alegria dos 'cabelos espetados' por estarem reunidos. Assim, pareciam estar em grande número, e espantavam a triste realidade de que as roupas e o comportamento punk estavam 'fora de moda' há pelo menos dois anos em Londres ou Nova York. Em grupo eles se sentem seguros. Lembram-me os fãs 'inflexíveis' de metal, que se embonecavam para lotar o Keg todas as noites de sábado, até o último verão. Onde eles estão agora? Alguns são punks 'até a morte'".

"Punkinhos" ("teeny-punk") era um termo comum para se referir ao Teen Idles e seus amigos. Eles também eram chamados de "punks de Georgetown", por causa do bairro da moda onde andavam (e onde muitos deles tinham trabalhos de meio período). Os punks adolescentes achavam os dois termos condescendentes.

Alguns achavam que os Teen Idles eram novos demais para serem levados a sério; "muito novos para o rock", como dizia uma das suas músicas. De fato, Alec MacKaye era praticamente um pré-adolescente. "Nos EUA é assim, você é tratado como merda pelo simples fato de ser jovem", seu irmão Ian diria mais tarde.

Em uma cena que crescia profissionalmente, com algumas bandas cortejando o *mainstream*, a crueza do Teen Idles destoava sobremaneira, e era até motivo de piada. Essas críticas acabaram fortalecendo os "punkinhos". Logo eles assumiriam o nome "punks de Georgetown", transformando essa expressão pejorativa no seu lema. "'Punks de Georgetown' se tornou uma bandeira, algo para jogarmos na cara das pessoas", recorda-se Garfield.

Todavia, nem todos os punks das antigas pegavam mal com a banda: "No começo eles tinham esse som meio britânico, e até desenvolverem uma identidade receberiam sim algumas críticas", disse Kim Kane. "Mesmo assim, chamá-los de 'punkinhos' era o equivalente a tratá-los sem seriedade, e eles estavam tentando ser sérios. Tinham entusiasmo, estavam criando algo novo, fazendo do jeito deles. Eu gostava disso".

Alguns dos punks mais velhos achavam os adolescentes "fofos", uma expressão que os irritava demais. "Eles eram tão fofos, dava vontade de fazer carinho na cabeça deles", disse Xyra Harper. Howard Wuelfing lembra-se de quando os conheceu: "Estava trabalhando na loja, e chegaram esses garotos bobocas, cheios de energia, e me disseram que tinham uma banda chamada The Teen Idles. Eu pensei 'Ah, legal, tão fofos'".

O distanciamento do Teen Idles em relação aos punks mais velhos não incluía o Bad Brains. As duas bandas se tornaram muito próximas. A influência do Bad Brains aumentou, ao ponto da "Atitude Mental Positiva" se tornar parte da crença dos punks de Georgetown. "Atitude Mental Positiva significava não deixar que nenhuma porcaria te colocasse pra baixo, significava acreditar em você mesmo", disse Garfield. "O Bad Brains não falava muito sobre isso, mas mostrava na prática. Tocavam como se suas vidas dependessem daquilo. Eles faziam você acreditar que poderia fazer o que quisesse. Eu não conseguia nem dormir depois de ver um show deles". A Atitude Mental Positiva assumiu um sentido ainda mais pessoal para Garfield depois que HR se tornou seu amigo. O vocalista do Bad Brains encorajou o jovem Henry a ser algo mais do que apenas um roadie. "Ele estava conversando comigo uma noite e me disse 'Você vai cantar'", lembrou-se Garfield. "E eu disse, 'De jeito nenhum! Quem? Eu? Você deve estar brincando, nunca poderia fazer isso!'" Pouco depois, HR puxaria Henry para o palco, para cantar com ele; anos depois, Garfield se lembraria desse dia como "o dia em que minha vida começou".

No começo, o Teen Idles era seguido apenas pelos seus amigos de escola, mas aos poucos foram conquistando novos fãs, formando assim um núcleo que iria atuar na cena punk pelos próximos anos. Era um grupo bem diversificado: do extrovertido Toni Young (e sua amiga Vivien Greene) até a dupla inseparável de encrenqueiros Jay Garfinckle e Bill Mackenzie, passando pelo gente fina Tom Berard e pelo festeiro Edd Jacobs. Sharon Cheslow era outra integrante deste crescente grupo. Ela havia trocado seu "inferno colegial" em Bethesda pela faculdade, apenas para se encontrar mais uma vez duramente fora de contexto. Em outubro de 1979, ela escreveu: "Eu odeio a Universidade de Maryland. Se eu achava que a vida em Bethesda era ruim, isso aqui é insanidade. Não há punks aqui..."

Isso mudou quando ela começou a trabalhar na loja de discos Yesterday and Today, e lá conheceu os irmãos MacKaye e Henry Garfield. Cheslow: "Naquele tempo, conhecer outros punks era algo especial, pois éramos poucos e realmente tínhamos algo em comum". Garfield a convidou para assistir um show do Bad Brains no dia seguinte, onde ela conheceria toda a galera do colégio Wilson. Logo em seguida, encontraria outra garota punk adolescente chamada Anne Bonafede, que se tornaria sua melhor amiga.

Conforme esses garotos se conheciam, encontravam também um motivo para viver. A cena punk adolescente de DC tornou-se o que Tom Berard descreveu como um "clube dos desajustados". Para alguns, parecia a família que nunca tiveram.

Muitos deles se sentiam como Cheslow. "Esperei minha vida toda pela cena punk", ela disse. "Essas bandas tinham garotos da minha idade, e isso era importante pra mim. Haviam tantas portas se abrindo, tanta coisa acontecendo, eu me sentia livre. Na minha opinião, o punk era isso: liberdade. Todos nós tínhamos vidas terríveis, estávamos na merda. Todo mundo tinha uma vida familiar horrível, ou um sentimento muito nítido de que você não se encaixava em nenhum lugar. Mas no punk nos encontramos."

O Teen Idles e o Bad Brains eram a "cola" que inicialmente juntou esses garotos desajustados. Os Idles enfrentavam seus críticos com uma atitude que eles resumiram na música "Get Up and Go": "You keep talking about talent/Talent? What do you know?/Instead of studying theory/We're going to get up and go!" ("Você vive falando de talento/Talento?/O que você sabe?/Ao invés de estudar teoria/Vamos levantar e fazer algo!"). Um antigo flyer já dizia tudo, listando a idade dos membros da banda – "Ian 17, Geordie 16, Jeff 17 e Nathan 18". Com a promessa de um "um rock jovem, divertido, novo e limpo... Sem drogas."

X X X

Enquanto o Teen Idles proclamava seu desdém pelo uso de drogas e álcool, uma de suas inspirações estava longe de estar "limpa". "Eu usava heroína desde os 16 anos", HR admitiu em uma entrevista. "Tentava manter isso em sigilo, pois com a heroína costuma ser assim, mas estava começando a pegar pesado nas drogas".

HR sabia que seus novos amigos desaprovavam isso. "Todos sabiam que meu vício era uma coisa ruim", ele disse. "Henry, Ian, Jeff, David Byers, todos podiam ver o que estava acontecendo. Eu não mentiria para eles, pois eles me diriam 'Não faça isso, não minta'".

O vocalista que havia escrito "How low can a punk get" ("Quão baixo um punk pode chegar?"), sobre um amigo com problemas com drogas, agora se via numa situação de ter que responder a esta pergunta. Naquela época, o Bad Brains não era bem um exemplo de moderação. Anos depois, HR descreveu aquele período como "dias e dias escutando Damned, Sex Pistols, acordados à noite toda loucos de ácido, agindo de forma muito indecente e rebelde contra qualquer tipo de autoridade".

HR pegou pneumonia e ficou muito doente. "Tudo estava caindo, desmoronando", ele recorda. "Eu sabia que estava me matando. Comecei a perceber todo o decadente desperdício do meu corpo, da minha mente, da minha alma. Sabia exatamente o que estava fazendo comigo mesmo". Ele recorda-se de estar deitado no chão da Madams Organ, ardendo de febre, quando encontrou uma cópia do Novo Testamento. Naquele estado de desespero, o livro parecia oferecer uma saída. "Peguei aquela Bíblia e comecei a rezar, pedindo ajuda para Jesus. Eu disse, 'Ok, é isso aí, chega de drogas e outras porcarias'".

Naquela noite a febre diminuiu. Durante sua lenta recuperação na Madams Organ, HR conheceu Julian Cambridge. Julian era rastafári. Conforme eles foram se tornando amigos, uma experiência vivida dois anos antes começou a ganhar novo significado.

Em junho de 1978, HR assistiu um show dos músicos Stanley Clarke e Chick Corea, o coração e a alma do Return to Forever. Nessa mesma noite também tocou Bob Marley and the Wailers. HR ficou fascinado com aquela música diferente e contagiante, com aquela imagem ao mesmo tempo digna e rebelde, e, acima de tudo, com a presença e energia xamânica de Bob Marley.

Marley era um seguidor do rastafarianismo, uma seita radical que buscava a justiça para os africanos e seus descendentes, e também promovia um estilo de vida mais "natural", livre dos venenos químicos. Para HR, a fé Rasta forneceu a base espiritual para abandonar a heroína.

Além das conversas sobre teologia, Julian mostrava muitas coisas de reggae para HR. Tirando Bob Marley e um ou outro dub mostrado por Nick English, HR nunca tinha ouvido reggae pra valer. Ele ficou vidrado por essa música suave e espiritual. "Nunca tinha escutado uma música tão incrível, tão bonita", ele disse. Bob Marley se tornaria a maior influência de HR pelos próximos anos; ele parou de comer carne e começou a deixar crescer os seus dreadlocks.

O próprio Marley tinha iniciado o processo de misturar punk com reggae, com a música "Punky Reggae Party", que identificava os punks e os Rastas como os "rejeitados pela sociedade". Além disso, a "positive vibration" ("energia positiva") de Bob Marley sugeria uma ponte para a Atitude Mental Positiva. HR cruzou com muita vontade essa ponte, com seu usual estilo "tudo ou nada".

Esse fervor poderia ser extremo, levando para direções inesperadas. Certo dia ele encontrou um homem barbudo no Parque Lafayette, em frente à Casa Branca, decidiu que esse homem era Jesus Cristo e o levou para a Madams Organ. "O HR podia ser um super militante do Partido Comunista numa semana, e na semana seguinte ser uma coisa totalmente diferente", afirmou seu amigo Russell Braen. "Quando ele chegou com aquele cara, dizendo que era Jesus, todos pensamos 'Lá vem ele de novo'".

Mas, dessa vez, a história foi diferente. HR logo perdeu o interesse pelo seu amigo barbudo, porém o Rastafári acabaria ofuscando suas duas paixões: Napoleon Hill e o punk.

X X X

Apesar de muitas coisas estarem ocorrendo ao mesmo tempo, a cena de DC parecia estar se separando em três diferentes frentes. Além das bandas que se inspiravam no punk inglês, havia também uma galera mais new wave/power pop, como o Slickee

Boys, Tru Fax and the Insaniacs e o Insect Surfers (que chamava o seu som divertido de "techno surf"). E o destaque maior ficava para as bandas mais "artísticas", da linhagem Urban Verbs, especialmente para o Tiny Desk Unit.

Fundado pelo tecladista Bob Boilen, o Tiny Desk Unit era um quinteto com a mesma formação de instrumentos dos Verbs, mas que fazia um som mais "funkeado". Além de Boilen, a banda era: o guitarrista Michael Barron, o baixista Terry Baker, o baterista Chris Thompson e a vocalista Susan Mumford. O seu vocal – que ia de tons bem graves até gritos sobrenaturais – era artístico, mas tinha raiz na atitude punk.

Em maio, o espaço onde ficava o Atlantis reabriu com outro nome, 9:30 Club, um projeto do novo proprietário do prédio, John Bowers, administrado por sua esposa Dody Bowers. O ex-diretor de programação da WGTB John Paige, que já havia organizado shows do Devo e Pere Ubu, era o cara responsável por agendar bandas de outras regiões, tornando assim o 9:30 o primeiro lugar de confiança em DC para receber bandas punk e new wave. A casa deveria ter sido inaugurada pelo Joy Division, mas a turnê foi cancelada devido ao suicídio de Ian Curtis. Ao invés do Joy Division, o *debut* teve a nova-iorquina Lounge Lizards, com abertura do Tiny Desk Unit. Essa programação art punk era típica da proposta musical original da casa.

O Urban Verbs não tinha muita visibilidade em Washington naquela época, mas eram bem conhecidos no circuito dos pequenos clubes locais. Para marcar o lançamento do disco *Urban Verbs*, o quinteto tocou no grande salão do Pension Building, um local bem famoso no centro da cidade, usado apenas ocasionalmente para shows. Todavia, fora de DC e Nova York a banda era quase desconhecida.

Eles foram chamados de elitistas e pretensiosos pelos fanzines de punk rock, mas no geral os Verbs recebiam sempre ótimas críticas em Washington. Por isso não estavam preparados para a resenha negativa da *Rolling Stone*, escrita por Tom Carson. Após ler o artigo, Roddy Frantz socou uma porta de vidro de tanta raiva, e precisou levar vários pontos. "A *Rolling Stone* era a revista de rock mais importante do mundo", disse Goldstein. "Claro que suas opiniões não afetaram os fãs da banda, mas creio que afetaram a nossa relação com a Warner Brothers de maneira significativa. Olhando agora, acho que a Warner meio que nos deixou de lado". Eles tinham garantia de outro álbum, mas logo após o lançamento de *Early Damage* a Warner rapidamente liberou a banda. Ironicamente, o pouco divulgado segundo álbum tinha um som mais agressivo do que o anterior, e provavelmente teria agradado os detratores do Urban Verbs – se eles ao menos tivessem escutado o álbum.

X X X

Se por um lado os punks adolescentes ganhavam força, por outro a Madams Organ começava a enfrentar problemas. Afinal, um espaço anarco punk bem na rua principal do bairro não era uma ideia que agradava a todos. Além disso, a cooperativa estava com o aluguel atrasado. Talvez com a intenção de desalojar os indesejáveis ocupantes da Madams Organ, o proprietário aumentou o aluguel para 350 dólares.

Isso daria apenas 35 dólares (por mês) para cada um dos moradores do prédio de 4 andares, mas poucos estavam dispostos a pagar. "Naquela época, a Madams Organ era muito mais uma comuna *yippie* do que uma cooperativa de artistas", afirmou John Hagerhorst, um dos membros da cooperativa que não era fã de punk rock. "O lugar era caótico, sujo, abandonado, um lixo. Estavam todos interessados apenas no punk, não na Madams Organ".

"Achamos o aumento do aluguel ultrajante e não íamos pagar", recorda-se Braen, um dos poucos ocupantes que poderia levantar alguma grana. "Pensamos que poderíamos encontrar uma casa melhor". Eles tentaram encontrar uma nova casa, sem sucesso. Então se deram conta que 350 dólares por mês era o melhor acordo possível.

Em fevereiro de 1980, HR organizou uma reunião (das bandas) para tentar criar uma nova cooperativa punk. Os participantes fizeram planos para uma série de shows na Madams Organ, para levantar dinheiro. A ideia desse espaço alternativo agradava bastante os punks de Georgetown. O Teen Idles e o Untouchables precisavam de um lugar para tocar. Eles estavam de saco cheio de bares com limite de idade e de donos de clube que não gostavam nem um pouco da sua energia.

Os últimos shows na Madams Organ aconteceram nos dias 4 e 5 de abril de 1980, como parte da série de eventos beneficentes para a nova cooperativa musical. O Bad Brains foi a atração principal, juntamente com Untouchables e uma nova (e explosiva) banda chamada The Enemy. Essa banda – que logo trocaria de nome para Black Market Baby – foi meticulosamente escolhida pelo vocalista Boyd Farrell, que "roubou" integrantes de outras bandas de DC. O baixista Paul Cleary do Trenchmouth, o baterista Tommy Carr do Penetrators e o guitarrista Keith Campbell do DCeats.

Em pouco tempo os membros da banda ganharam reputação de beberrões infernais, mas o som deles era um punk clássico, com grandes acordes, melodias feitas para cantar junto e um espírito à la Sham 69. Resumindo: caíram nas graças dos punks de Georgetown. "Eu gostava desses garotos, e eles pareciam gostar da gente", disse Farrell. "Sabia que tinha que passar uma mensagem, falar sobre suicídio e adolescência problemática, esse tipo de coisa. Na maior parte do tempo estava falando de mim, mas acho que eles conseguiam se identificar com isso".

Os shows beneficentes foram um sucesso, e toda grana foi confiada ao HR, principal organizador dessa empreitada. Um provável espaço foi encontrado a alguns quarteirões dali. O sonho de um clube punk estava prestes a se realizar. Bastava fazer um depósito e adiantar o primeiro mês de aluguel. A grana levantada com os shows na Madams Organ era suficiente para isso. Mas, quando perguntaram sobre o dinheiro para o HR, a grana não estava mais com ele. De modo vago ele explicou que havia emprestado a um amigo, mas o amigo não devolveu a quantia emprestada. Logo ficou claro que o dinheiro tinha ido embora, e, com ele, o sonho de uma nova cooperativa punk.

Esse mistério nunca foi solucionado, mas seja lá o que tenha acontecido, foi um golpe forte. Ao invés de culpar o HR, os punks de Georgetown suspeitaram que o dinheiro talvez tivesse ido parar na mão de algum yippie, que gastara tudo em drogas. Hagerhorst tem outra teoria: "O HR era o tipo de pessoa que tiraria sua própria camiseta pra te emprestar. Naquele tempo, dinheiro não valia nada pra ele. Ele deve ter dado essa grana".

O comportamento instável de HR destruiu o projeto da cooperativa e ainda colocou em perigo as chances de sua própria banda. Quando a Madams Organ fechou suas portas (logo após os shows beneficentes), o Bad Brains estava mais uma vez sem instrumentos, sem grana e sem lugar para ensaiar. O improvável salvador da banda chegou usando barba e terno: Mo Sussman, dono do famoso restaurante Joe and Mo's, cuja clientela era formada por advogados e empresários de sucesso.

A conexão se deu através de um garçom, Pierre DeVeux. Juntamente com Paul Bishow e Pam Kray, ele fazia parte do coletivo de filmes experimentais chamado *I Am Eye*. Pierre pediu ao seu chefe (Sussman) que ajudasse a financiar um filme novo. Para convencê-lo, Pierre mostrou alguns filmes anteriores do coletivo. Sussman achou "um lixo total". Apenas uma coisa chamou sua atenção: o Bad Brains. DeVeux, Bishow e Kray faziam parte da cena da Madams Organ, e filmaram o Bad Brains no clube e também no Max's Kansas City, em Nova York. Impressionado com o carisma do Bad Brains, Sussman convenceu DeVeux a marcar uma reunião.

Quando HR foi até o restaurante, Sussman foi conquistado de imediato. "Na hora em que ele entrou, senti imediatamente sua presença incrível", recorda-se. Ele propôs gerenciar e financiar a banda, uma oferta que o Bad Brains, com um futuro incerto pela frente, aceitou no ato. Sussman foi honesto sobre o seu objetivo: "Queria que eles se tornassem os novos Beatles, e eu seria o Brian Epstein do Bad Brains. Eu realmente achava que eles tinham esse potencial". Sussman comprou instrumentos novos para a banda, e conseguiu um lugar para ensaio, em Virginia.

No primeiro show agendado por Sussman, no 9:30 Club, aqueles que desconfiavam da influência do novo empresário foram surpreendidos: a banda subiu ao palco usando os ternos que ele havia sugerido. Vieram outros shows, em Washington e Nova York. E o compacto *Pay To Cum* foi finalmente lançado.

X X X

Com o fechamento da Madams Organ, os punks de Georgetown tinham poucos motivos para sair da vizinhança que originou seu apelido. Até rolavam uns shows ocasionais por lá, mas o importante é que Georgetown era um ponto de encontro. Ian MacKaye e Bert Queiroz trabalhavam num cinema, Henry Garfield e Eddie Janney na Häagen-Daz que ficava na mesma rua, e muitos outros punks também trabalhavam por ali.

Mas Georgetown não pertencia apenas aos punks. Muito pelo contrário. Naquela época, DC tinha um limite de idade para beber que era menor do que o limite da Virginia, por isso os bares ficavam infestados de garotos, assim como muitos fuzileiros navais das bases da região e jogadores da universidade de Georgetown. Ou seja, diferentes tipos de arqui-inimigos dos punks.

As mesmas roupas e cortes de cabelo que lhes renderam o desprezo dos punks mais velhos, agora eram os motivos das provocações e agressões. Garfield se recorda da "caminhada de terror" nos cinco quarteirões que separavam a Häagen-Daz e a Key Bridge. Embora aquele fosse o caminho mais curto até o seu apartamento, ele tinha que passar na frente de bares lotados de clientes bêbados e, muitas vezes, agressivos. "Brigas eram bem comuns, e os punks eram atacados pela sua aparência", ele disse. "Todos os dias acontecia alguma coisa, algum incidente, alguma provocação". Embora Garfield sempre pegasse ruas paralelas para evitar qualquer tipo de confronto, ele começou a usar uma corrente em volta da cintura para se proteger. "Eu estava preparado para matar", ele recorda, fechando a cara.

Os confrontos de certa forma aprofundaram a identidade de grupo e o comprometimento desses jovens com o estilo de vida punk. "Naquela época, ser punk significava ser um imã que atraía todo tipo de encrenca", MacKaye notou mais tarde. "Nós podíamos entender como era ser um negro nos EUA, pois sabíamos o que era ser julgado pela aparência. Isso apenas nos tornou mais determinados para fazer o que queríamos, para ter a aparência que quiséssemos".

A necessidade fez com que os punks de Georgetown desenvolvessem um sistema de defesa mútua. Uma vez que muitos trabalhavam na mesma área, próxima à parte central do bairro, sempre havia alguém por perto para ajudar. Se acontecia alguma coisa, a notícia se espalhava rapidamente e, em minutos, uma dúzia de punks chegava para ajudar seus amigos. "Cuidávamos uns dos outros", contou Donald Keesing, um dos punks de Georgetown.

O Teen Idles e o Untouchables tocavam em qualquer lugar que conseguissem. Em geral, não eram convidados para uma nova data, fosse por causa da apresentação caótica, pela baixa venda de álcool ou simplesmente por serem considerados muito ruins (musicalmente). Mesmo assim, eles davam um jeito de tocar pelo menos a cada duas semanas. "Não importava se o lugar era podre ou estranho, a ideia era aproveitar a chance e tornar o lugar 'nosso' por uma noite", recorda MacKaye. Um desses lugares era a danceteria Scandals. O estudante Mike Hampton estava lá quando o Idles, o Zones e o Untouchables tocaram. "O Untouchables parecia totalmente fora de controle", ele disse. "No final do set, eles jogaram seus instrumentos para cima e saíram! Lembro do baixo do Bert arrebentando um grande espelho, e ele nem ao menos tentou se esquivar". Intimidado pelo que viu, Hampton não teve coragem de se apresentar. Então ele voltou para a escola e continuou a ensaiar com seus amigos Lyle Preslar, Wendel Blow e Simon Jacobsen. O nome da banda era The Exorts.

Nesse show também estava John Schroeder, que saiu de Rockville para ver o Teen Idles. Ele estava começando uma banda, The Stab, com o guitarrista Pete Murray e o baixista John Berger. Schroeder comentou com Ian sobre sua banda, e deu seu endereço para ele. MacKaye anotou numa agenda, abreviando o nome para "John/Stab". O nome pegou.

X X X

Enquanto o Bad Brains ia mais para o reggae, o Teen Idles também começou a perder o interesse pelo punk britânico, que parecia ter perdido seu sentido e energia. A banda começou a tocar "Fleeting Fury", uma música que mostrava sua decepção com a cena do Reino Unido.

Os jovens punks começaram a olhar mais para o lado oeste, principalmente para um pioneiro selo punk chamado Dangerhouse, que lançou bandas como Dils, Weirdos,

X e Avengers, registrando assim o melhor do início do punk californiano. Logo depois disso, eles também tomaram conhecimento de bandas como Black Flag, Circle Jerks e Dead Kennedys. Assim como os Idles, essas bandas tocavam músicas pesadas-rápidas-curtas-raivosas, e foram recebidas com desprezo pelos punks mais velhos. O próximo passo seria conferir, pessoalmente, o que estava acontecendo na costa oeste. Depois da formatura de MacKaye e Nelson, o Teen Idles embarcou para uma turnê na Califórnia, com Garfield e Mark Sullivan (de férias da faculdade) como roadies. Eles marcaram shows em LA e San Francisco, e pegaram um ônibus para a Califórnia, levando apenas guitarras e baquetas.

No Hong Kong Cafe, em Los Angeles, o Teen Idles teve que tocar com bandas (Vox Pop e The Mentors) que não tinham muito a ver com eles, enquanto bandas que eles adoravam estavam tocando em outros lugares pelo estado. Eles receberam 15 dólares pelo show, depois de terem percorrido 5 mil quilômetros. Antes de seguir para San Francisco, a banda ainda tinha duas missões em LA: ir à Disney e encontrar Darby Crash (ex-Germs). Como Darby estava na Inglaterra, restou ir à Disney. Mas não conseguiram: numa estação de ônibus foram abordados por alguns seguranças; Nelson sugeriu que os guardas beijassem sua bunda, então ele levou umas porradas e ficou detido por algumas horas.

As coisas ficaram um pouquinho melhores em San Francisco. Eles deveriam tocar no Mabuhay Gardens com o Dead Kennedys, Circle Jerks e Flipper. Porém, o show deles foi transferido para o dia seguinte, ao lado de desconhecidas bandas de new wave. Tocaram para uma plateia pequena e apática, e ganharam 11 dólares.

Mesmo assim, os acontecimentos no Mabuhay Gardens marcaram o Teen Idles. A casa tinha introduzido recentemente uma política de show para todas as idades. Para isso, eles marcavam um grande "X" nas mãos dos garotos menores, assim os garçons poderiam identificar com facilidade quem não podia consumir bebidas alcoólicas. Para os punks de Georgetown, essa ideia fazia tanto sentido que eles estavam determinados a conversar sobre esse assunto com os proprietários de clubes em DC.

As descobertas não pararam por aí. Na noite anterior (show do DK, Circle Jerks e Flipper) os punks de DC conheceram um novo tipo de fã suburbano. Em especial um grupo de punks de Huntington Beach, que levou o tradicional "pogo" do punk inglês para outro estágio, mais agressivo, uma quase-luta que eles chamavam, com orgulho, de "Huntington Beach strut". Para outros, o nome disso era simplesmente "slam". Durante o "pogo" sempre acontecia *algum* contato físico entre as pessoas, mas agora o "contato" parecia o objetivo principal. Essa nova dança/luta se assemelhava a um jogo de futebol americano sem regras ao som de punk rock. Tal dança certamente desanimava aqueles menos valentões no público, e isso era exatamente o que os garotos de Huntington Beach queriam. "Nós estávamos lá (no show do Circle Jerks) para mostrar para todos o que significava ser de LA", disse um dos garotos. "Os nerds, as pessoas com visual new wave... Quando víamos alguém que não gostávamos, acabávamos com ele". Anos depois, Jello Biafra (vocalista do DK) se lembrou dessa noite como "um dos shows mais violentos" que ele viu.

Os punks de Georgetown jamais tinham visto algo parecido com a agressão desencadeada pela galera de Huntington Beach contra os punks de San Francisco. "Foi nesse show que tudo aconteceu", revelou Garfield. "Os punks de San Francisco eram mais velhos e mais inteligentes (mais ou menos como em DC), mas o Circle Jerks trouxe sua comitiva de imbecis de Huntington Beach. Pessoas realmente assustadoras". Os garotos de DC ficaram intimidados com a violência. Eles estavam abismados com o poder exercido por um grupo relativamente pequeno de punks. O "uniforme" desses punks também os impressionou: botas com esporas e bandanas. Além disso, toda aquela energia em estado bruto e o *stage-diving*. Quando o Teen Idles voltou para DC, eles levaram tudo isso com eles.

Isso ficou evidente durante um show do Bad Brains no Bayou, em setembro. A maneira como os garotos de Huntington Beach lidavam com os seguranças inspirou os punks de Georgetown, que atacaram um segurança para proteger um dos garotos do grupo. Mais seguranças chegaram, e uma grande briga começou. Foi uma sensação inebriante. "Imagine isso: a sua vida toda você foi perseguido por *rednecks*, jogadores de futebol, tiras", disse Garfield. "E, de repente, você está atacando um deles com uma cadeira. Dezoito anos de raiva acumulada explodindo em cima de algum estranho".

X X X

Graças à influência rasta, os caras do Bad Brains "começaram a me enxergar como um 'capitalista malvado'", recorda-se Sussman. "O HR estava sempre dizendo que 'a música precisava ser livre'. E eu disse pra ele que não poderia ser livre o tempo todo, ou a banda não teria dinheiro. Naquela época parecia que ele não entendia muito bem isso". Contra a vontade de Sussman, o Bad Brains fez mais um show gratuito no projeto Valley Green, dessa vez com o Teen Idles e o Untouchables como bandas de abertura. Esse show teve um impacto poderoso na vida desses garotos, e provavelmente marcou o ápice da influência do Bad Brains nesses punks adolescentes.

Durante o verão, o Bad Brains passou muito tempo na fazenda que Sussman tinha conseguido para eles ensaiarem. Sem o completo conhecimento do seu empresário, a fazenda se tornara uma espécie de incubadora, que auxiliou na transformação da banda. Com a ajuda de alguns rastas mais experientes, eles transformaram o lugar numa comunidade rastafári: reggae, comida vegetariana, muita maconha e sessões de conversas sobre teologia.

O assunto rastafári não foi uma unanimidade imediatamente. Edd Jacobs, um punk veterano local, recorda-se de beber com Darryl Jenifer nas ruas de Georgetown, enquanto ele tirava sarro da última obsessão de HR. Mas em seguida, até mesmo Jenifer começou a pegar mais leve na bebida e nas drogas, de acordo com os ensinamentos rasta. "O rastafarianismo foi o tipo de vida que escolhemos para seguir", ele disse tempos depois. "Fui criado no catolicismo, mas essa é uma religião do homem branco, não é a minha herança". Nessa época, a conversão do Bad Brains ao rastafarianismo estava se tornando visível para as outras pessoas. Os punks de Georgetown foram tomados de surpresa pela transformação.

Apesar de aceitar o rastafári, Jenifer e Dr. Know resistiram em transformar o Bad Brains numa banda de reggae. "Pra mim era um sonho tocar reggae", disse HR, "mas Darryl e Gary sempre diziam 'Somos uma banda de rock'n'roll e é isso que vamos tocar'". Eles acharam bem interessante acrescentar o dub no som da banda, mas abandonar o punk para tocar reggae raiz era ir longe demais. A insistência de Jenifer e Dr. Know em manter a proposta original da banda foi validada quando "Don't Bother Me" saiu na coletânea *Best of Limp (The Rest of Limp)*, no verão de 1980. Essa coletânea parecia menos variada e contemporânea do que *30 Seconds Over DC*, mas "Don't Bother Me" representava um salto para o futuro.

Na área rural da Virginia, no entanto, o Bad Brains não carregava uma aura de músicos de vanguarda; eles aparentavam "subversão". Para a polícia, homens negros de dreadlocks eram sinônimo de drogas e armas, por isso colocaram a fazenda sob vigilância e prepararam uma batida. "Eles achavam que tínhamos um monte de armas e uma grande operação de drogas", ri Jenifer. "Mas tudo que tínhamos era uma daquelas armas de brinquedo."

Jenifer: "Eles chegaram de repente, quebraram as portas, um bando de policiais fortemente armados. Colocaram uma arma na minha cabeça e começaram a gritar:

'Cadê as armas? Cadê as drogas?'. Eles não acreditaram em mim, e continuaram a perguntar, continuaram a me ameaçar". Os policiais prenderam Jenifer, Dr. Know e alguns amigos (HR e Earl Hudson não estavam na fazenda). Mas não havia armas. Havia apenas uma muda de maconha plantada num vaso, mas nada de drogas pesadas. Quando Sussman deixou claro que iria denunciar o uso excessivo de força da polícia, as acusações foram retiradas.

Embora as consequências dessa invasão tivessem sido pequenas, a experiência serviu para fortalecer ainda mais a visão de mundo rasta. Músicas como "The Regulator" ou "Big Takeover" traziam mensagens contrárias ao *establishment*. A opressão de classe, a injustiça racial e a ideia de um confronto iminente começaram a substituir a Atitude Mental Positiva nas letras da banda.

Para HR, cada novo acontecimento era um sinal que fortalecia sua crença. Em especial, a possível eleição de Ronald Wilson Reagan. Para os rastas, Reagan poderia ser a Besta profetizada no Livro da Revelação. As seis letras em cada um dos seus nomes indicavam a marca da Besta, 666. Um espírito de morte estava no ar, e isso se refletia nas novas músicas do Bad Brains, como "Riot Squad", "I Against I", "Destroy Babylon" e "We Will Not".

X X X

Uma semana e meia depois do show em San Francisco, o Teen Idles abriu para o Cramps e o Slickee Boys no Ontario Theater, no bairro Adams Morgan. Foi o maior show que a banda já tinha feito, e puderam assim mostrar seu som para outros garotos. Um desses garotos era o adolescente Kenny Inouye – filho de Daniel Inouye, senador pelo Havaí. Kenny disse: "Fui ver as bandas mais conhecidas, mas acabei pirando na banda de abertura. Dali pra frente comecei a acompanhar o Teen Idles, onde quer que tocassem, e isso me trouxe realmente para a cena punk de DC".

Além das ruas de Georgetown, outro ponto de encontro para os punks adolescentes era a loja de discos Yesterday and Today. "Skip Groff era o nosso paizão", disse Garfield. "Estávamos lá o tempo todo, escorados no balcão e fazendo perguntas. O Skip era uma grande fonte de informações". O "paizão" recorda: "Eram bons garotos, e bons clientes, cheios de energia, realmente interessados em música".

Certo dia, o Teen Idles estava lá na loja, quando um deles pensou alto, "Não seria demais se fizéssemos nosso próprio disco?". Todos começaram a rir. "Isso estava tão longe de acontecer, era tão maluco, tão impossível, que só pudemos rir", explicou

Garfield. No canto da loja, Skip parou o que estava fazendo e disse: "Claro que vocês podem fazer um disco. Eu ajudo vocês". Ele os apresentou a Don Zientara. Garfield: "Zientara era um cara legal. Outros donos de estúdio diriam para o Teen Idles: 'Sumam da minha frente!'. Mas Don dizia 'Assim está bom, mas assim pode ficar melhor'. Ele te ajudava, ao invés de fazer você se sentir como uma porcaria sem nenhum talento."

O disco foi financiado com o dinheiro de um ano de shows, guardado em uma caixa de cigarros, e seria lançado pelo selo da banda, a Dischord. Quando o compacto estava quase pronto, e a banda prestes a completar um ano, o Teen Idles começou a se desfazer...

Em grande parte, a tensão se centralizou na briga entre Nelson e Grindle. Este último tinha arrumado uma nova namorada, muito religiosa, que desaprovava a banda. Grindle começou a questionar algumas coisas, e isso fez com que ele entrasse em conflito com Nelson, um ateu convicto. Hostilidades aconteceram até mesmo em cima do palco, e pelo menos uma vez saíram na mão. Então Grindle decidiu deixar a banda. Ian MacKaye ficou muito chateado com essa situação. Já que o guitarrista tinha decidido sair, MacKaye forçou o final da banda. Motivo: o Teen Idles era uma banda de amigos, e sem o Grindle não seria a mesma coisa.

Mas havia uma outra razão para isso, não tão amplamente divulgada. Ian estava cada vez mais insatisfeito com o vocal de Strejcek. Assim, Ian decidiu que iria montar uma nova banda com Nelson, mas sem Strejcek, pois assim poderia cantar suas próprias músicas. Para essa nova banda, Ian chamou Lyle Preslar (vocalista do Extorts) para tocar guitarra. E Preslar trouxe um amigo da escola, o jovem mais muito talentoso Brian Baker. Em pouco tempo a presença de Brian tornou-se uma unanimidade. "Brian era um pirralho chato", disse MacKaye, "mas um grande baixista".

A saída de Preslar deixou o Extorts sem vocalista, e isso significou uma oportunidade para Garfield. Assim nascia o SOA (State Of Alert), que começou a ensaiar em outubro. MacKaye e Nelson também estavam ansiosos para começar seu novo projeto. Mesmo antes do fim do Teen Idles, a dupla já vinha fazendo alguns ensaios secretos. Uma das primeiras músicas que fizeram foi "Straight Edge", que MacKaye havia escrito na época do Idles, mas não mostrou para a banda.

O show do Teen Idles no clube Chancery deveria ser o último da banda. Mas, pouco após o show, receberam uma oferta muito atraente: uma chance para tocar no 9:30 Club, cujo dono Dody Bowers havia concordado em identificar os menores com um enorme X nas mãos. O tal do "X" logo evoluiu para uma espécie de símbolo daquela cena emergente. "Era uma coisa muito poderosa", disse Garfield. "Imagine 35 garotos com um X na mão!" Mais tarde, esse X se tornaria o símbolo, reconhecido internacionalmente, do fenômeno chamado straight edge. Ironicamente, em DC o X era mais um símbolo de solidariedade juvenil do que de uma filosofia anti-drogas. Ainda que para muitos essas coisas caminhassem juntas.

No 9:30 Club, o Teen Idles tocou junto com uma banda new wave chamada STV, que trazia o ex-baixista do Jefferson Airplane, Jack Casady. Ou seja, o último show da banda iria atrair justamente o público mais velho que eles sempre desprezaram. "Nós mostramos nossa força", recorda-se Garfield. "Era uma plateia dividida, 50% STV, 50% Teen Idles. E estávamos prontos para apavorar!". Os Idles foram tocando seu set, e finalmente chegaram na música "Minor Disturbance (Too Young To Rock)". Antes da banda começar a tocar, veio um coro da plateia: "Punks de Georgetown! Punks de Georgetown! Punks de Georgetown!". O coro ficou mais fraco, e a banda tocou. Quando chegaram ao último refrão, todos os adolescentes da plateia cantaram junto: "We're too young to rock/We're too young to rock" ("Nós somos jovens demais para o rock"). Essa versão ao vivo foi gravada, juntamente com os coros, e renderia o título e também a faixa de encerramento do futuro álbum da banda.

Pouco depois do último show dos Idles, MacKaye e Nelson retomaram os ensaios com Preslar e Baker. A nova banda se chamaria Minor Threat. Jeff Nelson explicaria, anos depois, o significado do nome: "Minor" ("menor") se referia ao "problema constante da proibição dos menores nos shows", e "threat" ("ameaça") era uma ironia, já que os punks adolescentes nunca tinham sido levados a sério.

Enquanto os punks de Georgetown tentavam criar uma cena pequena e independente, Howard Wuelfing fazia planos para ampliar a comunidade punk. Ele organizou um festival de dois dias no DC Space. "The Unheard Music Festival" era o nome, e seria gravado para virar um disco ao vivo.

Ian MacKaye e Danny Ingram (que agora tocava bateria no Untouchables) conseguiram que o Minor Threat, o SOA e o Untouchables tocassem. MacKaye ligou para "John/Stab" para ver se sua banda queria tocar também, mas ele descobriu que a banda não existia mais. Porém, Schroeder assegurou que agora ele tinha uma banda bem melhor, na qual ele cantava.

Schroeder: "Eu pensei, 'Se Johnny Rotten pode cantar, eu também posso!'". Então ele acrescentou um outro "b" no seu nome "acidental", e se tornou John Stabb. Completaram o time: o baterista Mark Alberstadt, o baixista Brian Gay e o guitarrista

John Barry. "Achamos o Barry ótimo, porque ele era muito rápido", disse Schroeder. "Quando perguntamos o seu segredo, ele respondeu 'Apenas pego velhos acordes dos Stones e toco mais rápido!'". O nome da banda seria Government Issue, que eles tiraram da música "World at War", do Black Market Baby. O baterista Alberstadt não poderia tocar no festival, mas o GI não poderia perder a chance de tocar nesse dia. Eles tinham ensaiado pouquíssimas vezes, mas Schroeder disse "sim" na hora. Assim, esse festival marcaria o primeiro show "oficial" de três bandas: Minor Threat, SOA e GI.

"O nosso baterista não sabia nenhuma das músicas", relembra Stabb, falando sobre o show do GI. "A gente ficava tentando ensinar as batidas durante o show". O resultado foi hilário. Num certo momento, Stabb estava cantando uma música, enquanto a banda tocava outra, e eles não se deram conta disso até que a música terminasse.

O som do SOA era mais duro e tinha mais qualidade musical. Visualmente, quem mais chamava a atenção era o esguio e careca Henry Garfield. Com uma presença física bem imponente, Garfield mostrou o que havia aprendido assistindo o HR na Madams Organ. Henry ficava se revezando entre o palco e a plateia. Assim como o som da banda, seu estilo de cantar ainda era rudimentar, mas sua raiva era empolgante. Hampton mostrava um estilo agressivo de tocar guitarra, e era acompanhado pelo baixo de Blow e pela simples, porém sólida, bateria de Jacobsen.

Com o fim do Teen Idles, o Untouchables era a banda mais experiente da cena (entre as bandas jovens). "Alec estava na sua melhor forma, voando pelo palco, rolando no chão, caindo no meio das pessoas, dando *moshes* sem parar", recorda-se Kim Kane. "Uma vez ele acertou o chão com força e ficou sem ar, mas continuou apavorando mesmo assim!". Durante a última música do show, o hino "If the Kids are United" do Sham 69, Alec foi pra plateia novamente, e terminou o show assim, pogando e cantando com a galera.

Entretanto, o grande show da noite foi do Minor Threat. A banda apresentou músicas diretas e melódicas, com a super velocidade típica do Bad Brains. Ian MacKaye não tinha uma presença física tão poderosa quanto Henry Garfield, mas era marcante mesmo assim. Ele não tinha mais que se preocupar com suas responsabilidades como baixista, então estava liberado para mostrar seu lado mais teatral. Sua aparência era jovem, mas seu vocal era seguro e convincente.

"Aquilo foi um salto qualitativo", observou Wuelfing. "Eu fiquei impressionado ao ver que o Minor Threat conseguia tocar com velocidade e precisão. A diferença entre o Teen Idles e o Minor Threat foi o Bad Brains. Eles serviram de exemplo para mostrar como tocar com extrema velocidade e extrema precisão. O Teen Idles talvez tenha tentado fazer isso, mas nunca conseguiu. Já o Minor Threat, desde o primeiro dia, conseguiu e tocou."

Na plateia também estava Calvin Johnson, um adolescente de Olympia que acabara de se mudar para Washington. Fã de punk rock, ele havia trabalhado na KAOS-FM, a estação de rádio da Faculdade Estadual Evergreen. Johnson havia se mudado recentemente com sua família para Bethesda, um bairro suburbano de Washington. Ele chegou morrendo de vontade de trabalhar na WGTB, cuja fama era conhecida na KAOS, mas descobriu que a rádio havia sido fechada.

Embora não fosse super fã das bandas de Georgetown (com exceção do Minor Threat), Johnson reconhecia o mérito: afinal, eles construíram sua própria cena num território um tanto quanto hostil. Mesmo assim, ele escreveu na época: "Tentar dançar ao som de uma das bandas pode ser como sair na mão com alguém. Alguns garotos estão usando a música apenas como uma desculpa para sair por aí batendo nas pessoas".

"Um outro problema era a atitude deles em relação às mulheres", Johnson também argumentou. "Só uma banda tinha uma mulher na sua formação, e quando alguma menina está dançando, ela sempre sofre 'abusos especiais'". Essa observação fortalecia as dúvidas de alguns músicos da geração anterior, aqueles que encorajaram as bandas dos "punkinhos". Uma vez na Madams Organ, enquanto o Untouchables tocava, Libby Hatch (baixista do Tru Fax) perguntou para as jovens garotas da plateia porque nenhuma delas tocava numa banda. Ela não conseguiu nenhuma resposta digna de menção.

Apesar dessas preocupações, o evento foi um divisor de águas. "Foi ali que percebemos que a 'coisa' estava acontecendo de verdade", disse Tom Berard. Contudo, o festival teve um desfecho amargo. O disco ao vivo, que seria financiado pelo lucro dos shows, nunca saiu. Muitos dos punks adolescentes especularam que, ao invés disso, o dinheiro teria virado heroína, que era o vício de Marc Halpern (um dos organizadores do festival). Uma década mais tarde, Wuelfing não descarta tal possibilidade: "Eles acham que o dinheiro foi parar nas veias do Marc? Olha, isso é possível. Eu não fiquei com nenhum centavo. Na época, quando perguntei ao Marc sobre o dinheiro, ele apenas respondeu 'Essas bandas são uma porcaria. Por que deveríamos fazer o disco?'. Acho que fui ingênuo. Não tinha noção da dimensão do problema. Ele me disse que estava tudo sob controle, que usava heroína só de vez em quando".

Mas nunca saberemos a explicação de Halpern. Um mês depois do festival, ele foi encontrado caído numa calçada perto do DC Space. Ficou três dias em coma, e morreu de complicações por conta de uma overdose de heroína. Ele tinha 28 anos.

Os punks de Georgetown ficaram bravos pelo fato do disco não ter saído, mas isso pouco importava. Eles tinham se separado definitivamente da antiga cena. "Quando entramos na cena punk, éramos apenas 'garotinhos bobos' do ponto de vista dos punks mais velhos, que tinham entre 19 e 25 anos", MacKaye se recordaria mais tarde. "Éramos apenas os estúpidos 'punkinhos' para eles, especialmente pelo fato de não usarmos drogas. Eles ficavam zoando conosco, até que um dia eu disse 'Cara, você acha que é punk? Bem, nós somos *hardcore* punks!'. E foi aí que toda essa coisa de hardcore começou. Pouco tempo depois, começamos a ter nossa própria identidade, e fomos nos separando das bandas mais velhas. O que queríamos era mandar ver do nosso jeito."

CONFLITO DE GERAÇÕES

POR MARK JENKINS

De acordo com alguns dos fundadores da cena punk adolescente de Washington, eles foram mal tratados e negligenciados pelos mais velhos. Mas não é assim que nós, os mais "velhos" (vinte e poucos anos na época), nos recordamos. Bandas como Teen Idles e Untouchables podiam não ser unanimidades, mas eram incentivadas por alguns punks com mais de 21 anos. Skip Groff, Don Zientara, Kim Kane, Howard Wuelfing e alguns outros ajudaram essas bandas a conseguir seus primeiros shows e a gravar seus primeiros discos. Eu mesmo falei dessas bandas nas matérias que escrevi para o jornal *Washington Tribune* (e em outras publicações).

Bandas mais experientes como Slickee Boys, Nurses, Tru Fax and the Insaniacs, entre outras, costumavam chamar as bandas novas para abrir os shows. Porém, muitas vezes era uma experiência frustrante para as bandas principais, pois o público mais jovem nunca ficava para assistir os shows das bandas mais "velhas". "Eles não estavam interessados em nada, a não ser na sua panelinha", recorda-se Diana Quinn, guitarrista e vocalista dos Insaniacs.

Howard Wuelfing, no entanto, lembra que "costumava fazer piadas com eles, tipo 'como eles são fofinhos todos juntinhos'. Mas porra, o Ian depois produziu minha banda". Wuelfing se refere à banda Underheaven, que montou depois do Nurses, junto com Zientara e Mark Jickling, do Half Japanese. Mas ele não se esquece que Ian "nunca retribuiu o favor de chamar pra abrir um show na época do Minor Threat. Só depois é que Lyle [Preslar] e Brian [Baker] nos chamaram para abrir um show da banda nova deles, quando o Minor Threat acabou".

Quando o hardcore de DC caminhou com suas próprias pernas (1981-82), isso se deu em parte pelo fato dos antigos clubes terem fechado, e também porque muitas bandas antigas (que ofereciam shows de abertura) se separaram. Os punks adolescentes não eram bem-vindos em muitos clubes. O 9:30 Club dificilmente agendava alguma banda local como atração principal. Assim, as bandas mais velhas não tinham como conseguir shows para o Teen Idles ou Psychotics, pois tudo que conseguiam para eles mesmos era shows de abertura.

Foi nesse período que, pela primeira vez, o hardcore de DC desenvolveu a reputação de elitista. A cena parecia ser uma festa particular, para a qual só eram convidados os alunos do colégio Wilson e da escola Georgetown. Eu comprava todos os lançamentos da Dischord, e, como editor do *Tribune*, escrevi e publiquei um das primeiras matérias sobre aquela cena. Mesmo assim, raramente sabia alguma data de show.

Para aqueles que eram fãs de punk desde o surgimento de Patti Smith, Ramones e Television, o separatismo do hardcore de DC não fazia nenhum sentido, nem musical nem ideologicamente. A diversidade da música era a sua força, e o punk não era uma questão de como você se vestia ou quão rápido você tocava. Mesmo assim, fiquei boquiaberto quando vi o Minor Threat pela primeira vez. Não aprovava a panela do hardcore de DC, mas percebi na hora que o Minor Threat era algo muito mais poderoso do que aquilo que era anunciado pelos seus antecessores.

DANCE OF DAYS

MARK ANDERSEN

MARK JENKINS

1981

CAPÍTULO CINCO

COLOCANDO DC NO MAPA

EM 20 DE JANEIRO DE 1981, RONALD REAGAN TORNOU-SE O QUADRAgésimo presidente dos Estados Unidos, inaugurando assim a administração mais conservadora desde 1930. As medidas de Reagan logo inspirariam respostas políticas drásticas vindas do underground punk. Na época da eleição do ex-ator, no entanto, o Minor Threat não estava pensando no futuro.

Ian MacKaye questionava: "Olha, o que quero saber é quando o punk 77 vai voltar?". Com a provocação pairando no ar, Lyle Preslar tocou os primeiros acordes de "Minor Threat" e o hino da banda ressoou, atiçando o pequeno grupo de punks adolescentes na frente do palco do DC Space. Era apenas o terceiro show do Minor Threat, mas a sua confiança e poder eram impressionantes.

A ironia de MacKaye era uma resposta à algumas resenhas do Unheard Music Festival, que sugeriam que os punks de Georgetown eram desesperadamente nostálgicos pelo ano de 1977. Richard Harrington, ex-editor do *Unicorn Times*, escreveu: "Eles foram apanhados por uma máquina do tempo que os transportou para a Londres punk de 1975". E disse mais: "Das seis bandas da noite passada, nenhuma mostrou nada de originalidade, estilo ou conteúdo". O jornalista Charles McCardell, também do *Unicorn Times*, classificou as bandas como "*wannabe 77*". E sugeriu ainda que "seu jeito superficial de tocar e sua evidente pose, implicavam que não gostariam de ser levados a sério".

Claro que as bandas gostariam de ser levadas a sério, mas elas estavam – cada vez mais – interessadas apenas na opinião dos seus pares. Elas acreditavam que os roqueiros mais velhos e os críticos tinham perdido o bonde da história. Quatro anos se passaram desde 1977, e esses garotos tinham algo novo para mostrar. E sabiam disso.

Naquela noite o Minor Threat estava abrindo para o Slickee Boys, banda que era amada por muitos punks de Georgetown. Comparados com a cena mais jovem, no entanto, eles pareciam antiquados. "Tentaremos não demorar muito", brincou MacKaye, "pois sabemos que vocês estão loucos pra ver o Slickee Boys!". Com o pano de fundo dos Slickees logo atrás deles, o Minor Threat fez seu show. Ian dedicou "I Don't Wanna Hear It" a Marc Halpern, em "homenagem" ao dinheiro desaparecido do Unheard Music Festival. De fato o show foi rápido, e a jovem banda abriu caminho para os Slickees. Essa foi a última vez que as bandas tocaram juntas.

Na noite seguinte, no 9:30 Club, o Minor Threat tocou com o SOA, Black Market Baby, e uma outra banda que não estava oficialmente agendada. O Untouchables estava para se separar, e gostaria de fazer um show de despedida. Porém, Dody Bowers (co-proprietário do 9:30) disse não. Lá pela metade do show do Minor Threat, MacKaye lamentou o fim do Untouchables, e disse ao público que "em breve eles assistiriam ao último show da banda". A espera não foi longa. Ao final de "Stepping Stone", os integrantes do Untouchables subiram ao palco, pegaram os instrumentos e mandaram "If the Kids Are United".

Furioso, Bowers avançou no meio da plateia em direção à mesa de som. No meio da música, a guitarra de Eddie Janey parou de funcionar, mas o público cantou o som, em uníssono, até o último verso. A guitarra voltou a funcionar bem a tempo de acompanhar o último refrão. Enquanto Bowers brigava com os "conspiradores", o SOA subia ao palco. "O Minor Threat acaba de ser banido do 9:30", proclamou Henry Garfield. "Adivinhem que é o próximo!". A banda mandou "Gonna Have to Fight", que era uma espécie de chamado para a guerra dos punks de Georgetown.

Nessa altura do campeonato, os punks de Georgetown já carregavam a fama de briguentos. Um dia após a posse de Reagan, esses adolescentes foram retratados numa matéria do *Washington Post* que os descreveu como: "uma pequena, porém próspera subcultura jovem, centrada na música, que veio das ruas de Georgetown. Jovens demais para entrar na maioria dos bares, eles ficam em fliperamas ou na Häagen-Dazs." As fotos mostravam os punks "despolitizados e aparentemente imorais" andando por uma rua do bairro, usando com orgulho suas correntes, botas e jaquetas de couro. Foi nessa matéria que os jovens punks se autodefiniram, pela primeira vez, como "hardcore".

Na matéria, Garfield disse: "Temos uma política bem clara: se um segurança de clube bota a mão em algum de nós, são dez contra um, até que haja sangue". No mesmo artigo, MacKaye explicou: "Não falamos 'foda-se o mundo', mas sim 'fodam-se as pessoas ao nosso redor'. Sabe, aquelas pessoas que nos rebaixam pela forma como agimos, pela forma como nos vestimos". Apesar da chegada de Reagan à Casa Branca (ou seja, menos de doze quarteirões de Georgetown), a visão "política" dos punks adolescentes não parecia enxergar nada além do seu próprio bairro.

Mas nem todos ignoravam a nova administração. John Stabb escreveu "Hey Ronnie" para o Government Issue; Danny Ingram, que se juntou a Strejcek para montar o Youth Brigade, compôs "Moral Majority". As ações de Reagan também serviram para confirmar a crescente perspectiva apocalíptica do Bad Brains. Segundo HR, "foi como uma visão, eu sabia que as coisas ficariam feias, muito feias para a América".

Mesmo assim, Garfield se recorda: "O começo do punk de DC não era político. Era algo que vinha da alma. Música muito politizada me enche o saco. Eu sinto a música do mesmo jeito que encaro o sexo ou a morte – suor, sangue, gozo, noites sem dormir, insegurança". Naquela época, MacKaye defendia uma ética mais introspectiva: "Se você quer ficar de olho no que está acontecendo, ok, mas você não é tão capaz de mudar a política quanto é capaz de mudar você mesmo. E se você pode mudar a si mesmo, isso é muito bom".

Ainda que esses garotos não fossem engajados politicamente, eles pareciam revolucionários para os seus colegas de escola. "É sempre algo político quando um grupo de garotos se reúne sem a autoridade de um adulto", disse Guy Picciotto. "Era algo importante se tornar punk. Você sabia que perderia velhos amigos. Era um passo crucial na vida".

X X X

O lançamento do single do Teen Idles abriu a cena de DC para um mundo mais amplo ("O primeiro de vários lançamentos póstumos", brincou Jeff Nelson anos depois). Os discos foram pingando por aí, e os *feedbacks* foram chegando. *Touch and Go*, um fanzine de Michigan, o chamou de "o melhor single do ano". Um obscuro programa punk de rádio de San Francisco, chamado *Maximum RockNRoll*, teve "Get Up and Go" em primeiro lugar por várias semanas. Tim Yohannon, um dos DJs do programa, tinha esbarrado com o compacto numa caixa de discos usados. Ou seja, os punks de DC não estavam sozinhos.

Inicialmente, os sócios da Dischord (MacKaye, Nelson e Strejcek) pensavam que o selo seria um projeto de um disco só. Mas como muitas bandas estavam surgindo, eles decidiram manter o selo. "Nosso objetivo não era fazer um monte de grana", disse Nelson, "mas sim ajudar as bandas dos nossos amigos". Dinheiro, no entanto, foi imediatamente um problema. Antes de lançar qualquer novo álbum, precisavam recuperar os 600 dólares investidos no single do Teen Idles. Parecia óbvio que o próximo lançamento seria o Minor Threat, mas MacKaye e Nelson não tinham grana para isso. Ansioso para lançar um disco do SOA, Garfield levantou o dinheiro por conta própria. Assim, o EP *No Policy* do SOA foi o segundo lançamento da Dischord.

"Não" era a palavra de ordem da banda. "As músicas do SOA eram anti-tudo", disse Garfield. "Eu odiava meu trabalho, odiava a polícia, odiava as garotas... Ou seja, era basicamente tédio, medo, opressão. Minha mensagem era 'Acabe com o mundo'". Das músicas do EP, "Gate Crashers" atacava a velha cena punk, "Lost in Space" ridicularizava os colegas drogados de Garfield, e "Blackout" detalhava a luta psíquica do vocalista: "War going on inside my head/I can't get to sleep/I'd rather be dead" ("Uma guerra acontecendo na minha cabeça/Não consigo dormir/Preferia estar morto"). Outros sons refletiam o entusiasmo de Henry pela pancadaria: "Gang Fight", "Warzone", "Gonna Have to Fight" e "Riot".

Quando era confrontado, Garfield costumava explodir, chegando a extremos imprevisíveis. "Estive em muitas brigas", recorda-se MacKaye. "Só queria dar uma lição no indivíduo, sem danos permanentes, apenas um olho roxo ou dois. Eu já tinha parado de brigar, olhava pra trás e via o Henry arrastando alguém pelas escadas e chutando o cara! Tinha que ir até lá e tentar acalmá-lo".

A predileção dos jovens punks por uma dança mais rude, música rápida e conflitos de rua, era um jeito para diferenciá-los dos mais velhos, que eles viam como frouxos, "artistas", pretensiosos e drogados. Vendo os garotos de Huntington Beach em ação,

Henry e seus amigos se deram conta de quão forte uma gangue pode ser. Essa solidariedade típica das gangues também foi uma solução prática para o contínuo problema dos ataques em Georgetown.

"Sou fascinado por gangues", MacKaye diria mais tarde para o *Washington Post*. "Eu não gosto de sair e bater nas pessoas, mas gosto da ideia de que se tiver problemas, tenho muitos amigos que irão me ajudar. 'Stand Up' foi a primeira música que o Minor Threat escreveu. Naquela época, os shows eram bem violentos. Eu achava legal ver as pessoas encarando os seguranças ou 'peitando' seja lá quem estivesse machucando alguém. É bom saber que você tem amigos assim". Mas ele admitiu: "É uma linha bem tênue. Eu gosto de ferir o ego das pessoas, nada mais. Muitas vezes discutia com alguém, mas apenas para tentar acalmar a pessoa. Mas meus amigos poderiam arrebentar o cara, e certamente não era isso que eu tinha em mente".

A reputação dos "punkinhos" começou a atrair pessoas de fora, que queriam apenas confusão. Garfield: "A cena era tão pequena que todos se conheciam. Mas, no final do verão de 1980, novas pessoas começaram a chegar, vindas dos subúrbios, e a violência cresceu. Fuzileiros navais, motociclistas, *rednecks*, valentões, etc. Nós brigávamos com esses 'intrusos'. Não queríamos nem saber se era justo ou não: se o sujeito tentava bagunçar no nosso território, nós acabávamos com ele. Essa era a nossa atitude. Não saíamos para arrumar brigas, apenas queríamos manter as coisas como no ano anterior".

Quando os punks de Georgetown levaram seu espírito de gangue para Nova York, o conflito foi inevitável. O primeiro embate se deu no show do Black Flag no Peppermint Lounge, em Manhattan. Ian MacKaye contou essa história no fanzine (de fotos) *My Rules*, de Glen Friedman: "O clube estava lotado. E estávamos felizes por finalmente ver o Black Flag. A banda era muito importante pra gente, tipo lendas vivas. Tínhamos dirigido mais de 400 quilômetros até uma cidade que detestávamos, e esperamos na fila por horas e horas. As pessoas gozavam da gente, pois éramos definitivamente o contrário de *cool*. Mas como nós, lá de DC, poderíamos ter a menor ideia do que era ser punk?".

Ainda MacKaye: "Deveria ser mais ou menos duas da manhã quando o Black Flag começou a tocar. Éramos 14 pessoas, todas juntas na frente do palco. Muitos olhares na nossa direção e comentários por toda parte. Estávamos um pouco amedrontados, mas decididos em fazer o que havíamos combinado. A tensão crescia, mas a gente crescia também; o clima era pesado, mas nós éramos mais 'pesados' ainda. E quando acabou o show, demos a última risada. Nós havíamos vencido, e a cidade se lembraria de nós. E lembrou".

Na opinião de Jack Rabid (fanzineiro e músico) "a galera de DC arruinou o show do Black Flag. Eles trouxeram a *slamdancing* para Nova York. Eu odiei aquilo. Estava lá tentando ver a banda, e de repente eles trombavam em você". Ele achava que os garotos de DC "eram imbecis. Não gostava daquela coisa de cabeça raspada. Era 'macho' demais".

Os caras do Black Flag, por sua vez, ficaram impressionados com o que viram, especialmente depois do show no 9:30 Club com o Minor Threat e Youth Brigade, dias após o show do Peppermint Lounge. A breve interdição ao hardcore no 9:30 chegava ao fim, mas o clube se preparou para esse dia contratando mais seguranças para ficar em frente ao palco. Para os punks adolescentes, isso era outra provocação. "Isso fez a noite ainda mais divertida pra gente", recorda-se MacKaye. "Aqueles filhos da puta saíram de lá pingando sangue. Para mim, a agressão foi justificada porque aquele era o nosso palco, e assim é que é".

MacKaye: "Vou completar 20 anos mês que vem! E isso não é mais uma 'brincadeira' para mim, é muito mais sério agora, e não vou deixá-los foder com minha banda, minha música, meus amigos. Isso é o meu trabalho: eu não vou mais pra escola, eu tenho um selo, tenho uma banda. Essa é a minha vida, e não vou deixar ninguém foder com minha vida". Impressionados com tanta veemência, os integrantes do Black Flag começaram a exaltar a cena de DC em suas entrevistas.

A próxima banda californiana que faria conexão com DC foi o Dead Kennedys. Em Nova York, o show do DK começou com Ian MacKaye raspando cabeças em cima do palco. Isso levaria o crítico musical Robert Christgau (*Village Voice*) a rotular os punks de DC como "muscleheads" ("cabeças musculosas"). No mesmo periódico, o famoso Lester Bangs disse: "Uma infantaria de skinheads fortes, feios e valentões, importados de Washington, aparentemente os mesmos caras que o Black Flag atraiu para o seu show, e que ficavam empurrando uns aos outros numa brutal e monótona repetição da subitamente institucionalizada *slamdancing*". Jello Biafra, vocalista do Dead Kennedys, ficou do lado de Washington. "Com exceção de Paris, Nova York é o centro cultural mais supervalorizado do mundo", ele disse. "Em DC tem um monte de bandas novas e originais. E aqui tem apenas as sobras do New York Dolls. Quando fiquei sabendo que os caras de DC tinham aparecido no show do Black Flag, e tinham causado tumulto, eu pensei 'é isso aí, legal!'"

A mais notável visita dos punks de Georgetown a Nova York se deu em outubro, quando o Fear – um quarteto hardcore de LA – tocou no especial de Halloween do *Saturday Night Live*. O falecido ator John Belushi havia convidado a banda, mas duvidava que a performance tivesse o mesmo impacto sem a presença de punks de verdade na plateia. Então ele ligou para MacKaye para recrutar alguns punks de DC para a tarefa. Aproximadamente 30 *washingtonians*[1] apareceram, causando tanta devastação que o programa saiu do ar no meio de uma música. No dia seguinte, o *New York Post* estampou: "Saturday Night Riot[2]".

Antes do Dead Kennedys tocar em DC, Biafra foi surpreendido ao receber uma petição sugerindo que a banda tocasse no 9:30 Club ao invés do Bayou, pois assim o show seria para todas as idades. A petição foi organizada por Sean Finnegan, que estava começando a montar uma banda chamada Void. "Eu tinha noção de que algo diferente estava acontecendo em DC", disse Biafra. Para abrir o show, Biafra chamou a banda Half Japanese, ainda que ele tivesse uma certa preocupação de que ao vivo eles pudessem ser "um desastre total, tipo estudantes de arte". Mas ele ficou encantado com o show e com aquela formação estilo big band. Depois, ele diria: "O Half Japanese é a melhor banda de art rock do mundo, porque o som deles vem das entranhas".

O show do Dead Kennedys foi um festival de *slamdancing* e *moshes*, durante o qual Jello Biafra ficava mergulhando na plateia o tempo todo, mas sem nunca parar de cantar. Energizado pela entrega do público, ele riu e exclamou: "Agora vocês só precisam pegar essa mesma atitude e varrer a Casa Branca e o Capitólio!". Depois do show, ele disse: "Até hoje não tivemos nada próximo ao extremo que foi esse show. Ao invés de algumas pessoas bebendo cerveja, aqui todos estavam na pista de dança, suando, gritando, participando. DC é o único lugar com uma cena hardcore punk parecida com a da Costa Oeste".

X X X

Conforme a cena hardcore de DC se desenvolvia, ela também se afastava, de certo modo, de sua mais crucial inspiração, o Bad Brains. A banda era criticada por sua pos-

1 N. de T.: *Washingtonians* = nativos/locais de Washington.

2 N. de T.: Saturday Night Riot (Distúrbio de Sábado à Noite) foi um trocadilho com o nome do programa, Saturday Night Live.

tura mais "comercial" (personificada na figura do empresário Mo Sussman) e também pelo rastafarianismo, que levava HR cada vez mais para o lado do reggae.

Sussman pagou uma gravação da banda no Omega Studios, um sofisticado estúdio de gravação de 24 canais, em Maryland. Eles gravaram uma demo com versões mais trabalhadas de cinco músicas, incluindo o reggae "I Luv I Jah" e duas pedradas punks, "I Against I" e "At the Movies". Mas o idealismo da banda frequentemente batia de frente com o pragmatismo de Sussman, que estava tentando tornar o Bad Brains mais comercial, sem comprometer sua visão musical. Enquanto Sussman se preparava para oferecer o disco para grandes gravadoras, a banda retrocedia para antigas metas. HR continuava buscando um lugar sem fins lucrativos onde a banda pudesse tocar. Através de um amigo, ele encontrou o Wilson Center, um espaço que seria mais importante para o hardcore de DC do que a Madams Organ. O porão do lugar era simples, espaçoso, e praticamente indestrutível, com um grande palco, perfeito para shows de hardcore. O Wilson Center estava localizado na confluência de três bairros, Adams Morgan, Mount Pleasant e Columbia Heights. No espaço existia uma agência de empregos, uma clínica gratuita e outros serviços sociais; e para gerar fundos, o porão era alugado para todo tipo de evento.

No primeiro show punk do Wilson Center tocaram bandas estabelecidas como Bad Brains, Minor Threat, Black Market Baby, Government Issue e SOA, além de várias bandas novas (ou menos conhecidas): Red C, Law and Order, Broken Cross, Mod Subs, Prophecy, Scream e Void. A verdade é que HR queria colocar o máximo possível de bandas para tocar, mesmo que fossem shows curtos, de vinte minutos, mas 13 bandas foi além da conta. E pelo menos uma pessoa acabou se desinteressando dos shows antes do fim da noite, e teve seu cansaço eternizado: Susie Josephson fotografou Alec MacKaye dormindo nos degraus do Wilson Center. A foto tornou-se a capa do primeiro EP do Minor Threat.

Um membro da plateia menos distraído era Malcom Riviera. Aquele foi o primeiro show em DC do morador da Carolina do Norte, que tinha visto o Bad Brains na sua terra natal. Ele dirigiu cinco horas para ver de perto a explosão do punk de DC. Riviera, que já era devoto do Bad Brains, ficou animado com o Minor Threat. "Eu gostei da música rápida, nervosa. Era aquilo o que eu vinha procurando. O Minor Threat era melhor do que o Sex Pistols. Eles eram mais raivosos, rápidos, barulhentos, firmes, e estavam bem na minha frente. Era muito inspirador ter a chance de ver as melhores bandas do mundo tocando bem na sua frente". Exatamente nesse dia Riviera decidiu mudar-se para DC.

Outro novo lugar para shows era a Woodlawn High School, uma escola pública alternativa nos arredores de Arlington. O primeiro show teve duas bandas locais, o quarteto Count 4 e The Necros (não confundir com a banda de Ohio, mais conhecida). Em maio, a escola recebeu a banda canadense DOA, acompanhada por Jello Biafra, e mais quatro bandas locais: Minor Threat, SOA, Youth Brigade e Scream. A reação do público no show do Scream demonstrou a falta de união da cena hardcore: quando eles começaram a tocar, parte do público foi embora. Jello Biafra ficou intrigado com isso, pois os caras do Scream era influenciados por Bad Brains e moravam a apenas alguns quilômetros de Georgetown, num bairro suburbano da Virginia. Tirando o fato de serem do subúrbio, as únicas "ofensas" da banda era que não se vestiam como punks e, ocasionalmente, tocavam covers. "Eles diziam que nós éramos jogadores de futebol tentando tocar punk rock", recorda-se Pete Stahl (vocalista). O Scream mais tarde seria aceito como uma das bandas mais poderosas da cena, mas esse sentimento inicial de rejeição jamais foi esquecido.

X X X

O relacionamento de Sussman com o Bad Brains foi ficando cada vez mais tenso. A crise estourou num show em Chapel Hill (Carolina do Norte), que seria transmitido simultaneamente na TV a cabo e no rádio. Sussman foi de avião para acompanhar o evento, programado para começar às nove da noite. "Deu 20h e nada do HR; 20h30 e nada; 20h45 e nem sinal dele", ele se recorda. "Finalmente, às 20h59, chega o HR, todo desgrenhado, chapado de maconha ou sei lá o quê, totalmente desligado". A banda estava pronta para tocar, mas a equipe de TV já estava desmontando os equipamentos quando o vocalista chegou, daí eles arrumaram tudo e foram embora. "Após o show, conversei com o HR para tentar entender por que ele estava atrasado e naquele estado", disse Sussman. "Ele havia dirigido de Chapel Hill até DC" – uma viagem de seis horas apenas de ida – "para ajudar alguém a fazer uma mudança com a van, e depois voltou dirigindo pra tocar. Eu falei, 'HR, você ia aparecer na televisão!'. E ele respondeu, 'Foda-se, meu amigo precisava da van'".

Até aquele ponto, Sussman estimava ter gastado mais de 40 mil dólares com a banda. "Então falei, 'É isso, não consigo mais. Vocês não vão chegar a lugar nenhum. Eu desisto"'. Sussman, entretanto, notou: "Não eram todos da banda, era o HR. Depois de ter virado um rasta de vez, ele não dava mais ouvidos à razão".

O Bad Brains ainda tinha ambições, mas sem acesso ao talão de cheques de Sussman, DC não parecia o lugar ideal para concretizá-las. A banda voltou para Nova

York, onde David Hahn (mais tarde conhecido como Dave Id) assumiu o posto de empresário informal. Jerry Williams, que gerenciava o 171-A, era o engenheiro de som da banda. O 171-A era um espaço para performances e também um estúdio, localizado no Lower East Side. Williams e a banda estariam em breve morando, ensaiando e gravando no 171-A.

Em Nova York, HR se juntou à seita rasta Doze Tribos de Israel, a mesma de Bob Marley. A obsessão de HR por Bob Marley cresceu quando ele descobriu que os dois haviam nascido no mesmo mês (fevereiro), sendo assim ambos eram membros da tribo de Joseph. Mais tarde, afirmando ter sido "tragado" pela sua nova comunidade de fé, HR começou a se autodenominar como "Joseph I". A profundidade de seu comprometimento transpareceu em suas letras mais recentes, que estavam repletas de exortações à destruição da Babilônia e a uma revolução purificadora que seria liderada pelo que ele descrevia como "uma nova geração de jovens, que serão invencíveis" – jovens como aqueles na crescente plateia do Bad Brains.

Essas ideias certamente pareciam exageradas para o cara "normal" que frequentava shows, mas o Bad Brains conseguiu sobreviver à retórica. HR exibia absoluta convicção nas apresentações ao vivo, apoiado por uma banda cuja velocidade, precisão e poder eram surpreendentes. Lou, um adolescente nova-iorquino que viu a banda pela primeira vez nessa época, recorda-se de pensar que "eles eram intocáveis deuses rasta, que iriam liderar alguma revolução". Anos depois, Lou montou uma banda chamada Sick of it All.

Sabendo da crescente reputação do Bad Brains, os ingleses do The Clash – antigos heróis da banda – os convidaram para uma série de shows que estavam fazendo no Bonds, uma danceteria em Manhattan. A ideia era mostrar diversas bandas de abertura, incluindo Grandmaster Flash & the Furious Five, Funkapolitan, Bush Tetras, The Slits, e também o Bad Brains. Mas a coisa não deu muito certo: a polícia fechou o clube logo na primeira noite, por superlotação, e alguns fãs do Clash vaiaram as bandas de apoio, especialmente o Grandmaster Flash. O Bad Brains acabou se dando bem, mas ficaram desapontados com o público e com a banda principal.

"O Clash foi fundamental em 1977, mas agora eles estão sendo sugados pelo sistema, pelas gravadoras, por esse mundo das drogas", disse Darryl Jenifer na época. "Eles tiveram que engomar seus colarinhos para que ficassem bem retinhos, e isso é muito falso. Você vê o Clash no palco e percebe que eles estão loucos de *speed*. Se eu quero mais energia, apenas tomo um suco de laranja e toco mais pesado do que todos eles".

Neil Cooper, que havia recentemente começado um selo apenas com fitas k7 chamado ROIR (Reach Out International Records), sondou o Bad Brains para lançar uma parte do material que eles estavam fazendo na 171-A. Ele queria que eles assinassem um contrato, mas eles estavam desconfiados.

"Eles ficavam ali no meu escritório, sentavam-se no chão, fumavam maconha, e nós conversávamos sobre isso", relembra Cooper. "E então finalmente eu consegui um contrato assinado. Mas eles rasgaram esse contrato. Peguei um outro, e eles rasgaram de novo. Peguei um terceiro, e rasgaram mais uma vez. Eles eram muito desconfiados com gravadoras, achavam que contratos não faziam sentido, e que as coisas poderiam ser feitas apenas na base da confiança. Eles não entendiam os aspectos comerciais de uma gravadora, ou mesmo da necessidade de um contrato para proteger ambas as partes."

Esse beco sem saída poderia ter durado muito tempo se o Bad Brains não tivesse ficado sabendo que, no final dos anos 1960, Cooper havia trabalhado para o governo da Etiópia, criando uma moeda nacional, e trabalhando diretamente com o Deus na Terra do Rasta, Haile Selassie. No começo, HR e os outros não acreditaram nisso, mas Cooper mostrou cartas e medalhas com a imagem de Selassie gravada nelas. "Eles mudaram de ideia", disse Cooper. "Eles disseram, 'Queremos estar no seu selo!'. Uma das cláusulas do contrato era que eu deveria dar cada uma das moedas para eles, para que usassem no pescoço. Acho que eles estavam mais empolgados com as medalhas do que por estar na ROIR". Cooper começou a trabalhar no *Bad Brains*, a fita que seria o primeiro lançamento nacional da banda.

Uma cena nova-iorquina de hardcore começou a crescer, centralizada principalmente no Lower East Side, em espaços como o estúdio 171-A e a casa de shows A7. Novas bandas (como Beastie Boys, Reagan Youth, Cro-Mags, Kraut, Heart Attack, Mob e The Nihilistics) começaram a se juntar às mais antigas, como The Mad, The Stimulators, False Prophets e Even Worse. Como havia acontecido em Washington, o Bad Brains foi o catalizador para uma erupção punk.

X X X

Henry Garfield estava se sentindo desesperado quando foi a Nova York, em junho, para assistir a um show no Studio 57, com Bad Brains, Black Flag e UXA. Garfield: "Sabia que poderia ficar fazendo isso – trabalhando na Häagen-Dazs, morando em um apartamento que fedia a inseticida e meias sujas – pelo resto da minha vida".

Nesse show, Garfield subiu ao palco e cantou "12XU" com o HR, e também dançou e cantou o tempo todo durante o show do Black Flag. Ele os seguiu até o clube A7, onde a banda fez um show improvisado na madrugada. Quando o Black Flag subiu ao palco, já estava quase na hora de Garfield voltar para abrir a Häagen-Dazs, lá em Georgetown. A banda começou a tocar, e então ele pediu a música "Clocked In", para depois sair fora. Num impulso, ele subiu ao palco e cantou com a banda. Depois disso pegou a estrada, e chegou bem a tempo de abrir a loja.

Dias depois, Garfield recebeu uma ligação de Dez Cadena, então vocalista do Black Flag. Ele havia decidido tocar guitarra. Assim, o Black Flag teria duas guitarras, e a banda queria que Garfield fizesse um teste para ser o vocalista. "Para mim, o Black Flag era tão grande quanto Elvis", ele disse. "O que mais eu poderia fazer? Fui lá e cantei, nunca teria uma chance como aquela outra vez na minha vida". Os ensaios em Nova York correram bem, e Garfield foi oficialmente convidado a entrar na banda.

Garfield voltou para casa e começou os preparativos para ir embora de vez. Antes de sua partida, o SOA ainda tinha mais um show: com o Black Flag, no bairro operário de Kensington, na Philadelphia. Os punks de Georgetown foram com a mesma atitude que tiveram em Nova York. "Era meio que pra mostrar para eles o que estava rolando em DC", disse Garfield. Mas eles escolheram o lugar errado para isso. Durante o show do Black Flag, a dança ficou mais violenta, então um dos locais sentiu-se ofendido e a briga começou. Logo após a resposta em massa da galera de DC, os locais fugiram do clube, e foram seguidos pelos garotos de DC. Uma coisa é brigar na pista de dança, dentro de um clube na sua própria cidade, mas outra coisa bem diferente é brigar do lado de fora – e no território inimigo. De repente, os visitantes não estavam encarando apenas alguns garotos, mas sim o bairro inteiro.

Stabb estava dentro do clube quando um dos punks de DC voltou sangrando. "A polícia bloqueou a rua e ficou apenas observando", ele recorda. "A briga continuava, e do nada apareceu a gangue local: os Kensington Boys com seus tacos de baseball!". Um dos garotos de DC, Jamie Biddle, foi atingido na cabeça por um taco. "Estávamos a poucos metros dele, e não podíamos fazer nada", disse Stabb. "Pegamos o Jamie e o levamos para o pronto socorro mais próximo. Quando chegamos, estávamos cobertos de sangue. Jamie teve que levar 22 pontos". Por sorte, ninguém morreu ou acabou mais gravemente ferido nesse confronto. A lembrança do incidente, em especial da atitude passiva da polícia, inspirou Stabb a escrever "No Rights", uma música que apareceria no primeiro EP do Government Issue (*Legless Bull*), o quarto lançamento da Dischord.

Analisando aqueles eventos, Garfield chegaria à conclusão que a batalha da Philadelphia trazia uma mensagem: ele tinha saído de DC na hora certa. Quando saiu de Washington, ele decidiu deixar outra coisa para trás: o nome do pai que ele odiava. Henry Garfield tornou-se Henry Rollins, sobrenome que ele tirou de uma camiseta usada pela irmã mais velha dos MacKayes, chamada Susannah.

As bandas da SST (selo do Black Flag) se tornaram a nova família de Rollins. "Nossos ensaios eram a nossa vida. Saíamos com os caras do Minutemen, Saccharine Trust, pessoas malucas e muito ligadas em música, assim como nós. O Black Flag era uma grande gangue, e música era o que estava acontecendo". Mas ele não era tão otimista em relação à maior cena hardcore dos EUA: "A comunidade punk de Los Angeles era cheia de pessoas que estavam nessa pelas razões erradas", ele disse. "As drogas estavam por todos os lados, garotos loucos de quaalude, garotas de 15 anos injetando heroína, transando com qualquer um que aparecesse".

Pouco depois de voltar para LA com seu novo vocalista, o Black Flag gravou seu primeiro álbum, chamado *Damaged*. O álbum foi um marco para o hardcore, mas não agradou muito a gravadora (MCA) que deveria distribuí-lo. Al Bergamo, presidente da MCA, ouviu o disco e mandou cancelar a distribuição (via Unicorn). O Black Flag se viu com 20.000 cópias de seu álbum na mão, todos com o logo da MCA. A banda teve que cobrir 20.000 logos da MCA com adesivos que tiravam sarro da decisão de Bergamo. Esse incidente foi apenas o início dos problemas de distribuição do Black Flag, mas para Rollins o mais importante era que o álbum tinha saído, e a banda podia voltar para a estrada. No papel do feroz e intimidador *frontman* da banda de hardcore que mais fazia turnês, Rollins havia encontrado uma razão para viver.

X X X

Com o Bad Brains em Nova York e Garfield/Rollins em Los Angeles, um buraco se abriu na cena hardcore de DC. A cena punk mais antiga tampouco passava por um bom momento, com o fim de várias bandas importantes como o Nurses (separou-se após a morte de Halpern), Razz (por causa do conflito entre Michael Reidy e Tommy Keene), e o Urban Verbs, que durou pouco tempo depois da dispensa da Warner Brothers. O Slickee Boys continuou firme, junto com novas e promissoras bandas, como Velvet Monkeys (cujo líder Don Fleming se tornaria um conhecido produtor) e

REM (que mudaria o nome para Egoslavia, para evitar conflito com a banda de Athens, Geórgia). Mas, cada vez mais, Washington passou a ser conhecida pelo hardcore, cuja grafia usada por muitos locais era harDCore. E o grande nome do harDCore era o Minor Threat.

O lançamento do primeiro single do Minor Threat gerou um burburinho nacional sobre a banda. Assim como acontecera nos EPs do Teen Idles e do SOA, esse material também foi gravado com Skip Groff no estúdio caseiro de Don Zientara, o Inner Ear. No rótulo do disco estava impresso o lema "Colocando DC no mapa", uma brincadeira que, de certo modo, revelava a autoconfiança do quarteto.

A velocidade das músicas impressionou logo de cara, mas as oito faixas tinham letras convincentes, melodias cativantes, linhas de voz poderosas e sinceras, e uma execução precisa. Havia muita raiva naquelas canções, mas não de modo inarticulado ou sem foco. Músicas simples, mas bem resolvidas, que tinham inspiração em experiências reais. "I Don't Wanna Hear it" e "Screaming at a Wall" foram inspiradas em Marc Halpern e no desdém da imprensa e dos punks mais antigos. "Bottled Violence" era um "discurso" antiálcool e antiviolência com raízes nas desventuras de Paul Cleary, do Black Market Baby. "Seeing Red", a única escrita por Jeff Nelson, era sobre ser julgado pelas aparências.

Na época, ninguém poderia imaginar que "Straight Edge" se tornaria a música mais influente do EP. Para Ian MacKaye, ela era – e continua sendo – simplesmente uma música, e não uma filosofia ou movimento. Mas, para outras pessoas, ela teria um significado mais amplo e duradouro.

A banda planejou uma turnê nacional com o Youth Brigade, e fez um show no 9:30 Club com o Government Issue para levantar dinheiro para a viagem. Na plateia estava Cynthia Connolly, recém chegada de Los Angeles, e que logo estaria escrevendo resenhas sobre DC para a *Flipside*, usando o nome Morticia. Nesse show também estavam Tesco Vee e Dave Stimson, editores do fanzine *Touch and Go*. Tesco Vee já era um fã do hardcore punk de DC há muito tempo, e ter experimentado a música ao vivo apenas completou sua conversão. Ele e Stimson passaram não apenas a elogiar a cena local, como também fizeram planos de mudar para DC.

A mitologia do harDCore estava começando a se desenvolver. Expressões como "straight edge" intrigavam e, ao mesmo tempo, inspiravam jovens punks por todo o país. O símbolo mais visível da cena era o X na mão, e que era incluído (de algum modo) em todos os lançamentos da Dischord. O que era uma solução prática para o problema dos menores nos shows, agora estava se tornando uma marca de identificação para uma crescente tribo de adolescentes. Alguns punks, como Amy Pickering, usavam o X até mesmo na escola.

X X X

Amy Pickering era uma das fãs mais devotas do hardcore de DC, mas ela e outras meninas começaram a se sentir excluídas – à força. Nos shows de hardcore, o *slamdancing* e o *stage-diving* estavam separando os garotos das garotas.

No *Washington Post*, Richard Harrington retratou assim o *slamdancing*: "A roda de pogo é feroz e assustadora: os corpos dos garotos se chocam, braços e cotovelos levantados, punhos agitados, como Feijões Saltadores Mexicanos que vão pulando loucamente na pista de dança. Esse ritual de resistência é protagonizado por dançarinos jovens e brancos, de cabeças raspadas ou, ocasionalmente, com moicanos à la *Taxi Driver*. Os punks de DC gostam de camisetas e jeans rasgados, jaquetas de couro com nomes de bandas e frases ideológicas. Nos pés, botas de combate. Anos atrás, Iggy Pop costumava se ferir durante os shows, atirando-se em cima de vidro quebrado ou nos braços do público. E agora é o público que fecha o ciclo".

Henry, antes de ser Rollins, era citado na matéria: "Não se trata de machucar as pessoas. É apenas algo pra extravasar. Muitos garotos vivem em bairros bons, seus pais são ricos. Mas isso não te livra de ser louco, ou de se sentir bravo, indignado ou alienado".

Em meados de 1981, essa política punk de "extravasar" havia definitivamente barrado a maioria das mulheres, tanto do palco quanto da audiência. Das muitas bandas que tocaram no Wilson Center, apenas uma tinha uma mulher: Red C, cuja baixista era Toni Young. E isso era particularmente impressionante, uma vez que várias bandas da primeira geração punk tinham mulheres na formação, como por exemplo Urban Verbs, Slickee Boys, Nurses, Tru Fax and the Insaniacs, Tiny Desk Unit, DCeats e Shirkers.

Sharon Cheslow se recorda de dançar nos shows do Teen Idles e do Bad Brains na Madams Organ. "Eu estava bem ali, na frente do palco. Ninguém chamava aquilo de '*slamdancing*', mas já tinha bastante contato físico. De todo modo, eu podia aguentar, então quando digo que era intenso em 1981, quero dizer que era *realmente* intenso. Comecei a olhar para a cena e me perguntar: 'Será que estou mesmo com um grupo de amigos?'. Muitas garotas se sentiam do mesmo jeito, e começaram a cair fora". Entre

1979 e 1980, havia praticamente o mesmo número de mulheres e homens nos shows de hardcore, mas no final de 1981 era raro encontrar uma garota. Janelle Simmons era uma dessas raridades: "Naquela época eu não enxergava isso; mas, vendo agora, as mulheres realmente não tinham vez". Outra fã de punk rock, Anne Bonafede, relembra: "Era um universo muito masculino. Na época do Minor Threat e do SOA, comecei a me sentir realmente distante da cena. Adorava sair, ir aos shows, dançar, mas chegou uma hora que não dava mais, porque você poderia se machucar de verdade". As garotas que continuaram a ir aos shows tiveram que se adequar aos termos estabelecidos pelos seus colegas homens. "Estávamos tentando ser garotos", disse Pickering.

Cheslow e Bonafede montaram a Chalk Circle, a primeira banda totalmente feminina a aparecer no harDCore. "Naquela época eu não tinha vida própria: eu vivia de acordo com os namorados ou os amigos que eu tinha", disse Bonafede. "Com o início do Chalk Circle, isso realmente mudou. Podia ser uma baterista, se assim eu quisesse. Todos os meus amigos [homens] tocavam em bandas, então sabia que poderia fazer isso, essa era a filosofia punk. E isso casou perfeitamente com minha visão feminista: ser capaz de dizer que não preciso viver de acordo com os rapazes, posso fazer isso por mim mesma. O Chalk Circle me ajudou a lidar com toda essa alienação que estava sentindo em relação à cena hardcore".

"Era muito incomum ter uma banda apenas com mulheres", disse Bonafede. "Certamente tinha muito a ver com o fato de não sermos levadas a sério. Havia várias bandas de meninos que eram péssimas, e nem por isso foram tão avacalhadas quanto nós fomos."

A supremacia masculina não era o único novo elemento dúbio no harDCore. Uma jovem banda chamada Iron Cross foi a primeira banda local a emular a violenta e às vezes racista cena skinhead britânica. O vocalista e fundador Sab Grey tinha morado no Reino Unido, e voltou para casa decidido a formar a primeira banda skinhead dos EUA. Ele se juntou ao guitarrista Mark Haggerty (13 anos), ao baterista Dante Ferrando (14 anos) e ao baixista de 15 anos Wendel Blow (recém saído do SOA). O som deles era um punk mais lento, de matriz inglesa, que rejeitava a velocidade do hardcore.

Entrevistado pelo *Touch and Go*, Grey fez algumas declarações polêmicas. O vocalista defendeu os membros do National Front, o partido de extrema direita britânico. "Certamente eles são nazistas até certo ponto", ele disse. "Eu sou um nazista, todos somos". Quando desafiado, Grey acrescentou: "Os negros são os maiores racistas". As palavras imprudentes do vocalista causaram repercussões para ele e sua banda.

Entrevistado anos depois, Grey se recorda de maneira triste: "Estava falando besteira. Não tinha ideia que pessoas em toda a América iriam ler o que disse. Naquela época, quem na cena tinha essa noção? Éramos apenas crianças bobas".

Apesar de não justificar a ignorância dos seus comentários, há um pontinho de verdade nas suas explicações. Durante o último ano (1981), alguma coisa aconteceu. DC estava se tornando uma das mais observadas e influentes cenas nos EUA. A confirmação vem através das palavras de Alec MacKaye: "Quando começamos, nunca imaginamos – nem nos nossos sonhos mais loucos – que o que estávamos fazendo teria importância para alguém que morasse além dos arredores de Beltway". Hoje, sabemos que importou. Mas, enquanto a cena de DC crescia cada vez mais, o fantasma do racismo (e do fascismo) seguiria o Iron Cross até o final.

X X X

A turnê conjunta Minor Threat/Youth Brigade começou em agosto, com dez datas que iriam de Chicago até San Francisco e LA. Jello Biafra ajudou a marcar alguns shows, assim como também ajudaram o 7 Seconds (em Nevada) e o Necros (em Ohio).

As duas bandas acomodaram seus instrumentos numa van, algo mais profissional do que a experiência anterior do Teen Idles na Califórnia, um ano antes. Mas o plano tinha uma falha: a van pertencia a mãe do guitarrista do Youth Brigade, e ela nunca foi informada sobre o esquema. Quando ficou sabendo que sua van estava no Centro Oeste, e indo em direção à Costa Oeste, ela exigiu seu retorno imediato.

Os músicos não tiveram outra escolha, e então voltaram para DC. Tinham feito menos da metade das datas planejadas, e perderam todos os importantes shows da Costa Oeste. Para Lyle Preslar, a turnê fracassada foi a humilhação final. Ele tinha entrado na Universidade Northwestern, e não via mais razão para continuar no Minor Threat, cujas frequentes disputas internas o cansavam.

Sem Preslar, o Minor Threat não continuaria. MacKaye e Nelson começaram a tocar com Eddie Janney (ex-guitarrista do Untouchables) e John Falls, que era conhecido principalmente por seus audaciosos moshes. A nova banda se chamaria Skewbald (sugestão de Ian) ou então Grand Union (ideia de Nelson). "Jeff e eu temos uma política: não mantemos uma banda viva, os membros são a banda", explicou MacKaye na época. "É legal romper, reconstruir e escrever diversas músicas novas. É uma lição de humildade: você nunca fica tão bom e permanece no underground. Em DC, bem na hora em que as pessoas começam a ouvir falar sobre a sua banda, ou quando você lança um disco, a banda acaba. Isso torna as coisas bem underground, e dá espaço para muito progresso".

Antes de terminar, o Minor Threat gravou seu segundo EP, chamado *In My Eyes*. As sessões foram feitas no estúdio Inner Ear, e Skip Groff ajudou a pagar a gravação. O disco foi um grande avanço, rivalizando com o poder da banda que um dia foi sua inspiração, o Bad Brains. "Out of Step" era a música mais influente e controversa do EP. "Don't smoke/Don't drink/Don't fuck/At least I can Fucking think" ("Não fumo/Não bebo/Não trepo/Pelo menos eu posso raciocinar"), proclamou MacKaye. Jeff Nelson não gostou da letra, porque parecia que MacKaye estava ordenando as pessoas a não beber, fumar ou transar. Era óbvio para MacKaye que esse era um código de conduta pessoal, ao invés de um conjunto de instruções, mas não (era óbvio) para Nelson.

Entrevistado pela *Flipside*, Nelson cuidadosamente disse que "Ian e eu concordamos em quase tudo, mas temos pensamentos diferentes sobre algumas coisas. Se fosse pelo Ian, ninguém da cena nunca beberia ou fumaria. Mas não é assim, agora tem cada vez mais pessoas bebendo, porque dois anos atrás esses garotos não podiam beber, e agora podem. Concordo com Ian e com toda sua visão antidrogas, mas na verdade isso é apenas o que faço". Apesar de não ter defendido publicamente esse tipo de conduta, Nelson às vezes fumava maconha e bebia.

Depois de uns poucos shows do Minor Threat, Preslar foi para a universidade e Brian Baker juntou-se ao Government Issue. A banda Red C se separou, pois seu *frontman* Tomas Squip decidiu estudar. Dois meses depois, o Youth Brigade também terminaria. Os planos com o Skewbald não deram muito certo e, então, MacKaye foi para a Inglaterra, como roadie na primeira turnê europeia do Black Flag.

A lacuna deixada pelas bandas que se foram, foi preenchida por novas bandas punks adolescentes, como Artificial Peace, Faith e Deadline. O Artificial Peace era formado por um ex-integrante do Red C, o guitarrista Pete Murray, junto com o vocalista Steve Polcari, o baixista Rob Moss e o baterista Mike Manos. Eles eram locais de Bethesda, um subúrbio de Maryland. Uma das primeiras músicas da banda fazia uma "homenagem" a sua cidade natal: "Wasteland".

O Faith marcou o retorno de Alec MacKaye, após uma série de bandas que não vingaram. Garfield tinha tentado recrutar o jovem MacKaye para o seu lugar no SOA, mas MacKaye não queria cantar as músicas de Garfield. Ao invés disso, ele começou a tocar com o guitarrista e o baterista do SOA, Mike Hampton e Ivor Hanson; quem completou a banda foi o baixista Chris Bald.

Ele e MacKaye logo criaram uma conexão criativa, com Bald escrevendo a maioria das músicas que MacKaye cantaria. A banda tocou pela primeira vez em novembro, e em pouco tempo ganhou fama de ter uma performance intensa. O quarteto sempre abria os shows com "It's Time", cujo refrão expressava a raiva adolescente característica do harDCore: "I know what I want and I take what I need/I'm gonna make this society bleed" ("Eu sei o que quero, e pego o que preciso/Eu farei essa sociedade sangrar"). Mas a música do Faith também foi um certo presságio de algumas características (emotividade, espiritualidade) que se tornariam depois marcantes nas bandas da Dischord.

A banda Deadline era composta pelo vocalista Ray Hare, o guitarrista Chris Carron, o baixista Terry Scanlon e o baterista Brendan Canty. Quase tão importantes quanto os membros da banda, eram os seus companheiros Guy Picciotto, Mike Fellows e Chris Bald. Certa vez, o grupo de amigos ficou brincando e se autoapelidaram como DOD (Dance of Death). Era apenas uma piada, mas o nome DOD pegou. Essa *crew* construiu uma conexão especial com as bandas Faith e Deadline. "Eles raspavam a cabeça em todos os shows, e também escreviam DOD na cabeça. Eles eram malucos", recorda-se Ian MacKaye, maravilhado. "Em um show do Faith, esses garotos colocaram suas jaquetas em cima da cabeça, e fecharam os zíperes. Ou seja, não dava pra enxergar nada! E eles corriam pelo palco e se jogavam, simplesmente se jogavam e se espatifavam. No show do UK Subs, um dos garotos deu uma pirueta do palco, quebrou a porra da cabeça e apagou! Eu o peguei, e o levei para fora. Em dois minutos ele já estava no pogo de novo".

X X X

A reputação do hardcore de DC cresceu na medida em que a Dischord continuava a lançar música agressiva e comprometida. No final do ano, o selo havia editado sete singles (incluindo um do Necros, banda de Ohio, que foi lançado em conjunto com a Touch and Go). Logo após veio uma compilação chamada originalmente de *Hardcore*, mas que finalmente foi lançada como *Flex Your Head*, uma resposta à descrição de Robert Christgau ("muscleheads") sobre os punks de DC. "Não estou muito envolvido com essa coisa de 'hardcore' agora", observou MacKaye na época. "Isso se tornou um argumento para venda: você vê a palavra 'hardcore' escrita em muitos discos, e eu realmente não estou nessa. Eu me considero um punk, porém um punk do meu jeito, e de mais ninguém".

O disco trazia músicas de bandas como Teen Idles, Untouchables, Minor Threat, Youth Brigade, SOA, Red C, GI, Void e Iron Cross, além de novos nomes como Deadline e Artificial Peace. Coletâneas similares iriam, muito em breve, documentar as cenas de cidades como Boston, San Francisco, Los Angeles e Nova York.

Apesar de nem sempre terem concordado em relação à política sobre drogas do Minor Threat, MacKaye e Nelson eram aliados na administração da Dischord. Nathan Strejcek começou a sentir que estava sendo deixado de lado. Depois de Strejcek ter deixado 100 cópias do *Minor Disturbance* em cima do motor quente de uma van (transformando o single do Teen Idles num item de colecionador), MacKaye e Nelson começaram a monopolizar as decisões da Dischord.

Esse distanciamento cresceu ainda mais quando MacKaye e Nelson encontraram uma casa para dividir na região de Clarendon, em Arlington. A casa estava caindo aos pedaços, mas era barata, perto do Metrô e tinha um 7-Eleven do outro lado da rua. Ela se tornou o quartel general da Dischord, o que afastou ainda mais Strejcek das decisões do selo. Ele ficou bravo quando descobriu que a Dischord planejava lançar material do GI sem tê-lo consultado, e ainda mais bravo quando viu um anúncio da Dischord que mencionava "um possível EP do Youth Brigade". Mordido pelo fato de que o disco de sua própria banda fosse considerado apenas uma possibilidade, Strejcek intitulou o disco do Youth Brigade como *Possible EP*.

Strejcek começou a se retirar, não apenas da Dischord, mas da própria cena hardcore. Quando o Youth Brigade terminou, Strejcek montou uma banda nova com sua namorada Jan Pumphreys (ex-Chalk Circle). Mas esse projeto de banda acabou não dando muito certo, e Strejcek raramente reapareceu na cena. O mundo de MacKaye e Nelson passou a ser a "Casa da Dischord", tornando os rolês em Georgetown menos importantes. O outrora bastante coeso clã "punk adolescente" estava começando a crescer e se separar. Em pouco tempo a grande comunidade hardcore também passaria por algo parecido, tropeçando em suas próprias contradições.

DANCE OF DAYS
MARK JENKINS
MARK ANDERSEN

1982

CAPÍTULO SEIS

* *

EU CONTRA EU

* *

IAN MACKAYE NÃO CONSEGUIA TIRAR UM TELEFONEMA DE SUA CABEÇA. Ela havia falado com HR, que estava no meio da primeira tour norte-americana do Bad Brains, e o assunto Minor Threat veio à tona. “HR me falou, ‘Muitas pessoas estão perguntando sobre vocês. Acho que vocês deveriam voltar a tocar’”, MacKaye se lembraria mais tarde. “Eu disse ‘Esqueça’, e o HR retrucou, ‘Você não está entendendo: você veio com essa mensagem realmente forte, toda uma filosofia, e então deixou todos a ver navios. Você deixou muito por dizer’”.

Assim como o Bad Brains, o Minor Threat era uma banda com uma missão, pelo menos na visão do seu vocalista. Então Ian levou a sério quando HR falou, tão firmemente que considerava o propósito da banda não cumprido.

MacKaye tinha arrependimentos pelo término do Minor Threat. Ele não havia deixado a banda; quem tinha saído era Lyle Preslar. Ficava cada vez mais evidente a eficácia do Minor Threat como veículo para as mensagens de Ian, em especial porque o Skewbald patinava e não saía do lugar. Os comentários de HR, somados aos elogios que saudavam o EP póstumo *In my Eyes*, indicavam que o Minor Threat havia atingido profundamente um público muito além das fronteiras de Washington.

Preslar também havia concluído que a ruptura da banda tinha sido um erro. O mais pragmático e carreirista dos quatro membros, Preslar havia deixado o Minor Threat porque parecia que aquilo não o levaria a lugar algum. Porém, a vida na Universidade Northwestern também parecia infrutífera. Ao mesmo tempo, ficava claro que o Minor Threat desenvolvia uma reputação nacional. Nas palavras do próprio Preslar: "Larguei a universidade com o objetivo único de voltar com o Minor Threat".

A primeira pessoa que ele procurou foi Brian Baker, que por coincidência também estava insatisfeito no Government Issue. Afinal, ele havia trocado a principal banda da cena de DC por uma coadjuvante. Mais tarde, Brian admitiria que aquilo causou uma sacudida inesperada no seu ego. A verdade é que John Stabb não era o *frontman* dos sonhos de Brian Baker. O vocalista estava usando roupas cada vez mais detestáveis. "Se eu achava horrorosa, eu usava!", Stabb se gabou mais tarde, zombando da estética punk. Baker ficou particularmente constrangido num show no 9:30 Club, com o Necros e o Misfits. Um dos caras do Misfits perguntou como ele se sentia tendo um cara como o Stabb à frente da banda. Naquela noite, Stabb estava usando um terno verde-limão dos anos 1970. Assim, foi tarefa fácil convencer Baker que era uma boa ideia reunir o Minor Threat.

Preslar e Baker não esperavam que Nelson pudesse refutar o convite, mas tinham dúvidas quanto a MacKaye. Eles não sabiam que ele também estava disposto a conversar, embora por razões diferentes. Com cuidado, procuraram o ex-vocalista, que prontamente disse "ok". Preslar: "O Minor Threat se separou porque eu fui pra universidade, e se reuniu porque eu voltei da universidade. Simples assim". Mas não era tão simples assim. Os motivos eram distintos para cada membro da banda, e, com o passar do tempo, essas diferenças se tornariam cada vez mais claras e perturbadoras.

Mesmo assim, no começo a reunião pareceu tranquila. Na real, a banda tinha ficado pouquíssimo tempo separada: de setembro de 1981 a abril de 1982. Era meramente o caso dos músicos admitirem o erro e retomarem de onde pararam. A prioridade era tocar, e não apenas em DC, mas por todo o país. Baker ainda estava no Ensino Médio, por isso teve que conversar bastante com seus pais e fazer alguns acordos na escola. Acordos feitos, ele então vendeu seu Mustang 1966 para que a banda comprasse uma van. Antes da turnê nacional, eles planejaram duas datas locais: uma com o Bad Brains no 9:30 Club, e outra no Wilson Center (organizada por Malcolm Riviera), com as bandas Faith, Void, Artificial Peace, Iron Cross e Double O.

No Wilson Center, o Minor Threat demonstrou que seu comprometimento com os princípios do harDCore permanecia o mesmo: ingresso por 3 dólares, sem limite de idade e tampouco seguranças. Além disso, afastando o status de estrelas, a banda tocou antes do Faith e do Artificial Peace (mas o motivo real era outro: Ian MacKaye precisava voltar para o trabalho). Mas, em função da popularidade da banda, muitas pessoas na plateia foram embora depois do seu show, algo que definitivamente não foi encorajado por eles. Sharon Cheslow escreveu sobre essa noite no fanzine *If This Goes On*, dizendo que o Minor Threat havia se tornado apenas mais uma opção de entretenimento, e não parte de uma comunidade que apoiava todas as bandas.

X X X

Nessa época, o straight edge não era mais apenas um fenômeno local. Ele tinha chegado em Nevada, com o 7 Seconds, e também em Boston, com o SSD (Society System Decontrol). O fundador do SSD, Al Barile, foi particularmente influenciado pelo poder do Bad Brains e também por uma conversa com Henry Rollins. "Henry me contou como era forte e unida a cena de DC. Então me dei conta que não tínhamos nada como aquilo em Boston". Barile parou de beber, fez um X na mão e iniciou a cruzada pelos shows sem limites de idade. Rapidamente o SSD tornou-se uma banda importante na Costa Leste, ao lado do Bad Brains e do Minor Threat.

As ideias do SSD, expressadas através da música "Ex Claim", pareciam ter saído de um inexistente manual do hardcore de DC: dominar a pista de dança, desprezar Nova York, extinguir as barreiras entre público e banda, shows sem limite de idade, nada de drogas, união da cena e uma postura *do it yourself*. Embora a Dischord só lançasse bandas locais, MacKaye e Nelson ajudaram o SSD a lançar o disco *The Kids Will Have Their Say*, assim como também ajudaram o Necros a lançar pela Touch and Go.

A primeira visita do SSD a Washington mostrou que algumas coisas estavam mudando. Os punks de DC tinham fama de durões (como haviam comprovado um ano antes nas visitas a Nova York e Philadelphia), mas os fãs de Boston que vieram com o SSD dominaram a pista de dança na Woodlawn High School. Alec MacKaye relembra: "Na primeira vez que o SSD veio com sua galera, eles queriam provar pra gente que eram durões. A pista ficou vazia. Aqueles caras eram loucos. Então, enquanto as outras bandas estavam tocando, havia dois caras cabeludos que estavam ali, meio que pogando. Os caras de Boston foram até lá, acertaram um dos caras, e o cara meio que revidou. Daí todos pularam em cima dele, detonaram o cara, que teve até algumas costelas quebradas. Eu não podia acreditar no que estava vendo, era a coisa mais estúpida e doentia que já tinha visto".

Sab Grey, no entanto, aprovou o estilo selvagem dos caras de Boston, no seu novo fanzine chamado *Skin Flint*: "O que está acontecendo com DC? Sem dança, sem apoio às bandas, apenas reclamando que 'o pogo está muito violento'... Não estou dizendo que precisamos ser caras musculosos que brigam com qualquer um. O que digo é que se você quer 'provar sua individualidade', tem que estar pronto para lutar por isso". O fato é que os caras de Boston assimilaram a atitude típica do harDCore, e a levaram um passo adiante.

Ian MacKaye também estava preocupado com a cena de DC, mas por outros motivos. "Eu vi a cena de Washington crescer. Era basicamente uma dúzia de pessoas, Teen Idles, Untouchables, o Henry... Essa era a nossa 'cena hardcore'", ele falou à revista/zine *Forced Exposure*. "Não acredito em 'slamdancing'. Eu odeio essa maldita palavra. Odeio quando as pessoas transformam isso em moda". MacKaye estava particularmente irritado com a loja de discos/HQs Newbury Comics, de Boston. Um ano antes, a loja se recusou a vender o EP do Teen Idles, e agora pulava no trem do hardcore ao lançar a coletânea *This is Boston, Not LA*. "De repente as pessoas começaram a lançar compilações de 'hardcore', porque perceberam que a palavra 'hardcore' é financeiramente viável. Então essa é justamente a hora de se afastar dessas pessoas", ele disse. "Por que as pessoas não fazem por conta própria? Na Dischord é assim. Mande ver, cara, tenha orgulho do que está fazendo. Mesmo se não for financeiramente viável, ainda assim é seu."

A letra polêmica de "Out of Step" continuava a perseguir MacKaye. A mensagem de "não beber, não fumar, não trepar" acabou gerando o apelido de "monk rock" (rock de monge). "Sexo é uma coisa ótima", disse Ian. "Não sou contra o sexo, sou contra trepar, caso você consiga entender a distinção. Essa coisa da 'descoberta sexual dos adolescentes' está muito distorcida. A tevê mostra as pessoas transando o tempo todo, mas ninguém engravida nem pega doenças venéreas. Mas a molecada faz sexo casual e se dá mal. Então, é problema das pessoas se elas querem ficar falando que eu sou um monge".

Numa canção de 60 segundos, a postura antirreligiosa, antiautoritária e anti-establishment do punk conseguiu desafiar o mantra hedonista do "sexo, drogas e rock'n'roll". A reação à música era a confirmação de que as pessoas tinham se sentido ofendidas pela crítica de Ian MacKaye. Para ele, isso mostrava a precisão da sua pontaria.

X X X

Antes de sair em turnê, o Bad Brains lançou a sua famosa fita K7 pela ROIR. Finalmente, algumas das suas melhores músicas estariam disponíveis, numa gravação bem crua (conduzida por Jerry Willians no 171-A) que trazia a banda no auge. Para que ninguém deixasse de prestar atenção nas letras, a capa trazia um desenho de um raio destruindo a cúpula do Capitólio.

Nas palavras de Dr. Know, aquela fita era "música crucial na hora crucial" e se tornaria a campeã de vendas da ROIR, com mais de 150 mil cópias vendidas nos primeiros 10 anos. A fita ajudou a aumentar a fama da banda, tanto nacional quanto internacionalmente. O semanário britânico *Sounds* afirmou que o Bad Brains era "um dos verdadeiros milagres que surgiram no punk rock".

O artigo trazia também algumas declarações apocalípticas de HR e Darryl Jenifer. Alarmada pela retórica hostil de Reagan e sua corrida armamentista, a diretoria do *Bulletin of Atomic Scientists* ajustou os ponteiros do Relógio do Apocalipse em 4 minutos para a meia-noite (a meia-noite simbolizando a guerra nuclear). Para o Bad Brains, tratava-se da hora do Armagedom, anunciada no Livro da Revelação. "Nós não temos tempo para ficar brincando, cara, esse é um momento crítico", disse HR. "O mundo pode acabar a qualquer momento. É uma questão de conscientização: de ter a certeza que você estará preparado quando a hora chegar". Jenifer completou: "A nossa música é um reflexo da nossa época. É como esticar o braço e colocá-lo num microondas; quando você tira, ele está carbonizado".

Fiel a sua crença original na Atitude Mental Positiva, o Bad Brains ainda tinha alguma esperança para compartilhar. "A nossa música é uma maneira de revelar o revolucionário", disse Dr. Know. E HR acrescentou que "dinheiro não significa nada pra gente. Tampouco importa quem está no topo das paradas. O que vem por aí será duro, será difícil, e tudo que não temos é dinheiro, mas temos união. Servimos de exemplo para a juventude. Os jovens não querem fazer parte da Babilônia, e nós também não queremos. Se tivermos que morrer lutando, vamos morrer". Palavras assim podem parecer grandiosas, mas o Bad Brains serviu de inspiração para bandas em toda a Costa Leste. E eles queriam disseminar essa causa da união punk por todo o país, através de uma coletânea dupla com bandas como Scream, Skewbald, Peer Pressure, Double O, Articles of Faith e Crucial Truth.

O Bad Brains colocou essas fitas debaixo do braço e pegou a estrada. A ideia era finalizar essa coletânea na Califórnia, onde também pretendiam trabalhar em algumas faixas para o seu segundo disco. Nesse momento, a banda estava no ápice do seu poder e tinha certeza da necessidade da sua missão. Infelizmente, o seu comportamento durante a tour acabou colocando tudo isso em dúvida.

X X X

No semanário *Sounds*, Tim Sommer tinha elogiado o Bad Brains por sua "discreta porém muito ativa religiosidade, que acompanha todas as coisas positivas que eles fazem". Entretanto, nem todos os aspectos dessa espiritualidade eram positivos.

HR vivia dizendo que estava do lado dos pobres e oprimidos, mas ele tinha pouca afeição com alguns desses marginalizados. Assim como muitas religiões baseadas no Velho Testamento ou nas Escrituras Hebraicas, o rastafarianismo via os gays e lésbicas como "abominações". Velhos amigos lembram-se de ver HR e Earl Hudson falando coisas do tipo "Fogo e Enxofre" quando cruzavam com gays pelas ruas do Greenwich Village, em Nova York.

Definitivamente, HR não era do tipo que fazia as coisas pela metade. Da mesma maneira que havia feito com a Atitude Mental Positiva e o Punk, ele abraçou a causa rasta com grande fervor. Isso era fascinante de se ver, mas sua intensidade e crença absoluta podiam conduzi-lo ao fanatismo. Jello Biafra disse uma vez: "HR é a coisa mais próxima de um xamã que o punk já produziu". Ele passou a usar o nome Ras Hailu Gabriel Joseph I. Ele estava (aparentemente) convencido de que era um profeta com poderes dados por Deus, e tentou exorcizar amigos que tinham problemas com drogas. Ele passou a procurar por 12 esposas, como o Rei Salomão da Bíblia, e pensava que tinha alguns discípulos, como Jerry Williams. Certa vez, disse para um entrevistador que o "capitalismo tenta incutir o medo nas pessoas, mas não temos mais nada a temer, pois temos Jah para nos proteger". O jornalista disse que não tinha entendido muito bem, e HR falou: "É por isso que estou aqui para ajudá-lo". Incomodado, o jornalista respondeu, "Acho que não preciso de ajuda". HR insistiu: "É por isso que estou aqui para ajudá-lo".

Em março, quando o Bad Brains caiu na estrada, não havia ainda sinal da explosão que estava por vir. Em San Francisco, a banda tocou para mais de mil pessoas, a sua maior plateia (como banda principal) até então.

Muitos anos depois, em 1992, Jello Biafra ainda falava com admiração sobre aquela noite: "Foi um dos melhores shows que já vi. Havia tanta energia positiva sendo transmitida daquele palco, que até os caras mais escrotos de San Francisco estavam dançando, abraçados com quem estivesse ao seu lado, independentemente da cor. E isso inclui Bob Noxious, o infame líder do Fuck-Ups, que às vezes usava uma camiseta com a suástica na frente e 'Niggers Beware' na parte de trás. Havia um sério elemento racista crescendo na cena de SF naquela época, e uma parte disso simplesmente se dissipou depois do show do Bad Brains. Eles tinham uma força incrível de unir as pessoas".

Depois do show, Williams levou a banda para passar a noite na casa de um amigo, no Castro, talvez o bairro gay mais famoso do mundo. A banda se sentiu "ultrajada" ao encontrar travestis, garotos de programa e homens se beijando em público. Tiveram que ser levados para outro apartamento, num bairro diferente. No dia seguinte a banda seguiu para LA, onde faria mais um show e daria uma entrevista para o famoso zine punk *Flipside*. Perguntado sobre o que havia achado de San Francisco, HR respondeu que a cidade tinha "bichas demais. Se eles se comportassem de maneira razoável, não seria tão ruim. Mas a maioria age loucamente até mesmo em público, e isso me perturba, me dá vontade de atirar num deles." Esse foi um desvio marcante na mensagem de positividade e revolução que a banda carregava. E foi apenas o começo.

Durante esses dias na Califórnia, o Bad Brains fez amizade com o MDC (Millions of Dead Cops), uma banda militante que tinha trocado recentemente o Texas por San Francisco. Talvez pelo fato de que ambas eram vegetarianas, algo não muito comum naquela época, as bandas se deram bem, e decidiram fazer uma turnê pela Costa Leste. "Eles eram a banda mais legal que eu já tinha visto", recordou o vocalista Dave Dictor. "Eu me apaixonei". O Bad Brains não tinha percebido que Dictor era um *cross-dresser* que cantava letras como "os tiras não gostam de nós / bichas e punks inconformados". Para o MDC, era evidente que gays e punks eram marginalizados e deveriam se unir por uma causa comum. O Bad Brains, por outro lado, agora tinha a Bíblia como autoridade máxima sobre homossexualidade (e praticamente qualquer outro assunto). Por fim, HR e Dictor tiveram um encontro, dos mais tensos. HR relembra: "Os caras do MDC vieram falar conosco, e queriam que nós lêssemos as letras deles. Eles ficavam dizendo que os gays não tinham direitos, que eram perseguidos... Falamos com o Dictor sobre fornicação, e que homossexualidade era a Babilônia. Ele disse que eu era hipócrita, porque falava de união mas não queria me unir com os bichas. E aí a coisa ficou muito séria".

Pouco tempo depois disso, o Bad Brains foi tocar no Texas (terra natal do MDC). Em Austin, ficou acertado que eles passariam a noite na casa de Tim Kerr, guitarrista do Big Boys. O MDC, como era de se esperar, alertou as pessoas da cena punk (e *gay-friendly*) de Austin sobre as posições do Bad Brains, mas Tim Kerr não se importou.

O show (Bad Brains + Big Boys) foi legal, e o vocalista Randy "Biscuit" Turner inclusive comprou maconha para a banda visitante. Depois do show, Biscuit e HR se abraçaram calorosamente, como velhos amigos. Contudo, o que aconteceu durante esse abraço divide opiniões. Segundo HR, Biscuit passou uma cantada nele. Outras testemunhas dizem que Biscuit fez um comentário que HR "interpretou" como uma cantada. De acordo com Kerr, Biscuit fez uma observação inocente indicando que ele era gay. "Imediatamente HR o empurrou e disse algo do tipo 'Mas você não é gay, certo?'", relembrou Kerr. HR ficou em choque quando Biscuit confirmou que era. "Tudo que me lembro é do HR girando e gritando, 'Babilônia! Viado maldito!'"

Apesar disso, Tim Kerr deixou o Bad Brains passar a noite em sua casa, mas teve que sair bem cedo no dia seguinte, para ir ao trabalho. Horas depois, sua esposa ligou, histérica. Ela estava tão nervosa que Kerr não conseguiu entender o que ela dizia, então teve que ir para casa. Chegando lá, encontrou o Bad Brains e o MDC discutindo no jardim. Depois de conseguir acalmar os combatentes, Kerr ordenou que o MDC fosse embora. O Bad Brains iria embora logo em seguida. Antes de partir, um dos integrantes da banda deu um envelope para Kerr, que deveria ser entregue a Biscuit. Kerr imaginou que era o dinheiro da maconha. À noite, depois do trabalho, Kerr notou algumas coisas estranhas em sua casa. Uma colagem (que trazia uma imagem do Papa) havia sumido. Um pôster punk com a imagem de um homem nu foi permanentemente desfigurado, com silvertape cobrindo uma certa parte da anatomia masculina. Kerr não tinha provas de que o Bad Brains tivesse feito tais coisas, mas tinha motivos para suspeitar. Depois, quando Biscuit abriu o envelope, ele descobriu que não havia dinheiro, e sim uma pilha de cinzas e um bilhete, no qual estava escrito "Queime no inferno, viado maldito!"

Conforme a história desse incidente foi se espalhando, a reputação do Bad Brains passou por uma drástica revisão. O MDC fez a música "Pay to Come Along", que queimava o filme da "doutrina fascista de Jah": "People gave you homes and their love/You gave back hate from high above" ("As pessoas abriram suas casas e deram seu amor/e vocês retribuíram com ódio vindo lá do alto"), cantou Dictor. A letra mostrava desapontamento e raiva. "We'll never know what was lost" ("Nós nunca saberemos o que se perdeu"), Dictor cantou, e isso vinha de um cara que achava que o Bad Brains "poderia ter sido a banda mais importante de todas". Jello Biafra admitiu que ficou com o "coração partido quando esse lado da homofobia veio à tona". Para muitos fãs antigos, a mensagem da banda de amor e união nunca mais teria credibilidade.

Tempos depois, numa entrevista, HR admitiu que a banda foi embora sem pagar pela maconha, mas justificou dizendo que fizeram isso porque foram "atacados" pelos caras do Big Boys. "Eles nos atacaram espiritualmente. Depois que isso ocorreu, senti que não devia mais explicações para eles. Eles eram meus inimigos. De qualquer modo, eles tiveram o dinheiro de volta". Segundo Tim Kerr, o dinheiro só foi enviado muito tempo depois, e apenas porque pressionaram dizendo que iriam queimar ainda mais o filme da banda. HR negou que tivesse chamado alguém de "viado". Pouco depois, entretanto, usou o termo "viados" para se referir ao Big Boys.

É importante notar que os demais integrantes da banda não se manifestavam publicamente sobre esses assuntos com a mesma veemência – ou incoerência – de HR. Em uma entrevista, muito anos depois, tanto Darryl Jenifer quanto Dr. Know expressaram seu desconforto com as atitudes e ideias do vocalista. Ou seja, não era apenas Bad Brains versus Babilônia: havia também divisões internas na banda. Williams sentia que algo estava estranho, mesmo que a banda tentasse manter isso em segredo. Na época, ele presumiu que alguns membros da banda não concordaram com o jeito que HR tratou os caras do Big Boys e do MDC. Além disso, havia também a questão da sonoridade, pois HR continuava pressionando para o lado do reggae.

Em abril, num show em Raleigh (Carolina do Norte), o Bad Brains tocou 12 minutos de punk rock e 75 minutos de reggae. "A juventude precisa de reggae", explicou HR. "Eles não têm ninguém mostrando para eles o caminho certo". Dias depois, HR declarou numa revista que o Bad Brains iria se tornar uma banda de reggae chamada Zion Train. Isso surpreendeu os entrevistadores, mas não tanto quanto os outros integrantes do grupo. "Todos estamos juntos nisso", disse HR, mas Jenifer e Dr. Know não concordavam. "O HR queria que o Bad Brains virasse *HR and the Wailers*", disse Jenifer. De fato, o nome sugerido por HR, Zion Train, havia sido tirado de uma música do disco *Uprising*, o último álbum de estúdio gravado por Bob Marley.

Mas havia outras coisas em jogo, colocando em teste a solidariedade da banda: HR queria que seu amigo Ras Freba fosse o vocalista do Zion Train. Dr. Know não via problema no fato de Freba cantar uma música ou duas, mas não o considerava qualificado para assumir como vocalista principal. Quanto mais HR andava com Freba, mais se afastava da banda, deixando em segundo plano sua amizade com Dr. Know.

A pergunta é: por que HR implicou em fazer essas mudanças bem no meio da primeira grande turnê da banda? Aparentemente, os incidentes na Califórnia e no Texas desencadearam esse desejo de abandonar o universo do hardcore. "Creio que a decisão final se deu quando fomos pra Califórnia e vimos todos aqueles viados, e depois fomos para o Texas", HR contou à revista *Forced Exposure*. "Nesses lugares, era 'in' ser gay e todas as bandas de hardcore eram gays. Foi a gota d'água, eu não aguentava mais. Era necessário que alguém mostrasse a verdade para a juventude".

A turnê ainda teria mais uma crise. Quando o Bad Brains chegou em DC, para um show com o Minor Threat, Williams ligou para alguns amigos em Nova York, para avisar que em breve voltaria. Ele ficou horrorizado quando descobriu que o aluguel do 171-A não foi pago durante os dois meses em que esteve fora. Ele tinha sido despejado, e seus equipamentos de gravação só foram salvos porque seus amigos tinham dado uma força. Williams ficou furioso. Ele tinha colocado dinheiro do próprio bolso nessa turnê, com o comprometimento da banda de pagar seu aluguel nesse período, com o cachê dos shows. "Nós não tínhamos grana. A gente ganhava e usava tudo pra conseguir fazer o show seguinte", disse Dr. Know. Williams perdera sua casa e seu ganha-pão. Justo ele, que tinha sido um verdadeiro seguidor da banda, não simplesmente um empregado. Ao chegar em Nova York, Williams pegou as fitas (tanto o material para o segundo disco do Bad Brains quanto algumas fitas da coletânea) e sumiu da vida da banda. Só muitos anos depois ele retomaria sua amizade com o Bad Brains.

No decorrer da turnê, o Bad Brains tinha perdido seu técnico de som, seu próximo álbum, sua coletânea e muito da sua moral. Em seguida, perderam também os instrumentos que haviam ganhado de Mo Sussman. Isso ocorreu num show no Wilson Center: enquanto a banda estava assistindo uma apresentação, alguns garotos saquearam a van. No dia seguinte, a banda tinha dois shows pela frente! E sem instrumentos. A primeira parada foi em Nova York, onde chegaram tarde para uma apresentação na Primeira Parada da Maconha. Não conseguiram tocar, e ainda chegaram atrasados no show seguinte, em Boston. Lá, tiveram que implorar para usar os instrumentos da banda de abertura. Em meio a essa correria, Dr. Know chegou a ficar bravo com Springa (vocalista do SSD), pois ele ficava repetindo que havia alguém importante no camarim querendo falar com a banda. Ele disse um nome, mas Dr. Know não ligou o nome à pessoa. "Springa me dizia, 'Ric Ocasek tá aí', e eu dizia 'Quê? Quem? Não quero saber, cara'. Porque ao mesmo tempo eu estava pedindo para o cara da outra banda se podia usar não apenas a guitarra dele, mas a palheta também.

E o Earl dizendo 'Posso usar suas baquetas?'. Enfim, só caiu a ficha mesmo quando olhei para o cara".

Ric Ocasek era o cantor e compositor do The Cars, a banda de Boston que ajudou a projetar a música new wave. Ele escutou a fita da ROIR e virou fã. Ocasek deu novos instrumentos para a banda e ainda os levou para gravar no seu estúdio, Synchro-Sound. Na beira do abismo, o Bad Brains encontrou seu salvador.

"Foi tipo Cinderela ou algo assim", disse Jenifer. "Eu estava ali tocando com um baixo emprestado, e depois do show o Ric vem e diz 'Vocês precisam de amplificadores ou alguma coisa?'. Eu fiquei abismado! Ah, e também conseguimos um empresário novo nesse dia". Ele se refere a Tony Countey, que ficou relutante no início, mas foi convencido por Dr. Know: "Ele me disse que minha missão era salvar o Bad Brains – e eu achava que eles eram a maior banda do mundo".

X X X

Enquanto o Bad Brains tentava se reestruturar depois da tumultuada tour, o Minor Threat se preparava para cair na estrada. A tal coletânea do Bad Brains permanecia inacabada, mas *Flex Your Head*, da Dischord, vendera sua prensagem inteira (4 mil) em uma semana.

MacKaye, no entanto, não via motivos para comemorar. Ele sabia que muitas pessoas, inclusive amigos próximos, estavam com o pé atrás sobre a volta da banda. "A gente escutou muita merda, pessoas nos chamando de vendidos, dizendo que éramos populares demais, que roubávamos bilheterias, que estávamos nisso só pelo dinheiro", disse Ian, que ficou muito triste com essas acusações. Num show no 9:30 Club, ele e a banda decidiram lidar de modo bem humorado com essa tensão. Subiram ao palco e foram atirando moedas na plateia, e então tocaram uma nova música chamada "Cashing In". MacKaye se apresentou no estilo showbizz, mudando a voz: "Olá, eu sou Ian, acho que não nos conhecemos!". Enquanto isso, Preslar gritava: "Estamos aqui pelo dinheiro! Os ingressos esgotaram!"

"Esse foi o nosso gigante 'Vão se foder' para todos que falaram merda da gente quando voltamos, dizendo que só queríamos lucrar com nossa popularidade, que estávamos nessa pela grana", disse Ian. "Isso me machucou demais, porque amo DC, e não podia acreditar que era justamente DC que estava fazendo isso comigo."

O show em si poderia muito bem ter sido ofuscado pela história das moedas, mas não foi o caso. A química ainda estava lá. Howard Wuelfing, que agora fazia frilas para o *Washington Post*, escreveu: "O reformado Minor Threat quase superou as expectativas grotescamente altas que todos tinham sobre esse show, a sua primeira aparição pública desde o ano passado. A execução foi muito consistente, uma demonstração superlativa de alta energia controlada: velocidade com precisão, energia com expressividade". Ele terminou a resenha perguntando: "O Minor Threat é a melhor banda punk do mundo? Eu não sei, não vi todas. Talvez."

A banda pegou a estrada logo depois de fazer dois shows "de reunião" em DC. Eles tinham uma expectativa de que essa turnê fosse bem melhor do que a anterior. Mesmo assim, era um desafio passar tanto tempo rodando naquela van apertada. "A gente não se dá tão bem assim, na verdade", MacKaye revelou. "Num ensaio de duas ou três horas, a gente toca de fato apenas uns trinta minutos. O resto do tempo a gente passa discutindo, batendo boca, tirando sarro um do outro".

De todo modo, conforme a turnê ia passando por cidades menores (como Reno, Lansing, Minneapolis e Austin) eles iam conhecendo muitas bandas: 7 Seconds, Big Boys, Dicks, Hüsker Dü, Toxic Reasons, Articles of Faith, Crucifucks, dentre outras. Essas bandas contavam com o suporte de um crescente número de fanzines, clubes e selos. Esses eram os ingredientes de uma cena underground estável, e pessoas como Ian começaram a sonhar que isso pudesse desafiar o monopólio da odiada indústria musical. MacKaye: "Acho muito legal isso que está acontecendo, essa coisa de cenas musicais locais ou regionais". Ian também ficou muito entusiasmado com o bom público que sua banda estava atraindo, mas estava determinado a não permitir que essa notoriedade alterasse seu código pessoal. Para ele, o Minor Threat poderia "tornar-se uma banda conhecida sem ter que fazer as merdas que as bandas grandes são obrigadas a fazer. Assim continuaríamos íntegros e fiéis às nossas raízes".

A banda encarnou uma postura ética implícita, mas muito bem definida: shows para todas as idades, ingresso barato, gastos mínimos com divulgação, sem frescura de rock star. Após tocar para mil pessoas em Los Angeles, Ian disse para a *Flipside*: "Aqui em Los Angeles as pessoas falam em 'assinar com uma gravadora'. Isso não existe em Washington. As bandas só querem tocar. Aqui existe um grande mercado, as pessoas montam bandas querendo se dar bem. Nós formamos o Teen Idles porque estávamos entediados, formamos o Minor Threat para que fosse um veículo para expressar o que pensamos". Embora dissesse "nós", Ian era o único membro da banda totalmente comprometido com essas ideias.

O Minor Threat também descobriu que era precedido pela reputação violenta dos punks de DC e pela controvérsia do straight edge. MacKaye não gostava de ser confrontado por garotos valentões querendo mostrar que sua cena era "barra pesada", nem tampouco por pessoas ressentidas com o lance straight edge. Durante um show em San Francisco, Ian foi acuado por Bob Noxious e um pequeno "pelotão". "Infelizmente, a coisa chegou num ponto de guerra de gangues em alguns lugares, do tipo 'quem manda na cidade e quais bandas são mais duronas'", disse Ian após o breve incidente. "Sinto que as pessoas me confrontam porque sou de DC, [um local] que possui essa aparentemente 'incrível' reputação." Para MacKaye, existiam batalhas mais importantes do que essas.

O tema straight edge foi a primeira pergunta na maioria das entrevistas concedidas pelo Minor Threat naquela turnê. MacKaye: "Em todos os lugares por onde passamos, as pessoas queriam brigar comigo para mostrar que eu estava errado". Ele e a banda repetiram inúmeras vezes o mesmo discurso, explicando que straight edge não era uma norma monástica, mas sim uma responsabilidade pessoal. Preslar: "Nunca dissemos 'se você bebe você é um bosta', ou 'se você fuma você é um bosta'". Brian Baker também se manifestou: "Nós nunca, nunca iremos dizer o que você deve fazer".

Em San Francisco, foram entrevistados por um novo fanzine chamado *Maximum RockNRoll*, que tinha nascido do programa de rádio de mesmo nome. A publicação tornou-se controversa por sua orientação abertamente de esquerda. Os seus fundadores Tim Yohannon e Jeff Bale eram velhos militantes da contracultura, que trouxeram à tona a política implícita no punk, transformando-a numa oposição mais consciente, sistemática e direta ao governo Reagan e à sociedade americana. O primeiro passo foi lançar uma coletânea de hardcore muito politizada chamada *Not so Quiet on the Western Front*.

A seu modo, a *MRR* não estava tão distante do fervor revolucionário de bandas como Bad Brains ou MDC. Ao contrário dos anos 1960, entretanto, não havia uma causa para unir a juventude, como por exemplo o Vietnã. Até mesmo a ameaça de uma guerra nuclear parecia algo vago e distante em comparação com os corpos de amigos chegando em caixas vindas do Camboja. Jeff Nelson ficou impressionado com a paixão e a entrega do staff da *MRR*, mas foi pé no chão: "Eles querem um movimento como nos anos 1960, mas não é isso que temos agora". Atitudes como essa, combinadas com as rupturas advindas dos incidentes com o Bad Brains, faziam crer que o hardcore/punk dificilmente expandiria sua luta para além do seu nicho.

X X X

Apesar de toda a polêmica sobre o straight edge e das pequenas disputas internas da banda, MacKaye voltou para DC entusiasmado com o que tinha visto. Se por um lado o Bad Brains tinha sido gravemente ferido por tudo que aconteceu na sua turnê, por outro o Minor Threat tinha confirmado sua boa reputação. Segundo a *Flipside*, eles conseguiram desenvolver uma "relação que vai além do usual 'público' e 'banda'. Eles [os integrantes da banda] são exemplos vivos daquilo que cantam nas músicas".

O Minor Threat carregava a sua bandeira e também a de Washington. Preslar: "Temos muito orgulho de ter conseguido montar uma banda e lançar discos em Washington, que não é uma cidade de entretenimento, tampouco um lugar famoso musicalmente." Ele disse mais: "Tudo aquilo que você escuta sobre DC é real: poucas brigas, pessoas com atitude positiva. Morar em DC tem suas vantagens." MacKaye concordou, e disse: "Temos orgulho de fazer parte de uma cena com boa reputação. Eu estava me sentindo meio mal em Washington e queria sair em tour o quanto antes. Agora, não vejo a hora de voltar."

Porém, logo que retornou, Ian leu uma entrevista com a banda Hate From Ignorance. O guitarrista Kevin Mattson disse o seguinte: "Acho que fazer tours pelo mundo não é algo muito sincero. Não acredito que pegar a estrada faz de você uma banda punk". E não ficou por aí. Depois disso, Ian também viu uma resenha do show no Wilson Center, escrita por Cheslow, na qual ela enaltecia o Faith e questionava a legitimidade do Minor Threat. Ela escreveu que a banda parecia "fria" e "entediada", e indagou: "E como fica aquela declaração de Ian, cinco meses atrás, dizendo que era bom começar uma banda nova, fazer sons novos, para assim permanecer underground? Tocar músicas velhas só para agradar a plateia e usar o nome Minor Threat porque é conhecido não parece muito condizente com sua declaração anterior". Ian ficou atordoado. Ele se sentiu tão traído quanto a própria Cheslow quando sua banda Chalk Circle foi rejeitada pela cena. "Aquilo foi um tapa na cara", ele disse mais tarde. "Essas coisas me feriram demais".

Cheslow pediu desculpas para MacKaye, mas esse incidente mostrou como o harDCore tinha mudado. A cena que começara minúscula, apenas um grupo de amigos (quase uma família), tinha crescido muito, e, como resultado, também estava se fragmentando. A comunicação já não era tão direta, as panelinhas estavam cada vez mais fechadas, as relações cada vez mais impessoais. Era uma reviravolta irônica, e algo dolorida, da cena de dois anos antes. Para os novos fãs – que não conheciam pessoalmente MacKaye, Nelson, essa galera mais "antiga" – o Minor Threat e a Dischord representavam o *establishment* do punk.

DANCE OF DAYS
MARK JENKINS
MARK ANDERSEN

1982
*
1983

SEGUE

JOHN STABB NÃO ESTAVA NADA FELIZ COM A REUNIÃO DO MINOR THREAT, pois isso significava que o Government Issue tinha perdido seu segundo guitarrista em seis meses. E, além disso, a banda tinha certeza de que seria ofuscada pelo retorno do Minor Threat.

Mesmo assim, Stabb estava um tanto quanto aliviado pela saída de Brian Baker. Ele sentia que o jovem guitarrista estava tentando controlar a banda: ele até ofereceu dinheiro para que Stabb parasse de se vestir de forma tão estranha. O vocalista se esforçou para reativar o GI rapidamente. De maneira relutante, Tom Lyle voltou a tocar guitarra (coisa que fazia na sua banda anterior), e Mitch Parker foi recrutado para o baixo.

Antes da saída de Baker, a banda gravou o EP *Make an Effort*, que incluía o hino "Teenager in a Box". Essa música mostrava que a banda estava deixando para trás seus antigos temas e estilo musical. Os novos sons continuavam rápidos, mas eram mais melódicos e "trabalhados" – e isso também foi um pouco resultado da influência de Brian Baker. "No começo, a cena de DC era 'toque o mais rápido que puder, faça as músicas mais curtas que puder'", disse Lyle. "Agora estamos evoluindo e nos afastando um pouco disso". O modelo de Stabb havia mudado de Jello Biafra para Henry Rollins. Ele explicou que suas novas composições eram sobre "política pessoal. Não escrevo sobre El Salvador ou coisas assim. É uma coisa mais subjetiva, mais interior, na pegada do Bad Brains e bandas do tipo. A música é uma sessão de terapia intensa para mim". Mas, ele acrescentou: "Tento colocar [na música] uma real atitude mental positiva, além de senso de humor e intensidade. Não somos assim tão punks que não podemos sorrir".

Não estava muito claro quem iria lançar *Make an Effort*, uma vez que a Dischord estava muito ocupada com outros projetos. A segunda prensagem de *Flex Your Head* estava a caminho, e ainda havia planos para um LP split Faith/Void, um EP do Iron Cross (através de uma parceria com o selo Skinflint), e talvez material novo do Minor Threat. Além disso, quando Ian MacKaye e Jeff Nelson estavam na estrada, as operações da Dischord consequentemente davam uma parada.

O Minor Threat continuava em turnê, e o Government Issue era a atração principal de um show no Wilson Center, com as bandas Artificial Peace, Scream, Faith, Deadline e Gang Green (de Boston). O cartaz do show trazia o novo emblema do harDCore: uma versão modificada da bandeira de DC, com três "X" no lugar das três estrelas. Uma nova banda da galera DOD (Dance of Death) pediu para tocar, mas o promotor Malcolm Riviera explicou que já tinha fechado o *line-up*. Porém, no fim da apresentação do Deadline, Chris Bald correu para a bateria de Brendan Canty, Guy Picciotto agarrou a guitarra e Mike Fellows pegou o baixo. Riviera – que estava gravando o show com uma câmera nova – ficou confuso por alguns instantes, mas então largou a câmera e os expulsou do palco.

O Government Issue começou a tocar, com Stabb mostrando que estava em plena forma, correndo pelo palco e cantando com os exagerados maneirismos que se tornaram sua marca registrada. Um punk apareceu com uma camiseta especialmente preparada para a ocasião: uma vaca preta montada a partir do logo do Black Flag, com o slogan "beef edge". Ele conduziu o público a um coro barulhento de "beef edge, beef edge, beef edge!". Brincadeiras desse tipo eram bem características do harDCore, mas estavam ameaçadas, uma vez que a cena estava cada vez maior e menos coesa, em parte por culpa dos novos fãs, que estavam mais interessados na violência do pogo do que no fortalecimento da comunidade. No passado, a intensidade do *slamdancing* era contrabalanceada pela camaradagem. Com o crescimento da cena, ficou difícil de policiar as atividades daqueles que estavam lá apenas para causar problemas; o mecanismo de autoproteção do harDCore estava sendo esmagado.

No show seguinte, no Wilson Center, a plateia contava com uma equipe do *Washington Tribune* (Alan Keenan, redator, e Rebecca Hammel, fotógrafa), cobrindo o evento para um artigo de capa sobre a cena de DC. A abertura da matéria, com uma foto de John Stabb mergulhando no público, apenas confirmou aquilo que atentos observadores já sabiam: "Washington, uma cidade frequentemente desprezada pela ausência de cultura indígena e identidade, possui uma cena musical conhecida nacionalmente. Entre os 'especialistas', essa cena é amplamente admirada pela sua inovação e espírito, e está sendo cada vez mais imitada. É reconhecida por ter alcançado uma posição cultural de lançar tendências, algo raro para um movimento baseado em DC".

Embora Keenan tenha observado que "o movimento é pouco conhecido e menos compreendido na sua própria cidade", a popularidade da cena estava agora se tornando uma questão interna (e preocupante). William Dagher, guitarrista das bandas Law and Order e Bollocks, falou em nome de vários veteranos da cena: "Odeio os novos punks! Eles são os antigos jogadores de futebol, tentando ser mais machos do que qualquer um". Nessa comunidade cada vez mais dividida, os pára-raios eram as instituições sobreviventes mais importantes: Minor Threat e Dischord. No fanzine *Southern Lifestyle*, da Carolina do Norte, a banda Front Line acusou o Minor Threat de usar os lucros da Dischord para custear sua própria turnê. Na verdade, MacKaye e Nelson tinham feito um empréstimo para bancar a turnê; e a Dischord, naquele momento, não dava lucro nenhum, pelo contrário, tinha 5 mil dólares em dívidas.

No mesmo fanzine, Lara "Lynch" Connolly, da banda noise-experimental Nuclear Crayons, anunciou que estava montando um novo selo em DC: Outside Records. "Nosso objetivo é pegar as bandas que a Dischord descarta", ela escreveu. "As pessoas de Georgetown parecem pensar que as suas bandas são as únicas dignas de gravar". Na verdade, a Dischord nunca teve a pretensão de ser o único selo punk da região. Tanto é verdade que eles ajudaram/encorajaram outros selos, como Touch and Go, Skinflint e Ex Claim. "Não recusamos bandas pelo fato de serem conceituais demais, ou pop demais, ou o que seja", protestou MacKaye. "Falamos [para as bandas], 'ok, vocês têm o som de vocês, então agilizem seu lado'. Foi o que fizemos por nós mesmos, afinal somos um selo punk". Ele também observou que "nenhum integrante do Teen Idles ou do Minor Threat jamais lucrou um centavo com as bandas. Durante as turnês, usamos o dinheiro para nos manter e é isso. Todo o dinheiro dos nossos discos vai para a Dischord."

Outro sinal dessa reação anti-Dischord foi o "bent edge" ("no limite da chapação"), um termo criado por Micro, um punk das antigas. Esse anti-movimento teve como sede a Flipper House, o lar de dois recém chegados a DC, Don Diego e Linda LeSabre. O nome da casa foi uma homenagem a banda Flipper, de San Francisco, famosa pelo uso excessivo de drogas. Diego e LeSabre montaram a banda Wurm Baby (depois mudou o nome para Grand Mal) junto com Malcolm Riviera e Joey Aronstamn, e se tornaram famosos pelas festas regadas a drogas. Outra banda muito admirada pela galera do bent edge era o Black Market Baby, cujos membros não eram – definitivamente – adeptos do straight edge.

O Wurm Baby fazia parte da nova safra de bandas, que estava de saco cheio do modelo "auto-rápido-curto". Isso incluía nomes como Nuclear Crayons, Chalk Circle, United Mutation e Hate From Ignorance. Mas a mais anti-harDCore de todas era uma banda chamada No Trend, que tinha grande influência de Public Image Limited e Flipper. Embora a banda tenha feito músicas escabrosas como "Teen Love", o seu diferencial era o comportamento provocativo no palco.

X X X

De todas as bandas associadas à Dischord, o Iron Cross era a mais polêmica. Durante a turnê (do Minor Threat), MacKaye e Nelson foram questionados sobre suas ligações com a banda, e o vocalista foi bem sincero: "Eles afirmam que não são racistas ou nazis", ele falou ao *Maximum RockNRoll*, mas "algumas pessoas naquela banda são extremamente ignorantes. Os caras espancam gays sem motivo nenhum... Creio que algumas pessoas naquela banda têm problemas mentais."

Sab Grey, vocalista do Iron Cross, insistia que não era intolerante, mas os seus comentários infelizes no fanzine *Touch and Go* foram seguidos por outras "brechas", como um *cartoon* de cunho racista na primeira edição do seu fanzine (*Skinflint*) e várias faixas controversas no EP do Iron Cross, chamado *Skinhead Glory*. "Psycho Skin", por exemplo, conta a história de um skinhead que mata um gay e é condenado à prisão. Escrita por Wendel Blow, "Psycho Skin" era, na verdade, semi-autobiográfica. Pelo menos um dos ataques a gays que MacKaye citou tinha a ver com Blow. Pode-se argumentar que a música – com sua repetitiva choradeira de "Esse dia será o último" – era na verdade uma autocrítica dolorosa de um homofóbico arrependido, mas a letra era ambígua. Por fim, Grey acabou se recusando a cantar a música, e diria mais tarde que nunca quis que ela entrasse no EP. Mas ela entrou, e o Iron Cross teria que arcar com esse ônus. A homofobia sempre esteve presente de alguma forma no punk de DC, assim como na sociedade em geral. Mesmo assim, nunca havia sido expressada de forma violenta. Na verdade, provavelmente havia mais tolerância com a homossexualidade dentro da cena punk do que em alguns ambientes culturais da vida norte-americana.

No entanto, quando os fundadores da cena se retiraram das ruas de Georgetown, eles deixaram um vácuo de liderança. Wendel Blow sentiu isso na pele. Ele teve uma infância complicada, o típico garoto encrenqueiro que acumulou problemas em casa, na escola etc. Com o SOA, entretanto, sua vida ganhou um frágil equilíbrio. Quando ele descobriu – indo para a Philadelphia – que aquele seria o último show do SOA, Blow ficou chocado e sentiu-se traído por Henry Rollins. O vocalista era cinco anos mais velho do que ele, e se tornara uma espécie de modelo para Blow. A violência que irrompeu naquele show, somada com a percepção da reação de desdém de Rollins, tornou a separação ainda mais amarga. Anos depois, Blow falou sobre aquela noite: "Eu tinha levado uma pancada de porrete na nuca, mas mesmo assim estava ajudando um companheiro a voltar pra dentro do [clube] Starlite; aí fiquei sabendo que o Henry tinha saído, viu seus amigos apanhando e não fez nada; apenas balançou a cabeça em desaprovação e voltou para dentro... Henry nos deu as costas, como se fôssemos algum tipo de doença". Mais tarde, Blow reconheceria que "éramos todos muito jovens e tínhamos nossas batalhas interiores para lutar", insistindo que "não culpo o Henry, pois o Black Flag era definitivamente a melhor aposta". Porém, a mágoa era real, assim como a subsequente falta de direção. "Após o término do SOA, fiquei realmente confuso e machucado", disse Blow.

Andar por Georgetown estava se tornando uma subcultura separada da cena punk de DC. Um dos novos subgrupos do punk se chamava "Rat Patrol", nome tirado da série televisiva sobre a Segunda Guerra Mundial no norte da África. A maioria dos "DC Skins" fazia parte dessa gangue. Eram os garotos que tinham sido influenciados pela agora maldita fase skinhead de Sab Grey, incluindo Blow e Dante Ferrando. Para eles, o Rat Patrol trouxe uma nova sensação de poder. Blow: "Nós tínhamos que andar em bando, para evitar que as pessoas tentassem mexer conosco... Essa era a ideia do Rat Patrol: trazer uma sensação de apoio para aqueles que poderiam precisar". Isso fez total sentido para Ferrando: pelo fato de ser baixinho, era uma vítima preferencial dos ataques e provocações. Agora ele tinha aliados, e poderia revidar. Como de fato revidou.

"No começo, a gente só brigava para se defender", afirmou Ferrando uma década mais tarde. "Mas, depois, com o passar do tempo, percebemos que poderíamos partir pra ofensiva. Agora éramos fortes o bastante para zoar com as pessoas. E assim o fizemos." Conduzidos por uma intensa aversão pela homossexualidade, a violência começou (em parte) com foco nos gays que andavam nos arredores de Dupont Circle. Certa noite, Ferrando, Blow e JC (um colega da gangue) foram até o P Street Beach, um parque muito arborizado entre Georgetown e Dupont Circle, que era utilizado por gays para encontros anônimos. Enquanto Ferrando observava, JC e Blow atacaram um homem com um taco de baseball. Ferrando mais tarde diria: "Foi aí que senti que meus dias na Rat Patrol tinham acabado".

Para tristeza e horror dos velhos punks de Georgetown, ações como essas mostravam a desintegração do cenário que eles tinham construído. Algum tempo depois, Blow e JC foram presos por um dos seus ataques. Blow ganhou liberdade condicional e JC (negro e com passagem) teve que cumprir pena. A disparidade entre as duas sentenças causou certo rancor e suspeita de favorecimento racial. Mais tarde, Blow admitiu: "Fiz algumas coisas bem feias na minha vida, das quais não tenho orgulho". Ambos repudiam seu passado homofóbico. Mas, naquela época, essas prisões não diminuíram o entusiasmo de alguns punks no que se refere à ataques aos gays.

Entre os fãs do Iron Cross que começaram a andar em Georgetown, estava uma jovem baixinha chamada Kendall Hall; assim como JC, ela também era negra, e mesmo assim estava se envolvendo com um grupo que se inspirava no movimento britânico, famoso pelo racismo. Hall ficou conhecida primeiramente pelos seus dotes como cartunista, e mais tarde ganharia fama com o apelido Lefty.

X X X

No outono de 1982, o Minor Threat deu uma desacelerada. Em parte, isso se deu porque a banda estava se adaptando a uma nova formação. Louco para trocar o baixo pela guitarra, Brian Baker chamou um conhecido, Steve Hansgen, para tocar baixo. Então ele teve que vender a ideia para MacKaye, que não era nada fã de mudanças de formação, pois achava que isso poderia atrapalhar a delicada química da banda. "Na verdade fizemos isso mais porque Brian estava insatisfeito tocando baixo", MacKaye disse mais tarde.

Levou um tempo para entrosar o novo integrante na banda, mas essa não foi a única razão para explicar a baixa frequência de shows. Muito embora a popularidade da banda continuasse crescendo, as críticas recebidas depois da tour deixaram MacKaye confuso e desmoralizado. "O lugar mais difícil pra gente tocar é DC", ele diria mais tarde. Até então, o hardcore de DC sempre tinha se mostrado como "nós contra o mundo" para MacKaye. Mas, o que fazer agora que a coisa estava parecendo "nós e o mundo contra o Minor Threat"?

Um dos primeiros shows com a nova formação foi filmado para o documentário *Another State of Mind.* O momento mais cabuloso do filme mostra um show em Baltimore, com Minor Threat, MDC, Agnostic Front e The Bollocks. Durante o show do Minor Threat, um punk descuidado quebrou o microfone. A empresa que cuidava do som ficou brava, e retaliou retirando todos os microfones do palco, deixando a banda apenas com seus amplificadores. Sem se abater, eles mandaram (a música) "Minor Threat". Com MacKaye dançando freneticamente e gritando sem microfone, a plateia começou um "coral punk", cantando junto com a banda, palavra por palavra. Algo muito similar aconteceu duas semanas depois, na Universidade de Maryland, onde o Minor Threat tocou com o GI e o Velvet Monkeys. Após ter pedido para que os seguranças deixassem as pessoas subirem no palco, o tumulto foi instaurado, com muita gente em cima do palco. A coisa logo evoluiu para um bate-boca entre Ian e o técnico de som. Na última música do set, "In My Eyes", Ian desencanou do microfone e conduziu o urro coletivo: todas as vozes gritando na direção do arrependido técnico de som.

Era esse tipo de "vibe" que MacKaye temia perder. Num esforço para impulsionar a cena, ele se tornou correspondente de Washington para a *Maximum RockNRoll.* Em sua primeira reportagem, observou que "DC tem muitas bandas, muita gente interessada, muita vontade, mas nenhum lugar para tocar. O único pico é o 9:30 Club, que faz no máximo 3 shows por mês." Ao mesmo tempo em que escrevia essas palavras, Ian estava batalhando (junto com Dody Bowers) para conseguir fazer matinês de hardcore no 9:30 Club. Os shows de domingo à tarde, sem venda de bebida alcoólica, logo se tornariam uma tradição para a cena de DC, ao lado do Wilson Center.

No Halloween de 1982, o Minor Threat voltou a Universidade de Maryland. Mas dessa vez eles tocaram num lugar bem maior, o Ritchie Coliseum, abrindo para o PiL, num show para mais de duas mil pessoas. O novo grupo, liderado pelo ex-Sex Pistols John Lydon, era artisticamente ousado, mas ainda mais distante do público do que qualquer outra banda de art-rock. O Minor Threat era mais potente do que o PiL, e tinha uma conexão muito maior com o público. O PiL era interessante; o Minor Threat era triunfante. Porém, nos bastidores o show não parecia tão bem sucedido. Ian estava irritado por causa dos boatos que diziam que o Minor Threat tinha recebido uma grana alta pra abrir pro PiL. Na verdade, a banda concordara em tocar apenas em troca da exposição, alguns refrigerantes e comida. "Quando chegamos lá, o refrigerante era o mais vagabundo do mercado e a comida tinha sido devorada pelos seguranças", recorda-se MacKaye. "Eu bati o pé e exigi que trouxessem uma caixa de Coca-Cola e duas pizzas!"

X X X

As bandas da Dischord continuavam no seu ritmo habitual de separação e reunião. Na terceira prensagem da coletânea Flex Your Head, no final de 1982, Jeff Nelson comentou no encarte: "Desde o lançamento de *Flex Your Head*, em março, as bandas Deadline e Artificial Peace encerraram atividades, o que deixa o Minor Threat, o Iron Cross, o Government Issue e o Void como as únicas bandas sobreviventes nesse disco". Apesar disso, ele ainda acrescentou que "várias novas bandas foram formadas, e uma nova geração está indo aos shows".

O Void durou o bastante para lançar seu primeiro álbum (um split com o Faith), antes do seu show de adeus em novembro, no Wilson Center. Depois do show, a banda reconsiderou e decidiu continuar, agradando assim muitos fanzines, como por exemplo um recém surgido de Seattle: "Esse disco do Void é um dos mais intensos que já escutei", escreveu Bruce Pavit, do "zine" *Sub Pop*, que mais tarde se tornaria um selo muito influente. A formação do Void contava com a guitarra caótica de Bubba Dupree, muito influenciada por Greg Ginn, e o vocalista John Weiffenbach com suas performances frenéticas. A cozinha era formada por Chris Stover (baixo) e Sean Finnegan (batera). A banda fazia as típicas críticas à hipocrisia da sociedade ("vivemos as mentiras dos outros/e ninguém os questiona", diz a música "Ask Them Why"), mas fazia isso com tanta convicção e fúria que em pouco tempo ganhou uma pequena, porém fiel, legião de seguidores pelos Estados Unidos.

Para muitos ouvintes que conheciam as bandas apenas pelo split LP, a impressão geral era que o Void ofuscava o Faith. Porém, em DC, o Faith tinha mais destaque, perdendo em popularidade apenas para o Minor Threat. As performances intensas da banda tinham bastante responsabilidade nisso. Mike Hampton era um guitarrista firme e cada vez mais melódico, o baixista Chris Bald tinha presença de palco e Alec

MacKaye parecia personificar absoluta convicção. Entre os fanáticos pela banda estava Malcolm Riviera, que colocou o Faith para tocar em praticamente todos os shows do Wilson Center. Uma década depois, Thurston Moore (Sonic Youth) ainda citava o Faith como uma das cinco melhores bandas ao vivo que ele já tinha visto.

Os incontroláveis rebeldes do DOD eram muito ligados ao Faith. Quando o Deadline acabou, Canty e Scanlon formaram a banda Insurrection com Picciotto e Fellows. O som buscava inspiração na primeira fase do Discharge. Os garotos do DOD trocaram os desmaios involuntários do *mosh pit* (mais de uma vez Picciotto apagou depois de bater a cabeça no teto enquanto agitava) pela insanidade em cima do palco: agarraram os instrumentos e enlouqueceram! "Eles pulavam tanto que as vezes se esqueciam de tocar", um observador notou. Eles até tentaram gravar um material, de modo "sério", mas não gostaram do resultado. Então organizaram uma cerimônia e queimaram as fitas.

Na vizinha Maryland, uma pequena porém ativa cena se desenvolvia no colégio Bethesda-Chevy Chase[1]. Os adolescentes Colin Sears e Geoff Turner, junto com o veterano Sharon Cheslow, criaram um selo especializado em fitas k7, o WGNS ("We Gots No Station"). As fitas k7 eram o jeito mais acessível para as bandas independentes divulgarem seu som, através do esquema "faça você mesmo". Com diversidade musical e um cuidado especial nos encartes e artes, as fitas da WGNS se destacavam pela criatividade e bom gosto. Sears, Turner e Cheslow se juntariam com outros punks de Bethesda (como Alec Bourgeois, Charles Bennington, Roger Marbury e Alex Mahoney) para montar bandas que durariam pouquíssimo tempo, como Fungus of Terror, Bozo Brigade e Gang of Intellectuals. Essas bandas tocariam uma ou duas vezes no máximo, gravariam algo no estúdio caseiro de Turner e então desapareciam. Algumas semanas depois eles inventariam alguma banda nova, com outra formação e um nome igualmente improvável.

A cena de Bethesda era conhecida pela sua música inteligente e divertida, mas também havia forte influência das bandas politizadas do post-punk britânico, como Crass, Poison Girls e Zounds, todas em geral negligenciadas pelo harDCore, que preferia um som mais bruto, ao estilo do UK Subs, Blitz e Exploited. O resultado foi uma consciência política radical, exemplificada pelo fanzine *If This Goes On*, pela banda

1 N. de T.: O nome do colégio não tem nenhuma relação com o famoso ator.

Hate From Ignorance, e pelo seu guitarrista Kevin Mattson. A formação original do Hate From Ignorance se desfez após alguns shows, mas a banda rapidamente se recompôs recrutando uma nova vocalista, Monica Richards. Mattson estava frustrado por aquilo que ele via como uma natureza conformista e apolítica do harDCore, além da sua sonoridade em geral monocromática. Músicas como "Oliver Was a Good Soldier" tentavam agregar conteúdo político ao punk de DC, na medida em que questionavam o estado vigente das coisas. A banda nunca teve muito público, mas Mattson acabaria desempenhando um papel importante na cena de DC como ativista.

O Hate From Ignorance não era a única banda politizada de DC naquele período: a outrora difamada Scream criou uma mistura poderosa de rock, reggae e hardcore, energizados pelo idealismo dos anos 1960, e pela paixão do vocalista Pete Stahl. O debut do quarteto, *Still Screaming*, foi o primeiro *full length* de uma única banda na história da Dischord. O disco mostrou a importância do legado do Bad Brains, especialmente em músicas como "We're Fed Up", uma resposta do Scream para sua inicial falta de aceitação local: "We're from the basement/From underground/We'll break all barriers with our sound/We're sick and tired of fucking rejection/But we're not down, we got a direction" ("Somos do porão/Do underground/Vamos quebrar todas as barreiras com nosso som/Estamos cansados da porra da rejeição/Mas não estamos cabisbaixos, temos uma direção").

Outra surpreendente banda nova foi o Marginal Man. Segundo o guitarrista Pete Murray, do Artificial Peace, a nova banda foi montada porque "nos cansamos do [baixista] Rob Moss, então acabamos com a banda, e silenciosamente – porém rapidamente – a refizemos sem ele, com um novo nome". Os membros remanescentes (Murray, Steve Polcari e Mike Manos) chamaram Andre Lee para o baixo e Kenny Inouye para a segunda guitarra. O nome da banda foi tirado de um termo que Inouye ouviu durante uma aula de sociologia na escola. O som, com duas guitarras, puxava para bandas britânicas mais melódicas, tipo Buzzcocks. Algumas músicas do Marginal Man abordavam assuntos políticos, mas em canções como "Friend" a banda tratava muito mais de sentimentos de ternura do que de raiva ou dor. "Estamos tentando dizer algo que seja pertinente e interessante, algo com que todos possam se relacionar, algo que as pessoas possam dizer 'Ei, já me senti assim antes'", explicou Lee na época. Ou seja, "algo diferente do '1-2-3-4, eu odeio o Reagan' que deu o que tinha pra dar".

O Faith também agregou uma segunda guitarra, com a entrada de Eddie Janney, principalmente porque ele estava sem banda na época. Tirando sua curta e pouco gratificante passagem pelo Skewbald, Janney estava fora de ação desde o fim do Untouchables, dois anos antes. Agora, o Minor Threat, o Marginal Man e o Faith tinham duas guitarras. E essas três bandas demonstraram o poder das suas duas guitarras num show no 9:30 Club, em janeiro de 1983. Foi uma das primeiras matinês de hardcore – e lotou. Por isso foi necessário fazer um segundo show. Havia muitas caras novas na plateia, e alguns veteranos de cena não estavam muito felizes. "A maior parte dessa galera nova eram idiotas", disse um dos veteranos. "Vi pelo menos umas cinco pessoas explicando suas teorias de como dar um *stage dive*, e algumas outras perguntando a seus amigos por que eles não estavam pogando".

X X X

A presença desses loucos admiradores do pogo serviu de inspiração para Ian MacKaye escrever músicas como "It Follows". A mensagem, ele explicou na época, era essa: "Sou um punk rocker, e estamos tão felizes porque somos diferentes da maioria. Mas agora eu olho pra trás, e toda a porcaria da qual fugíamos está bem aqui do nosso lado". Esta constatação se fez presente em todas as canções do terceiro EP do Minor Threat, chamado *Out of Step*. A confusão de MacKaye começou a se transformar em letras que alternavam entre desconfiança e autoavaliação: "Everybody's right/ Everything I've done is wrong, wrong, wrong... You think it fucked my head?/THINK AGAIN" ("Todos estão certos/Tudo que fiz está errado, errado, errado... Você acha que isso fudeu minha cabeça?/PENSE DE NOVO"). Quando o Minor Threat entrou em estúdio, em janeiro de 1983, MacKaye tinha terminado as letras de "It Follows", "Think Again", "Betray" e "Look Back and Laugh". Essas letras expressavam sua angústia e desilusão com a cena na qual ele cresceu... sua tristeza harDCore.

Enquanto ponderava sobre o futuro do punk de DC, MacKaye também se preocupava com sua relação com Jeff Nelson. As visões dos sócios/amigos estavam começando a divergir, porque Nelson argumentava que a Dischord deveria ser um pouco mais comercial. "Vendemos nossos discos tão barato que não conseguimos fazer muito dinheiro", disse Nelson na época, para explicar o motivo pelo qual alguns projetos tinham que ficar em *stand by*, pois a Dischord dependia de receber o pagamento dos distribuidores para então financiar o próximo lançamento. Para MacKaye, no entanto, manter os preços o mais baixo possível era crucial para a sua ética. Ao falar da letra de "Betray", Ian brincou, "todas minhas músicas são sobre Jeff", mas em seguida falou sério: "Minhas músicas geralmente nascem da pura raiva. Jeff e eu estamos juntos há muito tempo. Não mudei muito, sou praticamente o mesmo que era, e pra mim é difícil lidar com as mudanças do Jeff." Na visão de Ian, as mudanças nas atitudes de Nelson apenas personificavam o que estava acontecendo na cena. Os punks não estavam apenas traindo uns aos outros: o punk estava traindo a si mesmo.

No final de 1982, a disputa mais evidente não era sobre negócios, mas sim a respeito da música "Out of Step". Nelson queria regravá-la, acrescentando algumas explicações, faladas ou escritas, para evitar qualquer tipo de mal-entendido. MacKaye concordou, porém fez objeção quanto a ideia de Nelson de acrescentar um "Eu" na frente do mantra "não fumo/não bebo/não trepo"; ele achava que o "Eu" já era implícito. A discussão foi ficando cada vez mais acalorada, ao ponto de Ian dar um chute (e fazer um buraco) na porta do quarto de Jeff Nelson. Por fim, a ideia do Nelson prevaleceu. A letra da nova versão ficou assim: "Eu não fumo/Eu não bebo/Eu não trepo", com o "Eu" bem explícito. Além disso, aonde havia a guitarra de Preslar na versão anterior, MacKaye gravou uma espécie de anúncio de serviço público, que deixava ainda mais clara a intenção da música. Ironicamente, a batalha entre Nelson e MacKaye sobre o que deveria ser dito/escrito em "Out of Step" se prolongou até a hora de gravar a música de fato, com a banda dentro do estúdio. Enquanto Nelson e MacKaye brigavam para decidir o que a parte falada iria dizer, Don Zientara sorrateiramente gravou a discussão. Assim, o que aparece no EP veio justamente dessa gravação "escondida".

A mais poderosa das nove músicas do disco não foi nem sequer creditada no encarte: "Cashing In", que foi composta como uma piada para o primeiro show após a reunião do Minor Threat. Apesar da sua origem descompromissada, era uma música bem feita: sua energia, sonoridade e sarcasmo providenciaram um desfecho ideal para um disco que era ao mesmo tempo desiludido e comprometido. O material anterior do Minor Threat atacava principalmente o mundo exterior, porém essas músicas miravam no inimigo que estava bem ao lado. E MacKaye não se excluía de sua própria crítica: "Eu me vejo nos dois lados da moeda em cada uma das músicas do disco", ele disse. "É uma via de mão dupla".

X X X

Enquanto o Minor Threat gravava músicas que expressavam as frustrações de Ian MacKaye, os leitores da *Flipside* escolhiam o grupo como "Banda do Ano", e MacKaye como o melhor vocalista do ano. O melhor show de 1982 foi o do Minor Threat com o Dead Kennedys no Barn, em Los Angeles. A Dischord levou como "Melhor Selo", e *Flex*

Your Head apareceu em terceiro entre os discos do ano. Um fator torna todas essas conquistas ainda mais surpreendentes: os leitores da *Flipside* eram, em sua maioria, de LA.

Na lista das melhores bandas apareciam mais dois nomes que tinham conexão com DC: Black Flag e Bad Brains. Mas o Bad Brains não escapou impune daquilo que plantou durante o ano. Resultado: eles ficaram em terceiro lugar na categoria "Babaca do Ano", apenas duas posições atrás de Ronald Reagan. Outrora uma fonte de inspiração, o Bad Brains se tornou o inimigo para muitos. "Eles são realmente músicos muito talentosos, e a mensagem que passam é aparentemente legal, a coisa da Atitude Mental Positiva... mas eles não fazem isso de fato", disse Dave (do MDC) numa entrevista que saiu na primeira edição da *Maximum RockNRoll.* Uma carta publicada na *Flipside* era ainda mais dura: "Eles são fascistas religiosos", escreveu Johnny Rat.

Até mesmo os antigos amigos e admiradores do quarteto começaram a satirizar o fundamentalismo Rasta da banda, em especial de HR. O Minor Threat começou a tocar uma versão reggae da música "Asshole" do GI, que zombava de uma maneira leve de John Stabb e do Bad Brains. Quando o MDC tocou no clube 2+2 (sucessor do extinto A7), a abertura ficou por conta de uma banda chamada Lucifer's Imperial Heretical Knights of Schism. Composta por membros do Beastie Boys e Reagan Youth, a banda leu, jocosamente, um panfleto intitulado "O que é Rastafári?", acompanhada por um fundo musical improvisado. Earl Hudson mordeu a isca. Durante uma pausa no set, ele foi até o microfone e alertou: "Todos temos que ter responsabilidade pelas nossas ações", e declarou o fim do show. Os Knights tentaram abrir o microfone para discussão, mas alguns amigos dos Bad Brains atiraram ovos neles. Em seguida subiu ao palco a banda Blood Clot, que tinha Jerry Williams (ex-técnico de som do Bad Brains) na guitarra. Antes de tocar a música anti-rasta "Fire Burn", Williams disparou: "Setembro é o mês da morte do hardcore aqui na 2+2". Desnecessário dizer que isso apenas colocou mais lenha na fogueira. Discussões nervosas entre as duas facções continuaram dentro e fora do clube, e por pouco não terminaram em porrada.

Estava aberta a temporada de caça ao Bad Brains. A banda tinha sido acusada não apenas de homofobia, mas também de preconceito racial contra os brancos, uma acusação sem fundamento. Os danos à sua reputação ficaram bem evidentes quando eles partiram para mais uma *tour*, no final de 1982. Em Richmond, na Virginia, uma pessoa (do público) ficou gritando repetidamente "Viado Maldito", até que Hudson abandonou a bateria e foi desafiar o provocador, e depois disso se recusou a tocar. Em

San Francisco, local de shows triunfantes na turnê passada, Jello Biafra reconheceu: "Havia uma nuvem escura pairando em cima deles. E dava para ver que eles sentiam isso". No fim da *tour*, HR desabafou: "É duro. Estamos juntos há cinco anos. Pensei que ficaria cada vez mais fácil, mas é o contrário. É difícil fazer seu trabalho porque todos estão contra você. Em todos os lugares por onde passamos, tivemos que encarar o calvário dos rumores. As pessoas diziam que éramos vendidos, mas elas não nos conhecem."

O empresário Tony Countey, que havia agendado a turnê americana, conseguiu manter a banda suficientemente focada para terminar as sessões com Ocasek, que renderam o EP *I and I Survive*. Ele então negociou um acordo com o selo Jem para lançar mais material produzido por Ocasek, como por exemplo o primeiro LP completo da banda, *Rock For Light*. Mesmo com um disco a caminho, HR continuava a divulgar que a banda agora se chamava Zion Train. Ele armou uma nova emboscada para Dr. Know e Jenifer, dizendo ao *Southern Lifestyle* que ainda usavam o nome Bad Brains apenas por obrigações contratuais, e que Zion Train seria usado a partir de janeiro. Levando adiante em meio ao caos, Countey agendou uma turnê europeia, na qual a banda tocaria para grandes plateias em lugares excêntricos, como uma fábrica de chocolate, um matadouro e um abrigo antibomba. HR ficou horrorizado com os punks europeus, adeptos das cusparadas, bebedeiras e frequentemente violentos.

Quando a banda voltou para os EUA, *Rock For Light* havia sido lançado, com grande sucesso. Ocasek saudou o Bad Brains no Grammy Awards, e contratou Jenifer para tocar no seu novo álbum solo. A banda se mantinha polêmica dentro da cena hardcore, mas os figurões do rock corporativo estavam ficando curiosos. Segundo Countey, a Elektra Records propôs um acordo multimilionário para o Bad Brains. Esse foi um dilema para a banda, que desdenhava publicamente da indústria musical. "Temos algo melhor do que o dinheiro", HR disse no começo de 1982. "Tentamos ao máximo manter o que temos, que é o direito de tocar o que queremos tocar. [Nós] damos um exemplo para as outras pessoas: você pode ser independente e sobreviver. Não precisa assinar um contrato para conseguir isso".

Porém, após um ano de dificuldades e difamação, alguns integrantes da banda já não tinham tanta vontade de rejeitar as ofertas das *majors*. Eles autorizaram que Countey marcasse uma reunião com Tom Zutaut, um caça-talentos da Elektra. HR, no entanto, não estava interessado. Desiludido com o punk, e cada vez mais atraído ao Rasta, ele não queria mais saber do Bad Brains, ou tampouco tocar punk rock.

Portanto, certamente não pretendia assinar um contrato que o forçaria a continuar na banda, adiando novamente seu sonho do Zion Train. HR mais uma vez recorreu a táticas de guerrilha. Quando Zutaut chegou para a reunião, foi recebido por HR. O baixista se recorda incrédulo: "HR foi ao seu encontro na porta, e o trouxe para nos conhecer. Ele veio até mim e o apresentou: 'Darryl, esse é Satã. Satã, esse é Darryl!'"A apresentação minou a chance do Bad Brains com a Elektra, e também o relacionamento de HR com Jenifer e Dr. Know. O vocalista então selou o destino da banda, ao voltar abruptamente para DC com Hudson. Para Jenifer e Dr. Know, a precipitada partida foi uma dupla traição: para a sua amizade e para a banda.

O Bad Brains passava por momentos difíceis, e mais nuvens negras se formavam no horizonte da América de Reagan. Ainda que não estivesse em condições ideais, a banda participou de um show em memória de Patrick Mack, ex-vocal do Stimulators, ao lado de bandas como Beastie Boys e Reagan Youth. Um fanzine (pouco simpático) de Nova York noticiou que Mack tinha morrido de "alguma doença de bicha". A misteriosa nova doença tinha nome: Síndrome da Imunodeficiência Adquirida, a AIDS. Ronald Reagan só achou oportuno falar sobre a epidemia quatro anos depois, quando Rock Hudson faleceu. Nessa época, aproximadamente 40 mil pessoas já tinham morrido (ou estavam morrendo) em decorrência da AIDS apenas nos Estados Unidos.

X X X

Depois de finalizar as gravações do disco *Out of Step*, o Minor Threat planejou sua segunda turnê pelos EUA. No final de fevereiro, pouco antes de cair na estrada, a banda fez mais um show no Wilson Center, desta vez com o Social Suicide, Government Issue e ENB. Para tirar uma onda com seus detratores, o Minor Threat subiu ao palco no melhor estilo Vegas, com jaquetas de lamê dourado, que Amy Pickering e Cynthia Connolly tinham comprado em um brechó da região.

Duas semanas depois, o Minor Threat pegou a estrada. 31 shows em 49 dias. Essa turnê foi duas vezes mais longa do que a anterior. E foi bem pesado no começo; a exaustão assolava os músicos enquanto cruzavam o sul fazendo pequenos shows. Nos últimos oito meses a banda tinha feito meia dúzia de shows, e de repente estavam tocando praticamente todas as noites. "No começo foi estranho", disse MacKaye durante a tour. "Mas quando chegamos no Texas as coisas começaram a fluir. Quanto mais eu cantava aquelas músicas, mas eu aprendia sobre elas. [Agora] me sinto mais sincero, e penso sobre elas mais do que pensava no início".

A banda não estava feliz com as primeiras cópias de *Out of Step*. A mixagem era irregular e um erro na impressão deixou a contracapa escura. Mesmo assim, o disco vendeu 3.500 cópias em uma única semana, e estava recebendo muitos elogios. MacKaye ficou contente com comentários como o do fanzine *Truly Needy*, que escreveu: "O Minor Threat continua verdadeiro com a gente, e com eles mesmos". O vocalista queria que o público conhecesse as novas músicas, para cantar junto nos shows, e por isso era muito importante ter o disco disponível. Essa natureza comunitária era vital nos shows do Minor Threat, com dezenas de pessoas se revezando no microfone enquanto Ian bancava o mestre de cerimônia. Nos primeiros shows no sul, Ian teve que cantar "cada palavra de cada música!" Ele também estava decepcionado com o fato da primeira prensagem ter defeito, "mas o objetivo era ter os discos prontos antes da turnê. E graças a Deus conseguimos, pois isso realmente ajudou. O início da *tour* foi uma chatice, mas enquanto rumávamos para o oeste, as pessoas começavam a conhecer algumas de nossas [novas] músicas."

Os integrantes da banda estavam começando a perder a paciência com o ritual obrigatório e egocêntrico do *slamdancing* e do *stage-diving*: isso deixava o simples ato de tocar cada vez mais difícil. Mesmo Ian (o maior defensor da diminuição da distância entre banda e público) começava a perceber que o pogo violento e os "moshes" estavam mais atrapalhando do que agregando para o espírito comunitário. A pior noite foi em LA, tocando para 1.500 pessoas ao lado do CH3, Aggression e Suicidal Tendencies. Uma pessoa foi esfaqueada do lado de fora (um acidente aparentemente não relacionado ao show), e a polícia fechou a festa bem no meio do set do Minor Threat. Os músicos também não estavam nada impressionados com a maioria dos grupos que conheceram durante a turnê. "Nós vimos 'oitenta' bandas e, com pouquíssimas exceções, nunca mais quero vê-las novamente", disse Lyle Preslar.

No entanto, uma banda impressionou MacKaye: o MDC, que deixara de ser "Millions of Dead Cops" para se tornar "Multi-Death-Corporations". O primeiro contato com a banda, na turnê anterior, não tinha sido dos melhores. Seth Martin, roadie do Minor Threat, relembra: "Nós abrimos a porta da nossa van e várias embalagens do McDonald's caíram!" Os integrantes do MDC eram vegetarianos convictos e inimigos dos gigantes do fast-food, e por isso iniciaram uma vigorosa discussão com o Minor Threat. Mas dessa vez a história foi diferente: MacKaye encontrou Dave Dictor numa livraria, onde ele [Dave] procurava um livro sobre a Guatemala, país onde a CIA tinha financiado um golpe em 1954. MacKaye ficou admirado. "Esses caras do MDC têm conhecimento sobre o que estão falando, não são apenas um bando de garotos em cima do palco gritando 'Foda-se Reagan'. Eles se informam sobre as coisas. Tenho um grande respeito por isso". MacKaye conhecia outros vegetarianos (HR e Rollins eram vegetarianos naquela época), mas ouvir Dictor explicando a relação entre comer carne aqui e a fome em outros lugares, causou um impacto: "Os caras do MDC definitivamente me impressionaram", disse Ian. "Certamente não levo em conta 100% das coisas que eles dizem, porque não me permito acreditar em 100% das coisas que nenhuma pessoa diz. Mas te digo uma coisa: andando com esses caras, sentia-me culpado por ir ao McDonald's."

Ian continuava a negar seu lado politizado, mas ao mesmo tempo tinha interesse em vários temas políticos, como a intervenção norte-americana na Nicarágua, direitos dos animais e ativismo ambiental. Ele também começou a entender como sua mensagem pessoal se encaixava com a mensagem política de bandas como o MDC. Numa entrevista para a *Maximum RockNRoll,* Ian disse: "Eu escolho falar sobre uma coisa, e [Dave] sobre outra. Quando estávamos em San Francisco, conversamos sobre o que está acontecendo na América Latina, e concordo que é algo horrível. Mas aí você olha pro seu lado, ali na esquina, e vê garotos de 13 anos injetando heroína. Assim como eu poderia ignorar o que está acontecendo na América Latina, o mesmo poderia ser dito do MDC em relação aos problemas locais. Eu prefiro enxergar nós dois como algo mais amplo, preenchendo o quadro inteiro".

MacKaye enfatizava os assuntos políticos que estavam mais próximos de sua realidade, e um tema muito próximo de qualquer homem com uma banda na estrada é o sexo. Mesmo sendo uma cena underground, havia um substancial número de *groupies*. Ao contrário do Black Flag, o Minor Threat não se aproveitava disso. Para Ian, era parte da ética que ele descreveu em "Out of Step". Esse comportamento destoava por completo do padrão de uma banda de rock, e por isso levantou rumores de que os membros do Minor Threat eram gays. Nem todos na banda eram tão rigorosos quanto MacKaye, mas ele era um exemplo formidável. "As garotas colavam no Ian por causa do 'Eu não trepo' de 'Out of Step', e ele as recusava", recorda-se Brian Baker. "Era como um desafio para elas". Tempos depois, Preslar disse que Baker e ele "estavam assustados com [as garotas]. Éramos muito jovens, e a influência de Ian causou um grande impacto na gente".

Contudo, talvez o maior desafio dos músicos fosse simplesmente manter um ambiente saudável entre eles. "Quando você sai em turnê com o Minor Threat, você se senta na van do inferno", disse MacKaye na época. "Tínhamos as brigas mais estúpidas da Terra. Discutíamos até sobre a cor das faixas da estrada. E Jeff Nelson é o Sr. Argumentador. Vermelho é azul pra ele, e não se fala mais nisso!" A franqueza de Ian por vezes gerava ressentimento: o relacionamento do vocalista com Brian Baker sofreu um revés em Vancouver, onde o guitarrista contraiu amidalite. Ele não queria tocar, mas Ian não queria cancelar de jeito nenhum (porque era um show grande e eles nunca tinham tocado na cidade). Então Baker foi para o hospital. Quando ele teve uma opinião médica que o apoiava, gritou para MacKaye, "Você estava errado, seu cuzão!" A banda cancelou o show e seguiu em silêncio para o próximo.

Para aumentar ainda mais a tensão, o novo baixista (Steve Hansgen) não estava dando muito certo. Preslar: "Acho que a pressão em cima do Steve era realmente muito grande, e ele não conseguia aguentar". Além disso, Baker parecia estar menos focado na guitarra do que antes, então Preslar acabava sobrecarregado. Ele se dizia o "líder musical não oficial". Quando a banda voltou para DC, MacKaye falou para Brian Baker resolver a situação. Baker deu a notícia para Hansgen, e voltou para o baixo. Hansgen logo se juntou a Bert Queiroz (ex-Untouchables) e Rich Moore na banda Second Wind. O nome prometia uma energia renovada para o harDCore, mas nunca superaram a fama de ser o "Minor Threat Jr."

A questão da saída de Hansgen da banda não foi o único assunto que o Minor Threat teve que resolver no seu retorno. A Dischord estava crescendo, e as pessoas estavam começando a comprar os discos apenas pelo fato de serem da Dischord. Para Nelson e MacKaye, era uma grande responsabilidade – e eles não podiam ignorar. Enquanto estavam em turnê, uma enorme quantidade de pedidos para o disco Out of Step foi se acumulando. Para cuidar das coisas do selo nesse período de ausência, eles haviam contratado Amy Pickering[2]. Os sócios criaram um certificado especial, que foi en-

2 N. de T.: Um parênteses sobre a questão do machismo: No seu primeiro dia de trabalho, Amy Pickering rasgou um aviso estúpido que Eddie Janney havia colocado na porta da frente da Dischord House: "Não é permitido saias". A cena harDCore ainda parecia muito com um "clube para meninos". Um outro exemplo era o lema do DOD: "SAG", que significava "Stroy All Girls" ("Destrua todas as garotas"). Ainda que esses insultos fossem mais "brincalhões" como seus progenitores mais tarde alegariam, o fato é que as atitudes que eles sugeriam claramente surtiram efeito. Um exemplo: das 16 bandas que tocaram no Wilson Center em 1982, nenhuma tinha mulher na formação. Alan Keenan, no Washington Tribu-

viado para todos que ficaram esperando pelo disco, agradecendo pela paciência. Por causa desses clientes leais, eles agora encaravam um outro grande passo: pagar impostos. "Poderíamos facilmente ter dito 'pau no cu do governo'", falou Nelson na época, "mas seria uma irresponsabilidade para com as bandas que nos ajudaram, e todas as pessoas que acreditaram, que não colocaram dinheiro no bolso para reinvestir no selo. Nós teremos que pagar impostos".

Antes, todos os integrantes do Minor Threat trabalhavam quando não estavam na estrada: Preslar era garçom num restaurante francês, Baker num escritório de advocacia, Nelson numa loja 7-Eleven e MacKaye no Georgetown Theater e na Häagen-Dazs. Mas agora, os dois últimos perceberam que a Dischord tinha se tornado um trabalho de tempo integral. O selo não pagava salários para os sócios, mas começou a bancar seus aluguéis. Isso irritava Baker e Preslar; o Minor Threat era responsável pela parte mais significativa das vendas da Dischord, mas eles não recebiam nenhum centavo.

X X X

As matinês do 9:30 Club continuavam, mas com uma presença de público inconstante. Com muitos shows rolando, cada um deles parecia menos especial, e poucas pessoas compareciam a todos. Ou seja, começava a acontecer o apoio a uma determinada banda, e não para a cena como um todo. Riviera e outros promotores continuavam a marcar shows no Wilson Center. Um outro espaço abriu em meados de 1983: Space Two Arcade. Um dos primeiros shows da casa foi Government Issue e Circle Jerks.

O GI tinha finalmente lançado seu EP *Make an Effort*, bem como um LP chamado *Boycott Stabb*. Ambos foram lançados por um novo selo chamado Fountain of Youth, mas a Dischord se dispôs a colocar seu logo nos discos, o que "ajudou nas vendas", nas palavras de Tom Lyle, do GI. Para registrar a prolífica cena de DC, três selos (Fountain of Youth, Dischord e Outside) uniram forças para editar a coletânea *Mixed Nuts Don't Crack*, com bandas como Chalk Circle, Nuclear Crayons, Hate From Ignorance, Media Disease, United Mutation e Social Suicide.

ne: "A masculinidade extrema da cena é perturbadora... [e] oferece um forte contraste com outras formas de new wave que, nos últimos anos, tem dado às mulheres mais possibilidades e espaços do que qualquer outra forma de música popular que veio antes dela." Infelizmente, essa dominação masculina é regra em praticamente todas as cenas de hardcore.

Mais uma casa de shows abriu as portas: Lansburgh Cultural Center, no espaço que antes abrigara uma loja de departamentos, no centro de Washington. Quando o Dead Kennedys, o Scream, o Void e o No Trend tocaram lá, mais de mil pessoas apareceram, apesar da entrada meio salgada para a época, oito dólares. Entre os pagantes estava Charles M. Young, que preparava uma matéria sobre hardcore para a revista *Playboy*. Ele observou o momento em que o inspetor de incêndio, T.R. Gardner, tentou fechar o local durante a apresentação do Void, acusando o promotor Steve Blush de não ter as permissões necessárias. Blush subiu ao palco para comunicar a plateia que o show estava encerrado; as pessoas começaram a vaiar muito, e depois – espontaneamente – sentaram-se no chão e começaram um coro, exigindo o show ou o dinheiro de volta. O bombeiro chamou a polícia. A galera começou a cantar algumas músicas populares, como "I've Been Working on the Railroad" e "God Bless America", e então Jello Biafra foi chamado ao palco para tentar convencer o público a terminar com aquela "greve sentada".

Do lado de fora, havia uma fila de carros da polícia, alguns camburões e ambulâncias. Lá dentro, MacKaye alertou Jello Biafra a não colocar em risco a relação entre os punks e a polícia, pois em Washington ela era bem menos tensa do que na Califórnia. Biafra: "Fiquei entre a cruz e a espada. De um lado, a força policial de DC, e do outro o Ian me dizendo 'Não se atreva a causar um motim na minha cidade, não se atreva a foder com minha cidade!'" Biafra voltou ao palco, e encorajou os fãs a manter a manifestação não violenta. Nesse meio-tempo, o vocalista alegrou a plateia com versões *a capella* do Dead Kennedys, como por exemplo "Let's Lynch the Landlord" (que para alguns na plateia virou "Let's Lynch the Fire Marshal" – em português, "Vamos linchar o bombeiro"). "Isso é um teste", falou Biafra para o público. "Não podemos perder o controle, caso contrário eles [a polícia] farão o máximo para dificultar os nossos próximos shows'".

Então, o gerente do prédio anunciou que um acordo seria possível. Young detalhou: "A plateia aplaudiu, e Biafra pegou o microfone para mais uma animada música *a capella*, enquanto as negociações eram finalizadas. 'If you've come to fight, get out of here' ('Se você veio para brigar, então dê o fora'), cantavam mil punks ao mesmo tempo. 'You ain't no better than the bouncers/We ain't trying to be Police/When you ape the cops, it ain't anarchy/Nazi Punks/Nazi Punks/Nazi Punks, Fuck off!'" ("Você não é melhor do que os seguranças/Não estamos tentando ser a polícia/Quando você copia os gambés, não é anarquia/Nazi Punks/Nazi Punks/Nazi Punks, Vão tomar no cu!"). No final, o Dead Kennedys foi autorizado a tocar por 40 minutos. Um desastre foi evitado através de uma ação em conjunto: um testemunho do poder que os punks poderiam exercer se tivessem um objetivo em comum.

A possibilidade de canalizar tais momentos em uma força política genuína, gerou a campanha/turnê nacional "Rock Against Reagan", que levou o Dead Kennedys de volta a cidade um mês depois. Tocaram também o MDC, The Dicks, Crucifucks e DRI. Muitos fãs jovens compareceram ao show. Entre eles, um estudante da Virginia chamado Dave Grohl. O primeiro contato de Grohl com o punk foi através de uma prima que morava em Illinois. "Ela tinha vários *singles* de bandas que haviam sido lançados de forma independente, e eu não acreditava que pudesse existir essa incrível rede underground", relembra Dave. "Eu me apaixonei por aquilo". Grohl começou a escrever algumas músicas. "Eu tinha uma guitarra, e aprendi os três acordes básicos", ele disse, mas "depois de ouvir punk rock, me dei conta de que você não precisa ser o Eddie Van Halen para estar em uma banda. Você pega uma guitarra, aprende três acordes e escreve uma música". De volta a DC, Grohl foi atrás da cena local, e isso o levou até seu primeiro show em DC, o "Rock Against Reagan". Grohl: "Eu fui mais pra ver o DK, que era uma das minhas bandas favoritas na época. Tinham helicópteros da polícia sobrevoando o local, e ônibus cheios de policiais. Eu era um garoto de 13 anos: aquilo era uma revolução pra mim".

A força da solidariedade punk de Washington se expressou de uma maneira diferente quando o Damned foi tocar na cidade, junto com o Anti-Nowhere League. O Minor Threat foi convidado para abrir. Depois do show com o PiL, os caras do Minor Threat ficaram receosos de tocar com outra banda punk famosa da Inglaterra. Mesmo assim, a chance de tocar com o Damned (que eles adoravam) era irresistível. Em uma resenha no *Washington Post*, Howard Wuelfing escreveu: "Provavelmente vai demorar um tempo para o Damned aparecer aqui de novo. Na primeira vez foram engolidos pelo Bad Brains. E dessa vez foram ofuscados pelo Minor Threat." Mas a verdadeira competição aconteceu na pista de dança. Os punks, como sempre, tomaram conta do palco durante o show do Minor Threat, e esse caos comunitário deixou o Damned preocupado. Os músicos britânicos pediram que os seguranças ficassem no palco, como proteção. No começo, o pessoal da segurança apenas empurrava as pessoas para fora do palco. Mas depois, como se recorda Nelson, "eles tentaram arrastar alguns garotos para trás do palco, para bater neles. Uma facção mais militante dos punks resolveu retomar o controle da situação". Um desses militantes era Ian MacKaye. Os garotos deram um jeito de empurrar um dos seguranças para o meio do público, causando uma invasão repentina de todos os seguranças da casa. "Garrafas foram atiradas, e um segurança pegou um pedaço de cano e ficou nos ameaçando com ele", disse MacKaye. No final das contas, o confronto foi evitado e o show recomeçou sem os seguranças no palco.

Ian MacKaye também achou outra coisa ofensiva nesse show: o preço do ingresso, 13 dólares. Na verdade, a cobrança planejada era 50 centavos mais cara, e MacKaye havia negociado uma diminuição no valor. A maneira encontrada foi reduzir o pagamento de sua própria banda, de 1000 para 500 dólares. MacKaye considerou tal atitude importante, mas Nelson achou "idiota" e os demais integrantes concordaram. Preslar estava ultrajado. O dinheiro extra poderia ter custeado o conserto de um instrumento ou a compra de um novo. Esse incidente serviu para deixar Preslar convencido de que deveria ter mais voz ativa nos negócios da banda.

O Minor Threat insistia em fazer shows para todas as idades. Em Nova York, um promotor mentiu para eles: quando a banda chegou, ficou horrorizada ao descobrir que o show era apenas para maiores de idade. Eles se recusaram a tocar, ao menos que fosse liberado para todas as idades, então o promotor voltou atrás. "Não tenho tanto orgulho do fato da banda fazer shows grandes", disse Ian na época. "Mas tenho muito orgulho do fato da banda causar um impacto nas pessoas. Outra coisa boa é que podemos medir forças com os clubes" em questões como shows para todas as idades.

X X X

De volta a Washington, HR continuou a marcar shows no Wilson Center, em geral mesclando bandas locais com bandas de Nova York. Um dos primeiros shows (depois da volta) foi de uma banda nova chamada Madhouse, que contava com Danny Ingram na bateria e a vocalista Monica Richards, que havia deixado o Hate From Ignorance. O Madhouse tocava um estilo de punk mais sombrio, na linha do goth-punk britânico.

Em uma entrevista para o *Washington City Paper*, Richards chamou a cena punk local de "uma grande piada. Hoje modelos deixam seus cabelos espetados. Cinco anos atrás, quando me vestia assim, meus pais diziam que eu parecia com uma prostituta. Amigos da escola, que agora se vestem da mesma maneira, me chamavam de sapatão."

A vestimenta teve um papel crucial, no sentido de identificar as diferenças do grupo em relação ao mundo exterior. Primeiramente com o estilo dos trajes do Reino Unido, depois com as botas e bandanas de Los Angeles, cabeças raspadas, e saias kilts e botas para as meninas. Mas agora a moda parecia mostrar o descontentamento entre os velhos de guerra. "Foi legal por um tempo, mas depois todos disseram: 'Foda-se, é muito trabalhoso'", explicou MacKaye. "Tinha que amarrar as botas, e prender a bandana na perna era um saco, pois eu nunca conseguia tirá-la!" Entretanto, as razões para abandonar o visual não foram apenas pela questão da praticidade: "De uma hora para outra, haviam cretinos brigando por razões estúpidas, e não queríamos que nos associassem a eles". A alta costura punk também tinha se tornado conformista e comercial. Em Georgetown, boutiques como a *Commander Salamander* estavam vendendo moda punk para garotos que não podiam ou não iriam criar seu próprio estilo. John Stabb adorava provocar os novos punks se vestindo feito um hippie, enquanto MacKaye optou por um estilo mais funcional, baseado em roupas de brechó.

Isso fez o punk um pouco menos chocante, e também mais difícil de ser identificado por aqueles que não faziam parte da cena. A única coisa que poderia identificar Ian MacKaye como punk era sua cabeça raspada. Essa possibilidade de usar um visual menos agressivo, que permitisse "se misturar com os outros", também agradou outros punks mais antigos, como Jeff Nelson, ainda que por uma razão diferente. Antigamente, Nelson era daqueles que caprichava no visual, para chocar mesmo, mas depois começou a enxergar isso como uma tentativa imatura de chamar a atenção. Nelson não tinha abandonado seus valores, mas, para ele, o punk agora parecia ter sido apenas uma fase, que ele queria deixar para trás. Essa diferença provavelmente era a verdadeira origem do crescente distanciamento entre Jeff Nelson e Ian MacKaye. Para Ian, o punk era liberdade de pensamento, e não tinha nada a ver com estilos facilmente definíveis de roupas, música ou dança. Essa postura, no entanto, estava perdendo força. Parecia que os punks mais velhos abandonavam suas roupas e também seu comprometimento com a cena, enquanto os mais jovens se importavam apenas com o visual, e não com as ideias.

Uma nova música do Faith, "Slow Down", capturou o espírito da comunidade em declínio: "Inspiration's thin these days/With everyone going their separate ways" ("A inspiração está cada vez mais rala ultimamente/Com as pessoas indo para caminhos diferentes"). O próprio Faith dava sinais de enfraquecimento. Por causa da pressão familiar, o baterista Ivor Hanson teve que ir pra faculdade; Mike Hampton e Chris Bald não estavam se dando muito bem; Hampton começou a tocar com Simon Jacobsen (ex-baterista do SOA), experimentando uma sonoridade mais melódica. E isso deixou Bald irritado. A banda que para muitos representava a alma do harDCore fez seu último show em agosto de 1983. As pessoas que compareceram ao show, no Space Two

Arcade, disseram que foi uma mistura de celebração com funeral. "Eu nunca tinha visto uma banda tão intensa", disse Cheslow. "Foi tipo, 'Ok, vamos dar tudo que temos, porque é a última vez'". Depois do show, Ian MacKaye escreveu a letra para uma nova música: "Goodbye to you my friend/What you had to offer will not be seen around here again" ("Adeus, meu amigo/O que você tinha para oferecer não será visto por aqui novamente"). Ele a intitulou "Last Song". Embora o Minor Threat mais tarde tenha usado a música, o vocalista não compartilhou a letra com a banda naquele momento. Ele se sentia só, mesmo estando com sua banda.

Novamente um quarteto, o Minor Threat fez um show memorável no 9:30 Club, que foi filmado para um documentário que nunca foi concluído. A filmagem, feita por Mitch Parker e seus amigos, mais tarde se tornaria o vídeo ao vivo do Minor Threat, lançado pela Dischord. Depois disso a banda fez uma pequena turnê no nordeste do país, incluindo uma parada em Nova York. Nesse show de NY estava John Loder, do Southern Studios, um estúdio de gravação inglês que tinha feito coisas com o Crass. A Dischord tinha interesse que a Southern distribuísse o *Out of Step* na Europa. Loder achou o Minor Threat "bem rock'n'roll", mas estava interessado em trabalhar com a Dischord. Essa seria uma conexão importante no futuro. Tom Carson (aquele que havia detonado o disco do Urban Verbs na *Rolling Stone*) também estava presente. Ele escreveu, na *Village Voice*, que o Minor Threat fez "o show de hardcore mais inspirador e estimulante que já vi". Carson foi um dos primeiros jornalistas a retratar MacKaye em termos mais espirituais: "A sua razão de ser não é uma questão de gosto, ou mesmo de sensibilidade. É, em primeiro lugar, uma necessidade espiritual, da qual ele não pode fugir. Ian MacKaye respeita a liturgia do hardcore porque ele acredita na sua necessidade. Assim como Jello Biafra na Costa Oeste, Ian não é apenas o *frontman* da sua banda: ele é o organizador e principal porta voz de uma comunidade inteira, e é comprometido com seu rebanho acima de tudo."

De volta a DC, os ensaios do Minor Threat se tornaram debates sobre o direcionamento da banda. Preslar e Baker estavam impressionados pelo som do álbum *War*, do U2, e MacKaye achava que as novas composições da dupla mostravam tais influências. Ele não sabia como colocar a voz nesses novos sons, e estava desconfortável com o fato de que o Minor Threat pudesse se alinhar a um som mais *mainstream*. Os demais integrantes da banda pensavam de forma diferente. Eles queriam que o Minor Threat continuasse a crescer musicalmente, mas também esperavam que a banda pudesse ser o meio de subsistência deles (uma ideia razoável, dada a popularidade da banda). Eles não faziam objeções a possibilidade de tornar a música mais acessível. O resultado gerou um impasse. MacKaye estava desconfortável com a nova direção tomada pela banda. Tudo que tinha era seu instinto, e ignorá-lo seria uma mentira. Ele começou a faltar nos ensaios.

Com esse conflito não resolvido, o Minor Threat fez aquele que seria o seu último show: 23 de setembro de 1983, na Lansburgh Center. Tocaram também as bandas Big Boys e Trouble Funk, um grupo que fazia um funk típico de DC chamado Go-Go. O show foi uma tentativa de criar um vínculo entre o harDCore e o Go-Go, na linha do que tinha acontecido na Inglaterra entre o punk e o reggae, no *Rock Against Racism*. O show foi legal, mas a esperança de uma plateia racialmente mista não se cumpriu: a maior parte dos 1.200 fãs eram brancos. Quando o Minor Threat subiu ao palco, a velha loucura começou. Foi um "show de horrores", disse John Stabb. Os fãs pogavam, mergulhavam na plateia e invadiam o palco. Preslar era atingido constantemente, e muitas vezes parava de tocar, não por vontade própria. Furioso, ele decidiu que a banda teria algo que os separasse do público nos próximos shows.

Todos na banda reconheciam que o Minor Threat estava prestes a acabar. "Tínhamos o anseio natural de nos tornarmos uma banda grande, mas agora já estamos sentindo como é estar numa banda grande, e é bem estranho", Nelson disse à revista *Musician*. Após o show no Lansburgh Center, MacKaye fez sua escolha: parou de vez de ir ensaiar. Injuriados com as faltas sem explicação do vocalista, Preslar e Baker se demitiram. Nelson tentou evitar o rompimento, convocando uma reunião. A tentativa rapidamente azedou quando Preslar e Baker apresentaram uma lista de exigências para MacKaye. Como era previsível, Ian resistiu. "Se o Minor Threat tivesse tido um conselheiro matrimonial, talvez tivéssemos resolvido a situação", brincou Nelson alguns anos depois. Ao invés disso, a banda concordou com o divórcio.

Mas Nelson conseguiu pelo menos uma concessão: que os músicos se juntassem pela última vez para gravar a música "Salad Days". MacKaye concordou, mas com a condição de que ela não seria lançada. Em dezembro, Baker, Preslar e Nelson entraram no Inner Ear para gravar as partes instrumentais de três sons: "Salad Days", uma música que nunca foi finalizada chamada "Stumped", e "Good Guys Don't Wear White", cover do Standells. A letra de "Salad Days" era uma afiada e dolorosa autópsia do harDCore: "Wishing for the days/When I first wore this suit/Baby has grown ugly/It's no longer cute... Do you remember when?/Yeah so do I/We called those salad days/We called those the good old days/What a fucking lie/I call it a lie" ("Desejando pelo tempo/Quando tudo começou/O bebê ficou feio/Não é mais bonitinho... Você se lembra quando?/Sim, eu também/A gente chamava aqueles dias de o auge das nossas vidas/A gente chamava aqueles dias de bons e velhos tempos/Que mentira do caralho/Eu chamo isso de mentira"). Nessa última palavra, a música morria num *fade out*.

Contudo, MacKaye ainda tinha esperanças de um renascimento da comunidade punk. "A cena hardcore de DC é muito desorganizada, confusa e infeliz nesse momento", ele disse na época. "O que temos, basicamente, é um grupo de pessoas tão meia-boca que eles não estarão mais na cena daqui a um ano". Ele se lembrou de uma frase de Bob Marley, que HR citou certa vez: "Quando a poeira baixa, apenas os verdadeiros rebeldes ficam". Aquelas eram palavras para levar para sempre, e MacKaye estava disposto a isso. Mesmo assim, as últimas palavras de "Cashing In" permaneceram, questionando a cena que MacKaye tanto amava: "Não há lugar como nosso lar/Então, onde eu estou?"

MARK JENKINS
DANCE OF DAYS
MARK ANDERSEN

1984
*
1985

CAPÍTULO OITO

PRIMAVERA

O MINOR THREAT TINHA SE SEPARADO, A TENSÃO ESTAVA AUMENTANDO na casa da Dischord, o selo afundado em dívidas, e Ian MacKaye "estava tão deprimido que andava até meio suicida", como se recordou anos depois. O geralmente otimista MacKaye previa uma espécie de morte em vida para o punk de DC: "Creio que o hardcore, o punk ou seja lá o que for, pode durar por muitos anos. Mas é como se a alma morresse e o corpo continuasse por aí". Skip Groff percebeu o estado de espírito de Ian. Na esperança de levantar um pouco o ânimo do músico, Skip o chamou para trabalhar em meio período na loja de discos Yesterday and Today. "Eu comecei a trabalhar lá", disse MacKaye, "apenas para ter o que fazer, porque realmente não estava feliz".

Ele não era o único punk de Georgetown que estava sofrendo dessa crise de fé. Muitas pessoas da velha *crew* estavam agora na faculdade, retomando um rumo mais convencional para suas vidas, embora alguns deles tenham optado por faculdades na região de DC para ficarem próximos da comunidade punk. Quando o Faith terminou, Chris Bald relembra que "me senti meio emperrado, porque aquela seria minha vida, e de uma hora para outra não havia mais a banda. Meus amigos estavam indo para a faculdade, e eu pensava, 'por que eles estão fazendo isso?' Fiquei realmente desiludido". Bald foi trabalhar na influente revista *National Journal*. Ele aprendeu mais sobre política nacional, enquanto suas políticas pessoais desmoronavam. "Nunca fui o rei do autocontrole", ele disse. "Comecei a beber de novo, e caí naquela rotina chata de horário comercial, na qual seu único tempo livre são os finais de semana. E o que você faz com os amigos nos finais de semana? Você bebe".

Apesar da desilusão de pessoas como MacKaye e Bald, a cena de DC continuava a crescer, e grandes bandas – como Government Issue, Scream e Marginal Man – continuavam ativas. O GI lançou o disco *Joy Ride* pelo selo Fountain of Youth; esse disco acrescentou pitadas de metal no som pop-punk e nas letras pessoais da banda. A faixa "Understand", com o baixo melódico de Mike Fellows sustentando as letras vulneráveis de John Stabb, tornou-se um clássico dessa fórmula. O Marginal Man tinha lançado seu primeiro álbum pela Dischord, mas o segundo saiu pela Gasatanka, uma subsidiária da Enigma, um grande selo independente californiano. "Naquela época, parecia que a Dischord iria falir", explicou Pete Murray. O Scream começou a negociar com a Rough Trade para editar um álbum que foi gravado em duas sessões diferentes em 1984, com a participação de um segundo guitarrista, Robert Lee "Harley" Davidson. O disco foi lançado em 1985, numa parceria Rough Trade/Dischord. Essas três bandas estavam mais populares do que nunca, mas nenhuma banda nova surgiu das fileiras dos velhos punks de Georgetown. A sensação de que o harDCore era uma comunidade especial estava desaparecendo. "Vimos a cena desmoronar", disse MacKaye mais tarde.

Durante anos os punks de Georgetown cultivaram uma satisfação perversa em derrubar o preconceito popular. "Nós deixávamos os comerciantes de Georgetown putos da vida", recorda-se MacKaye. "Tínhamos as cabeças raspadas, certo? Éramos punk rockers filhos da puta, certo? Mas éramos totalmente educados e não roubávamos nada. Isso os deixava loucos". Mas agora Georgetown era uma cena diferente. Garotos vagando sem rumo, enchendo a cara ou se drogando, quebrando garrafas, roubando lojas, começando brigas, fazendo vandalismo, pedindo moedas para comprar cigarros ou cerveja. Um dos primeiros sinais dessa transformação aconteceu quando Bryant DuBay (um membro da Rat Patrol) estava bêbado e quebrou a vitrine de um restaurante. DuBay escapou ileso, mas MacKaye ficou decepcionado: "A polícia foi até o meu trabalho. Eu conhecia os policiais, então não tive problemas, mas eles me perguntaram, 'Qual o problema com seus amigos?' O que eu podia dizer? Foi uma coisa estúpida de se fazer". Até mesmo os shows estavam se tornando cada vez menos atrativos para os veteranos da cena; os shows pareciam estar sempre superlotados de garotos que eles não conheciam, fazendo coisas que eles não gostavam. Quando o GI tocava, o palco era constantemente tomado por punks que queriam apenas aparecer, e tinham pouquíssimo interesse na música.

Um antagonismo imediato foi estabelecido entre a galera da Dischord e esses garotos, que agora se reuniam em Georgetown e em Dupont Circle para beber, conversar e às vezes brigar. Eles eram chamados de "punks bêbados" por muitos da galera da Dischord; em contrapartida, esses punks mais novos achavam que a Dischord era elitista, "panelinha" e hipócrita. Noutros tempos, o harDCore havia sido uma família. Agora, como notou Wendel Blow, "se tornou uma família disfuncional". Esse mal-estar também estava ocorrendo em outros lugares. No começo de 1984, a capa da *Maximum RockNRoll* fez uma simples, porém inevitável pergunta: "O punk é uma bosta?" Em Nova York, uma crescente cena machista e reacionária era formada ao redor de bandas como Agnostic Front e Cro-Mags. Em Boston, o SSD tinha colocado mais um guitarrista na banda e estava indo pro lado do metal. Kenny Inouye se recorda de ter tocado com eles, e de ter ficado espantado. "Achei que aquilo poderia ser uma piada, mas não era. Eles estavam levando aquilo a sério, e na verdade nem era heavy metal de qualidade".

O Black Flag era produtivo, e tinha lançado seis álbuns e EPs em menos de dois anos. Henry Rollins também lançou seu primeiro registro de spoken-word, chamado *Family Man*. A banda fazia turnês sem parar, tocando frequentemente em pequenas cidades que nunca haviam sediado um show de punk antes. Em abril de 1984, fizeram seu primeiro show em DC depois da entrada de Kira Roessler no baixo; a apresentação foi no Salão Pierce, da igreja All Souls. O show foi excelente, mas acabou sendo prejudicado por brigas e vandalismo nos banheiros do local. Henry Rollins contou que um funcionário da igreja lhe mostrou a destruição no banheiro e disse "Esse foi o seu último show aqui". De fato levaria muitos anos para acontecer um show punk novamente naquele local. Rollins não estava acostumado com esse tipo de comportamento na sua cidade natal. "Eu me senti responsável, todos nos sentimos", disse anos depois.

Rollins: "A [cena] musical de hoje não é responsável, as pessoas não estão dizendo a verdade. Antigamente a postura era 'faça ou morra'. Mas agora é uma atitude casual: uma juventude descompromissada fazendo merda no lugar onde vivem, porque sempre haverá uma 'mamãe' para limpar a sujeira. Antigamente não tinha 'mamãe', nós mesmos fazíamos tudo. Claro que sempre existiram ovos podres no punk, mas agora a proporção de idiotas aumentou muito. Hoje temos 40 idiotas quebrando um banheiro num show." Henry sabia que esse tipo de irresponsabilidade era uma traição do compromisso original do punk de DC. Ainda assim, naquele momento ele preferia não comentar nada durante os shows, para que não fosse visto como um "pregador".

X X X

HR estava montando não apenas uma, mas duas bandas: o há muito prometido Zion Train, 100% reggae, e um outro grupo mais no molde rasta-punk do Bad Brains. HR convidou Dr. Know para entrar no Zion Train, uma oferta recusada para tocar com Darryl Jenifer em um novo projeto. A segunda banda, chamada apenas "HR", acabou rolando com mais rapidez.

O vocalista recrutou o guitarrista David Byers, que tinha passado por bandas como The Enzymes e Tony Perkins & the Psychotics. Para Byers, um fanático por Bad Brains há muito tempo, foi um sonho que se tornou realidade. A veia jazzista de Byers uniu forças com Earl Hudson, na elaboração de um estrutura musical poderosa para o retorno de HR. O trio (HR, Byers e Hudson) trabalhou com uma formação flexível de músicos, que conseguia ir do thrash para outros estilos musicais com facilidade. HR descreveu a nova banda como "não muito hardcore, é mais reggae, jazz, mais variado. A estrutura básica é rock'n'roll, mas misturamos um pouquinho mais" (do que o Bad Brains). As letras de HR estavam mais militantes do que nunca. Ele estava numa fase de usar uniformes militares e escreveu canções como "Let's Have a Revolution" e "Free Our Mind". Numa entrevista ao *Metrozine*, HR afirmou: "Sempre fui muito comprometido com a luta dos pobres, dos carentes, dos escravos, dos prisioneiros, dos explorados, e contra o derramamento de sangue de inocentes e a atual degradação da civilização. Serei sempre contra os hipócritas, assassinos, ladrões e os opressores do povo. Não iremos regozijar enquanto a Babilônia não cair."

O ganha-pão de HR, nesse período, era a venda de maconha. Uma atividade "virtuosa" para um Rasta, mas que o levou para um conflito direto com a Babilônia. A quadrilha de distribuição operava em uma casa que HR dividia com outros Rastas e alguns punks. A casa ficava bem ao lado de um distrito policial. HR passava boa parte de seus dias nas proximidades da Columbia Road, vendendo maconha e conversando com outros Rastas e com transeuntes. E então chegou o dia, em meados de maio, pouco antes de sua nova banda tocar pela primeira vez. O vocalista estava se preparando para vender maconha para um cliente, do lado de fora do Ontario Theater, na Columbia Road, quando foi surpreendido pela polícia. HR foi algemado e levado.

Ele foi liberado sob fiança, bem a tempo de fazer o show, no qual provou que ainda era um gigante no palco. O vocalista dedicou o show "a todos os famintos, pobres e jovens rebeldes de Washington, DC". O line-up da noite ainda tinha: McRad (da Philadelphia), Antidote (de Nova York) e Underground Soldier, uma banda pop punk dos subúrbios de DC, com o forte vocal feminino de Helen Danicki. Depois desse show, HR partiu numa mini turnê pela Costa Leste, e fez sessões de gravação no Cue Studios, na Virginia. Em seguida, entretanto, o vocalista teve que cumprir pena de dois meses na prisão, por causa da sua apreensão. "Isso foi um teste", HR diria mais tarde. "Agradeço a Jah que, mesmo assim, consegui crescer naquele lugar. Você pode encontrar harmonia lá; há harmonia até mesmo nas profundezas do inferno". Mas, em pouco tempo haveria sinais de que o encarceramento não conseguiu tornar HR mais estável.

Por causa da prisão, levou seis meses entre o primeiro e o segundo show da banda nova de HR. Em meados de novembro ele tocou no 9:30 Club, junto com a "nova" banda do momento de DC, The Meatmen. Na teoria, o Meatmen existia desde 1981, mas apenas em 1984 o vocalista Tesco Vee transformou a ideia em banda de verdade. Eles gravaram um EP, *Dutch Hercules*, com um novo time de músicos, incluindo Lyle Preslar, Brian Baker e Ian MacKaye, além de Bert Queiroz, Rich Moore e Mike Brown, todos sem crédito no álbum. Tecnicamente, o EP foi um lançamento solo, creditado como "Tesco Vee and the MeatKrew", mas foi um pulo entre lançar o disco e voltar com a banda. Com o fim do Minor Threat, Preslar e Baker podiam se comprometer de verdade. A ressuscitada banda fez seu primeiro show em 1983, num evento beneficente para a revista *Touch and Go*.

Os shows do Meatmen tinham produções, com adereços e fantasias. Talvez tenha sido essa reputação (de um espetáculo escandaloso) a explicação para ter atraído mais de 600 pessoas ao Wilson Center, o maior público que a casa havia recebido até então. Era janeiro de 1984, apenas o segundo show da banda. Tesco circulou pelo palco numa mobilete, vestindo calças justas de lamê dourado. Uma forma bem diferente de começar um show para os padrões do harDCore. O Meatmen era irreverente, energético e até inteligente, mas o humor de Tesco Vee às vezes combinava mais com o clima de vestiário masculino do colegial. A banda tampouco fora uma evolução artística para Preslar e Baker. Eles chegaram a tocar, por pouquíssimo tempo, na banda nova de Glenn Danzig, o Samhain, uma experiência que Preslar ironicamente descreveu como "um encontro com Satã". Então o guitarrista começou a tocar com o Meatmen, enquanto desenvolvia uma nova banda, que continuasse o direcionamento mais melódico que ele tinha planejado para o Minor Threat. Assim nasceu o 400, com Ray Hare (ex-Deadline) no vocal e uma proposta pop punk nos moldes do U2 e The Alarm. Atualmente, tanto Preslar quanto Baker admitem que o projeto foi um erro, mas "na época achávamos que seríamos pop stars", Baker se recorda rindo. Quando o 400 estreou na Universidade de Maryland junto com o Government Issue, o grupo mostrou muita habilidade musical, mas pouca alma. No fanzine *WDC Period,* Dave McDuff disse que a banda era "muito certinha, mas sem inspiração". Preslar e Baker logo aceitaram essa avaliação, e o 400 acabou depois de alguns shows.

Preslar e Baker não eram os únicos músicos de DC que lutavam para encontrar uma direção. O Void estava passando por um momento difícil. A banda foi aos poucos mudando o seu som, indo mais pro metal, e os shows pareciam ensaios abertos ao público. Enquanto a banda tentava se encontrar no palco, o caos imperava na plateia. No final de 1984, o Wilson Center recebeu um série caótica de shows, marcados por brigas e vandalismo. Scott Crawford, editor do *Metrozine,* foi para ver HR e Void, mas acabou indo embora decepcionado antes do show do Void. "Tinha muita briga rolando. Será que valia a pena mesmo?" O hardcore de DC parecia, cada vez mais, apenas uma trilha sonora para a desordem, com pessoas quebrando janelas, estraçalhando garrafas e brigando nas ruas. Era compreensível, portanto, que poucas casas quisessem receber shows de punk. As matinês no 9:30 Club tinham acabado, e agora rolavam apenas shows ocasionais, em geral com bandas de fora. O Salão Pierce (aquele dos banheiros destruídos no show do Black Flag) tinha durado uma noite, e o Space Two Arcade fechara as portas.

Gordon Ornelas, do *WDC Period,* lamentava a autodestruição do harDCore. "Gordon Gordon" (como ele assinava) havia se mudado há pouco tempo para Washington, vindo do Meio Oeste, e começou o *WDC Period* mais como uma revista de humor. Por não conhecer a cena local, ele cometeu uma mancada irônica: paginou um anúncio da Dischord bem ao lado de uma matéria chamada "DC Drug Report", uma lista com os preços locais para drogas ilegais. Vale lembrar que esse anúncio foi retirado de uma *Flipside,* e foi um "presente" de Gordon para a Dischord. Mas MacKaye não se divertiu com esse ato de generosidade, e falou poucas e boas para Gordon. "John Stabb me chamou de lado, e me explicou toda a coisa do straight edge", contou Gordon. "Eu nunca tinha ouvido falar de nenhuma filosofia juvenil que não encorajasse o uso de drogas, muito menos de uma que desencorajasse". Na verdade, Gordon era quase um puritano, e com o passar do tempo o *WDC Period* se tornou a voz da sanidade e da responsabilidade na cena punk.

Os fundadores do harDCore não sabiam o que fazer frente à deterioração da cena. Dez anos depois, MacKaye lembrou de um show caótico que assistiu ao lado de HR. Em algum momento, Ian reclamou: "'Cara, como isso foi acontecer?' E então o HR simplesmente acabou comigo. Ele virou pra mim e disse: 'Você quer saber quem fez isso? Você fez.'" MacKaye ficou assustado, mas sabia que havia alguma verdade no julgamento de HR.

O punk de DC estava indo para novas e por vezes perturbadoras direções. Em 1984, Washington foi invadida por cartazes de uma banda chamada 9353. O quarteto confeccionou panfletos multicoloridos e os espalhou pela cidade. As criações eram, na sua maioria, obra do vocalista Bruce Merkle, o mesmo que já havia deixado várias pessoas constrangidas com seus grafites espalhados pelas ruas, de frases como "câncer peniano". Entre as bandas mais "artísticas" do post-hardcore, o 9353 era a melhor. Completavam a banda o guitarrista Jason Carmer (ex-Double O), o baixista Vance Bockis e o baterista Dan Joseph. Com sua música característica, carisma no palco e um trabalho vigoroso de relações públicas, em pouco tempo o 9353 se tornou uma das bandas de punk mais populares da cidade. No final de 1984, o 9353 também era conhecido como a "banda da heroína": pelo menos dois dos seus integrantes estavam afundados na droga. Um pouco por conta disso, o grupo ganhou a reputação de inconstante. "O 9353 terminava depois de cada show", mais tarde notou um observador. Em agosto, a banda anunciou a primeira de várias apresentações "finais". O 9353 não era a única banda punk de DC que contava com usuários de heroína na sua formação, mas sua popularidade e relativa sinceridade para falar sobre o assunto sugeriam uma mudança de atitude na cena punk.

"É triste. Todos aqueles garotos que eram skatistas há um ou dois anos, agora estão na heroína", disse Boyd Farrel (Black Market Baby) para a *Flipside* no final de 1984. "É como se DC tivesse perdido sua inocência. [A cena hardcore] tem se deteriorado desde o fim do Minor Threat. Perdeu sua sinceridade, sua energia, ficou cínica". O mesmo podia ser dito sobre a banda de Farrel. Ele e Keith Campbell, outrora o coração criativo da banda, tinham parado de compor. O idealismo à la Sham 69, que fora a marca registrada do BMB, agora tinha sido ofuscado pela fama de banda bêbada e briguenta. "O Black Market Baby podia tocar em um bar redneck numa noite, e num show de hardcore na outra", disse Wendel Blow. Em parte, isso era possível porque o BMB era uma ótima banda. Mas isso também se devia ao apelo de músicas como "Strike First", "Killing Time" e "Gunpoint Affection" (um relato em primeira pessoa sobre um estupro), recheadas com a tradicional agressão masculina e excessos.

Levou três anos, mas o BMB conseguiu gravar e lançar seu primeiro LP. *Senseless Offerings* (lançado pelo selo Fountain of Youth) trazia músicas afiadas, fortes e bem tocadas. Porém, a banda não conseguiu fazer uma *tour*, ficaram inertes; incapacidade que mais tarde Farrell justificaria pelo uso abusivo de álcool e drogas. No final de 1984, Myk Dolfi deixou o BMB. Ele tocou por pouco tempo na última formação do Iron Cross, e depois montou uma banda nova, chamada Lethal Intent, com Blow e Doug Caldwell, um recém-chegado de LA. Graças a influência de Caldwell, eles adicionaram glam-metal ao som punk da banda. O BMB deu uma mãozinha ao Lethal Intent, ajudando-os a conseguir shows.

As duas bandas dividiram o palco várias vezes com o Obsessed, um grupo do subúrbio de Maryland. No início, Vance Bockis foi o vocalista do Obsessed, e a banda misturava sons como "Problems", dos Pistols, com seu próprio material. Com a saída de Vance, eles pararam de tocar covers, e o guitarrista Scott "Wino" assumiu o vocal. Sua voz era forte e limpa, e seu estilo de guitarra unia metal e punk; o primeiro single da banda, porcamente gravado, mostrava influências de Black Sabbath e também das bandas de hardcore de DC.

O Black Market Baby, o Obsessed e o Lethal Intent tinham o apoio da cena "punk bêbada" que circulava por Georgetown e Dupont Circle. Essa galera se reunia na Smash, uma nova loja punk de discos e roupas em Georgetown. A Smash tinha uma atmosfera mais amigável e menos comercial do que a Commander Salamander. Doug Caldwell trabalhou lá, e a loja se tornou um ponto de encontro para a nova safra dos punks de Georgetown.

Poucos desses garotos viam o punk como algo revolucionário. Eles estavam apenas tentando sobreviver, procurando uma tribo, uma família, e também tentando se divertir. Mais tarde, Blow relembrou que as drogas pesadas estavam se espalhando feito uma epidemia nessa época. Ele viu isso acontecendo tanto no público quanto na sua própria banda.

X X X

A violência também estava se espalhando, principalmente por causa de uma nova gangue skinhead comandada por uma punk chamada Lefty. Pelo fato de ser uma mulher negra, Lefty não se parecia com uma provável neonazista. Mesmo assim, ela gostava de usar suásticas e fazia a saudação nazista (*sieg heil*) aos carros que passavam, apenas para chocar.

Sua atitude nazista era apenas uma piada, mas sua postura política era extremamente conservadora, especialmente para alguém da cena punk. Lefty era abertamente pró-Reagan e anticomunista. Seu carisma, entretanto, atraiu um grupo fiel de seguidores skinheads. Esse não era o único grupo violento na cena, mas certamente era o mais coeso e, portanto, o mais perigoso. A sua gangue era quase sempre a força dominante nos shows, fazendo tudo o que queriam.

Entre os alvos desse grupo (e também de alguns dos "punks bêbados") estavam os gays que andavam em Dupont Circle. No começo eram ataques surpresa noturnos aos gays, mas em pouco tempo os skins também passaram a atacar pessoas da cena punk. No final de 1984, Lefty e sua *crew* tinham iniciado um reino de terror. Os shows – outrora um território sagrado onde os punks se protegiam de ataques – tinham se tornado locais de intimidação e violência, de punk para punk. Na Philadelphia, Lefty teve a companhia de dois colegas para espancar brutalmente um skinhead. De acordo com ela, "ele tinha me passado para trás numa transação de ácido". Outras pessoas, no entanto, afirmam que foi porque ele era judeu.

A história em pouco tempo ficou conhecida, mas poucos desafiavam abertamente Lefty e seus seguidores. Ironicamente, os primeiros que fizeram isso foram Wendel Blow e Sab Grey, que eram considerados uma inspiração por muitos skins. Uma década depois, Blow recordou-se de uma vez que saiu com Lefty e sua *crew* para dar uma volta na caçamba de uma caminhonete. "Lefty viu uns caras em uma viela, e decidiu ir para cima deles. Pedi a ela que me deixasse de fora, porque não queria ter nada a ver com aquela merda". Sab Grey também ficou enojado, especialmente porque muitos desses skins se diziam fãs de Iron Cross. Pode parecer um tanto quanto estranho que o autor de músicas como "Fight 'em All" e "Skinhead Glory" estivesse bravo com a violência dos skinheads. Contudo, para Grey existiam diferenças cruciais entre a violência do passado e a do presente. Ele argumentou: "'Fight 'em All' era sobre um lugar e uma época específicas. A galera mais antiga costumava brigar muito nos shows, [mas] sempre havia uma razão para brigar. Estávamos protegendo a cena, não éramos valentões idiotas que andavam por aí batendo nas pessoas sem razão alguma."

Mesmo assim, ao menos um pouco dessa violência foi herdada das brigas envolvendo os punks mais antigos. Lefty disse que conheceu o poder da violência justamente nos shows no Wilson Center. Mais tarde, ela se defendeu de Ian MacKaye dizendo, "Estou apenas fazendo o que você me ensinou a fazer".

Alguns dos veteranos começaram a reavaliar suas condutas prévias. Mark Sullivan, que admitiu ter começado algumas brigas desnecessárias, ponderou que "nossa violência era mais 'sagrada' do que a deles simplesmente porque era a *nossa* violência". Mas, para Grey havia uma diferença: "Os skins de DC não eram uma gangue, era apenas um grupo de amigos que por acaso eram skinheads. Mas de repente a parada azedou. Sujeitos de cabeça raspada começaram a bater nas pessoas, [então] decidimos parar com isso. Deixamos o cabelo crescer e voltamos a ser punks, aquilo que éramos antes de tudo", disse. Hoje, "se não tem ninguém para brigar, eles brigam entre eles. Não vejo motivos pra bater em alguém porque você não gosta de como ele se veste, ou por sua escolha sexual, ou sei lá mais o que". Grey não se referia à nova geração como "skinheads, ele os chamava de "fascistas". "É a mesma mentalidade dos nazistas, apenas se vestem de modo diferente. Vi um garoto que tinha 'Iron Cross' tatuado no braço, com uma suástica no meio, então eu disse, 'Cobre essa merda!'"

Se Grey parecia na defensiva, talvez fosse porque o Iron Cross jamais conseguiu superar sua imagem dos primeiros anos. Aquela reputação em breve acabaria com o grupo. O seu último (e melhor) EP, *Hated and Proud*, trazia a música "Wolf Pack", um ataque a Lefty e sua gangue. Num dos últimos shows do Iron Cross, abrindo para o Suicidal Tendencies no 9:30 Club, Grey confrontou diretamente Lefty e seus amigos. Ele estava frustrado porque poucos ousavam denunciar a gangue, aparentemente porque tinham esperança de que ela simplesmente desaparecesse. Mas isso não aconteceu, e ao invés disso muitos punks veteranos, como Grey, abandonaram a cena.

Outro punk de Georgetown que estava desiludido era Danny Ingram, baterista do Madhouse. Muitos desdenhavam da banda, porque era muito parecida com Siouxsie and the Banshees, mas o Madhouse foi uma alternativa bem-vinda para o tradicional punk "machão". Algumas músicas do Madhoue, como "So Sad" e "Advice", expressavam um ponto de vista feminista que raramente era visto na cena majoritariamente masculina. E outras atacavam os novos punks, como a música "Repulsion". Em entrevista ao *Truly Needy*, Ingram denunciou os novos punks como sendo "apenas ovelhas procurando por alguém para guiá-las". Seu desespero pode ter sido agravado pelo seu vício em heroína, um problema que ele deixou claro nessa entrevista, ao eleger o cruzamento das ruas "12th com W" como o melhor lugar para visitar em DC. Esse cruzamento era um mercado de drogas a céu aberto.

UM POUSO DIFÍCIL EM DC

POR MARK ANDERSEN

Meu primeiro encontro direto com o punk de DC foi através de uma pichação, "Nazi Punks No Comando! Oi Oi Oi!", acompanhada de uma suástica desenhada de modo bem tosco. Essa apresentação grosseira se deu em setembro de 1984, duas semanas após eu ter me mudado para DC, para estudar na Johns Hopkins School of Advanced International Studies.

Minha própria jornada punk tinha me conduzido do caipira desajustado e perdido até o ativismo radical e a excelência acadêmica na Montana State University, e, por último, até o curso de mestrado na SAIS, em DC. É justo dizer que o punk literalmente salvou minha vida, pois me ajudou a encontrar um propósito e uma identidade.

O punk de DC estava longe de ser a razão principal da minha mudança, e as notícias que chegavam até meus ouvidos em Montana (sobre o Bad Brains, Minor Threat, Henry Rollins, straight edge e atitude mental positiva) não tinham me preparado para pichações nazistas, e tampouco para a violência, drogas, conformismo e ignorância que pareciam predominar naquela época. Quando comprei o *Salad Days*, do Minor Threat, me deparei com uma palavra que parecia super apropriada: feio.

Esses primeiros encontros com o punk de DC foram estranhos. Em Montana, o punk era algo praticamente desconhecido. Assim, ser punk demandava um grande comprometimento. O punk de Montana era formado por idealistas e/ou lunáticos

Pode-se dizer que eu era um pouco dos dois. Enquanto minha vida estava indo agora em direção a uma carreira promissora, eu lutava com perguntas profundas sobre essa minha escolha, pois ela me conduzia a um estilo de vida convencional.

Meu apartamento era próximo ao Dupont Circle, então logo fiquei sabendo da *crew* que circulava por lá, que incluía skinheads como Victor Potocki e Steve Squint. Acabamos nos conhecendo, e algumas vezes até conversávamos sobre música e política. Apesar das nossas posições divergentes, nos respeitávamos, e isso me salvou (pelo menos duas vezes) de levar uma surra, graças às intervenções de Victor e Steve.

X X X

Amy Pickering tinha bastante tempo vago para pensar na difícil situação da cena, enquanto não fazia nada no escritório do Conselho de Planejamento Urbano. Por iniciativa do prefeito Marion Barry, muitos adolescentes tinham conseguido empregos temporários. A ideia era dar um trabalho para cada jovem cidadão que procurava por um emprego de verão, mas, no entanto, poucos trabalhos sérios estavam disponíveis. Pickering continuava a trabalhar na Dischord, enquanto no escritório do CPU ela recebia para "ficar sentada na sala dos fundos, fazendo fotocópias, e nada mais". Rindo, ela se recordou mais tarde que "deveria ministrar um curso de vídeo ou algo assim, mas nunca tinha usado uma câmera na minha vida!" Na verdade, Pickering nem sequer era qualificada para este programa de trabalhos, uma vez que não era moradora da cidade; ela se inscreveu usando o endereço da amiga Molly Burnham.

Tomas Squip era outro punk procurando por um sentido na vida. Após ter sido expulso da escola na Georgia (por ter "ficado pelado", disse sem arrependimento), ele tinha voltado para DC e, mais especificamente, para a casa da Dischord. Em 1985, ele disse: "Minha mãe estava sempre dizendo, 'Quando você vai crescer e sair dessa coisa punk e ter um emprego de verdade?' É fato: 75% das pessoas que conhecia estavam a procura de trabalhos convencionais. Ou então queriam entrar em grandes faculdades. Quando a cena punk de Georgetown estava no auge, pensava que aquilo era uma revolução, pois aquelas pessoas não deixariam a cena acabar. Mas todos desapareceram, foram embora e até mesmo as pessoas mais comprometidas se venderam." Um pouco palhaço, um pouco místico e um pouco ativista radical, Skip poderia ser uma presença bem desafiadora na casa da Dischord, especialmente para Jeff Nelson. Porém, Squip conquistou todos na casa, em especial Ian MacKaye. Squip, Ian e Sullivan criaram a banda acústica Marvelous Sit-Coms, um projeto apenas para se divertir, mas que aparentemente fez bem para MacKaye.

Ao mesmo tempo, a Dischord arquitetou um plano para resolver vários problemas de uma só vez. Lançariam um LP que teria quatro dos mais importantes e procurados discos do selo, todos fora de catálogo: Teen Idles, SOA, GI e Youth Brigade. Esse LP não apenas disponibilizaria novamente essas músicas, como também ajudaria (junto com um material do Minor Threat) a tirar o selo do vermelho. Outro ponto positivo é que o relançamento acabaria com os preços altos que esses compactos estavam atingindo graças a procura dos colecionadores. No começo, a Dischord fazia prensagens de mil ou dois mil discos, e não tinha a pretensão de vender tudo isso. Mas então, com a popularidade do Minor Threat e de Henry Rollins, e a reputação do punk de DC crescendo internacionalmente, os lançamentos mais antigos da Dischord passaram a ser valorizados.

Durante o período em que trabalhou na *Yesterday and Today*, MacKaye percebeu como os preços estavam subindo. Ele não podia fazer nada pelas pessoas que pagavam dezenas – ou até centenas – de dólares por itens independentes, que deveriam ser (na teoria e até certo ponto) contestadores da sociedade de consumo. Mas, em contrapartida, uma coisa ele podia garantir: que as pessoas interessadas em ouvir música da Dischord não teriam que pagar uma fortuna por isso.

Foi na *Yesterday and Today* que MacKaye teve um *insight*. "Um dia estava na loja, todo desanimado", ele recorda, "e Skip me disse 'Qual é o problema?' E eu disse, 'Cara, a vida é uma merda'. Eu estava muito deprê. E ele retrucou, 'Dá um tempo. Qual sua idade?' Eu disse 'Tenho 21', e ele, 'Você tem 21 anos e já tocou a vida de muitas pessoas. Eu tenho 30, e quer saber, nunca irei sequer conhecer tantas pessoas na minha vida inteira'. Essas palavras foram a minha salvação, realmente me fizeram sentir melhor."

Na casa da Dischord, Tomas Squip começou a atormentar Ian com uma de suas questões relativas aos animais: vegetarianismo. Não foi a primeira vez que MacKaye havia discutido sobre esse tema. Ele respondeu evasivamente aos questionamentos lúdicos, porém persistentes, de Tomas; mas levou as ideias a sério e gostou do desafio. Os sinais ainda eram fracos, mas algo estava mudando. Nelson continuou de fora desse "movimento", enquanto as ligações entre MacKaye, Squip e Sullivan ficavam cada vez mais fortes. Os três queriam montar novas bandas, mas o primeiro a conseguir foi um outro colega de casa: Eddie Janney. Na época do Faith, Janney conviveu de perto com os loucos do DOD e do Insurrection. E ele ficou fascinado pelo espírito de entrega dessa galera. "Acho que ele ficou impressionado com o fato de que íamos com tudo", disse Guy Picciotto. No entanto, o Insurrection nunca funcionou musicalmente, o que ficou claro quando a banda gravou uma demo com Ian MacKaye no estúdio Inner Ear. A demo "era realmente ruim, e nunca a finalizamos", recorda-se Picciotto. "As músicas não eram boas. Estávamos infelizes com as limitações daquilo. Eu tinha começado a escrever umas letras, coisa que nunca tinha feito antes. Todos estávamos começando a fazer coisas novas, o colegial estava terminando e as pessoas tentavam escolher algo para fazer. Então, no final, a banda simplesmente acabou".

O Insurrection acabou em meados de 1983. Fellows entrou no GI, mas continuou tocando com Picciotto e Canty. Em dezembro, enquanto um ciclo do punk de DC terminava com a gravação de "Salad Days", outro apenas começava. Certo dia, Picciotto e Canty estavam fazendo uma *jam* no porão, quando Janney ligou. Eles resolveram chamá-lo para participar da *jam*, e em pouco tempo estavam escrevendo músicas juntos. Ficou imediatamente claro que essa banda não era apenas uma repetição do harDCore. E tampouco seria apenas "por diversão". Picciotto: "No Insurrection a proposta era tocar muito rápido, ficar pulando feito doido e se divertir. Estávamos fazendo músicas e nos divertindo, mas não parecia sério. Então pensei que, se começasse uma banda de novo, teria que fazer de maneira séria". A nova banda trazia o entusiasmo do Faith e do Minor Threat, mas musicalmente era um progresso em relação ao Insurrection e à muitas bandas de DC. Canty era o baterista, mas compôs muitas músicas do início da banda na guitarra, seu primeiro instrumento. Ele se recorda de ter se inspirado em Buzzcocks e MC5. Independentemente das influências, o fato é que as novas músicas adicionavam emoção e nuances musicais à intensidade extrema do harDCore.

A banda foi engrenando e encarou um desafio: quem cantaria? Embora Picciotto tivesse escrito as letras, ele nunca havia cantado. Os outros integrantes da banda tampouco. Ray Hare fez alguns ensaios no vocal, mas não deu certo. "Então decidimos que nós mesmos iríamos cantar", diz Picciotto. "E foi aí que decidi que gostaria de cantar". Quando a nova banda estava quase pronta para se apresentar ao vivo, Fellows anunciou que se mudaria para Los Angeles. Foi uma surpresa desagradável, e parecia certo que isso determinaria o fim da banda. O grupo extraía sua força da amizade entre os integrantes e da sua conexão quase-telepática. Antes da saída de Fellows, no entanto, a banda decidiu gravar o material que já estava pronto (seis músicas). Assim, foram pro estúdio Inner Ear junto com MacKaye. Ele tinha gostado do Insurrection, e sempre apreciou a criatividade e energia dos garotos do DOD. Além disso, Janney era seu camarada de longa data. Mas, como as sessões do Insurrection não tinham sido boas, MacKaye não esperava muita coisa [da nova banda]. Todavia, ele ficou surpreendido com o que ouviu. As músicas eram potentes, explosivas, algo inesperado para uma banda que nunca tinha tocado ao vivo. E o espanto só aumentou quando Picciotto abriu a boca para cantar. "Fiquei pasmo", afirma MacKaye. "As músicas eram muito boas e a voz de Guy era incrível. Naquele momento, soube que se tratava de algo especial."

Pouco depois das gravações, Fellows mudou-se para a Califórnia. Os demais terminaram a demo sem ele, e fizeram questão de incluir uns efeitos engraçados e ruídos, e então mandaram o produto final pra ele na Califórnia. "Mike Fellows está morto" ecoava no final da fita, um pouco uma referência bem humorada aos Beatles, e um pouco um réquiem para a banda não-concretizada. Os músicos restantes não sabiam o que fazer sem Fellows. "Então nós três continuamos ensaiando sem ele, apenas para ter alguma coisa para fazer", disse Picciotto, "meio que tentando manter a chama acesa". Meses depois, sem aviso prévio, Fellows estava de volta. E a banda retomou as atividades, com o nome Rites of Spring. Picciotto: "Fizemos nosso primeiro show uma semana depois".

Esse mesmo show, no mês de julho, marcou o retorno do punk rock ao restaurante *Food for Thought*, local de encontro dos hippies no Dupont Circle, cujo dono era o pai de Dante Ferrando. Além do Rites of Spring, também tocou a nova banda de Ferrando, chamada Gray Matter. Eles eram claramente influenciados pelas bandas energéticas do selo WGNS, e representavam uma mudança drástica em relação ao estilo machão do Iron Cross. Músicas como "Crisis and Compromise" e "Give Me a Clue" uniam uma sensibilidade pop com os acordes do punk, ao mesmo tempo em que lidavam com a confusão enfrentada por garotos idealistas que estavam deixando os anos de colégio para trás. "Retrospect" era talvez a melhor canção da banda: um hino anti-nostalgia, cujo espírito exemplificava a esperança pelo ressurgimento do punk de DC.

O Gray Matter era uma banda boa, mas o Rites of Spring provou, desde o primeiro show, que era um páreo duro. O nome foi tirado de uma peça de Stravinsky, mas também tinha um outro significado. Picciotto: "Todas as bandas que eu curtia – Minor Threat, Faith, Insurrection – tinham acabado, e não tinha nada mais rolando. Quando montamos a banda, tínhamos a esperança de que tudo aconteceria de novo. 'Spring' [Primavera] era legal por causa da ideia de renascimento." O quarteto logo ganhou fama por espancar seus equipamentos, tocando com tanta força que os instrumentos acabavam desafinando ou simplesmente quebrando. Assim, deixavam um rastro de plateias admiradas. Entre esses admiradores estavam Lois Maffeo e Calvin Johnson, que viram o segundo show da banda, na galeria Hard Art. Johnson tinha começado a banda Beat Happening e o selo K Records, em Olympia, capital do estado de Washington[1]. Ele ficou impressionado com o som turbulento do Rites of Spring.

O show foi tão destruidor que a banda saiu do palco com poucos instrumentos inteiros. "Quebrei minha guitarra na terceira música", observou Picciotto mais tarde, "e o Eddie destruiu a dele no final. Fizemos dois shows e quebramos tantas coisas que ficou difícil pra gente fazer mais um". Finalmente conseguiram remendar os instrumentos para continuar tocando, mas eles tinham que pegar instrumentos emprestados em praticamente todos os shows. A banda não apenas superou essas dificuldades técnicas, como também aprendeu com elas. Picciotto: "Nunca tivemos todos os instrumentos necessários, nunca tivemos amplificadores, estávamos sempre na correria para tentar conseguir as coisas. Todas aquelas coisas essenciais que mantêm uma banda unida não estavam lá, mas de alguma maneira fizemos funcionar".

Como era de se esperar, o Rites of Spring não tocava com frequência. "Os shows eram sempre 'eventos' pra gente", disse Picciotto. "Naquela época, um show ruim era realmente desastroso. Cada show tinha que ser memorável. Por isso dávamos tudo de nós." Isso se refletia nos belos *setlists* que a banda fazia/desenhava: mistura de obra de arte com objeto prático, o *setlist* ficava pendurado no palco atrás da banda, para que todos pudessem ver.

Sharon Cheslow: "Eles realmente eram o núcleo ao redor do qual a comunidade começou a se reagrupar. Começamos a ver algumas caras conhecidas novamente". Renascimento era um tema central. O próprio nome da banda mostrava isso, bem como algumas músicas do começo, tipo "End on End" e "Spring". Essa última falava sobre "coisas positivas que nascem de situações negativas", como Picciotto explicou.

O Rites of Spring foi concebido como uma reinterpretação do hardcore. "Não tinha nada a ver com carne sangrando, caveiras com martelos, aquela coisa violenta e masculina", disse o vocalista. "Era algo mais abrangente, mais 'aberto', e creio que isso era bom, porque qualquer pessoa podia se conectar com a banda." O *slamdancing* já não

1 N. de T.: não confundir com Washington DC.

era visto com bons olhos. Fugindo à regra do hardcore, Picciotto escrevia sobre amor, mas em múltiplos níveis, que permitiam – e até mesmo encorajavam – interpretações amplas. Os shows da banda também expressavam esse propósito mais emocional. No lugar da raiva, uma entrega emocional que sugeria que cada música podia tratar do fim de um relacionamento, ou do começo de um novo mundo. "Sou sério, lido com coisas reais, [mas a música] não é desesperada", falou Picciotto. "Há um constante atrito entre o que você vê e o que gostaria de alcançar, coisas que sabe que são certas. Esse atrito é o que cria dor e emoção. Então vem a esperança de que talvez você possa superar isso. E nisso não há diferença entre o pessoal e o político. Para mim, é tudo uma coisa só".

Picciotto: "Realmente acredito em tudo o que canto, e nós acreditamos em tudo que tocamos. Tive minha cota de 'zoeira', mas não estou mais brincando. Isso é a coisa mais importante da minha vida. Você tem que tentar motivar as pessoas, tentar entrar na vida delas, e deixar que elas entrem na sua também. Espero que nossos shows façam isso. Eu diria que o jeito que tocamos é um protesto".

X X X

Esse desafio ao padrão estabelecido do punk ganhou ainda mais força quando uma banda nova, o Beefeater, se juntou ao Rites of Spring e ao Gray Matter num show no Food for Thought, em setembro de 1984. Squip tinha se juntado com o baixista Dug Birdzell (da extinta banda Underground Soldier), o baterista Bruce Atchely Taylor (ex--integrante do Hate From Ignorance e do Subtle Oppression) e o guitarrista de metal--funk-punk Fred Smith (funcionário do governo de dia e fã de Obsessed à noite). À sua própria maneira, o Beefeater era tão importante quanto o Rites of Spring. Eles introduziram um híbrido de punk e funk para a crescente mistura musical da cena, assim como uma postura política radical. Bandas como o Bad Brains, Scream e Hate From Ignorance já haviam escrito letras políticas, mas o Beefeater preencheu a lacuna entre a "política pessoal" de bandas como o Minor Threat e as questões maiores.

O hino pró-vegetariano "Beefeater" é um bom exemplo: Squip explicou que era "um diálogo entre o sujeito e sua consciência, depois entre eu e o sujeito". De modo semelhante, "Satyagraha" invocava os espíritos de Gandhi e Martin Luther King Jr., naquilo que poderia ser uma canção sobre a violência nos shows de punk, ou sobre o perigo de uma guerra internacional. Um pouco da sutileza do Beefeater se perdia nas suas apresentações ao vivo, em parte porque Squip, Birdzell e Smith tinham uma presença de palco muito energética. Mesmo assim, o poder da banda era inegável, e Squip – embora fosse inexperiente como vocalista – não tinha timidez em dizer o que pensava em cima do palco.

O Food for Thought foi um lugar conveniente para o renascimento do punk de DC. Por pura necessidade, os shows eram feitos com pouquíssima publicidade no início das tardes de domingo, após a abertura normal do restaurante, em um espaço que era criado colocando mesas e cadeiras de lado. O Food for Thought era muito menor do que os outros lugares onde as bandas tocavam, porém sempre lotava, e tinha uma participação intensa do público, mas sem os estúpidos e corriqueiros rituais de violência comuns em outros lugares. Dessa forma, alguns viam esses shows como sendo elitistas, "shows legais para a panelinha", mas os shows atraíram alguns encrenqueiros, criando uma zona livre para a germinação do punk.

A importância desse espaço pode ser demonstrada pelo contraste entre o show do Beefeater no Food for Thought e o não tão amistoso show seguinte, com o Meatmen e o Void no Wilson Center, em outubro. Squip usou botinas, uma jaqueta de couro e chapéu, um palito em forma de espada na orelha, e dez pentes de cores diferentes que ele havia achado na rua colados na cabeça. Não há registros de como o público respondeu a esse comentário irônico sobre o beco sem saída da moda punk. Possivelmente, eles estavam muito ocupados brigando e, mais uma vez, a noite foi marcada pela violência.

As novas bandas levaram o pessoal da Dischord a reavaliar o harDCore. Talvez seja verdade que a cena como um todo não poderia ser recuperada, mas havia uma outra abordagem: criar uma "cena dentro da cena". Na realidade, foi o que os punks de Georgetown tinham feito inicialmente, inventando a sua própria comunidade, independente da cena original de DC.

Novas bandas de adolescentes emergiram. O irmão mais novo de Mark Sullivan, Bobby, seu amigo Chris Thomson, e os novatos Scott McCloud e Alexis Fleisig formaram uma banda chamada Lünchmeat. Na suburbana Virginia, Dave Grohl, recém saído do colégio, estava migrando da guitarra para a bateria, para se unir a um grupo com Chris Page, Bryant Mason e Dave Smith. O nome original era Freak Baby, mas o quarteto se tornou Mission Impossible. "Era muito inspirador assistir o Lünchmeat e o Missin Impossible, garotos do colégio tocando de novo", disse MacKaye. "Toda a cena deles era muito parecida com a nossa no início do Minor Threat e do Teen Idles".

Não é surpresa nenhuma que MacKaye era uma das pessoas que, nos bastidores, apoiava esse *revival*. Cada show do Rites of Spring e do Beefeater fazia com que MacKaye desejasse estar novamente numa banda. Chris Bald também estava inspirado: ele estava na frente do palco no primeiro show do Rites of Spring e em muitos outros depois desse. "O Rites of Spring foi a banda mais incrível que já nasceu nessa cidade", ele disse anos depois. "Mais do que qualquer outra banda, eles conseguiram expressar com palavras tudo aquilo que eu sentia sobre esse movimento". Bald começou a trabalhar com MacKaye e Nelson, enquanto eles tentavam montar a banda ideal para vir depois do Minor Threat.

MacKaye também estava trabalhando para expandir os horizontes da Dischord. No início de 1985, ele foi ao Reino Unido para fazer negócios com John Loder e o Southern Studios. Após o sucesso de *Out of Step*, Loder queria usar o dinheiro do Southern para ajudar a financiar mais projetos da Dischord. Com esse caixa para movimentar o selo entre um projeto e outro, ele poderia lançar mais discos e manter os antigos em catálogo.

Ainda na Grã Bretanha, MacKaye conheceu a banda anarco punk Crass. Cercado de novos amigos e comida vegetariana em abundância, mais uma peça do quebra-cabeça foi colocada no lugar. "Dentre todos os animais, os humanos são os únicos que podem fazer a escolha" de matar ou não matar, MacKaye se deu conta. "Uma vez que podemos escolher, devemos aproveitar isso. De repente me dei conta que a única razão pela qual eu rejeitava o vegetarianismo era pela comodidade, porque em todo lugar que você vai eles servem carne, pois todos comem isso".

MacKaye enfatizou que essa foi uma decisão pessoal. "Foi a mesma coisa com o álcool. [Vegetarianismo] é um passo óbvio para o straight edge, e foi um passo lógico para o que quero. Por mais que Tomas tenha me influenciado, eu não virei vegetariano por causa dele. Eu me tornei vegetariano por conta própria. [Decisões pessoais] são as únicas que fazem diferença".

O NASCIMENTO DA POSITIVE FORCE DC

POR MARK ANDERSEN

Embora eu morasse a três quadras do Food for Thought naquela época, esses shows pouco divulgados acabaram passando batido [para mim]. Enquanto isso, minha desilusão com o punk estava sendo ampliada por outras tristes realidades americanas, que desfilavam diante dos meus olhos de cidadão do interior.

Ali, bem ao lado do Capitólio e da Casa Branca, bolsões miseráveis de violência, pobreza e desespero. Enquanto o reeleito Ronald Reagan dizia "Bom dia para a América", alguns americanos tinham aprendido a passar por cima de outros americanos, no caso os moradores de rua que não paravam de proliferar, como consequência da política econômica do governo. Alguns ativistas protestaram (em especial o pessoal do CCNV, Community for Creative Non-Violence) quando Jesse Carpenter, um morador de rua veterano da Segunda Guerra, morreu congelado numa rua bem em frente à Casa Branca. Mas, além desses ativistas, poucos pareciam indignados (inclusive os punks), até onde eu saiba.

Para mim, se o punk quisesse continuar relevante, deveria passar da retórica para a ação organizada. E eu não era o único que pensava assim. No entanto, nem todos estavam dispostos a levar as coisas às últimas consequências, como fez Gerry Hannah, da banda Subhumans: ele foi preso por fazer parte do grupo de guerrilha urbana conhecido como "Vancouver Five", que realizou uma série de ações no Canadá, muitas com bombas. Tais ações evidenciavam uma crescente sensação de que chegara a hora de passar das palavras para a ação.

Mesmo antes de Reagan ter se estabelecido para o seu segundo mandato, já havia um processo a caminho na Costa Oeste, que estava impulsionando o hardcore/punk (ou o que restara dele) em direção a uma atividade política radical e mais explícita. De acordo com uma análise feita por Jeff Goldthorpe na *Socialist Review*, "em 1983, o ativismo dos *squatters*, as críticas feitas por bandas populares e fanzines punks" – incluindo o straight edge, claro – "e outras iniciativas de ativismo (como o *Rock Against Reagan Tour)* tinham preparado o terreno para um estilo punk de protesto."

Um passo decisivo no desenvolvimento desse "estilo punk de protesto" foi o vínculo entre os punks da Bay Area e o Livermore Action Group, que organizava eventos pacíficos como os bloqueios aos laboratórios Livermore, talvez a mais importante unidade de desenvolvimento de armas nucleares na América. Uma facção pequena, porém crescente (e com muita visibilidade) dentro da coligação LAG foram os chamados "peace punks", muitos dos quais tinham sido inspirados pela banda anarquista Crass, do Reino Unido, e também pelos protestos conhecidos como "Stop the City", que ocorreram em 1982 e 1983 no distrito financeiro de Londres, e tiveram certa conexão com a cena punk.

De acordo com Goldthorpe, esse estilo punk de protesto "assumiu uma forma definitiva" durante o "Hall of Shame Tour", organizado pelo LAG no distrito financeiro de San Francisco. "Ao contrário da maioria dos grupos, que se sentavam nas entradas de importantes instituições e esperavam para serem presos pela polícia, os grupos de afinidade punk gritavam palavras de ordem no meio da rua, e iam embora antes que a polícia pudesse alcançá-los. A decisão comedida de 'ser preso' foi substituída pelo jogo emocionante e inquieto de evitar a prisão enquanto continuavam a perturbar a normalidade, fazendo teatro nas ruas da cidade."

Pouco tempo depois os próprios punks começariam a aplicar essas táticas, em especial nas Convenções Democráticas e Republicanas no verão de 1984, usando o nome de "War Chest Tour". A abordagem básica era, como Goldthorpe observou, "invadir espaços corporativos (normalmente o lobby), criando assim um espaço de protesto, fazendo denúncias de maneira estridente, panfletando, e geralmente perturbando os negócios". Goldthorpe acreditava que a "War Chest Tour havia sido constantemente driblada e marginalizada pelas autoridades", mas ele também constatou que essas ações ajudaram a criar uma "comunidade nova e mais leve", que foi rotulada como "manifestantes do punk rock". Inspirados pela "War Chest Tour", alguns punks de Nevada (ligados à banda Seven Seconds, inclusive com a participação de integrantes da banda) criaram um grupo de afinidade chamado Positive Force.

Isso acabou se espalhando pelo país. Kevin Mattson foi uma das pessoas inspiradas por essas ações. Tempos depois, Sharon Cheslow o chamou de "o primeiro peace-punk de DC". Há um bom tempo Kevin se sentia marginalizado pela insistência do harDCore na chamada "política pessoal". Com o passar do tempo, seus ataques às limitações do punk de DC foram se tornando cada vez mais selvagens. Depois que suas bandas (Hate From Ignorance e Subtle Oppression) encerraram atividades, Kevin tinha meio que abandonado a música por uma militância ainda mais séria, ajudando a organizar a SUPA ("Student Union to Promote Awareness") no Colégio Chevy-Chase, e trabalhando com o Student Action Corps for Animals e também no Washington Peace Center.

Desde seu nascimento no início dos anos 1960, o Peace Center – que estava instalado num templo religioso – tinha se tornado o principal pólo de trabalho por paz e justiça na região de DC. De fato, durante a Guerra do Vietnã, o Peace Center teve a duvidosa honra de ter seus escritórios arrombados e seus telefones grampeados pelo FBI. Quando a "política punk" que havia se originado no Reino Unido e San Francisco veio para DC, principalmente por causa de Kevin, o Peace Center desempenhou um papel de suporte, algo similar ao LAG na Califórnia.

Depois das ações nas Convenções, uma aliança nacional chamada "No Business As Usual" foi formada para utilizar esse novo estilo de protesto na prevenção de uma guerra nuclear. Embora a NBAU tivesse influência do Partido Comunista Revolucionário – que nunca foi muito popular entre os punks de DC –, Kevin rapidamente se envolveu. Como ele escreveria mais tarde: "É hora de sair dos limites do 'protesto e revolta, como de costume'. Nossas ações devem se tornar muito mais efetivas e perturbadoras... As rotinas usuais do dia a dia das pessoas têm que ser criativamente interrompidas. As pessoas devem ser desafiadas e terão que lidar com essa situação... Os processos normais do governo têm que ser encerrados". O Peace Center concordou em fornecer espaço para que Kevin pudesse organizar o braço de DC no dia nacional de protesto convocado pelo NBAU, em 29 de abril de 1985.

Michael Marriote, jornalista do *City Paper* (e punk das antigas), observou que "a última Convenção Nacional do Partido Democrata demonstrou o potencial de uma emergente política punk: quatro dias de manifestações criativas condenando ambos os partidos políticos, que culminaram em um certo número de prisões, e no fim da fama de apatia e inconsequência dos punks americanos (em comparação com seus irmãos britânicos)... Esse ano o movimento será nacional. Dia 29 de abril foi declarado o dia *No Business As Usual*. Os detalhes exatos das manifestações não são muito claros, mas o objetivo é criar um movimento contínuo para evitar a Terceira Guerra Mundial, custe o que custar."

Os detalhes não eram "muito claros" por um bom motivo: em geral os detalhes eram decididos na hora e no local, para dificultar a repressão da polícia. Eram no máximo cem manifestantes, mas quase a mesma quantidade de policiais apareceu. O protesto seguiu pelas ruas, e num dado momento os manifestantes adotaram a tática do "die-in" (forma de protesto no qual os manifestantes ficam deitados no chão, como se estivessem mortos); o "die-in" podia acontecer no meio da rua ou na calçada, na frente de algum Café movimentado; Kevin, ou outros organizadores, faziam discursos usando megafones, e explicavam a ação. Tão repentinamente quanto deitávamos, nós levantávamos e corríamos pelas ruas, com os tiras nos perseguindo, e então invadíamos o lobby de algum prédio governamental.

Cenas tensas e emocionantes como essas foram repetidas em mais de vinte cidades e campi universitários em todo o país naquele dia. O protesto teve longa duração e o número de manifestantes e policiais foi diminuindo lentamente. O final do protesto foi na frente do prédio do *Washington Post*, onde a única prisão do dia aconteceu quando um dos manifestantes invadiu o prédio e foi detido. Na época, Kevin escreveu que aquele dia "foi um grande sucesso, [pois] interrompeu o ritmo normal de Washington DC, e fez as pessoas perceberem que [outras] pessoas estão furiosas com a ameaça de uma guerra nuclear e estão começando a AGIR!"

Embora poucos observadores concordassem com a avaliação entusiasmada de Kevin, aquele de fato foi um dia importante. Diferente do movimento no final dos anos 1960, nós enfrentávamos um presidente reeleito e popular, e não havia nenhuma questão polêmica como [por exemplo] o alistamento obrigatório [o chamado *draft*]. Nesse contexto, o NBAU foi um bom começo, mesmo que sua retórica parecesse perigosamente distante da sua capacidade efetiva.

Kevin se tornou uma grande inspiração para mim, assim como Chris Bald, que conheci através do meu novo amigo Danny Ingram. Chris compartilhou seu entusiasmo sobre o Rites of Spring, e planos para o que começava a ser chamado de *Revolution Summer* ("Verão Revolução"). Eu já tinha começado a direcionar minha "angústia" no sentido da criação de um grupo ativista punk, uma forma de devolver um pouco da energia que o punk me forneceu anos atrás. Durante uma viagem para San Francisco, no Mabuhay Gardens (a Meca do punk), eu fiquei sabendo do filme *Another State of Mind*, que retratava a tour de 1982 da Better Youth Organization [BYO Records] – e o Minor Threat estava nesse vídeo. Uma vez que o filme nunca havia sido exibido em DC, decidi organizar uma premiére, que também serviria para lançar o novo grupo ativista.

A peça final do meu plano se encaixou quando peguei a edição de março da *MRR [Maximum Rocknroll]* e li sobre a Positive Force, que havia surgido em Reno, e depois se espalhou para Las Vegas. De acordo com Michelle Cernuto (membro da Positive Force Las Vegas), "a Positive Force é uma rede de grupos de afinidade em lugares como Las Vegas, San Francisco, Los Angeles etc." O próximo passo parecia óbvio: por que não ter uma Positive Force em DC?

Na mesma época, Kevin também leu o artigo da *MRR* e chegou basicamente à mesma conclusão. Embora tivéssemos pequenas discordâncias sobre o foco desse grupo – meu foco era trabalhar com a comunidade punk, enquanto Kevin pensava em construir um grupo de ativismo juvenil que seria uma extensão de seu trabalho com a SUPA, a SACA e a NBAU – fazia sentido trabalharmos juntos.

A exibição do *Another State of Mind* foi uma excelente forma de angariar fundos e também um ótimo instrumento de divulgação: reuniu uma vasta gama de punks de DC e arrecadou 800 dólares. No sábado seguinte (15 de junho de 1985), a Positive Force DC fez sua primeira reunião pública. A PFDC era um grupo variado, uma vez que os punks americanos eram, em sua maioria, brancos e de classe média. Neo-hippies do colégio não se misturavam facilmente com punks de moicano, ou com membros do partido comunista, anarquistas das antigas, ou mesmo com os novos punks, que não tinham ideologia, mas sim muita vontade de aprender e agir – e, no meio desse caos, eu, um estudante caipira e sorridente.

Embora os Yippies e o partido comunista tivessem se infiltrado no punk de DC desde o final dos anos 1970, o fato é que a Positive Force foi o primeiro grupo político organizado a partir da cena punk de DC. Em pouco tempo, teríamos poderosos novos aliados, com o ressurgimento da cena em torno da Dischord.

X X X

No alvorecer de 1985, os shows punks de DC estavam lotados e frequentemente perigosos. No Ano Novo, um show com o Black Market Baby, Scream, Reagan Youth, Malefice e Sacrilege foi transferido de última hora para o Key Theater, em Georgetown, sem o conhecimento do proprietário do local. O evento desorganizado se tornou um frenesi de violência. O rumor de que um fã havia morrido foi desmentido, mas uma pessoa foi de fato esfaqueada, e outras tantas saíram de lá sangrando e com hematomas.

Menos de uma semana depois, o Wilson Center recebeu o seu maior show até então, com cerca de mil pessoas. Quando a banda de abertura (Madhouse) subiu ao palco, não havia nenhum problema aparente. O som do Madhouse era mais cadenciado e mais suave do que as demais bandas de hardcore/punk, mas mesmo assim o *slamdancing* começou quase que imediatamente. Lá pelo meio da apresentação, Monica Richards fez uma piada inocente sobre garotas skinheads.

De repente, a frente do palco estava tomada por skinheads insultando Richards, que um dia já ostentara a cabeça raspada. "Realmente cometi um erro, porque aquela era uma nova geração de skinheads", ela disse depois. "Eles ficaram jogando cigarros acesos em mim, e dizendo coisas como 'tire sua camiseta'". Os insultos continuaram, e Richards fez um gesto para a banda tocar "Cut", uma música baseada em experiências pessoais. "Eu disse, 'Essa música é sobre estupro – algo que aconteceu comigo!' Aqueles garotos idiotas – que tinham acabado de descobrir seus pênis – disseram 'Foda-se!'"

Ela mergulhou naquela música, cuspindo veneno diretamente nos skinheads: "I see your face in every man/I feel your hate in every man/I smell your breath/I feel your body/I feel your hate/Hate... hate... hate..." ("Vejo seu rosto em todos os homens/Sinto seu ódio em todos os homens/Sinto sua respiração/Sinto seu corpo/Sinto seu ódio/Ódio... ódio... ódio..."). Aquele foi um momento emocionante, mas que passou em branco para a primeira fileira. Os garotos continuaram a 'causar', sem que ninguém os confrontasse. Quando a apresentação acabou, Ingram saiu da bateria para enfrentar os skinheads. Mais tarde, Richards e Ingram se recordariam desse show como sua ruptura definitiva com o harDCore.

Um festival de *stage-diving* começou quando o Marginal Man e o Corrosion of Conformity subiram ao palco. Entre um show e outro, o local era descaradamente vandalizado, incluindo uma pequena divisória sistematicamente destruída enquanto as pessoas conversavam ou mesmo comemoravam a destruição. Quando o Circle Jerks (atração principal) entrou, o vocalista Keith Morris pediu que os fãs não subissem no palco, por uma razão justa: ele ainda estava se recuperando de uma fratura nas costas. Embora muitas pessoas tivessem honrado o pedido de Morris, o pogo rolou ainda mais forte. Quando a banda começou seu hino, "Live Fast, Die Young", Morris arrancou sua camiseta, revelando o colete que usava por baixo. Não ficou claro se o gesto foi um aviso ou uma ostentação, mas a plateia aplaudiu. Depois desse show caótico, o Wilson Center fechou as portas para o punk rock.

Um novo local abriu, chamado Sanctuary Theater, e fechou em pouquíssimo tempo, pois os dois primeiros shows registraram violência. O *Metrozine* relatou os fatos, de modo ácido: "Havia alguns punks bem radicais, que atiraram garrafas em carros e jogaram um rato num táxi. Brigas excelentes para serem vistas. Agora, sobre as bandas, não faço a menor ideia."

X X X

O termo *Revolution Summer* ["Verão Revolução"] surgiu no escritório do Conselho de Planejamento do Bairro. No começo, era uma piada sobre uma revolta imaginária contra um supervisor pouco popular do escritório, mas alguma coisa nesse termo deu um estalo em Pickering. Uma vez que seu trabalho no CPB não era muito extenuante – "Eu estava totalmente entediada!", ela ri –, Pickering começou a elaborar uma série de cartas. "O CPB pagou por tudo, eles tinham uma máquina de Xerox, tinham os selos, os envelopes. Tínhamos muita energia naquela época, e pensamos que talvez pudéssemos inspirar outras pessoas". As cartas levavam notas cujo tema principal era basicamente o mesmo: "Fique atento. Este é o... *Revolution Summer*." Ela começou a mandar essas cartas (em envelopes sem identificação) para os antigos punks de Georgetown.

Pickering mais tarde diria que essas cartas anônimas eram "piegas e cafonas"; no entanto, elas despertaram algumas pessoas que as receberam. "Creio que elas meio que deram uma renovada na ética do grupo; aquela coisa da ética familiar, das pessoas estarem pensando em você mesmo que você não estivesse saindo com elas... mas elas estavam pensando em você, elas sabiam que você queria isso", refletiu Molly Burnham tempos depois.

"Amy foi a 'mãe da revolução'", disse Squip mais tarde. "A filosofia original do punk era 'combata a mediocridade' e 'faça algo de verdade'. A cena punk não estava fazendo nenhuma dessas coisas. O *Revolution Summer* era isso: combata a mediocridade novamente."

Cada vez mais politizado em função do seu trabalho no *National Journal*, Chris Bald ficou interessado pelas manifestações diárias organizadas pela TransAfrica na frente da Embaixada da África do Sul. Uma noite ele teve um sonho estranho: o Beefeater estava tocando a música "Apartheid No" em cima de um caminhão na Massachusetts Avenue, uma avenida de DC com um trecho conhecido como a "Ala das Embaixadas". Bald falou sobre seu sonho para o Squip. Após decidirem que tal façanha seria pouco provável no mundo real, eles tiveram uma ideia diferente. Que tal juntar alguns tambores e vários punks na frente da Embaixada e fazer o máximo possível de barulho?

Apesar de todos os benefícios oriundos das ações da TransAfrica, os protestos estavam se tornando uma rotina. Uma distância de dois quarteirões separava os manifestantes das Embaixadas (havia uma regulamentação que estabelecia que os protestos deveriam acontecer a 200 metros dos prédios oficiais), então os manifestantes marchavam em piquetes muito organizados, para que não fossem presos. "Pensamos que poderíamos injetar um pouco de espontaneidade naquilo tudo", disse Picciotto. Quando as cartas anônimas de Pickering começaram a chegar, planos foram feitos para o que seria o primeiro protesto punk-percussivo.

X X X

Embora HR tenha sido obrigado a cancelar uma tour nacional (pois seu agente de condicional recusou-se a deixá-lo sair da região), ele estava começando a mostrar sua música para o mundo através de seu novo selo, Olive Tree. O primeiro lançamento trazia as sete músicas que ele havia gravado no Cue Studio pouco antes de ir para a prisão, mas o selo também estava trabalhando com outras bandas. Ele se tornou o núcleo para uma mini-cena que incluía bandas como Outrage, Scythian, Revelation e Press Mob, cuja vocalista – de dreadlocks – se chamava Spyche, e tinha uma voz surpreendentemente poderosa.

Quando o *It's About Luv* estava sendo preparado para ser lançado, HR voltou ao Cue Studio para gravar algumas músicas novas. Uma delas, "Keep Out of Reach", era sua música mais bem resolvida desde o fim do Bad Brains. Um híbrido de reggae, rock e jazz, que aconselhava pretensos rebeldes a se libertarem do sistema: "Keep out of reach/Don't compromise" ("Mantenha-se fora do alcance/Não se comprometa"), alertava HR. "Only Jah Jah know/What's in the future" ("Apenas Jah sabe/O que há no futuro"). O potente (e novo) estilo indicava que a banda tinha potencial, e mostrava que HR estava indo além do Bad Brains.

A veia poética de HR parecia intacta, mas o vocalista estava vivendo num nebuloso mundo, imerso em ganja; conversas sinistras sobre armas e revolução misturadas com ensaios da banda, encontros Bíblicos e brigas de rua. HR continuava sendo a mesma pessoa energética, excêntrica e fundamentalmente boa que sempre fora, mas ele também podia explodir em ataques de fúria, e às vezes acabava sobrando para a mulher com quem ele estivesse envolvido naquele momento. Uma vez ele atacou uma mulher de modo selvagem, na frente de diversas testemunhas, aparentemente porque ela havia tirado um anel (que ele havia lhe dado) e jogado do outro lado do quarto. Mas esse não foi o único incidente desse tipo.

Em geral, seu comportamento era mantido em segredo, mas veio a público quando Jimi Riley entrevistou o vocalista para o *WDC Period*, em maio de 1985. Riley era um admirador de HR desde os tempos do Bad Brains, e agora era o diretor de arte do [selo] Olive Tree; ele tinha criado o logo da banda e uma série de cartazes de shows de HR. A sua própria banda, chamada Revelation, tinha sido produzida por Byers e trazia na guitarra outro admirador de HR, Kenny Dread.

Riley era membro da "panelinha" da Olive Tree, mas estava lutando com suas crises internas, desencadeadas pela percepção de que era gay. Ele sabia que seria hostilizado, mas mesmo assim decidiu sair do armário. Essa revelação deixou seu relacionamento com HR ainda mais tenso (sendo que a relação deles já tinha sofrido uns arranhões devido ao comportamento imprevisível de HR na época em que moraram juntos na casa da U Street).

Apesar disso, Riley começou a entrevista como um amigo e alguém que acreditava em HR. Mas, se ele tinha esperança de que a entrevista trouxesse algum esclarecimento, certamente ficou desapontado. Desde o início, o bate-papo foi tenso, cheio de longas pausas e respostas esquisitas. HR até desmereceu o disco que estava para lançar (*It's About Luv*), afirmando que era "um pedaço de merda". Quando era questionado sobre coisas simples, como os shows que viriam, HR desconversava: "Se aparecer um show, apareceu, se não aparecer, não apareceu. Vou me concentrar em salvar minha alma e esquecer de todo o resto."

Riley começou a abordar assuntos mais delicados. Ele mencionou que algumas pessoas disseram que HR achava que o lugar das mulheres era "descalças na cozinha, fazendo bebês". O vocalista respondeu que "todas as mulheres pertencem a Jah, são soldadas de Jah. Elas devem ocupar seus lugares no campo de batalha ao lado dos homens, e isso não envolve a cozinha."

O entrevistador então perguntou, diretamente, se HR ou alguém da sua banda já tinha "exercido violência física contra suas mulheres". Na verdade, Riley havia testemunhado alguns desses incidentes, e HR nem ao menos tentou fugir da pergunta. "Quando uma mulher é desobediente ao seu homem e se mantém firme na desobediência", ele disse, "é responsabilidade do homem aplicar justiça para protegê-la de si mesma."

Perguntado sobre sua retórica anti-gay, HR respondeu: "Bichas não podem ter bebês!" Riley observou que a Bíblia diz "Não julgueis para que não sejais julgado", um verso usado por Bob Marley (herói de HR) numa antiga canção. Mas HR respondeu: "A Bíblia também diz que 'bem-aventurados são aqueles que executarem seu julgamento.'"

Confuso com o jeito impenitente de HR, Riley recuou na sua linha de perguntas. HR insistia que "nunca, jamais seria desleal aos desfavorecidos ou a Deus", mas após essa entrevista músicas como "It's About Luv" ou "Let's Have a Revolution" nunca mais soariam totalmente verdadeiras.

X X X

Ian MacKaye tinha finalmente formado uma nova banda, mas com uma notável ausência. Depois de quatro bandas e cinco anos tocando juntos, MacKaye e Nelson se separaram. No início até rolou uma colaboração, e eles fizeram várias músicas juntos. Então, num comentário casual de MacKaye, a parceria musical foi desfeita. "Eu disse [para ele] que esperava não ter brigas sobre dinheiro nessa banda, como as que tivemos no Minor Threat", recorda-se MacKaye. "Eu disse a ele que minha vontade era de fazer muitos shows gratuitos. Jeff me disse que ele não teria problemas em fazer shows gratuitos no começo da banda, mas que, quando ficássemos mais populares, ele achava que deveríamos receber pelo que valíamos. Eu disse, 'Isso significa que você não quer fazer shows gratuitos se a banda ficar famosa?' Ele disse, 'Sim, acho que deveríamos receber de acordo com nosso valor.' Então eu disse, 'Jeff, acho que não posso mais tocar com você.'"

Após alguns ajustes, os novos colegas de banda de MacKaye eram Chris Bald, Mike Hampton e Ivor Hanson, que havia retornado da [Universidade] Vassar. Em outras palavras, a nova banda (que Bald nomeou como Embrace) era o Faith sem Alec MacKaye, substituído pelo seu irmão Ian no vocal.

Depois de um ano e meio sem banda, MacKaye estava pronto para tocar. No entanto, uma má notícia marcou aquele momento: DuBay, um dos mais problemáticos membros do Rat Patrol, havia morrido de overdose de heroína. Sua morte chocou muitos, inclusive seu velho camarada Wendel Blow, que mais tarde diria: "Não tinha ideia do sofrimento de Bryant durante aquele último ano... Após sua morte, fiquei pensando, onde estávamos?" Essa questão também pegou MacKaye, talvez até com mais força. DuBay sempre foi uma pessoa complicada, mas fazia parte da "família punk" de DC. E onde estava sua família no momento em que ele precisou de ajuda? MacKaye sentia que havia lhe dado as costas, muito politicamente correto e confuso para estender uma mão amiga.

Essa morte inspirou uma nova música, chamada "Past": "I suppose I'm naïve/But I find it hard to believe/That a person could make life so cheap" ("Creio que sou ingênuo/

Mas acho difícil de acreditar/que alguém venderia a vida tão barato"). Mas, de repente, o julgamento se vira na direção do vocalista: "I am guilty/I failed you/As a person who should have cared/I shut my mouth/Because I was scared/I hid my feelings/When they should have been bared" ("Sou culpado/Falhei com você/Como uma pessoa que deveria ter se importado/Calei minha boca/Porque estava assustado/Escondi meus sentimentos/Quando eles deveriam ter sido mostrados"). Essa talvez seja a música mais transparente que MacKaye já havia escrito, e ajudou a dar o tom para o Embrace.

Em fevereiro, o Rites of Spring gravou novamente no Inner Ear, com MacKaye e Zientara; tempos depois, Brendan Canty se lembraria dessa sessão como os "quatro melhores dias da minha vida". Exceto os vocais, toda a música foi gravada ao vivo, com luzes estroboscópicas piscando e os músicos 'lutando' uns com os outros. "Foi uma desordem! Foi bem parecido com um show", disse Picciotto. "Não sei como a música 'Persistent Vision' saiu, [porque] estávamos pulando por todos os lados."

A Dischord planejava lançar o álbum do Rites of Spring, seguido por um LP do Beefeater, que foi gravado pouco tempo depois do disco do Rites. Enquanto isso, o Gray Matter estava prestes a lançar seu primeiro álbum, chamado *Food for Thought*, pelo selo R&B Records (fundado por Rich Moore e Bert Queiroz).

O último show daquela primavera aconteceu em junho, no Centro Comunitário Chevy Chase, num bairro não muito distante do Colégio Wilson. King Face, a nova banda de Mark Sullivan, deveria abrir o show do Rites of Spring, mas acabou pouco antes do show. Eles foram substituídos pelo Lünchmeat (o Beefeater também tocou nesse show). Então o Rites of Spring subiu ao palco, e Mike Fellows anunciou a primeira música, de modo divertido. A banda emendou as quatro primeiras músicas do set, e depois fez uma pausa para afinar.

"Esse será o *Revolution Summer*, então se preparem!", proclamou Canty. "Vamos deixar o clube do bolinha lá no fundo, e trazer a dança pra frente [do palco]", disse Picciotto. Ele também aproveitou para divulgar o show seguinte do Rites of Spring e do Beefeater, e o primeiro grande protesto punk na Embaixada da África do Sul. O discurso acabou, Picciotto disse uma palavra – "Spring" – e a banda começou a tocar. A sua voz foi crescendo, até chegar num grito sublime: "If Summer left you dry/With nothing left to try/This time..." ("Se o Verão te deixou seco/Sem nada para tentar/Desta vez...").

Depois de tocarem mais quatro músicas, Picciotto se inclinou sobre o pedestal do microfone e ficou ali, ofegante, e mandou um discurso apaixonado: "É hora de fazer as coisas acontecerem! Temos esperado muito, e muito e um pouco mais até que tudo aconteceesse. Deixamos que as pessoas roubassem coisas bem debaixo dos nossos narizes". Ele hesitou um pouco, procurando as palavras certas. "E eles estão usando as roupas que você usava no ano passado, e você nem mesmo acha que deveria estar por aqui", ele se endireitou, seus olhos piscaram, "mas você tem que estar por perto, tem que ficar por perto! Estamos voltando! Essa música se chama 'Persistent Vision', e eu ainda acredito, e é bom que todo mundo nesse maldito lugar ainda acredite!" Então, os primeiros acordes iniciaram e a banda tocou a música com paixão e absoluta convicção.

Depois de "Persistent Vision" a banda foi direto para "End on End". Essa foi a primeira música que a banda compôs e, assim como "Spring", carregava uma mensagem de renovação. Bateria, guitarra e vocal esticaram até o limite, e o público cantou o "Ooo-ooo-oooh" do backing vocal. A música então recuou, e a voz de Picciotto foi submergindo até quase silenciar: "It's just the beginning/It's not the end/It's not the end/Take it back/Take it back, it's yours!" ("É apenas o começo/Não é o final/Não é o final/Pegue de volta/Pegue de volta, é seu!").

No entanto, a parte mais surpreendente da noite ainda estava por vir. Em meio ao *noise* do final de "End on End", a banda começou a deixar o palco. Mas, como numa resposta ao desafio que o vocalista havia lançado momentos antes, o público assumiu o controle e continuou a cantar, se recusando a deixar que a música terminasse.

Um espontâneo e inesperado refrão a capela surgiu da plateia. Ficou cada vez mais alto, e os músicos permaneceram fora do palco, sem saber o que deveriam fazer. Então, como o público continuava a cantar a música, eles voltaram. Primeiro a bateria, então o baixo, depois as guitarras, até que banda e público retomassem a música a todo vapor. Picciotto gritava "It's end on end/We won't let it end" ("É fim no final/Não deixaremos terminar"), acompanhando a música até o seu fim, numa colisão frenética de bateria e microfonia.

A Primavera tinha terminado. Era hora do *Revolution Summer*.

MOMENTOS TRANSPARENTES

POR MARK ANDERSEN

O show do Rites of Spring foi minha primeira experiência com a banda e, de certo modo, nunca me recuperei daquela noite. Rich S., um punk das antigas de DC que também estava presente, descreveu aquele show como "arrebatador", e relatou no *WDC Period*: "O Rites of Spring tem uma presença muito poderosa, tanto que me peguei gritando junto, sem nem saber as letras... Eu li, em uma resenha de 'Salad Days', que Gordon dizia estar frequentemente 'esperando pelo momento'. Aquele show foi o momento. A sensação naquele lugar era incrível, não foi nada diferente do jeito que era em 81 ou 82... Você podia sentir a mudança no ar."

Relendo suas palavras, assim como minhas fracas tentativas de comunicação, elas pareciam tão sem vida, tão duras e vazias. E isso era uma tragédia para aquele momento, que era tão pleno quanto a vida podia ser. Eu nunca tinha visto ou ouvido nada como aquilo. Embora a banda fosse o elemento catalisador, a noite foi muito além disso, foi muito mais do que um simples "show". Palavras não conseguem descrever adequadamente; na verdade, elas podem até empobrecer ou limitar o que aconteceu.

Tudo o que posso dizer é que experimentei, naquele salão, algo que hoje em dia parece quase um pequeno milagre. Uma nova comunidade estava nascendo, à partir dos restos em decomposição da antiga. Aquela noite não apagou a violência do punk de DC, as drogas ou a estupidez, muito menos a falta de moradia, a fome ou a injustiça, mas mudou a mim – e isso era apenas o começo. Pela segunda vez na minha vida, o punk estava prestes a reorganizar meu mundo. Uma vez mais, todo o resto seria medido por aquela sensação de imensas possibilidades. No dia seguinte, eu estava num avião para a América Central, onde minha revolução pessoal continuaria.

MARK JENKINS

MARK ANDERSEN

DANCE OF DAYS

1985

*

1986

CAPÍTULO NOVE

BEBA INTENSAMENTE

EM JUNHO DE 1985, ERA COMUM VER MANIFESTANTES EM FRENTE À Embaixada da África do Sul. Mas, no primeiro dia do verão, algo diferente estava a caminho. Os motoristas viravam o pescoço enquanto passavam por dezenas de punks tocando tambores, batendo em latas de lixo, baldes, ou qualquer outra coisa que fizesse barulho. A barulheira assustou até mesmo os manifestantes "usuais" da embaixada, que educadamente recusaram o convite para se juntar ao grupo punk.

O evento era o protesto percussivo que tinha sido anunciado no show do Rites of Spring na semana anterior. Membros do Rites of Spring (assim como do Beefeater e Gray Matter) trouxeram suas baterias ao protesto, uma variação punk dos panelaços organizados por grupos dos direitos humanos na América Latina. Depois de aproximadamente noventa minutos, o tumulto chegou ao seu clímax. Então, com a mesma velocidade com a qual tinham chegado, os manifestantes foram embora, deixando para trás algumas baquetas destruídas e a promessa de que voltariam em breve.

Algumas horas depois, o Rites of Spring estava no palco, abrindo para o Black Berries no 9:30 Club. Após as baixas de equipamentos no show anterior, os músicos do ROS estavam usando três amplificadores emprestados. Tom Berard, um punk da velha guarda de DC (e que agora era funcionário do clube), apresentou a banda: "A Primavera acabou, agora é hora de começar o *Revolution Summer*..."

Na sequência, Mike Fellows começou a linha de baixo que anunciava "Drink Deep", e então a banda mergulhou na música, iluminados pela luz de um estrobo, que deixava seus movimentos estranhos, fragmentados. A voz de Guy Picciotto se destacava em meio ao caos: "Drink Deep/It's just a taste/And it might not come this way again..." ("Beba intensamente/É apenas um sabor/E talvez não venha dessa maneira outra vez...").

A música foi se encaminhando para o seu final apoteótico, e então Picciotto agradeceu aos que compareceram ao protesto. "Quando o cara nos apresentou como 'punk-percussivo', eu pensei 'pode apostar que isso é punk!', porque a criatividade chocou as pessoas, e não era apenas um bando de punks implorando por mudanças lá em Georgetown."

Essa observação anunciava a intenção dos músicos de lutar pelo significado do punk. Em uma entrevista, Fellows havia se recusado a definir o Rites como uma banda punk, para que não fossem associados com "pessoas que só querem beber, e não fazem nada criativo". Picciotto, por sua vez, não queria abrir mão do termo: "Sei o que Mike quer dizer, essas pessoas são alienígenas para mim, mas é bem difícil falar 'Não, não somos uma banda punk'. Quem representa melhor o ideal punk? Eles ou nós? Acho que nós."

Durante uma pausa no set, o público relembrou o grito do protesto daquela tarde: "Apartheid não, liberdade sim!" Aproveitando o ensejo, Picciotto subiu num amplificador para mostrar que o set list havia sido escrito no verso de um cartaz anti-Apartheid. "Não é tão distante assim", Picciotto comentou sobre a África do Sul. "O mesmo tipo de pensamento que acontece lá também acontece aqui."

Mais equipamentos quebraram, e Picciotto brincou, com certo desgosto: "Quebrou tudo". Mesmo assim o quarteto conseguiu manter a pegada, atingindo o ápice em "End on End". Picciotto agarrou sua guitarra pelas cordas, e foi sistematicamente estourando uma por uma; ele dava pancadas no instrumento com suas mãos, e jogava a guitarra no chão. Então ele jogou a guitarra de lado e subiu no amplificador. Enquanto a banda voltava ao clamor rodopiante da música, Picciotto deixou-se cair inerte, quase em câmera lenta, batendo a cara no chão. Levantou sem nenhum ferimento, agarrou o microfone e embarcou no final da música.

Assim como havia acontecido na semana anterior, o público continuou a canção após a saída da banda do palco. Os músicos regressaram, obviamente emocionados. Com a guitarra de Picciotto completamente destruída, eles se lançaram numa versão improvisada de "All There Is", com apenas uma guitarra. Picciotto pedia que o público cantasse junto. A música chegou ao clímax com o vocalista na beira do palco, olhando diretamente para o público e improvisando: "Isso não precisa acabar/Sem fim/Eu disse, sem fim!"

A apresentação do Beefeater, na noite seguinte, foi igualmente vigorosa. A banda abriu o show com "Laurel Grove". Tomas Squip havia escrito essa música comovente para seu camarada Toni Young, do Red C (o nome da música ele tirou de um cemitério). Young tinha se afastado da cena (harDCore) – e, aparentemente, da própria vida – depois que saíra de Dove. Squip cantava: "Now you sit at home with some makeup and a telephone/Don't even know you've never been so alone" ("Agora você se senta em casa com um pouco de maquiagem e um telefone/Nem sequer sabe que nunca esteve tão sozinho").

Depois de tocar músicas como "Reaganomix", "Apartheid No" e "In America", Squip dedicou o show a Amy Pickering "por ter agitado a estação", enalteceu o protesto punk-percussivo e o ideário do *Revolution Summer*. Quando alguns bêbados tentaram interromper, Squip transformou a música seguinte, "Wars in Space", num potente e improvisado ataque aos beberrões. Uma banda da Dischord num confronto tão direto com a plateia era algo que não era presenciado desde a época do Minor Threat.

Poucos estavam conscientemente construindo o *Revolution Summer*, mas outros começaram a abraçar a ideia. O Positive Force patrocinou um festival gratuito em Dupont Circle, no aniversário do bombardeio de Hiroshima; três dias depois, veio uma caótica e criativa "Caminhada Zumbi", no aniversário do bombardeio de Nagasaki. Com o crescimento das manifestações, o grupo tentou desenvolver vínculos com a galera da Dischord. O Beefeater, que havia tocado em vários eventos da Positive Force, era uma das principais conexões.

Uma pequena cena "punk positiva" estava se desenvolvendo em Burke, na Virginia. Era um grupo formado em torno dos adolescentes Brian Gathy, Sean Lesher, Frank Charron e Sohrab Habibion, que eram envolvidos com o fanzine *Yet Another Unslanted Opinion* e com uma nova banda (ironicamente) chamada Kids for Cash.

Através de Gathy, os garotos de Burke estabeleceram laços com a Positive Force e a Dischord, e o zine *Yet Another Unslanted Opinion* se tornou um importante fórum para a revigorada cena.

Nem todos os punks da velha guarda foram receptivos. Até mesmo Squip notou que os "punks da paz" da Positive Force não "pareciam compartilhar nosso senso de humor", enquanto alguns veteranos achavam que os jovens "posipunks" eram excessivamente influenciados pelo passado do harDCore, além de serem um pouco alegres demais. (Por exemplo: o Youth of Today, uma novíssima banda do subúrbio de Connecticut, em Nova York, tirou o trecho "fisicamente forte, moralmente correto" de um juramento de escoteiro). Mesmo assim, os garotos de Burke eram logicamente aliados, especialmente para as bandas mais novas (do *Revolution Summer*), tais como Lünchmeat e Mission Impossible. Essa aliança foi consolidada quando os punks de Burke marcaram um show no centro comunitário local deles. Esse show (ocorrido no mês de julho) "foi quando o Mission Impossible e nós realmente estivemos juntos pela primeira vez", disse Chris Thomson, do Lünchmeat.

As duas bandas tocavam um tipo de punk mais acessível para a garotada, que não necessariamente enxergava as bandas mais velhas da Dischord como "aliadas". Ainda que essas bandas fossem menos politicamente direcionadas do que suas antecessoras, o show delas recriava o espírito igualitário dos shows do começo do harDCore. Em um show em Burke, a única coisa que dividia fisicamente a banda da sua plateia era uma fita adesiva no chão, que de um lado tinha escrito "palco".

X X X

O primeiro show do Embrace foi no Food for Thought, no final de julho, ao lado do Gray Matter e do Rites of Spring. Como os últimos shows tinham interferido no funcionamento do restaurante, esse foi um show matinal. Apesar do horário, o restaurante estava lotado quando o Embrace subiu ao palco às 11 da manhã. Quase dois anos depois da despedida do Minor Threat, muitos fãs mais jovens conheciam os músicos apenas por sua reputação ou pelos discos de suas bandas anteriores. O Embrace era descrito como a "nova banda de Ian" ou "Ian cantando com o Faith", e muitos estavam ansiosos para ver a história do harDCore em ação.

MacKaye deu boas-vindas ao público, e a banda começou a tocar "Past". A guitarra de Mike Hampton abriu caminho, sustentada pela bateria de Ivor Hanson; segundos depois, Ian MacKaye e Chris Bald se juntaram a eles. O quarteto não estava tão entrosado quanto o "padrão" do Minor Threat, mas a sua música era apaixonante e peculiar. Ninguém aguardara tanto esse momento quanto Ian MacKaye. Após ter assistido por tanto tempo do lado de fora, ele estava louco para resgatar o tempo perdido. Ele cantou com muita força, e a energia parecia envolver seu corpo inteiro (corpo que havia perdido uns bons quilos desde a época gordinha do Minor Threat, regada a refrigerantes).

Para os padrões do harDCore, "Past" era uma música cadenciada, mas isso demonstrava que intensidade não tinha nada a ver com velocidade. A banda mudou para um ritmo ainda mais lento com a próxima música, "Spoke", e manteve o tom emocional. MacKaye foi de um grito rouco para um canto suave, e voltou ao grito rouco: "No compromise/No co-opt/No giving out, giving up, or giving in" ("Sem acordo/ Sem cooptar/Sem dar, sem desistir, sem ceder"). MacKaye parecia querer dizer que as palavras que havia dito anos antes continuavam de pé.

O teor emocional do vocal e das palavras de MacKaye combinava perfeitamente com o baixo de Bald e a guitarra de Hampton. Esse último era o centro do som da banda. O seu estilo melódico tinha começado no Faith, mas agora estava no auge. Hampton não era mais o garoto-agressivo-com-carinha-de-bebê da época do Extorts, SOA, ou até mesmo do Faith. Ele havia se tornado um artesão introspectivo, intensamente focado na sua música; seu estilo era fortemente influenciado pela banda de pós-punk Empire (formada por ex-integrantes do Generation X) que, apesar de pouco conhecida na Inglaterra, atraiu certa atenção em Washington. Bald era o seu antigo eu, e quase não cabia no pequeno palco, tamanha era a sua excitação após a sua longa e agonizante ausência das performances ao vivo.

"Esse é o *Revolution Summer*", MacKaye anunciou. "Essa próxima música vai para o Rites of Spring, Gray Matter, Beefeater, Lünchmeat, Mission Impossible... e para a Amy também. Essa música é sobre o *Revolution Summer*; e se chama 'Dance of Days'". A bateria abriu a música e MacKaye saltou para frente, com os olhos em chamas: "We all struggle/For our dreams to be realized/They end up/Objects of our own despise/ Why?" ("Todos lutamos/Para que nossos sonhos se realizem/E eles acabam/Objetos de nosso próprio desprezo/Por que?").

O que a música confrontava era nada menos do que o colapso do harDCore e o subsequente desespero e inércia de Ian MacKaye. Bald foi o compositor principal dessa música. "Dance of Days" era um rolo compressor brilhante. Seu título era um jogo de palavras: "Dance of Death" ("Dança da Morte"), que representara tanto para o adolescente Bald e seus camaradas do DOD, e agora encaravam a "Dança dos Dias", a inevitável passagem do tempo e a entrada no mundo adulto, o que levou a uma certa perda de propósito e direção. A música, no entanto, era um compromisso de renovar a luta.

"Dance of Days" era poderosa, mas o show ainda não havia atingido seu pico emocional. Enquanto a banda afinava os instrumentos, MacKaye se dirigiu à plateia: "se alguém veio até aqui para ouvir o que eu penso sobre o uso de drogas ou álcool ou qualquer outra coisa, bem, então ouçam essa música. Acho que drogas são uma merda. O nome dessa música é 'No More Pain'". A voz do vocalista foi interrompida pelo baixo de Bald, com a sinistra linha que abre a música, abrindo caminho para o verso desafiador: "No more lying down/You've got to speak and move" ("Chega de ficar deitado/Você tem que falar e se mover").

A voz de MacKaye foi crescendo até virar um grito: "No more righteousness/ Everything is far too wrong/No more selfish tears/You have not paid for them" ("Chega de hipocrisia/Tudo está muito errado/Chega de lágrimas egoístas/Você não pagou por elas"). A letra relatava as doenças da cena e uma tentativa de exorcizá-las. Primeiro atacava os jovens punks – "Please leave your costumes home" ("Por favor, deixe suas fantasias em casa") – e depois a elitista velha guarda – "No more looking down/You might bump your head" ("Chega de olhar para baixo/Você pode bater sua cabeça").

Abruptamente a banda parou. Então MacKaye voltou ao verso, com muita angústia na voz: "No more alcohol/It's a Kool-Aid substitute/No more heroin/Death is not glamorous" ("Chega de álcool/É um substituto do Ki-suco/Chega de heroína/A morte não é glamorosa"). Sua voz embargada berrou: "No more suicide/It kills everyone/No more petty love/No more petty hate/No more pettiness/No more pain" ("Chega de suicídio/Isso mata a todos/ Chega de amor mesquinho/Chega de ódio mesquinho/Chega de mesquinharia/Chega de dor").

MacKaye gritava, repetidamente: "No more pain/No more pain/No more pain" ("Chega de dor/Chega de dor/Chega de dor"). Então ele lançou um questionamento instigante: "Chega de merda! Chega de punks idiotas! Chega dessa merda de álcool! Chega dessa merda de adolescente americano comum! Chega de ficar em casa assistindo TV o dia todo! Chega dessa merda de 'ficar bêbado e farrear toda noite'! *Chega de dor!*" Uma voz bêbada vindo da multidão zombava dele. MacKaye parou, olhou diretamente para o bocudo e acrescentou calorosamente: "E se você não gostou, então foda-se você também!"

A volta de Ian MacKaye aos palcos dificilmente poderia ter sido mais dramática. Se a performance musical em si foi um pouco irregular, sua intensidade e transparência foram uma revelação, mesmo numa cidade que já havia experimentado o Rites of Spring.

Na sequência veio o Gray Matter, com uma apresentação impressionante. A banda tinha algumas novas e poderosas músicas no set, como "Take it Back" e "Chutes and Ladders", nitidamente influenciadas pelo Rites of Spring. (Pouco depois, no entanto, a banda deu uma parada, pois Mark Haggerty se mudou para a Nova Zelândia. Após um último show no telhado do Food for Thought, o Gray Matter entrou num hiato por tempo indeterminado).

O show do Rites of Spring, que fechou a noite, foi o primeiro desde o show no 9:30 Club, mais de um mês antes. A banda fez uma apresentação poderosa para uma plateia super receptiva, mas, apesar disso, os músicos estavam começando a ter problemas para lidar com alguns aspectos do seu sucesso. Os momentos mais marcantes do show do Rites of Spring eram justamente aqueles momentos mais espontâneos, mas que estavam começando a se transformar numa espécie de ritual. Os músicos estavam preocupados com o fato da plateia sempre cantar junto na música "End on End", pois achavam que isso poderia se tornar "uma coisa rotineira" (nas palavras de Guy Picciotto). Para evitar isso, a banda emendou "End on End" com "Spring". O Rites of Spring nunca mais fecharia um show com "End on End".

Agora, a banda encarava expectativas intensas. Embora eles levassem isso com certo humor, eles reconheciam que havia uma crescente possibilidade de desapontamento. "De certa maneira, o *Revolution Summer* foi ameaçador porque ele não poderia durar", disse Natalie Avery, uma grande amiga da banda.

X X X

Nem todos os desafios para a renascida cena da Dischord eram abstratos; também havia uma ameaça de violência, com a infiltração de baderneiros na "cena dentro da cena". "Esse foi realmente um período de pacifismo", recorda-se Molly Burnham. "Se alguém estava dançando de maneira muito agressiva em um show, todos se juntavam ao redor da pessoa e faziam com que ela baixasse a bola". Essa postura não fazia sucesso junto aos brigões que Gordon Gordon apelidou de "Punks Rambo", numa alusão ao personagem do filme brutalmente patriótico.

Apenas alguns desses encrenqueiros eram skinheads, mas a violência mais visível e consistente naquela época vinha dos skins ligados à Lefty. Esse grupo certa vez precipitou uma briga entre motociclistas e punks, ao derrubar uma fila inteira de motos, aparentemente porque não eram "produzidas na América". No show Rock Against Reagan (1985), skinheads atacaram uma pessoa que estava brincando "desrespeitosamente" com a bandeira americana: a vítima foi parar no hospital, com o maxilar quebrado e outros ferimentos.

Uma das piores brutalidades aconteceu quando Margo Buckley (que tinha começado a gerenciar as bandas Lethal Intent e Black Market Baby) ajudou a promover um show no Lansburgh Center. Buckley, que se autointitulava "uma dona de casa de subúrbio" e era relativamente nova na cena, apenas queria ajudar as bandas. Ela não foi avisada sobre a fama dos skins da Lefty, e por isso concordou em contratá-los como seguranças. O show foi "um pesadelo", Buckley recordou anos depois. "Eu corria de um lado para o outro, com os representantes horrorizados do Lansburgh. Tão logo conseguíamos parar um [skinhead/segurança] de bater em alguém, outra briga começava". Esse foi o único show que ela fez com os skins como seguranças, e foi o último show punk no Lansburgh.

Anos depois, quando foi questionada sobre esses incidentes, Lefty reclamou que foi acusada de coisas que ela nunca fez, e então passou a justificar muitas das ações. Garotos que costumavam andar pelo Dupont Circle contam histórias de ter apanhado da Lefty. Um afirmou que "ela dizia aos outros para pegar alguém, mesmo que fosse outro punk da área. Eu achava isso uma loucura. Afinal, todos estávamos envolvidos na mesma coisa, não é?". Um conhecido daquele período observou que "havia um lado de Lefty que era bem legal, mas outro lado que era psicótico".

X X X

Darryl Jenifer e Dr. Know estavam frustrados. Darryl começara a ganhar a reputação de músico contratado, e a banda que os dois tinham montado com o guitarrista Billy Banks, o baterista Mackie (do Cro-Mags) e o vocalista Michael Enkrumah (filho do herói cult do reggae Ras Michael) não tinha engrenado. A solução encontrada foi uma pouco provável reunião com HR e Earl Hudson: os quatro admitiram, a contragosto, que havia laços duradouros entre eles e que não tinham alcançado muito sucesso enquanto estavam separados.

O baixista e o guitarrista agora estavam casados e com filhos, e haviam fugido das drogas e da violência do Lower East Side, indo para Woodstock, uma tranquila comunidade no interior de Nova York com conexões musicais de longa data. Eles precisavam ganhar a vida, e continuaram tendo um contato (frio, mas frequente) com os irmãos Hudson – apesar da raiva sobre a separação do Bad Brains. Assim, não soou tão forçado quando Jenifer explicou a reunião: "Sentimos falta uns dos outros, então resolvemos voltar".

Mas nem todos acreditaram nisso. Alguns punks consideraram a reunião uma jogada comercial grosseira. Porém, vale lembrar que HR (aka Joseph) já havia dito *não* antes, quando uma considerável quantia de dinheiro tinha sido oferecida. "Joseph não faz nada apenas pelo dinheiro", disse David Byers.

Muita coisa havia mudado durante a pausa de dois anos do quarteto, e o cenário era favorável a reunião da banda. O Bad Brains ainda era lembrado como uma das maiores bandas de punk rock de todos os tempos, e poucas pessoas fora do circuito de DC se recordavam das presepadas de HR em 1982. A banda voltou, tão afiada e cheia de energia quanto antes, e fez dois show no Rock Hotel, em Nova York. Na sequência, vários outros shows no Nordeste do país, tocando para casas cheias.

Apesar da reação bem mais entusiasmada do que sua nova banda havia recebido, HR estava cauteloso. O vocalista enfatizou que gostaria de continuar com seus outros projetos. Ele concordou em gravar um novo disco e fazer uma turnê completa com o Bad Brains, mas não assumiu um compromisso de longo prazo.

Um desafio: compor um novo material que justificasse a reunião, mais do que meramente nostalgia. Quando fizeram o primeiro show "em casa" (no WUST Radio Hall, com Dove, Beefeater e Scream), eles já estavam tocando músicas novas, algumas adaptadas do trabalho que Jenifer e Dr. Know tinham feito com Mackie e Banks. Esse material trilhava um caminho entre o hardcore e o reggae, forjando um som que era mais lento do que o alucinante rastacore da banda, e muito mais pesado do que o reggae que eles executavam. As músicas eram sinuosas, firmes e mais acessíveis do que a maioria das coisas que eles tinham feito antes. Eram músicas tão poderosas quanto as antigas, mas menos frenéticas; era um progresso, e não uma renúncia.

X X X

Alguns dias depois do show do Bad Brains, o Rites of Spring voltou aos palcos, para uma data ao lado do Embrace e do Lünchmeat. O cartaz do show trazia uma das cartas de Pickering: "Querido querido: Sim, este é o *Revolution Summer*. Ainda há um caminho mais fácil. NÃO ENTRE NESSA! Renuncie para quebrá-lo. Não desista nos 365 dias do ano".

Essa diretriz era difícil de seguir. Aquela noite marcaria o último show do Lünchmeat, uma vez que vários integrantes da banda decidiram ir para a faculdade. (Na verdade, dois deles voltaram do Colorado – sem o conhecimento dos seus pais – para fazer o show.) "Nem pensei sobre isso, apenas fiz o que todos estavam fazendo", disse o vocalista do Lünchmeat Bobby Sullivan. "Quando percebi, já tinha me comprometido a ir para a faculdade e agora é tarde demais. Acho que estou fazendo isso pelos meus pais".

O Mission Impossible também sucumbiu à Educação Superior. Antes do fim da banda, no entanto, as duas bandas fizeram um single de adeus pelo seu próprio selo, Sammich. O Mission Impossible tinha transcendido os clichês do posi-punk de bandas como o Uniform Choice, com canções sutis como "Helpless" e "I Can Only Try" (lançada na compilação *Alive & Kicking*, no formato 7"), que contavam com a guitarra jazzística de Bryant Manson e a bateria frenética e firme de Dave Grohl. Algumas músicas do Lünchmeat, como "Under the Glare" e "Lookin' Around", mostravam um senso melódico apurado e boa estrutura.

As duas bandas esperavam seguir de alguma forma, mas a faculdade era um grande obstáculo. O split-EP estava repleto de slogans como "O *Revolution Summer* é para sempre", mas os planos dos músicos de ir para a faculdade sugeriam que o *Revolution Summer* não duraria mais do que aquele verão.

Depois da última apresentação do Lünchmeat, o Embrace subiu ao palco para um show eletrizante (e era apenas o segundo show da história da banda). Bald e MacKaye tinham xerocado algumas folhas com as letras, e distribuíram para o público na porta do show. "Era realmente importante que as pessoas soubessem o que estávamos cantando", observou MacKaye.

Na plateia, havia duas pessoas do staff da *Flipside*. A revista estava prestes a afirmar que, enquanto o Embrace era "uma banda para se conhecer melhor", o Rites of Spring era avassalador. "A banda e a plateia tinham uma estranha comunicação, a ponto de você esperar uma explosão". Os caras da *Flipside* resolveram entrevistar a banda. Impressionados com o espírito da Dischord House, eles também fizeram uma outra entrevista, com Ian MacKaye, Squip e Mark Sullivan. Se esse período produziu algum manifesto além das músicas, certamente foram essas entrevistas.

"O *Revolution Summer* é um *revival*", afirmou Squip. "Ele [cria] a energia e o comprometimento que havia no movimento punk original. A filosofia original do punk era, para nós, antes de tudo, 'lute contra essa merda toda' e depois 'faça alguma coisa real'. E [em 1983] a cena punk não estava fazendo nenhuma dessas coisas. A maioria das pessoas [da cena punk] estava se submetendo às mesmas porcarias que as outras pessoas: álcool, cigarro, ser um cara durão, ir para a faculdade, toda essa merda que o punk deveria desafiar. [O *Revolution Summer*] está trazendo o protesto de volta à cena punk."

Ian MacKaye: "Nós poderíamos simplesmente seguir com nossas vidas e rejeitar nosso passado, ou então poderíamos nos levantar e lutar contra isso tudo, e fazer barulho novamente. Nós cantamos sobre isso no começo e cantaremos de novo. Creio que a essência de tudo isso é que temos um grupo de pessoas, com seus vinte e poucos anos, que querem continuar a fazer coisas socialmente relevantes. Não vamos desistir dessa coisa do punk."

Squip foi cuidadoso ao dizer que "o *Revolution Summer* é tão volátil que não há doutrinas, regras ou membros. É uma coisa espiritual". Mesmo assim, para estabelecer uma crítica ao "punk tradicional", MacKaye defendeu o vegetarianismo: "É um passo obviamente lógico para o straight edge".

Um conceito correlacionado era o que Mark Sullivan chamava de "voto econômico". Sullivan explicou dessa forma: "Eu voto sim, (mas) no fundo acho que meu voto não serve para muita coisa... o que acho mais importante na nossa sociedade é a maneira como gastamos nosso dinheiro. As pessoas deveriam votar com seu dinheiro. E o meu grande voto é contra a morte mecanizada". Essa ideia estava implícita no straight edge (e em outros aspectos do punk), mas o "voto econômico" tornou explícito o que MacKaye costumava dizer: "Considero minha vida um protesto".

Devido a reputação do punk de DC para a "política pessoal", o pessoal da *Flipside* ficou surpreso ao saber sobre a série de manifestações anti-apartheid que estavam em andamento. "Se isso é político ou não, eu não sei", MacKaye respondeu. "É uma questão emocional, assim como foi na época dos direitos civis. Ainda fico puto quando vejo fotos de manifestantes que foram assassinados" pela Guarda Nacional de Ohio.

A questão do apartheid tinha um significado especial. "Vivemos em uma cidade de negros, governada por brancos", observou Ian. "África do Sul Dois", adicionou Squip. Naquela época, assim como hoje, Washington não tinha representantes para votar no Congresso; era um pouco mais do que o equivalente americano da "pátria" sul-africana: uma colônia sem uma autêntica autodeterminação.

Após o lançamento dos álbuns do Rites of Spring, do Gray Matter e do Beefeater, a *Flipside* publicou a entrevista como parte de um "pacote" sobre a cena de DC. A matéria também incluía uma entrevista com o Scream e um anúncio da Dischord, feito por Squip, que trazia uma foto de diversas cabeças de vaca num matadouro, com a frase

"Nos ajude". Essa edição ajudou a restabelecer a imagem de DC, como uma cena vibrante e uma comunidade vanguardista aos olhos do mundo punk.

Além dessa redefinição do punk, estava o que Squip chamava de "a coisa sincera. Este é um movimento no qual todo o aspecto sentimental vem à tona, e creio que isso nunca tinha existido no punk". Para deixar os valentões irritados, isso significava violar os limites entre os punks e os hippies. Os punks poderiam (ou melhor, *deveriam*) expressar não apenas ódio ou raiva, mas também o amor e outras emoções verdadeiras.

As ideias do *Revolution Summer* também expressavam aquele momento, afinal muitos punks de vinte e poucos anos estavam encarando a vida adulta. "Se os inimigos são os nossos pais e professores", observou Molly Burnham anos depois, "o que você faz quando não está mais no colégio e se mudou da casa de seus pais? O caminho mais óbvio, render-se ao *mainstream*, não era aceitável, então você acabava se rebelando contra quem estivesse próximo de você. Foi assim que as cisões começaram – mas então você começa a se rebelar contra algo ainda maior: as condições políticas". Squip disse na época: "Estou esperando pela explosão, pelo momento em que as pessoas se libertem, e então todo o conceito de ir aos shows apenas por entretenimento se tornará obsoleto. As pessoas irão aos shows para revolucionar".

Talvez a expressão mais articulada desse sentimento tenha sido uma música do Rites of Spring, chamada "Hidden Wheel", na qual Picciotto revelou sua surpreendente descrença na ignorância do passado: "It never seemed that close to me/No, it never seemed all that real to me/Now it feels so real to me/Now it feels so much to see" ("Nunca pareceu tão próximo de mim/Não, nunca pareceu tão verdadeiro para mim/E agora parece verdadeiro para mim/Agora parece que há tanta coisa para ver"). A música recua, na medida em que o vocalista contempla um novo mundo que de algum modo se revela na sua frente. "Is this the first time I've seen the color of this room? Is this the first time?" ("Essa é a primeira vez que eu vejo a cor dessa sala?/É a primeira vez?"). Uma pergunta amarga – "Is this the first time I've seen the size of these walls?" ("Essa é a primeira vez que eu vejo o tamanho dessas paredes?") – precede a conclusão da música. "Now I'm the angry son/Everything I've learned was wrong/I'm the burning door/Once I'm opened I can't be closed/I found a hidden wheel and it rolls to reveal/That I'm the angry son/I'm the angry son" ("Agora eu sou o filho com raiva/Tudo que aprendi estava errado/Eu sou a porta em chamas/Uma vez que fui aberta, não posso ser fechada/Encontrei uma roda escondida e ela gira para revelar/Que sou o filho com raiva/Sou o filho com raiva").

NOVOS COMPANHEIROS E O PROTESTO PUNK-PERCUSSIVO

POR MARK ANDERSEN

O show do Rites of Spring no 9:30 Club foi um dos primeiros shows [que assisti] desde meu retorno de uma viagem de dois meses pela América Central. Cheguei com o espírito renovado, e ainda mais determinado a fazer alguma coisa.

Assim que me joguei novamente ao trabalho na Positive Force, três pessoas se tornaram camaradas fundamentais. O primeiro foi Tomas Squip, com quem entrei em contato para oferecer ajuda na divulgação do próximo protesto punk-percussivo, que havia sido planejado para a semana seguinte ao show do Rites of Spring. A minha visita à casa da Dischord, para fazer cópias de um flyer, levou à nossa primeira conversa séria. Nosso interesse comum por ativismo e espiritualidade nos levaria a uma colaboração contínua.

Os flyers de Tomas foram os catalisadores para a minha próxima conexão. Assim que o Rites of Spring deixou o palco, eu corri pelo corredor que levava para fora do clube, e lá comecei a distribuir os panfletos para a galera que estava saindo. No meio da multidão estava uma impressionante jovem mulher de cabelos vermelhos, encharcada de suor. Pouco depois de receber o flyer ela retornou, conversando animadamente, com muita vontade de se envolver com a Positive Force. Seu nome era Jenny Toomey.

Jenny era uma super fã do Rites of Spring. Mais tarde, ela brincaria: "Eu era uma garota de 16 anos com o coração partido, e naquele verão eu assisti todos os shows do

Rites of Spring!". Energética e talentosa, ela rapidamente se tornou uma peça central da Positive Force, além de uma grande amiga. Fizemos juntos aquele que seria o primeiro show punk que nós organizamos: um show beneficente no DC Space, para levantar uma grana para um festival maior (e gratuito) da Positive Force, que seria feito ao ar livre em Dupont Circle. O Beefeater e o Embrace tocaram, e como resultado, me vi trabalhando pela primeira vez com Ian MacKaye. Nosso relacionamento foi um pouco duro no começo, em parte por conta da sua desconfiança na influência do Partido Comunista Revolucionário na Positive Force. Nossa primeira conversa mais séria foi, em grande parte, um sermão do Ian sobre o flyer que eu havia feito para o show no DC Space. Tendo sido repreendido pela sua crítica amplamente precisa, logo joguei fora o antigo panfleto e fiz um novo, uma ação que aparentemente o impressionou, e fecundou as sementes para conspirações futuras.

Esses laços foram fortalecidos durante os protestos punk-percussivos. Enquanto os dois primeiros tiveram entre 40 e 50 pessoas, esse era maior e ainda mais animado do que os outros dois. Pelo menos 75 punks compareceram, com duas baterias completas (e outras coisas barulhentas), criando um estrondoso rugido. Carros passavam e buzinavam, mostrando simpatia. A polícia, acostumada com outros tipos de manifestações, estava perplexa com a cena.

Cynthia Connolly: "Todos foram depois da escola ou do trabalho. Você podia ouvir a batucada de longe. Foi demais". Como Molly Burnham me disse mais tarde, "o protesto punk-percussivo foi totalmente unificador e incrível. Era, finalmente, algo que os punks sempre quiseram fazer..." Ela deu uma pausa, riu, e continuou: "Era aquilo que todos amavam: fazer uma grande cena, mas com um grande propósito... e todos que estavam envolvidos realmente acreditavam no que estava acontecendo". (Nem todos têm uma lembrança tão idealizada quanto Molly. Por exemplo, Mike Fellows mais tarde descreveria o protesto nesses termos: "Fui lá, e foi legal, mas não era grande coisa. Quero dizer, eu era contra o apartheid, mas eu fui porque outras pessoas foram... E foi divertido".)

Após o protesto, eu me convenci da necessidade de trabalhar mais próximo ao grupo da Dischord, mas Kevin Mattson não pensava da mesma forma. Ele não era a favor de aproximar ainda mais a Positive Force da cena punk. Ele até tinha respeito por algumas pessoas ligadas a Dischord, mas rejeitava o *Revolution Summer*.

No fim, acho que Mark Jenkins (que observou esses eventos com certo distanciamento jornalístico) acertou quando disse que o "*Revolution Summer* realmente foi uma coisa impressionante... quando o hardcore entrou em colapso, com o término de bandas como o Minor Threat, pensei 'então é isso', e [achei que] todas aquelas pessoas voltariam para uma vida mais normal, de acordo por suas idades e condição social, assim como a maioria dos 'rebeldes juvenis' costuma fazer... Mas, ao invés de desistir e seguir em frente, eles fizeram um novo começo. Foi realmente um fato único e impressionante."

X X X

Ainda que estivesse um pouco cético a respeito do seu direcionamento político e musical, mesmo assim Brian Baker foi suficientemente inspirado pelo *Revolution Summer* e, por isso, saiu do Meatmen e abandonou um projeto pop embrionário com Lyle Preslar e Jeff Nelson. O guitarrista fundou aquela que Preslar chamava (ironicamente) de sua "banda punk". Seus companheiros eram Colin Sears e Roger Marbury, que tinham tocado em bandas como Bozo Brigade e BMO.

O vocalista Shawn Brown, que Sears havia conhecido no Montgomery College, não tinha nenhuma experiência prévia com bandas, mas se encaixava naquilo que Baker estava procurando: "alguém que gritasse pra valer". O nome Dag Nasty foi tirado de um jogo infantil alemão, e a banda escolheu como logo um desenho de um cabelo em chamas. Sears explicou: "assisti um filme ruim dos anos 30, no qual o cabelo do cara pegava fogo no final, por causa de toda dor e raiva que havia crescido dentro dele".

Em meio ao *Revolution Summer*, o Dag Nasty ficou numa posição ambígua. Ao mesmo tempo em que a banda era motivada pela energia da cena, a sua música resgatava uma sonoridade mais antiga. Isso levou a comparações frequentes com o Minor Threat. "Não consigo pensar em uma comparação pior", disse Brian Baker. "Gostaria de evitar o estigma, mas é bem difícil. Nós tocamos música rápida porque gostamos de música rápida. É uma coincidência que o Minor Threat também tocasse rápido. Em parte isso acontece porque eu componho as músicas, e Shawn ainda está aprendendo a ser um vocalista. Ele é bem consciente em tentar evitar a comparação com o estilo de Ian, mas é uma missão difícil, em função da estrutura e velocidade dessas músicas."

Também havia alguns paralelos na questão das letras. "Under Your Influence", por exemplo, falava sobre bebidas e brigas. Brian Baker explicou que o Dag Nasty "estava tentando evitar a onda do straight edge militante. Não acho que seja coincidência o fato de que nenhum de nós bebe ou usa drogas, [mas] não creio que isso poderia ser o foco da nossa banda."

O primeiro show do Dag Nasty em DC foi com o Government Issue e o DOA. A banda fez uma estreia poderosa, mas que ficou ofuscada pelas brigas e pela agressividade do público. O DOA confrontou os Rambo-punks, com o guitarrista Dave Gregg sugerindo que os fãs "facilitassem um pouco, e que dessem espaço para as suas irmãs dançarem também". O vocalista Joey Shithead anunciou uma manifestação anti--apartheid que aconteceria em breve, com o suporte da Positive Force.

Uma semana depois, o Embrace, o Rites of Spring e o Beefeater foram confrontados por punks violentos (incluindo a Lefty e sua galera) no Clubhouse de Baltimore. Quando o Embrace começou a tocar, ficou claro que aquele não era um público típico do *Revolution Summer*. Quase que imediatamente, o pogo se espalhou pelo salão.

Jon Kirschten (irmão mais novo de Chris Bald, que tinha começado a frequentar os shows no ano anterior) confrontou alguns skinheads. "Eu estava quase chorando", ele se recordou. "Peguei uma folha com as letras, mostrei para os caras e disse 'Por favor, leia isso'". Ao invés disso, um dos caras deu um empurrão em Kirschten, o prelúdio natural de uma briga.

De cima do palco, Bald podia ver tudo que estava acontecendo. Ele parou de tocar e desceu do palco, para proteger seu irmão. Skinheads e fãs do Embrace ficaram se encarando. Uma pancadaria generalizada poderia facilmente ter explodido, mas não explodiu, e em grande parte pela influência pacificadora de MacKaye.

Nessa época, Ian já era praticamente um pacifista: ele conhecia muito bem a fisionomia da sua própria violência, do seu começo no punk, e não tinha intenção de descer àquele nível novamente. Picciotto se recorda que "estava tão bravo, queria matá--los, mas Ian falava 'Não, vamos tentar acalmar a situação, falar com eles'". Eles foram bem sucedidos nessa missão pacificadora, e o Embrace voltou ao palco, finalizando as últimas músicas. Depois disso foram para fora [do local] para uma discussão acalorada, mas sem violência.

O Beefeater tocou na sequência, e Squip fez um apelo para que o público não fosse "supermacho". A pancadaria continuou, então o vocalista tentou uma nova abordagem para conter os valentões: ele se despiu. Totalmente nu, ele foi em direção à galera que estava agitando violentamente. Isso assustou os baderneiros, eles se afastaram e a banda terminou sua apresentação sem maiores incidentes.

Antes do Rites subir ao palco, Picciotto pediu calma ao público, então a banda fez um show muito intenso, e sem violência. Essa noite foi um pequeno triunfo para a galera da Dischord, mas não foi a solução definitiva do atrito entre as divergentes facções punk.

Algumas bandas novas, que não tinham nada a ver com os Rambo-punks, se colocaram em oposição ao pessoal da Dischord. O exemplo mais notável foi a desafiadora Pussy Galore, que incentivava as divergências como um meio de atrair atenção para si – a banda compôs petardos como "Fuck Ian MacKaye", "You Look Like a Jew" e "Die Bitch". Esses insultos e provocações não causaram muitas reações, e a banda em pouco tempo se mudaria para Nova York. Mais tarde, lançariam uma música intitulada "Revolution Summer", que não era um tributo à cena de DC.

Enquanto isso, baluartes da cena de DC como Marginal Man, Scream e GI continuavam fazendo turnês, gravando e lançando novos álbuns. Os três grupos continuavam com popularidade, mas estavam muito ocupados com seus próprios trabalhos para participar de uma suposta reinvenção da cena de DC.

À sua maneira, o *Revolution Summer* foi provavelmente a sentença de morte para as esperanças de uma "cena unida" em DC. Enquanto algumas pessoas ligadas a Dischord denunciavam bandas como o Lethal Intent e os seus fãs, alguns representantes da velha guarda, como Danny Ingram e Nathan Strejcek, descartavam a ideia de um revival punk, classificando-a como "lixo" [nas palavras de Ingram] e "uma porcaria nostálgica" [segundo Strejcek].

MacKaye foi questionado se o Embrace tocaria com bandas como GI e Black Market Baby; ele disse que sim, mas acrescentou que "agora tentamos não tocar em shows grandes. Fica difícil de passar sua mensagem para 700 pessoas que querem apenas encher a cara e fazer merda. Gosto de fazer shows menores, onde pelo menos você pode vislumbrar uma oportunidade de influenciar algumas pessoas. Não é nada contra [as bandas mais conhecidas]. Eles estão por aí há mais tempo do que a gente, estão em outra, e nós estamos apenas tentando nos estabilizar como banda. Uma vez que tenhamos feito isso, podemos tocar com eles."

Aparentemente, Stabb não gostou muito disso. No final de 1985, ele satirizou o *Revolution Summer* durante um show, anunciando o que ele chamava de "Inverno da Degradação". Ironicamente, o guitarrista Tom Lyle mais tarde admitiria a influência musical do *Revolution Summer* no álbum subsequente (e autointitulado) do Government Issue.

"Eu adoraria tocar com bandas como o Rites of Spring", Stabb admitiria depois, "mas várias dessas bandas não queriam tocar para o nosso público. Acredito que alcançamos o mesmo nível do Minor Threat no auge da banda, quando as coisas ficaram fora de controle". Ele ainda acrescentou: "Eu não gostaria de ser associado com o tipo de shows que fazemos. A única razão pela qual fazemos esses shows é porque são os únicos que podemos [fazer]". Ele não percebeu, no entanto, que casas de show como o 9:30 Club pararam de agendar datas para o GI por algum tempo, em parte porque Stabb não fazia nada para controlar os fãs geralmente destruidores.

X X X

O Embrace confrontou a questão da violência com uma nova música, "Said Gun", que tocou pela primeira vez em outubro. "You're looking for a reason to hate so you can fuck somebody up/You'd hate yourself if you got the chance/I guess you already do/ You fuck yourself up every night" ("Você está procurando uma razão para ter ódio, então você pode foder com alguém/Você odiaria a si mesmo se tivesse a chance/Acho que você já tem/Você fode com você mesmo todas as noites"), zombou MacKaye. E então o remate da canção: "If you have to fight/Then fight the violence that rules your life" ("Se você tem que lutar/Então lute com a violência que rege sua vida").

A franqueza de MacKaye fez dele um pára-raios para os skinheads. A batalha teve mais um episódio no show seguinte do Embrace, no Chevy Chase Community Center, com o Rites of Spring e o Bells Of (uma nova banda influenciada pelo Rites, cujo baixista era o skinhead Bleu Kopperl). O show do Bells Of rolou sem nenhum incidente, mas o Embrace foi recebido com insultos. Num intervalo entre duas músicas, MacKaye perguntou a uma das pessoas, "Você está bravo comigo?", e apontou o microfone para a plateia para obter uma resposta. A resposta acabou sendo apenas um "Sim, estou!".

"E por que você está tão bravo, senhor?", MacKaye perguntou ao skinhead, que conseguiu responder apenas um atrapalhado "Porque sim, cara...", antes de empurrar o microfone e se afastar. "Bem, isso realmente faz sentido pra mim", caçoou Ian, recebendo aplausos. Os skins humilhados começaram a chamar a banda de "idiotas". Então MacKaye respondeu, "Então, sou um idiota? Ah, e ele também é um idiota? E ele também?", disse apontando para os membros da banda. "Ok, somos os idiotas, idiotas, idiotas. Meu nome é Idiota. Olá!".

Com cara de poucos amigos, os skins começaram a se retirar; uma garota skinhead gritou, "Nos vemos depois do show, cuzão!". MacKaye fez um gesto fingindo medo, e a banda começou "Spoke". Nessa música, Ian cantava incisivamente o trecho "I couldn't care less" ("Não poderia me importar menos") e apontava para o lugar onde antes os skins estavam. A banda terminou sua apresentação sem interrupções, fechando com uma nova música, "Money Song".

Os skinheads não voltaram, mas o pogo foi reiniciado quando o Rites of Spring começou seu show. A banda jogou flores para a plateia, mas quando tocaram "Spring" a agitação cresceu. "Algumas pessoas aqui não sabem o significado dessa música, ou mesmo dessa banda", disse um obviamente perturbado Picciotto, um desabafo que acalmou os valentões na plateia.

Enquanto Picciotto confrontava a violência nos shows, Fellows começou a questionar a cada vez mais ritualizada reação do público. Ele duvidava da sinceridade dos fãs que choravam nos shows do Rites of Spring. "Talvez fosse verdadeiro no começo", ele disse, "mas chorar todas as vezes? Tenha dó".

Com a banda trabalhando em um novo material, Fellows queria fazer mudanças drásticas, para confrontar a expectativa dos fãs. Os outros membros do Rites compartilhavam do seu desejo de manter a banda atual e desafiadora, mas eles não pensavam o mesmo sobre essa abordagem de confronto.

Os dois shows seguintes do Rites of Spring foram beneficentes para rádios alternativas locais: a WMUC (da Universidade de Maryland) e uma nova versão da WGTB, com um sinal restrito ao campus da Universidade de Georgetown. O último desses beneficentes, que aconteceu em dezembro no Salão das Nações (mesmo local onde o Cramps e o Urban Verbs tocaram sete anos antes), foi um verdadeiro clímax. As três principais bandas do *Revolution Summer* – Rites of Spring, Embrace e Beefeater – tocaram pela primeira vez juntas em DC, com o Dag Nasty abrindo.

O Dag Nasty tinha amadurecido muito desde seu primeiro show, quatro meses antes, e vinha trocando o estilo harDCore do Minor Threat por uma pegada mais pop rock. Shawn Brown parecia um pouco desconfortável com o novo material, mas sua performance visceral em "Never Go Back" foi dolorosamente convincente.

Os skinheads apareceram novamente para provocar o Embrace. Dessa vez, ao invés de entrarem no show, eles esperaram no saguão, do lado de fora. Para MacKaye, aquela era uma noite especial, afinal estava tocando no mesmo palco onde o Cramps havia feito um show histórico. Ele contou isso à plateia, e apresentou a música de abertura, "Money Song".

O Embrace tinha se tornado consideravelmente mais preciso, embora nem tão coeso quanto o Minor Threat. Depois de tocar "Past" e "Building", MacKaye deu uma pausa para dizer que "todos pensam que os punks são um bando de estúpidos, [então] vamos provar o contrário essa noite. Se você tem um problema, uma vibração ruim, é melhor sair daqui". Olhando na direção dos skinheads, que estavam se escondendo do lado de fora da porta, Ian continuou: "Essa música se chama 'Said Gun' e é dedicada a todos que tiveram suas vidas destruídas pela violência".

Quando os organizadores do show começaram a fechar as portas para bloquear a visão dos skinheads, MacKaye pediu para que as deixassem abertas. A banda tocou outra música nova, "Do Not Consider Yourself Free", a mais explicitamente política que eles tinham feito até então. Quando a música alcançou seu ponto alto, MacKaye fez ironicamente uma saudação nazista. A música deu uma parada e continuou, e Ian arrancou a palavra "Free" ("Livre") do fundo da sua garganta, ao mesmo tempo em que transformava o *sieg heil* num polegar virado para baixo, apontado para o fundo do salão. A mensagem aparentemente foi recebida e entendida, pois (apesar da postura insolente e caras feias) os skins foram embora sem terem desencadeado nenhuma violência.

A coisa mais bizarra da noite, entretanto, não teve nada a ver com os skinheads. Embora o Rites pudesse ter fechado a noite tranquilamente, eles foram escalados para tocar em terceiro, pois assim ficaria melhor para Fellows, que trabalhava ali perto. Mas, quando chegou a hora, não havia sinal do baixista. Isso foi um grande problema, uma vez que o local fechava a meia noite. Quando Fellows finalmente chegou, o ambiente estava tenso. A banda tocou com a mesma pegada de sempre, mas não aconteceram as habituais brincadeiras no palco. Por duas vezes, ficou nítido que Fellows e Brendan Canty se desentenderam.

Quase metade das músicas do (breve) set não fazia parte do álbum, incluindo "All Through a Life", "In Silence/Words Away", "Hidden Wheel" e "Patience". Essas músicas eram mais lentas, mais trabalhadas e menos incendiárias do que o melhor do trabalho anterior. A reação da plateia também pareceu um pouco mais morna.

Uma das coisas mais especiais do Rites of Spring era a sua união, a sua chama coletiva, e esses ingredientes não estavam presentes naquela noite. Poderia ter sido algo passageiro, mas não era. Quando os últimos acordes de "Drink Deep" terminaram, um certo momento passou. Naquela hora ninguém sabia disso, mas o Rites of Spring tinha feito seu último show.

Com a saída da banda do palco (Canty e Fellows continuaram discutindo no corredor), o Beefeater se apressou para começar. Eles abriram com uma nova música, que de certo modo resumia a ética do *Revolution Summer*: "Live the life" era, na verdade, uma antiga canção, escrita nos anos 1930 por Thomas Dorsey, o "Pai da Música Gospel". Squip a ouviu uma vez no rádio, e procurou o disco por anos. Quando finalmente encontrou uma versão feita por Mahalia Jackson, a banda reformulou a canção e a transformou num hino reggae-metal. Sua mensagem era simples, porém profunda: falar é fácil. Se o punk realmente tivesse algum significado, os punks deveriam deixar a retórica no passado e viver a vida que eles cantavam nas músicas.

O baixista Dug Birdzell fez um discurso emocionado antes da música "Song for Lucky": "Essa música é sobre honestidade. E honestidade é uma coisa muito importante, especialmente aqui", disse apontando para a plateia. "Essa é a oportunidade de se livrar dessa porcaria, de enfrentar isso, e de deixar isso de lado. O sexismo, o racismo, ou seja lá o que for, tal como existe aqui, e realmente existe, você pode enfrentá-lo, é por isso que estamos aqui".

No final da música, o pessoal de apoio cortou a energia mesmo sabendo que o Beefeater ainda tinha mais uma música para tocar. Contrariado, o guitarrista Fred Smith liderou um grupo de punks em uma versão improvisada de "Fred's Song" na calçada em frente ao local. Aquele tinha sido o maior show do *Revolution Summer* até o momento, com aproximadamente 400 pessoas na plateia.

DEAD KENNEDYS VERSUS SKINHEADS

POR MARK ANDERSEN

O fato de não ter rolado violência no show do Salão das Nações (em dezembro de 1985) foi um alívio, devido ao recente caos em um show do Dead Kennedys e Government Issue, ao qual os skinheads compareceram com bandeiras dos EUA e uma má atitude. Como é costumeiro em shows de punk rock, o público pogou e distribuiu um festival de *stage divings*, e pelo menos uma pessoa foi parar no Pronto socorro, com a cabeça aberta depois de uma queda. Os skinheads se aproveitaram desse cenário para instaurar sua agenda de caos.

Uma onda de brigas teve início durante o show do GI, e a segurança teve que agir, mas acidentalmente atacou um dos roadies do DK, que estava tentando conter os skinheads. Com a situação controlada, um grupo de skins foi sumariamente colocado para fora, incluindo alguns que diziam não terem participado da bagunça. Injuriados, eles aguardaram do lado de fora para atacar os Dead Kennedys.

O DK começou a tocar em meio a protestos e ocasionais latas de cerveja que voavam em direção ao palco. Jello Biafra fazia repetidas pausas para desafiar seus oponentes, mas era difícil identificá-los no escuro. De repente, uma lata (cheia) de cerveja acertou uma pessoa: Biafra desceu do palco e foi pra cima do covarde agressor. Depois disso, o Dead Kennedys conseguiu fazer o resto do show sem nenhuma interrupção.

Contudo, o drama da noite não havia terminado. Do lado de fora, um grupo de pessoas (incluindo Ian e eu) foi conversar com os skins, tentando convencê-los a não levar adiante os confrontos. Incrédulo, ouvi um skin dizendo: "Não sou nazista, sou fascista!". Finalmente, os skins resolveram recuar, mas com a intenção de seguir a banda até o hotel, para um ataque surpresa. A situação só foi de fato resolvida quando o acaso entrou em cena: enquanto seguiam a van da banda, os skins foram parados pela polícia por causa de uma infração de trânsito rotineira.

X X X

O clima ruim entre os integrantes do Rites of Spring ficou ainda mais evidente quando a banda entrou em estúdio (Inner Ear) para gravar novas músicas. Foi uma gravação bem complicada, e o resultado foi um som nitidamente menos espontâneo. Mas eram músicas boas, com letras que mostravam que Picciotto havia conseguido "não repetir o mesmo álbum".

Durante esse processo, com a banda tentando compor músicas novas que se distanciassem do antigo material, ficou evidente que Fellows já não estava mais comprometido. Logo depois dessas sessões no Inner Ear, veio a confirmação: Fellows não queria continuar na banda.

"Seria impossível continuar com outra pessoa", ponderou Eddie Janney na época. Picciotto também disse: "Existem milhares de bandas cujos integrantes não são amigos, mas conseguem fazer boa música juntos, porque conseguem tocar juntos. Mas, para nós, era muito mais do que apenas tocar, era mais como uma interação entre nós quatro". Picciotto, Janney e Canty continuaram juntos, esperando que talvez pudessem se tornar um trio.

Muitas pessoas ficaram chocadas com a notícia da separação da banda. Ian MacKaye foi uma delas. O Rites of Spring tinha sido uma inspiração para ele num dos períodos mais sombrios de sua vida. MacKaye retomou a última música que havia escrito para o Minor Threat, "Last Song", inicialmente composta quando o Faith terminou. Agora sua letra (que parecia se referir ao Rites of Spring e ao Embrace, mas que na verdade tinha sido escrita muito tempo antes) foi reajustada para uma nova música e dedicada ao fim do Rites of Spring.

X X X

No início de 1986, Henry Rollins declarou: "Estou extremamente cansado. Não há nada que você possa fazer em um show que já não tenha sido feito". Durante as pausas na turnê do Black Flag, ele se aventurou em performances esporádicas de *spoken word*, e logo começou a focar na escrita, inspirado pelo livro *Primavera Negra*, de Henry Miller. Não deixa de ser irônico: o mesmo cara que tinha cantado (na época do SOA) "I'm not a book/You can't read me" ("Não sou um livro/Você não pode me ler"), começou a escrever e publicar seus próprios livros, com a ajuda de seu amigo Joe Cole, que gerenciava uma pequena editora chamada Illiterati Press.

Rollins via a si mesmo como um homem com uma missão. Era uma missão solitária, porém exercida em público. E, mesmo que sua vida tenha o levado para longe de seus amigos de DC, sua ética continuava alinhada com eles. Em novembro de 1985, enquanto fazia uma turnê pela Holanda, Rollins escreveu:

> "*A América é um lugar que destrói a mente dos jovens, desde muito cedo. Quando eles atingem a idade para pensar por si próprios, já é tarde demais. É por isso que Journey e Bruce Springsteen enchem estádios. Os garotos olham para as outras pessoas, para que possam se sentir bem com eles mesmos. Aqueles que se rebelam, costumam ir à loja mais próxima para comprar roupas novas. Eles são compensados por suas escolhas. Os seus caminhos de rebelião foram fornecidos pelas mesmas pessoas que irão acorrentá-los daqui alguns anos. Quantos vão acabar virando policiais? Serão muitos, mais do que você imagina. As mãos são invisíveis,*

são sutis; as mãos que não são vistas moldam e pressionam incessantemente, até que os moldes de argila humana tomem forma, e fiquem prontos, sem perguntas.

A mudança tem que vir de dentro. Nenhuma bala tem que ser disparada. Sedento. Faminto. A alma tem que ser incendiada. A auto-expressão tem que ser realizada. Você se lembra daquele trecho da música do Earth Wind and Fire? 'You're a shining star/No matter who you are' ('Você é uma estrela brilhante/Não importa quem você é'). É verdade... Apenas porque eles arrumam uma mesa para você, não significa que você tem que sentar atrás dela... Não seria demais se eles construíssem uma cadeia e ninguém fosse?"

No entanto, cadeias foram feitas para serem ocupadas e, antes que esse texto fosse publicado, o homem que fora a inspiração original de Rollins estaria atrás das grades novamente. Apesar de estar se preparando para a volta do Bad Brains, HR retornou para Washington no final de 1985 para ensaiar com seu outro projeto, The HR Band. Voltando de um ensaio, numa noite de fevereiro de 1986, HR, Kenny Dread e Earl Hudson foram parados pela polícia. E encontraram maconha no carro.

Depois do julgamento, HR voltou para a prisão em Lorton, na Virginia, para cumprir uma pena de quatro meses. Dessa vez, Hudson fez companhia para HR na cadeia (o pai de Hudson era guarda nessa prisão).

O Bad Brains já tinha gravado quase o álbum todo antes da prisão de HR e Hudson, mas uma música tinha ficado sem vocal. O produtor Ron St. Germain decidiu gravar a voz por telefone, direto da prisão. A letra de "Sacred Love" foi escrita por HR para um amigo fiel que ele tinha na cadeia, o que garantiu uma emoção a mais para a música.

Devido ao seu currículo mais pop/mainstream, St. Germain parecia uma escolha um tanto estranha para produzir o disco. Mas sua produção deu ao Bad Brains um som mais vivo e abrangente. O resultado foi um álbum que parecia artisticamente descompromissado, porém comercialmente viável. St. Germain insistiu para que a banda fizesse um álbum de rock, deixando o reggae em segundo plano. Na verdade, o produtor havia resolvido (pelo menos temporariamente) a disputa musical que ajudara a desfazer a banda em 1982-83. HR, desconfiado como era de se esperar, foi tranquilizado pela garantia de que essa era uma tática inteligente, e que os próximos discos teriam muito mais reggae.

À sua maneira, o Bad Brains fez a mesma coisa que as bandas do *Revolution Summer*. Ao invés de continuar na corrida para ser a "banda mais rápida", eles tiraram o pé do acelerador, acrescentaram influências (de modo mais profundo) e criaram um novo estilo que era, ao mesmo tempo, um progresso musical e mais acessível. Tirando o fato de que metade da banda estava na cadeia, parecia que o Bad Brains estava pronto para dar um passo a frente.

Em Washington, poucas pessoas protestaram contra a prisão de HR e Hudson. A maioria dos punks de DC não considerava mais o Bad Brains como parte da cena. Embora HR exaltasse o underground na nova "House of Suffering", a banda estava indo em outra direção, para o reino de bandas comercialmente promissoras, como o REM, Hüsker Dü e The Replacements, que tinham (ou teriam em breve) contratos com grandes gravadoras.

Esse crescimento iminente da cena chamou a atenção de MacKaye, e ele fez um alerta sobre isso numa nova (e agonizante) música chamada "End of a Year (Words Are Not Enough)". Ele ainda queria criar uma cena alternativa genuína, para assim transformar a indústria corporativa da música em algo irrelevante. "There will be no victory/No progress made/If we do not stand apart from the enemy" ("Não haverá vitória/Nenhum progresso/Se não nos afastarmos do inimigo"), a música advertia.

O estilo musical do Embrace tinha potencial para alcançar um público maior do que o Minor Threat tinha conseguido, mas a reação inicial não foi assim tão calorosa. Porém, isso não incomodava Ian MacKaye. "Creio que as pessoas precisam sempre tentar fazer algo novo e desafiador", ele disse.

MacKaye pode ter percebido que o fim do Embrace estava chegando. Ele sabia que existiam atritos dentro da banda, em especial entre Bald e Hampton. O vocalista se viu no meio desse fogo cruzado: ele valorizava o comprometimento de Bald, mas também concordava com o desconforto de Hampton em relação à natureza explosiva do baixista.

Ian continuava insatisfeito em relação à união da banda, mas vários shows bem sucedidos nos primeiros dois meses de 1986 sugeriam que o Embrace estava começando a engrenar. "Agora que a [demo] saiu e as pessoas estão conhecendo as músicas, sem dúvida a recepção melhorou bastante", ele observou na época. "Agora as pessoas sabem sobre o quê estou cantando, e querem cantar junto, e isso é ótimo". Além disso, desde o show no Salão das Nações a banda não teve mais nenhum problema com o público.

Após gravar algumas músicas novas no Inner Ear (em fevereiro), o Embrace fez mais um show no 9:30 Club em março. Esse talvez tenha sido o show mais seguro e tranquilo que a banda já tinha feito até o momento. Jeff Nelson, um espectador bem difícil de agradar, sentiu que a banda estava finalmente acertando o passo.

Apesar de toda sua intensidade, o Embrace não era uma "entidade sombria" em cima do palco. E essa noite não foi uma exceção: de trás da bateria, Hanson volta e meia soltava uma piada. A presença do humor era uma questão tão importante para o punk de DC quanto o idealismo, mas era algo que as pessoas "de fora da cena" muitas vezes não percebiam. Em parte pelo fato de que toda a brincadeira nem sempre era capturada nas gravações das bandas.

Nesse show, Ian rejeitou um novo rótulo. A revista de skate *Thrasher* tinha apelidado o novo som punk da cidade como "emo-core". Embora o vocalista tivesse chamado aquilo de "a coisa mais estúpida que já ouvi", o nome pegaria. Impulsionado talvez por esse rótulo, um novo estereótipo substituiria a antiga imagem dos DC punks (carecas machões que não usam drogas): agora eles eram vistos como ascetas sofredores/românticos incuráveis que choram por qualquer motivo.

MacKaye mandou uma mensagem enfática para o Rites of Spring – *mezzo* consolo/*mezzo* desafio – bem no final da versão de "Last Song" executada naquela noite: "Venha, deixe-me cantar por você/Você cantou por mim/Venha, deixe-me tocar por você/Você tocou por mim/Hey, Guy [Picciotto], um movimento morre com uma banda?/Não, apenas perde um pouco da sua alma/Apenas perde um pouco da sua alma".

Perto do final da apresentação, após uma versão explosiva de "End of a Year", a frustração veio à tona. Ajoelhado e um pouco ofegante, MacKaye disparou (com a voz rouca e cheia de sentimento): "Palavras nunca são o bastante. Podemos falar o quanto quisermos, podemos fazer todos os planos que quisermos, podemos projetar, falar, falar e falar. Mas não podemos fazer nada, até que façamos".

Em contraste com a leveza das brincadeiras de antes, as palavras de MacKaye pareciam ter uma certa urgência e a plateia ficou em silêncio. "Nós devemos tentar com mais afinco. Todos aqui têm muito potencial. Devemos fazer algo". Ele balançou a cabeça, levantou-se do chão e começou a ir para frente e para trás. Logo no começo de "Building", MacKaye informou que aquela seria a última música da noite, e que não haveria bis. Quando a música atingiu o ápice, Ian se jogou no chão.

Com Ian olhando para o chão, Bald começou a destruir seu baixo numa coluna bem em frente ao palco – essa atitude foi uma resposta à frustração que ele vinha sentindo por conta da tensão dentro da banda. Pedaços do contrabaixo rapidamente começaram a voar e a se espalhar pelo público; um pedaço acertou Bert Queiroz na cabeça, e o nocauteou.

Ouvindo o barulho, MacKaye olhou para cima. Ele ficou irritado com o que viu: considerou aquilo um ato sem sentido, levantou-se para deter o baixista e arrastou-o para fora do palco. Esse momento seria o último registro visual da história do Embrace.

X X X

Os Rambo-punks tinham enfrentado muita resistência por parte do público do *Revolution Summer*, que literalmente conseguiu mantê-los distantes dos shows; mas eles continuavam causando problemas em outros eventos. Depois de um incidente em um show no DC Space, que deixou uma pessoa hospitalizada, membros da Positive Force propuseram fazer um panfleto denunciando os culpados, nominalmente. O grupo como um todo aceitou a ideia, mas alguns quiseram ver o documento antes que ele fosse distribuído.

Sem avisar o resto do grupo, alguns integrantes da Positive Force elaboraram o tal panfleto para distribuir num show/protesto contra a guerra na Nicarágua. A distribuição não foi atribuída à Positive Force, mas cópias foram colocadas na bilheteria, e no fim das contas acabou sendo considerado como uma "ação" da PF.

O panfleto denunciava que "alguns skinheads violentos estão aterrorizando nossa cena. Durante o último ano, esses covardes – que antes eram uma pequena presença na nossa cena – aumentaram em número e visibilidade, e agora estão afetando a vida de mais e mais pessoas". Em seguida, o flyer apontava três exemplos de suas ações e uma lista dos nove skinheads mais perigosos, começando com Lefty. O panfleto dava conselhos de como resistir, terminando com um apelo: "Enfrentem os skinheads, antes que eles acabem com você!"

Em função do que vinha acontecendo naquela época, esse panfleto talvez fosse mesmo necessário. Ainda assim, teria mais credibilidade se a lista dos suspeitos não tivesse sido ajustada no último minuto. Dois nomes tinham sido riscados, aparentemente porque alguém decidiu que eles não eram tão perigosos assim (mas os nomes ainda eram visíveis, pois o risco não estava tão forte). A mensagem perdeu ainda mais força pelo fato de que os criadores do panfleto não revelaram suas identidades. Se nem os autores "enfrentaram" os skinheads colocando seus nomes, por que os outros deveriam enfrentar?

"Quando vi aquilo, minha reação foi querer sair e atirar em alguém", recorda-se Lefty. Não aconteceram problemas naquele show, mas havia rumores de que os skinheads iriam atacar numa reunião da Positive Force. Diante dessa possibilidade, algumas pessoas compareceram ao encontro da PF, no Peace Center, com tacos de beisebol a tiracolo. Os integrantes da PF tiveram uma discussão bem acalorada sobre isso: não parecia uma boa ideia levar "armas" para dentro de um espaço religioso. Por fim, os tacos foram deixados do lado de fora, na cobertura: era fácil para alcançá-los, mas tecnicamente estavam do lado de fora. A estratégia não precisou ser testada, uma vez que os skinheads não deram as caras.

O esperado e temido confronto nunca aconteceu. Isso foi um sinal de que Lefty e sua *crew* tinham perdido força na cena. Aparentemente, a resistência imposta pela galera da Dischord e pela Positive Force havia minado a confiança dos skins.

Mas existiam outros fatores também. Alguns incidentes atribuídos aos skinheads agora estavam na mira da polícia, que passou a investigá-los. Alguns skins seguiram o exemplo de Harley Flanagan, do Cro-Mags, que tinha se juntado aos Hare Krishnas. Os skins de DC começaram a frequentar o templo Krishna próximo ao Dupont Circle – no começo, apenas por causa da comida gratuita. As doutrinas Krishna não aliviaram a homofobia dos skinheads: pelo contrário, acabaram fornecendo uma suposta base espiritual para seu ódio. Mas, por outro lado, os ensinamentos Krishna interromperam o ciclo de violência desse grupo. Inclusive, alguns skins começaram a desafiar a autoridade de Lefty.

CAOS NA POSITIVE FORCE

POR MARK ANDERSEN

Embora possa parecer um pouco engraçado a esta altura, eu quase fui expulso da Positive Force no início de 1986.

É fato que muitos membros da PF pareciam gostar do interminável jogo de "gato e rato" com a polícia, mas eu não gostava. Minha experiência inicial com os protestos

spontâneos e itinerantes foi muito positiva, mas, após minha viagem à América
Central, essas ações pareciam caóticas e autoindulgentes.

Além disso, nossas reuniões semanais costumavam durar horas, sem nenhuma pauta ou tomada efetiva de decisão. Frequentemente nós discutíamos um evento ou ação, então passávamos para outro tópico e, no final da reunião, percebíamos que não havíamos decidido nada. E, no domingo seguinte, tudo se repetia. Ok, o objetivo era manter as coisas "espontâneas e sem líderes", mas na prática isso acabava ge- rando o caos, e a reunião era dominada por aqueles poucos que tinham mais habili- dade na oratória.

As limitações desse tipo de grupo "sem estrutura" havia sido previamente descrito no ensaio "A tirania da ausência de estrutura", publicado em 1970 pela escritora fe- minista Jo Freeman. Embora a Positive Force negasse, é fato que a ética motivadora por trás dela (principalmente no início) era uma versão do anarquismo. Porém, o anarquismo não repudiava necessariamente um certo grau de organização, e muitos na PF pareciam enxergar a estrutura como sendo inerentemente má.

Freeman percebeu que esses grupos tinham uma força inegável, especialmente por fornecerem um espaço para discussão. Os problemas apareciam, de acordo com ela quando "os grupos esgotavam as virtudes da consciência e decidiam que queriam fa- zer algo mais específico... Nessa hora eles geralmente fracassavam, porque a maioria não estava disposta a mudar a sua estrutura em função das novas tarefas..."

Eu costumava concordar com a posição de Freeman. Eu tinha um objetivo, e era impaciente com essa ausência de objetividade do grupo, e com as reuniões que não levavam a lugar algum. Por sua vez, muitos me achavam autoritário e interpretavam a minha ênfase na complexidade dos assuntos como uma prova de que eu era um "libe- ral", uma fama que eu considerava um insulto.

Infelizmente, eu fui um pouco insensível em relação à dinâmica do grupo, e forcei demais os meus pontos de vista. Muitos membros da PF, como Jenny Toomey, viam a ausência de estrutura com bons olhos; eles gostavam das ideias fluindo sem parar, e achavam que as longas reuniões eram esclarecedoras e estimulantes. Nesse sentido, a Positive Force era um laboratório para eles, onde eles podiam aprender à sua maneira do seu próprio jeito. Após uma reunião, eu fui confrontado por uma meia dúzia de membros da PF e recebi um ultimato: aceitar a opinião da maioria sobre a dinâmica dessas reuniões, ou então deixar o grupo. Depois de ser repreendido, eu tentei trabalhar com o grupo de uma maneira menos incisiva, e, assim espero, de modo mais positivo.

X X X

Depois que o Dag Nasty finalizou um EP pela Dischord, o vocalista Shawn Brown foi expulso da banda. Seu substituto foi Dave Smalley, que vinha da banda straight edge DYS, de Boston. Ao invés de lançar um EP desatualizado, a reformulada banda voltou ao estúdio para regravar as sete músicas e mais cinco novas, para completar um LP.

Supostamente, Brown foi expulso da banda por faltar aos ensaios. Todavia, logo circularam rumores que diziam que Brown tinha sido substituído porque a voz de Smalley se encaixava melhor no direcionamento mais pop que Brian Baker havia escolhido para a banda. Tempos depois o guitarrista confirmou essa versão.

Em outras palavras, a mudança de formação foi uma descarada mudança na carreira. No rock corporativo as decisões pessoais são apenas negócios, mas o punk de DC se opunha a esse tipo de estratégia. O desgosto local em relação a essa mudança foi intensificado quando Dave Smalley saiu da banda, depois de ter feito apenas alguns shows. Ele foi substituído por Peter Cortner (também conhecido como "Pete Moss"), da banda de hardcore Pro-Tem, de Maryland. A popularidade do Dag Nasty continuou a crescer, porém sua imagem foi manchada para sempre.

A banda King Face estava lutando para encontrar um novo baterista e baixista. O Gray Matter – que havia tentado continuar com Jon Kirschten no lugar de Mark Haggerty – acabou desistindo quando a nova formação não deu liga. Em pouco tempo, praticamente todas as bandas do *Revolution Summer* teriam virado história.

Às vésperas de seus primeiros shows importantes fora de Washington, o Embrace entrou em colapso. Enquanto MacKaye e Nelson estavam na Inglaterra cuidando de negócios da Dischord (e gravando o que viria a ser o single do Egg Hunt), a banda deveria estar ensaiando para a turnê. "Eu ficava ligando para o Mike, mas os ensaios nunca aconteceram", lembraria Bald mais tarde. MacKaye voltou e encontrou uma banda pouco ensaiada, e [por isso] um ríspido diálogo começou. Os músicos discutiam o que fazer em relação aos shows, mas Hampton disse "eu me demito" e foi embora. De forma inesperada e repentina (e depois de apenas nove shows), o Embrace tinha terminado.

Anos depois, Bald rotularia o Embrace como "a banda que nunca deveria ter existido" (muito em função dos seus desentendimentos com o guitarrista Michael Hampton). Na época, entretanto, ele se sentiu traído por aquilo que enxergava como falta de comprometimento de Hampton. Puto da vida, Bald mudou-se para San Francisco poucos dias após o término da banda. Na Califórnia, ele procurou lidar com a sua frustração trabalhando na *Maximum RockNRoll* e tentando montar uma nova banda.

MacKaye não estava menos arrasado. Ele também foi para a Costa Oeste, para visitar Cynthia Connolly (que também estava trabalhando na *Maximum RockNRoll*) e pensar sobre o futuro. Hanson voltou a estudar e Hampton logo começaria a tocar numa banda chamada One Last Wish, junto com Picciotto, Canty e Janney. (Bald já suspeitava de que esse era o motivo pelo qual o guitarrista saíra da banda.)

Com o final do Embrace, o Beefeater tornou-se a única banda intacta do triunvirato do *Revolution Summer* – mas a pressão estava aumentando dentro dessa banda também. Eles haviam perdido seu segundo baterista, Mark Shellhaus; o seu substituto foi Kenny Craun, um baterista muito habilidoso, e que se adaptou muito bem ao estilo do Beefeater, mas ideologicamente ele não tinha muita sintonia com a banda.

O EP pelo selo Olive Tree (que tinha sido gravado com Shellhaus) foi lançado, e no início de 1986 o Beefeater tinha gravado material suficiente para um álbum completo. A banda tocava em tantos shows beneficentes e protestos que parecia que eles eram, literalmente, uma "banda da Positive Force".

No entanto, o resto da banda não era tão ligado à questão política quanto Skip. Smith explicou ao *Washington Post*: "Com Tomas era 'a mensagem em primeiro lugar', o Dug ficava no meio-termo, mas o Kenny e eu dávamos prioridade para a música". Embora suficientemente politizado para ostentar uma tatuagem de Martin Luther King no ombro, Smith comia carne, bebia álcool e não abominava o pogo nos shows. Craun era ainda menos favorável às ideias de Squip. Ele deixava a banda horrorizada, pois com frequência arrumava alguma briga, incluindo uma famosa com os integrantes do UK Subs, que começou por causa de uma cerveja e acabou com ele hospitalizado. Essas tensões se intensificaram quando a banda entrou em turnê no verão de 1986. No final da tour, o Beefeater também tinha decidido parar.

Não foi surpresa nenhuma que o último show da banda tenha sido um beneficente organizado pela Positive Force. As outras bandas eram: One Last Wish e Follow Fashion Monkeys, da Filadélfia. O Beefeater fez um dos shows mais poderosos da sua história. Squip dedicou o show para "todas as garotas dessa cidade que querem fazer música", e ainda acrescentou, "espero que vocês façam".

Perto do fim do show, o vocalista se dirigiu à plateia pela última vez, e encorajou as pessoas a avançarem na questão straight edge, incorporando o vegetarianismo e indo além. "Não se preocupem, vocês não vão precisar escutar mais nenhuma 'pregação' depois dessa, pois a banda está terminando", ele brincou. Skip foi vaiado, mas acrescentou rapidamente: "Estou brincando. Eu voltarei com outra banda e começarei a pregar de novo."

A banda então tocou "Out of the Woods". Com seu baixo decorado por uma rosa jogada no palco, Birdzell tocou como um homem possuído. No fim da música, Squip saiu depressa do palco, enquanto Birdzell ficava jogando seu baixo para o alto, até que finalmente decidiu destruí-lo. Depois de arregaçar o baixo, Birdzell começou a dançar feito um louco, rodando entre rajadas de ruídos produzidos pela guitarra de Smith. Por fim, Birdzell se atirou no chão, e o barulho foi lentamente desaparecendo.

Foi um desfecho apropriadamente intenso para uma poderosa força musical, política e até mesmo espiritual. O que havia começado de forma tão promissora, agora parecia estar desaparecendo. Anos depois, quando indagado sobre o *Revolution Summer*, Bald respondeu: "O que foi isso? Isso foi uma coisa que nunca aconteceu". Até mesmo Squip – responsável por muito do ideário daquele período – foi irreverente sobre o assunto: "Bom, foi quando eu parei de fumar, é tudo que posso lhe dizer."

Ian MacKaye fez um comentário mais sério e sincero sobre o *Revolution Summer* em uma música que ele gravou com a ajuda de Jeff Nelson. "We All Fall Down" foi lançada num compacto com o nome de Egg Hunt (porque foi gravado durante a Páscoa), no outono de 1986. Esse 7 polegadas marcou o *debut* de MacKaye como guitarrista em disco, e foi também sua última colaboração com Nelson. "We All Fall Down" foi originalmente escrita para o Embrace, mas a banda rejeitou. ("Eles acharam que ela soava como Led Zeppelin", falou MacKaye, ironicamente.)

"We All Fall Down" começa com uma linha de baixo e uma pergunta amarga: "Why do we act like we just learned how to walk/When we've been walking all this time?" ("Por que agimos como se tivéssemos acabado de aprender a andar/Quando na verdade temos andado todo esse tempo?"). Desafiando os punks que assinaram com grandes gravadoras e também aqueles que tentaram criar uma alternativa (mas falharam), a música então explode: "In search of the quiet life/We all fall down/In search of the righteous life/We all fall down" ("À procura de uma vida tranquila/Todos nós caímos/À procura de uma vida correta/Todos nós caímos").

"O *Revolution Summer* foi o auge e o fim de alguma coisa", disse Amy Pickering em 1987. A inocência e o isolamento da cena original do harDCore se foram: um desenvolvimento que era, ao mesmo tempo, assustador e promissor.

"Parece que tudo o que você fez foi destruído, mas não é verdade", falou Picciotto sobre o fim do Rites of Spring. "Os shows existiram, as pessoas vieram e assistiram aos shows, eu fiz os shows, fizemos um disco, e isso certamente mudou minha vida toda. Tudo aquilo que eu fizer daqui pra frente será uma continuação disso. O nome será diferente, mas tudo o que senti no Rites of Spring sempre estará comigo."

POSITIVE FORCE NA CORDA BAMBA

POR MARK ANDERSEN

Não foram apenas as bandas que caíram nessa fase maldita. No final de 1986, a Positive Force também estava indo de mal a pior, perseguidos por uma série de divisões internas.

A primeira aconteceu quando a Positive Force se separou da aliança nacional NBAU. A tensão entre anarquistas e comunistas aumentou; diversos membros da PF que simpatizavam com políticas socialistas se sentiram indesejáveis e deixaram o grupo.

Mas esse não era o único problema, como um panfleto (assinado por Kevin Mattson) de maio de 1986 sugeria: "A Positive Force tem um ano, e alguns de nós sentem que o grupo se desviou de seu foco e intenção originais. Achamos que está na hora de decidir sobre uma direção, para sair dessa estagnação na qual nos encontramos. É hora de redefinir o nosso grupo..."

Esse panfleto identificava os três maiores problemas dentro do grupo: "#1, O comprometimento pessoal e a iniciativa pessoal haviam caído no esquecimento... os projetos simplesmente não estão sendo finalizados, porque poucos têm vontade de participar; #2, A Positive Force está cada vez mais atormentada com essa coisa de um grupo fechado... não apenas os novatos, mas também os veteranos sentem-se alienados, porque eles não se identificam com a pauta linha dura que predomina; #3, As reuniões são vazias e chatas, para não dizer sem propósito."

Para mim, muito disso parecia o resultado previsível da ausência de estrutura do grupo. Kevin, por outro lado, achava que a culpa do tédio residia no fato de que a maioria dos novos membros da PF eram novatos na política, oriundos da cena punk. Se fazer tumulto e gritar com as pessoas fazia algum sentido emocional, não era o suficiente para criar um movimento de base mais ampla e que tivesse mais força.

Todavia, simplesmente desmanchar o grupo era um pouco injusto. A Positive Force (da fase inicial) pode não ter alcançado tudo aquilo que alguns esperavam, mas isso não quer dizer que o grupo não conquistou nada. A PF ajudou a injetar uma consciência política no punk de DC, criou um grupo social que dava apoio a um bando de jovens alienados, ajudou-os a se defender de ataques violentos e ainda os capacitou com habilidades políticas e educação que poderiam usar em outros contextos.

No entanto, o idealismo em excesso de muitos que estavam envolvidos, fez com que o grupo se exaurisse em uma rápida desilusão, desintegração e colapso. O próprio Kevin deixaria o grupo em junho de 1986, vomitando negatividade. E ele foi seguido por muitos outros, inclusive por Jenny Toomey. Ainda que alguns mantivessem o grupo funcionando, a verdade é que a Positive Force estava caindo aos pedaços. Com a chegada de 1987, o grupo parecia fadado à extinção.

MARK JENKINS

DANCE OF DAYS

MARK ANDERSEN

1986 * 1987

CAPÍTULO DEZ

SALA DE ESPERA

QUANDO OS MEMBROS DO LÜNCHMEAT VOLTARAM DA FACULDADE, encontraram um verão sem revolução. "Nós voltamos da faculdade ansiosos", recorda-se Bobby Sullivan, "e todo mundo estava parado e reclamando, 'Não tem nada aqui em DC, todas as bandas acabaram'".

As bandas da Dischord tinham uma propensão a terminar, e isso já tinha virado motivo de piada. Muitos fãs que não moravam em Washington se acostumaram a comprar álbuns de bandas que eles nunca chegariam a ver ao vivo. "Onde eles estão agora? Quando a entrevista era publicada, a banda já tinha acabado", provocou Julie Cafritz, da banda Pussy Galore. Jon Spencer (que também era da banda) completou: "Toda aquela história de *Revolution Summer* caiu por terra."

Até mesmo aliados estavam intrigados com isso, como era o caso de Tim Yohannon. Em uma entrevista de rádio para a *Maximum RockNRoll*, Tim questionou Chris Bald sobre esse assunto; Bald explicou, com extrema paciência, que a galera da Dischord tinha estudado junto no colégio, e que a maioria daquelas bandas era formada por amigos; como eles eram tão próximos, a perda de um integrante era fatal, e era por causa da integridade artística e do respeito entre os membros das bandas que algumas delas cometiam suicídio comercial. Apesar da sua paciência, o seu tom de voz deixou claro que esse assunto tinha se tornado irritante.

Os precursores do renascimento do ano anterior tinham se espalhado não apenas psicologicamente, mas também fisicamente: Bald foi para San Francisco, Mark Haggerty para a Nova Zelândia, enquanto Dante Ferrando, Ian MacKaye, Brendan Canty e Cynthia Connolly estavam viajando pelo país.

A grande cena punk de DC estava concentrada basicamente em um novo clube, chamado The Complex, cujos proprietários eram Gordon Gordon e Dave Redman. Juntamente com o bar Hung Jury Pub, o Complex possibilitou que muitas bandas de fora da cidade tocassem pela primeira vez em DC desde o começo de 1985. Esses shows frequentemente atraíam aquele indesejável grupo de punks arruaceiros. Além disso, em pouco tempo o verdadeiro dono do Complex abandonaria o clube, deixando para trás muitas dívidas, que levariam ao fechamento do local no final do verão.

A Positive Force também estava à deriva, embora muitos assuntos políticos (de âmbito nacional) estivessem afetando a cena punk local. O sinal mais aterrorizante disso foi a morte de Rodrigo Rojas, um jovem de 19 anos que havia acabado de se formar na Woodrow Wilson High School. Ele era filho de um ativista dos direitos humanos do Chile. Rojas tinha ido ao Chile apenas para aprender mais sobre sua terra natal e, quem sabe, encontrar o pai que nunca tinha visto. Rodrigo estava acompanhando uma manifestação contra a ditadura Pinochet quando soldados chegaram; ele e uma amiga (Carmen Quintana) foram brutalmente espancados e, depois disso, os soldados jogaram gasolina neles e atearam fogo.

Em território americano, o "rock" estava sob ataque. O responsável pelo ataque era o famigerado Parents Music Resource Center[1]. O rosto público mais notório do PMRC

1 N. de T.: O Parents Music Resource Center (PMRC) foi um comitê americano formado em 1985 com o objetivo inicial de aumentar o controle dos pais sobre o acesso das crianças à música considerada violenta, o uso de drogas ou a conotação sexual através da rotulagem com o selo *Parental Advisory*.

era o de Mary Elizabeth "Tipper" Gore, esposa do Senador Al Gore, que estava chocada pelos vídeos de rock e pelas letras de canções como "Darling Nikki", de Prince.

Mary Gore e suas amigas (conhecidas como as "esposas de Washington") tentavam passar uma imagem de que eram contra a censura, mas seus pedidos para classificação e rotulação dos discos diziam exatamente o contrário. Um dos primeiros golpes desferidos por essa campanha aconteceu quando Jello Biafra (Dead Kennedys) foi acusado de "distribuição de material prejudicial a menores", uma referência ao pôster "Penis Landscape" (de H.R. Giger), que fazia parte do álbum *Frankenchrist*.

A Positive Force decidiu focar suas atenções nesses dois casos, de Rodrigo Rojas e de Jello Biafra. Organizou um show beneficente contra a censura no Complex, em agosto, seguido pelo "Concert for a Free Chile" no Dupont Circle, no dia 13 de setembro. Duas novas bandas tocaram no primeiro show, One Last Wish e Soul Side, ao lado do Carpe Diem e do Freeze (de Boston).

O Soul Side era simplesmente a reunião do Lünchmeat com um novo nome. Embora mais tarde Sullivan tivesse descoberto que *Soul Side* era o nome de um livro incendiário sobre as rebeliões de 1968 em DC, o nome foi inicialmente escolhido apenas porque "soava bem". A nova banda manteve [no repertório] alguns de seus antigos hinos como "Fresh Air" e "Under the Glare", além de ter acrescentado potentes novas canções como "Dreams" e "Pearl to Stone". Logo a banda entraria novamente num hiato, pois a maioria de seus integrantes voltou para a faculdade. Porém, antes de se separarem de novo, eles gravaram um álbum no Inner Ear, produzido por Ian MacKaye, Don Zientara e Eli Janney. Esse seria o segundo lançamento do [selo] Sammich; impulsionado principalmente pela energia ilimitada de Amanda MacKaye, esse selo em pouco tempo deixaria de ostentar a imagem de "Dischord Jr" para ganhar seu próprio e peculiar público.

Os integrantes do One Last Wish estavam visivelmente empolgados por estarem retornando aos palcos depois de oito meses. O primeiro show – que terminou com uma versão cabulosa de "Looking at You" do MC5, que ficou ainda mais intensa quando Picciotto saltou do palco para escalar o mezanino – mostrou um grande potencial, e também deixou claro que a banda não tinha intenção de ser o Rites of Spring.

A sensibilidade pop de Mike Hampton foi suficiente para garantir para a banda algumas comparações com o popstar local Tommy Keene. Picciotto continuou sendo o vocalista principal, mas Eddie Janney (que agora tocava baixo) emprestou sua voz aguda para duas músicas. Apesar das músicas de Janney serem sólidas, elas careciam da urgência do material de Picciotto, e poderiam diminuir o ritmo do set da banda.

Se o som do One Last Wish desapontou alguns fãs do Rites of Spring, outra banda nova imitava o estilo do Rites. O Rain – formado pelo guitarrista/vocalista Jon Kirschten, pelo baterista Eli Janney e pelo baixista Bert Queiroz – mostrava a influência do Rites em músicas como "It Is for Always" (uma referência ao *Revolution Summer*). Assim como o One Last Wish, no entanto, o Rain caminhava em direção ao lado mais pop do post-harDCore.

Chris Bald estava em San Francisco, e não parecia impressionado com essas bandas novas. "Não posso dizer [a eles] que estão errados, mas não vejo a hora de voltar e fazer tudo isso de uma forma diferente", ele disse na época. "Amo toda aquela gente, eles são minha família de uma certa forma, mas acho que chegou em um tipo de encruzilhada, e eles estão buscando algum 'novo ideal', que para mim já é obsoleto". Em novembro de 1986, uma reportagem sobre a cena de DC na *Maximum RockNRoll* dizia que "Chris Bald está voltando para DC para detonar os franguinhos do post punk beatnik".

Todavia, os integrantes do One Last Wish não enxergavam a nova banda como uma negação, mas sim como uma evolução do Rites of Spring e do Embrace. Quando foi perguntado pela revista *Maryland Musician* como era sua nova banda comparada ao ROS, Picciotto respondeu: "Nossas intenções são as mesmas".

Em geral, as guitarras do One Last Wish eram mais comedidas do que no Rites, mas as letras mantiveram a temática de canções como "Hidden Wheel". "Three Unkind Silences", "Break to Broken" e "Loss Like a Seed" combinavam o pessoal, a poesia e a política. O quarteto também executou a música mais direta que Picciotto havia feito até o momento, "Burning in the Undertow", que foi inspirada pelo assassinato de Rojas. Os versos da música são apelos para o envolvimento com o resto do mundo, enquanto o intenso refrão remete à terrível realidade da morte de uma pessoa: "They poured their malice/Down your back/And then they dropped the match" ("Eles derramaram sua maldade/Nas suas costas/E então atiraram o fósforo").

Após um show no Complex, um colaborador da *Flipside* listou duas bandas de DC (que tocaram lá) entre as melhores do país. A primeira era o One Last Wish, e a outra era o Dag Nasty. O álbum *Can I Say*, do Dag Nasty, tinha recebido muitos elogios, embora algumas resenhas acusassem a banda de revisitar o passado. Peter Cortner, o novo vocalista, não tinha tanta experiência quanto Dave Smalley, mas ele trabalhou duro e tinha uma forte presença de palco. Após alguns poucos ensaios com o novo vocalista, a banda saiu numa bem sucedida turnê pelos EUA em um micro-ônibus amarelo, mais tarde imortalizado na música "Mule".

Em junho, pouco tempo depois do fim da *tour*, a banda gravou quatro músicas novas no estúdio Inner Ear, com MacKaye e Zientara (na produção): "All Ages Show", "Safe", "Fall" e "Trying". Essas novas composições mostravam que o Dag Nasty estava misturando com habilidade a melodia pop e a energia do hardcore, e tinha se recuperado da troca de vocalistas. Mas outra crise estava se aproximando: o baixista do Descendents Doug Carrion, que havia se tornado um grande amigo de Brian Baker, convenceu o guitarrista a se mudar para LA e se juntar a uma "superbanda" punk, ao lado do vocalista e do baterista da popular (mas boba) banda straight edge Doggy Style.

O nome dessa nova banda era Doggy Rock, e optaram por um estilo musical que poderia atrair um público maior. Carrion chamou a banda de "um pacote total de entretenimento. Imagine quatro animais selvagens soltos no palco. Eu fico com o pé atrás de chamar de funk ou rap, mas é definitivamente uma música dançante".

Essa descrição sugeria uma influência dos Beastie Boys, que tinham acabado de alcançar o Top 10 com [a música] "(You Gotta) Fight for Your Right (to Party)". Baker justificou o seu interesse pela banda simplesmente como uma oportunidade na carreira: "O que quero fazer é tocar minha guitarra". Quando o Doggy Rock fez seu show de estreia no Halloween – pouco mais de um mês após a chegada de Baker a Los Angeles – esse foi aparentemente o fim do Dag Nasty, e mais um golpe na credibilidade de Brian Baker dentro do punk.

O Dag Nasty não era a única banda local que estava enfrentando dramáticas mudanças de formação. Depois de lançar um *single* poderoso ("Mecca"/"So Sad") pelo selo Fountain of Youth, a banda Madhouse perdeu o seu baixista (Eugene Bogan) e o seu guitarrista (Norman Van Der Sluys). Além disso, a banda ainda teve um impasse com Derek Hsu, dono do selo. Ninguém pagou pelas sessões de gravação do segundo disco, e as músicas ficaram nas mãos dos proprietários do estúdio Hit and Run.

Depois de terem rompido com o selo Fountain of Youth, Monica Richards e Danny Ingram recrutaram o ex-guitarrista do Beefeater Fred Smith e o baixista Franz Kellner. No início de 1987, a banda tinha novas músicas, um som cada vez mais sofisticado, um novo nome e um acordo de dez mil dólares com o cantor Prince, que queria usar o nome Madhouse para um projeto paralelo. O quarteto passou a se chamar Strange Boutique, nome tirado de um disco da banda inglesa The Monochrome Set.

Enquanto isso, a banda King Face passava por reformulações na sua cozinha. Mark Sullivan e Pat Bobst encontraram o baixista Andy Rapoport (resgatado da "classe de 83" do harDCore) e o baterista Larry Colbert (um afro-americano que nunca tinha tocado punk rock antes). Essa formação bem diversificada se encaixava no direcionamento mais rock do som do grupo. Se o som do King Face estava mais para Van Halen do que para MDC, o mesmo não poderia ser dito sobre as letras de Sullivan, que eram provocativas e (sutilmente) subversivas. Além disso, Sullivan tinha uma presença de palco à la Iggy Pop, o que ajudou a formar um público para o hard punk da banda.

Todavia, o campeão na categoria troca de integrantes continuava sendo o Government Issue. Durante todo o ano de 1986, o GI conviveu com um desfile de idas e vindas de integrantes, além de algumas tretas com o selo Fountain of Youth, para o qual eles tinham retornado depois de dois álbuns pelo selo Mystic. O Fountain of Youth tinha fechado um acordo de distribuição/financiamento com a Dutch East India, uma distribuidora com renome no universo indie rock.

Poucas bandas punk estavam lançando seus próprios discos, e algumas empresas (como a Dutch East, a SST e a Caroline) estavam se tornando "mini-majors". A Dischord ficou isolada, pois se recusava a fazer um trabalho de relações públicas e mantinha o compromisso de lançar apenas bandas da região de DC. Mesmo assim, muitas bandas cortejavam o selo. Em uma entrevista para a *Maximum RockNRoll*, a banda straight edge Uniform Choice (de Orange County) declarou sua vontade de lançar pela Dischord. O grupo foi recusado pelo selo de maneira firme, mas educada.

A crescente divisão do trabalho entre músicos e selos foi uma evolução lógica. As bandas queriam focar na música, sem a obrigação de se distrair com os negócios. Para um sucesso maior, o próximo passo seria assinar com grandes gravadoras. Essa era uma transição muito dolorosa para idealistas como MacKaye. No início de 1987, ele observou com tristeza que bandas como o Hüsker Dü não eram mais "aliados na mesma conspiração".

John Stabb foi um dos que defenderam a decisão do Hüsker Dü de assinar com a Warner Brothers. "Se pudéssemos ter um contrato que garanta 'controle criativo' mesmo dentro de uma *major*, eu assinaria numa boa", ele disse. Enquanto os puristas acusavam as bandas de 'vendidas', muitos músicos da cena punk queriam apenas evitar ter que trabalhar num emprego de merda, e almejavam uma carreira musical de verdade.

As boas intenções dos selos independentes eram um pequeno consolo. "Eu queria apenas lançar os discos. Uma vez que eles já tinham sido lançados, realmente não sabia o que fazer com eles", admitiu Derek Hsu anos depois da Fountain of Youth ter encerrado atividades. Isso incomodava bandas que estavam sempre na estrada, como o GI, que acabava tocando em cidades nas quais seus discos não chegavam.

O acordo com a Dutch East aprimorou a distribuição dos álbuns do GI, mas não demorou muito para a banda decidir que o selo local era desnecessário. "Chegamos a conclusão que a Dutch East estava dando dinheiro ao Derek para que gravássemos", disse Tom Lyle. "Ele pegava uma parte do dinheiro, e nos dava o restante – e, até onde sabíamos, para fazer nada. A Dutch East era realmente o nosso selo. Eles injetavam o dinheiro, produziam e distribuíam o disco". O álbum seguinte da banda saiu pela Giant, uma subsidiária da Dutch East. Em meio a uma crise financeira e disputas sobre direitos autorais (com bandas já bem descontentes como o Crippled Pilgrims), o selo Fountain of Youth acabou.

O Government Issue continuou na batalha. No início de 1986, a banda perdeu seu único integrante original, o baterista Mark Albertstadt, além do baixista Steve Hansgen. Um garoto tímido e desconhecido substituiu Hansgen: seu nome era J. Robbins. O posto de baterista foi preenchido por Pete Moffett, ex-integrante do Dove. Ninguém se deu conta na época, mas o GI havia finalmente encontrado sua formação definitiva. Robbins e Moffett eram músicos de qualidade, e a química com Lyle funcionava bem. Renovado e com novo gás, o GI entrou em seu período mais produtivo e popular.

Embora sua formação não tivesse mudado, o Marginal Man estava enfrentando uma crise de identidade. Para o público em geral isso era perceptível na figura do vocalista Steve Polcari, que parecia não levar as músicas tão a sério e tinha se tornado uma espécie de *showman*. Após dois bons álbuns e duas turnês desgastantes pelos EUA, a banda tinha atingido um certo patamar. Durante 1986 e o começo de 1987, o Marginal Man continuou tocando com frequência para grandes plateias em Washington (incluindo alguns shows com os Slickee Boys), mas não lançou material novo e tampouco fez uma grande turnê.

Em termos criativos, a banda também estava estagnada. Embora o seu estilo tenha sido um prenúncio do chamado emocore, eles recuaram um pouco quando outras bandas começaram a surfar nessa onda. Em 1991, durante uma entrevista, Pete Murray disse que na música "a emoção é tudo que realmente importa para mim". Ele reclamou que "a banda não me deixava tocar 'Forever Gone'", uma canção dilacerante inspirada no suicídio de um amigo, "porque a tocamos umas duas vezes, e eu quase entrei num transe. Era como se eles estivessem me dizendo que eu não poderia escrever sobre coisas que eram importantes para mim."

Apesar da banda ter se originado da extremamente politizada Artificial Peace, alguns de seus integrantes estavam desconfortáveis com o ativismo que era cada vez mais associado ao punk de DC. Polcari havia ajudado a escrever muitas das músicas de protesto do Artificial Peace durante os primeiros anos do governo Reagan, mas no meio dos anos 1980 ele rejeitou a política radical e, principalmente, o anarquismo. "Sempre que você começa a misturar música com política, as pessoas terão opiniões diferentes sobre isso", disse Murray anos mais tarde. "Steve não gostava. Eu não concordava, mas realmente não posso culpá-lo".

O Marginal Man não era a única banda conhecida de DC a se distanciar da política mais radical – e também do representante mais notável dessa cena, a Positive Force. O Government Issue e o Dag Nasty também se afastaram. No entanto, o Marginal Man tocou em shows beneficentes contra o apartheid e contra a fome, além de ter participado de alguns shows da Positive Force.

X X X

Apesar das recorrentes preocupações sobre o papel do Partido Comunista Revolucionário na coligação, a Positive Force decidiu participar do protesto da No Business As Usual contra a Iniciativa de Defesa Estratégica [no inglês, SDI] de Reagan, uma proposta de um sistema antimísseis apelidado de "Star Wars". Dessa vez, pessoas da "cúpula" da Dischord se juntaram ao protesto, incluindo MacKaye, Mark Sullivan e Jeff Nelson. Jeff, especialmente, ficou tão envolvido com essa causa que até colocou "STP SDI" ["Stop Strategic Defense Initiative"] na placa de seu carro.

Tomas Squip se manteve politicamente ativo, e continuava protestando na Embaixada da África do Sul. Ele também planejou uma manifestação no Lafayette Park, bem na frente na Casa Branca, em resposta às novas restrições. Numa tentativa de remover do parque um grupo de manifestantes que estava fazendo uma vigília desde a posse de Reagan, o Serviço Nacional de Parques baniu cartazes acima de um certo tamanho e passou a exigir uma permissão para reuniões com mais de 25 pessoas.

Em resposta a isso, Squip fez 25 cartazes exatamente dentro dos limites de tamanho, com uma única letra pintada em cada um deles. Quando os cartazes eram levantados pelas 25 pessoas, eles formavam um gigantesco – mas totalmente permitido – letreiro: "SEU PRESIDENTE ESTÁ MENTINDO PARA VOCÊ". Squip então organizou um grupo de punks que marchou silenciosamente, em fila indiana, de um lado do parque até bem na frente da Casa Branca, onde levantaram os cartazes, criando o letreiro.

Os policiais do Parque chegaram rapidamente. "Dava para ver que eles estavam bravos", Squip disse mais tarde, sorrindo. "Mas, mesmo por suas próprias diretrizes, não tinha nada que pudessem fazer".

Um dos maiores entusiastas da Positive Force era o Scream. A banda tocou em aproximadamente seis shows beneficentes desde o começo de 1986 até meados de 1987, e a maioria deles em conjunto com a PF. Na verdade, eles quase assumiram o lugar do Beefeater como a "banda oficial da Positive Force". O grupo ainda adequaria a sua apresentação de acordo com questões políticas relevantes, encorajando a plateia a agir.

O Scream vinha tocando há sete anos e atingiu o auge nesse período. No verão de 1986, a banda fez uma turnê pela Europa: o primeiro grupo de DC (tirando o Bad Brains) a fazer isso. Lá os músicos encontraram uma cena altamente politizada, que um observador descreveu como o "viveiro da contracultura, maior e mais permanente do que o experimento hippie em Haight-Ashbury jamais tinha sido". Energizados pelos politizados punks europeus e tendo sido super bem recebidos pelo público local, o Scream retornou para fazer uma série de shows incendiários em Washington, incluindo uma aparição no Concert for a Free Chile.

Enquanto estava na Grã Bretanha, o Scream gravou várias músicas com John Loder no Southern Studios. Combinado com o material que já haviam gravado com MacKaye no Inner Ear, o Scream tinha seu novo álbum. *Banging the Drum* era o trabalho mais variado e bem feito que a banda já havia produzido. A música-título celebrava os protestos punk-percussivos, "Walking By Myself" era um rock à la Detroit, "People People" era uma celebração da música de protesto e "ICYUOD" era uma canção triste e claustrofóbica.

A viagem do Scream pela Europa foi um momento decisivo para a banda e para o seu baterista Kent Stax. Casado e com filho, Stax relutava em fazer longas turnês. Inicialmente ele decidiu que não iria à Europa, mas mudou de ideia quando a banda começou a procurar seriamente por outro baterista. Mas, quando voltaram da Europa, Stax preferiu ficar com sua família ao invés da banda.

O Scream estava de olho em Dave Grohl, que agora estava tocando bateria no Dain Bramage, uma banda (influenciada por Hüsker Dü) que tinha nascido do Mission Impossible. O Dain Bramage estava começando a se estabelecer e tinha gravado seu álbum de estreia por um selo californiano, chamado Fartblossom. Mas o Scream era a banda favorita de Dave Grohl, e ele não conseguiu resistir em fazer um teste. Ele tinha 17 anos e ainda estava no colegial, então teve que mentir sobre sua idade. Para a surpresa de Grohl, o Scream ficou encantado com sua energia e habilidade, e ele foi convidado a entrar na banda.

Inicialmente ele recusou, pois não queria sair do Dain Bramage com um álbum e uma turnê a caminho. No entanto, quando a turnê foi cancelada, Grohl mudou de ideia. Para se juntar ao Scream, ele teve que largar a escola, mas foi cuidadoso para que seus novos companheiros de banda não descobrissem isso.

X X X

No final de outubro, o Bad Brains voltou a DC para fazer um show no 9:30 Club. Os ingressos esgotaram. "Essas são as pessoas que viram minha transformação de menino para homem", disse HR. "Nunca poderia virar minhas costas para elas". Jenifer, por outro lado, observou que sentia uma "mistura de sentimentos" quando tocava em Washington.

Em DC, muitos se questionaram quanto a sinceridade da reunião do Bad Brains, mas seu poderoso disco *I Against I* (lançado pela SST) tinha silenciado tais críticas. Um dos seus fãs mais antigos, Henry Rollins disse naquela época que o Bad Brains tinha "envelhecido graciosamente. Não é mais como era antigamente, mas fico feliz. Bandas que não mudam são uma mentira."

As novas músicas da banda eram mais controladas e menos intensas, mas tinham encanto e *swing*, além da presença de palco de HR. Depois da primeira leva de sons, HR cumprimentou os fãs que estavam na frente do palco, como se fosse um herói. Muitos desses fãs estavam vendo o Bad Brains provavelmente pela primeira vez, já que o disco *I Against I* estava vendendo muito bem para um álbum independente.

Mas é claro que esse Bad Brains era uma banda diferente do que era no início dos anos 1980. Dr. Know ainda clamava para que a música carregasse "uma vibe revolucionária", mas a banda raramente falava nos termos apocalípticos de 1982. Em uma entrevista em 1987, Jenifer disse que era importante que as bandas tivessem uma consciência política, "mas ninguém quer chegar ao ponto de ficar muito envolvido com isso". Mesmo assim, *I Against I* foi dedicado "a todos os artistas e pessoas que apoiam os desfavorecidos."

Tony Countey era o novo empresário do Bad Brains, e a banda estava mais profissional e mais bem divulgada. Antigos aliados como Ric Ocasek e Dave Hahn (com a ajuda do cineasta Jem Cohen) colocaram "Pay to Cum" na trilha do filme *Depois de Horas*, de Martin Scorsese, e um dos vídeos do álbum entrou na programação da MTV. Como era de se esperar, a "Babilônia" acenou novamente. Dessa vez na pessoa de Chris Blackwell, da Island Records, que procurou a banda. Como Blackwell havia assinado com Bob Marley and the Wailers (e os ajudou a se tornarem estrelas mundiais), o seu interesse foi levado a sério.

HR resistiu ao ímpeto comercial da banda. Apesar de *I Against I* ter recebido ótimas críticas, HR mais tarde diria que ele estava secretamente "com o coração partido", porque o produtor Ron St. Germain tinha tirado todo o reggae do disco. "Eu não queria lançar um álbum que não tivesse nenhuma identificação *Rasta Man*", disse o vocalista. "Antes desse [disco], tudo o que fizemos e lançamos tinha algum elemento de reggae, desde o nosso primeiro single."

Em entrevistas, HR começou a falar abertamente sobre o Bad Brains gravar um álbum totalmente de reggae – algo que Dr. Know e Jenifer não queriam. Ele também estava começando a ficar desgostoso com o punk. Ele tinha passado dos 30 anos, estava cansado de gritar "como um louco" e tocar para plateias que pareciam indiferentes às suas mensagens. "Pense em 'Rock for Light' por exemplo: estou cantando 'Don't want no violence/Just want some peace and love' ('Não quero violência/Quero apenas paz e amor'), e tudo que vejo ao meu redor é loucura. Isso é difícil de aguentar para qualquer homem religioso." HR disse, numa entrevista para a revista *Sold Out*, que "a música que o Bad Brains toca é muito, muito pesada. As pessoas agitam, as pessoas pulam, gritam, mordem, agem como bárbaros. E mesmo eu, um homem que veio de uma família civilizada, me tornei um não civilizado."

Em alguns shows da turnê de 1987, HR se prendeu numa cadeira (em cima do palco) usando silver tape. A imagem do hiperativo HR confinado numa cadeira –soltando-se apenas no final do show – era um drama bastante convincente, ainda que um pouco confuso. Mais tarde, HR alegaria ter usado a cadeira simplesmente por causa de uns ferimentos de infância que tinham reaparecido, mas ele contou à revista *Sold Out* que "eu me amarrei porque estava cansado. Levaria anos para lhe contar tudo que está acontecendo dentro do meu coração. A raiva que sinto, e a opressão da música [era] esmagadora."

Essa música opressora era o punk rock, a música do Bad Brains. "Eu esperei sete anos e não tocamos reggae", HR contou a Cynthia Connolly em 1988. "Apenas duas ou três músicas no máximo, aqui e ali. Eu estava chorando por dentro. E poderia estar muito frustrado. Eu queria tocar reggae, mas tudo que podia tocar era essa gritaria, esses berros. Eles deveriam estar pensando, 'Essa é a melhor coisa do mundo', e eu estava simplesmente... " HR balançou a cabeça de maneira triste.

A possibilidade de assinar com a gravadora Island afastou ainda mais HR da banda. Ele continuava suspeitando de contratos e grandes gravadoras, e a ideia de ser obrigado a ficar no Bad Brains por mais uns bons anos era devastadora [para ele]. Na véspera de uma turnê, ele saiu da banda. E, novamente, Earl Hudson seguiu seus passos. Pela segunda vez, o Bad Brains havia se autodestruído bem na iminência de assinar com uma *major*.

Como sempre, Dr. Know tentou ser otimista: "Você segue o seu espírito, cara. Se agora é a hora de terminarmos, então terminaremos. Não podemos lutar contra Jah, sabe como é?" Mesmo assim, havia um pouco de rancor quando ele admitiu que "foi uma coisa muito difícil. Quando eu tinha 17, 18, 19, 20, que seja, antes de ter uma família, eu conseguia lidar melhor com isso, porque era apenas eu. Eu poderia ir dormir no sofá de alguém, comer um pacote de batatas fritas e estava tudo bem, mas não posso fazer essas coisas agora."

À portas fechadas, Jenifer chamava HR de "traidor" e "hipócrita". Com famílias que precisavam ser sustentadas, e vendo sua banda e ambições em frangalhos, Jenifer e Dr. Know decidiram fazer algo que antes era impensável: substituir HR e Hudson, e seguir com o Bad Brains sem os dois.

X X X

O Black Flag continuava a fazer turnês sem parar. Durante os seis primeiros meses de 1986 eles permaneceram na estrada. O projeto instrumental de Greg Ginn, chamado Gone, abriu muitos desses shows. Era um ritmo implacável, em especial porque a SST havia se tornado um trabalho de tempo integral. Após a turnê a banda fez uma pausa, e Henry Rollins aproveitou para visitar DC em agosto. Enquanto estava lá, ele recebeu uma ligação curta e grossa de Greg Ginn: o Black Flag tinha virado história.

Rollins se viu diante de um futuro "em aberto". O seu primeiro passo foi raspar o cabelo (que estava na altura do ombro). Em 1984, quando tinha sido perguntado o que faria caso não estivesse no Black Flag, Rollins disse que "escreveria, pintaria, estaria em outra banda, seria um terrorista". Agora ele ligou para velhos amigos de DC como Chris Haskett (ex-Enzymes) e Bernie Wandel (ex-Nuclear Crayons), e também para o baterista Mike Green, para compor e gravar um álbum, chamado *Hot Animal Machine*.

Eles também fizeram o EP *Drive By Shooting*, lançado com o nome de Henrietta Collins and The Wifebeating Childhaters.

Nem Wandel e tampouco Green se comprometeriam a dar o próximo passo (basicamente ficar na estrada por tempo indefinido), e por isso Rollins recrutou uma nova sessão rítmica. Ironicamente, Sim Cain e Andrew Weiss tinham vindo do então defunto Gone. No início de 1987, Rollins estava numa turnê de *spoken word*, já planejava a primeira *tour* da Rollins Band e estava prestes a lançar seus dois primeiros discos solo por um novo selo independente, o Texas Hotel.

X X X

"Esta é para Toni Young", anunciou a vocalista da nova banda, e o grupo começou sua primeira música. O som era denso, a guitarra pesada, a cozinha levemente experimental. A banda mostrava um desconforto natural para uma estreia, mas a música era poderosa e diferente. "Drowning Intentions" era particularmente impressionante, com um refrão cuja letra combinava com a cadencia da música: "The only way out is up" ("A única saída é para cima").

O curto set serviu para apresentar uma intransigente nova versão do harDCore, mas a música não era a única coisa diferente. Essa banda, Fire Party, era formada por quatro jovens mulheres.

Em um outro mundo, esse fator biológico não teria sido digno de atenção. Porém, no punk de DC, uma banda como essa era algo quase sem precedentes, mesmo após a cruzada antimachista que havia acontecido durante o *Revolution Summer*. A vocalista Amy Pickering, a guitarrista Natalie Avery, a baixista Kate Samworth e a baterista Nicky Thomas estavam rasgando o cartaz invisível que dizia "Não é Permitido Saias (No Palco)". E elas estavam lá, num show dedicado a Toni Young, uma das poucas mulheres que conseguiu se manter no "clube do Bolinha" do hardcore.

Poucos dias antes, Toni Young falecera de forma inesperada, de pneumonia. Desde sua saída do Dove, em 1984, ela tinha dado uma sumida, e manteve contato com poucos amigos da comunidade punk. Circularam rumores de que a pneumonia tinha sido uma complicação causada pela AIDS, mas Vivien Greene (amiga íntima de Young) deu outra explicação: "Toni teve problemas com o seguro de saúde. Ela não tinha dinheiro para pagar médicos, então ela acabou deixando [a pneumonia] ir longe demais. Ela não era como muitos garotos da cena, filhos da classe alta... E, de certo modo, [foi isso] que a matou".

Quando Toni Young morreu, as políticas sexuais da cena estavam mudando. Kim Coletta, uma estudante da Universidade de Georgetown, depois escreveu um trabalho acadêmico que identificava a "contradição social" da cena punk/hardcore de DC. "Existem pouquíssimas mulheres em bandas, e tradicionalmente os homens organizam os shows; em geral, as mulheres apenas observam passivamente, ao invés de dançarem ou de participarem mais ativamente dos shows. Ao se juntar a essa subcultura, muitas mulheres estavam se rebelando contra os papéis tradicionais na sociedade; no entanto, elas continuavam controladas dentro dessa subcultura, na qual a ideologia é da supremacia masculina."

Algumas lideranças masculinas dessa nova cena (como MacKaye, Squip e Picciotto) já haviam atacado isso. Picciotto observou: "O Insurrection era super machista, [mas] o Rites of Spring não era." Além disso, Squip tinha encorajado as mulheres não apenas com palavras, mas também levando muitas meninas (entre elas Nicky Thomas) para o palco e para o estúdio com o Beefeater.

As mulheres estavam assumindo novos papéis dentro da cena. Pickering ficou responsável pelo agendamento das bandas no 9:30 Club, e Connolly substituiu Claudia DePaul no DC Space, nessa mesma função. Tempos depois, Coletta observou que – graças à presença de Claudia e Connolly – o DC Space desempenhou "um impacto importante para as mulheres na cena, porque elas estavam dispostas a promover os talentos femininos."

Em uma carta para a *Flipside*, Kristin Warren (da Positive Force) expressou o seu apoio ao straight edge e sua admiração por MacKaye e Squip, mas argumentou que "aquela coisa straight edge da negação da obsessão pelo sexo foi direcionada às mulheres. O elemento feminino nas músicas de MacKaye era algo que arruinava a vida dos garotos punks, outrora 'livres' e 'legais'". Ela também criticou Squip, que numa entrevista para a *Flipside*, em 1985, afirmou que a ruína do punk podia ser exemplificada por aqueles caras que "andavam por aí com namoradinhas loiras oxigenadas e tal".

A resposta de MacKaye à crítica sobre as referências femininas nas suas músicas foi simplesmente dizer que "as músicas do Minor Threat são histórias verídicas: os personagens são pessoas de verdade." Ele e Squip negaram que sua crítica à obsessão pelo sexo tenha sido dirigida às mulheres: "[Ela] foi direcionada a todas as pessoas que fazem uso de seus órgãos de forma obsessiva, seja homem ou mulher."

Sobre o assunto "namoradinhas loiras oxigenadas", eles argumentaram que "nesse caso, ambas as partes são culpadas. [Nós] depreciamos as meninas porque elas representavam esse papel da 'garotinha nova/objeto de desejo', e também porque elas se submetiam a isso de modo ingênuo. Mas [nós] também atacamos os garotos que as colocam nessa posição."

Ironicamente, o Fire Party não abordou a questão da mulher no punk em suas letras. "Não é que não quciramos nos manifestar sobre isso", disse Pickering. "Apenas o fato de que fazemos isso já é uma declaração por si só."

"Nós montamos o Fire Party por causa da música, não por causa do sexo", ela disse a um entrevistador em 1989. Quando foi novamente questionada sobre isso, ela insistiu que elas formaram a banda porque as quatro eram amigas, e porque elas "estavam no mesmo nível musical, ao contrário de muitos de nossos amigos homens. Era muito mais natural que nós nos juntássemos."

Para Amy, a relação entre o *Revolution Summer* e o Fire Party era direta, mesmo que quase dois anos tivessem passado desde suas ações no Conselho de Planejamento Urbano até o início das atividades de sua banda, em fevereiro de 1987. Ela teve um papel muito importante no início do *Revolution Summer*, ainda que nem ela e nem qualquer outra garota tenha tocado nas bandas daquela época. Porém, quando essas bandas começaram a desaparecer, Amy já estava fazendo um som com Natalie Avery. E, em função disso, ela não via 1986 como um "período tão desolador como 1984."

Em 1993, ela afirmou que o *Revolution Summer* "começou quando tinha que começar, e então morreu. Mas nós ficamos com toda aquela bagagem que havíamos adquirido daquelas bandas. [Aquele verão] foi o auge daquela coisa que possibilitou o que viria a seguir. Para mim, foi o fim da juventude e [o fim] daquela postura indiferente em relação à sua própria vida."

O próximo passo foi sair da casa dos pais. Assim começou o fenômeno das casas coletivas, que teve início com a Garfield House (onde moravam Picciotto, Canty, Birdzell, Mike Fellows e mais tarde Natalie Avery). Depois dela vieram: S Street, Kearny Street e a Positive Force House, dentre outras. "Nos mudamos para a S Street logo após aquele verão", recorda-se Molly Burnham. "A Garfield [House] tinha acabado de começar, e tinha também a Dischord House... mas elas não eram chamadas de 'Casa dos Garotos'? Quando começamos a S Street, ela foi imediatamente rotulada como 'Casa das Garotas'."

Essa convivência na "Casa das Garotas" foi parcialmente responsável pelo estabelecimento dos vínculos que levaram à formação do Fire Party. O nome da banda remetia a uma festa de aniversário, na qual um grupo (incluindo as integrantes da banda) fez uma fogueira na floresta.

O nível de exigência tinha subido: as pessoas esperavam uma proficiência musical cada vez maior por parte das bandas locais, e por isso o Fire Party ensaiou com afinco durante meses antes de começar a tocar. "Você não poderia simplesmente 'chegar e tocar': ou você era bom desde o primeiro show ou as pessoas não te levariam a sério", disse Pickering. Das quatro garotas da banda, apenas Nicky Thomas tinha experiência de fato, pois havia tocado no Lebenslute e no In Pieces.

O Fire Party não foi a primeira banda punk 100% feminina de DC; elas foram precedidas pelo Pin-ups, The Nike Chix (também conhecida como Sybil) e The Furies. A mais recente e bem sucedida banda punk de meninas era o Broken Siren, que mostrou como era legal num show junto com o Phlegm, no Complex, em julho de 1986. O Phlegm se caracterizava pela inteligência, com letras sempre politizadas e melodias insinuantes, mas costumava atrair os punks bêbados. O show "acabou sendo o mais violento de todos" na Complex, segundo Gordon Gordon.

O Broken Siren desafiadoramente mandou o seu set, em meio aos bêbados que gritavam "rock de saia!". O som lembrava certas bandas britânicas como Delta 5, X-Ray Spex, The Slits e Au Pairs. As três garotas cantavam, mas a vocalista principal (e foco visual da banda) era a guitarrista Karen Weiss. Caroline Ely tocava baixo e cantava uma deliciosa versão de "Funtime", de Iggy Pop; e Maria Jones (que já havia tentado montar uma banda com Cynthia Connolly) tocava bateria.

Além de escrever sobre coisas como os ataques dos Estados Unidos à Líbia, o Broken Siren implicitamente tocava em outro assunto delicado: a homofobia. As três integrantes da banda eram ou bissexuais ou lésbicas. Ainda que o Nuclear Crayons tivesse tocado no Dia do Orgulho Gay (em 1983), esse tipo de atitude ainda era incomum na cena punk de DC.

A banda pop On Beyond Zebra (que mais tarde viraria a muito mais popular Betty) tinha uma orientação lésbica, e prosperou às margens da cena rock. Mas o estilo mais pesado do Broken Siren não conquistava o mesmo público. Como foi lembrado por Caroline Ely, em 1994: "As lésbicas não vinham nos assistir porque éramos muito punks, e os punks não vinham nos assistir porque éramos muito lésbicas."

O SURGIMENTO DE UMA NOVA POSITIVE FORCE

POR MARK ANDERSEN

Mais ou menos na mesma época, a casa da Positive Force abriu, não muito longe da Dischord, em Arlington. Quando os planos para abrir a casa começaram, várias pessoas dentro da Positive Force (inclusive eu) prepararam uma "Ofensiva de Outono": uma série de shows beneficentes, protestos e eventos educacionais, evocando o espírito do *Revolution Summer* e buscando, de alguma maneira, preservar aquela força que estava desaparecendo. Ao regressar da sua viagem à Costa Oeste, Ian MacKaye (que estava deixando o seu cabelo crescer pela primeira vez em seis anos, após o colapso do Embrace) viu nosso panfleto e me disse, com tristeza: "Vocês são os únicos que ainda estão fazendo alguma coisa."

No entanto, a PF estava caminhando com dificuldade. A coisa estava tão sombria, que um estudante chamado George Shaner fez um trabalho se referindo à Positive Force no passado. Em 1987, apenas o grupo de DC havia sobrevivido (haviam vários grupos de afinidade da PF espalhados pelos EUA). Até mesmo a PF original, de Reno, havia se tornado um selo musical.

Em janeiro de 1987, a PF saiu do Peace Center e veio para a nossa casa comunitária. Os eventos programados foram um sucesso e as reuniões começaram a contar com mais pessoas, conforme a notícia da nossa nova localização se espalhava. Com um mínimo de estrutura e uma missão mais modesta em mente, a Positive Force se estabilizou.

Ao mesmo tempo, DC estava fervilhando. Tinham sido planejadas sessões no Congresso sobre o escândalo Irã-Contras, muito similares àquelas que foram tão prejudiciais a Nixon durante o Watergate. Um bloqueio pesado e pacífico na sede da CIA (em Virgínia) conseguiu parar o tráfego por horas, e efetivamente fechou a Agência por praticamente um dia inteiro, causando mais de 600 prisões. Reagan finalmente parecia estar na defensiva. Alguns até falavam sobre um *impeachment*.

A nova casa, os novos membros (Melisa Casumbal, Brad Sigal e Patrice Williams) e a situação política serviram de combustível para energizar novamente a PF. Na primeira metade de 1987, o grupo realizou apenas três eventos públicos, mas depois disso se organizou e fez mais de vinte ações entre junho e outubro. Nesse processo, encontramos apoio de muitos na comunidade de DC, incluindo bandas que não eram da Dischord, como MFD, Braver Noise e Broken Siren.

X X X

No verão de 1987, os integrantes do Soul Side decidiram largar a escola e se tornar músicos em tempo integral. Tempos depois, Bobby Sullivan se recordaria da energia daquela época: "O *Revolution Summer* poderia ter durado por uns três anos ou até mais. Mas, de repente, as 'lideranças' disseram 'acabou', e todos concordaram. Realmente fiquei ressentido, então escrevi isso: 'You say the revolution is over/But the revolution has just begun' ('Você diz que a revolução acabou/Mas a revolução está apenas começando')". Levemente alterada, essa letra agora aparecia em uma nova música do Soul Side chamada "KTTK" ("Kneel to the king", em português "ajoelhe-se ao rei"); era o sarcástico comentário de Sullivan sobre o fatalismo de alguns antigos líderes da cena. De certo modo, essa música se tornou o hino do renascido Soul Side.

No entanto, quando a banda retornou pra valer, voltou sem Chris Thomson. Impaciente com a natureza titubeante do Soul Side, ele já havia decidido que não voltaria aos estudos em 1986: "Eu não queria ficar esperando pelos caras um ano inteiro, por isso comecei outra coisa". Ele se juntou com Chris Bald, que tinha uma alma tão impaciente quanto a dele.

Quando Bald voltou a DC – em outubro de 1986 – ele imediatamente começou a montar uma banda que pudesse durar, que incorporasse sua ética punk e, principalmente, que fizesse as coisas acontecerem. Após suas experiências frustrantes com o Embrace, Bald tinha decidido que voltaria a tocar seu instrumento original: a guitarra. Com Thomson e Ferrando a bordo, a banda precisava apenas de um vocalista.

Bald tinha um nome em mente: Alec MacKaye (que não tocava desde o último show do Faith, em 1983, salvo algumas aparições com o Bells Of e o Beefeater). Bald ficou feliz ao descobrir que as feridas do Faith tinham – mais ou menos – cicatrizado, e que Alec MacKaye estava pronto para voltar aos palcos.

Nem sabia que MacKaye estava sendo observado pelo "arquiteto" de uma outra banda em potencial: seu irmão mais velho. Após o Minor Threat e o Embrace, Ian MacKaye queria um grupo que fosse muito unido em torno de certas ideias em comum, para evitar a autodestruição. E, para isso, ele estava disposto a esperar e trabalhar o quanto fosse necessário.

Ian tinha muitas exigências. Ele ainda insistia em shows para todas as idades e ingressos com preços baixos. Além disso, ele achava que a banda poderia ser independente e capaz de alcançar os seus objetivos sem obstáculos que pudessem distraí-la, tais como as drogas, álcool e o *rock business*. Do ponto de vista artístico, ele queria criar uma nova música, que não se encaixava perfeitamente no antigo harDCore e tampouco no *mainstream*. Depois que a banda estivesse bem entrosada, Ian queria cair na estrada e tocar no maior número de lugares que fosse possível.

Ele também pretendia continuar se opondo ao punk tradicional, e pronunciava-se contra a violência, o machismo, além de insuflar o espírito comunitário nos shows. "Quando as pessoas participam ativamente, os shows ganham um propósito e uma união que você não vê por aí com frequência nos dias atuais", ele disse em 1986.

Uma vez que o ritual do pogo tinha sido interrompido, muitas pessoas não sabiam muito bem como "deveriam" reagir à música. Em 1994, Jon Kirschten observou que depois do *Revolution Summer* as "pessoas pararam de dançar nos shows. Elas apenas ficavam paradas e observavam". Ainda que isso fosse preferível em relação à estupidez do autoflagelo, também violava a ideia de um vínculo igualitário entre a banda e a audiência. Sem essa conexão, os shows eram apenas uma transação comercial entre o criador e o consumidor. MacKaye tinha a esperança de que com sua nova banda pudesse inspirar uma nova e mais abrangente libertação comunitária.

No passado, Ian tinha desdenhado da política, mas agora ele estava interessado em impulsionar protestos criativos, em ter uma banda "militante" que pudesse fazer um grande número de shows beneficentes e gratuitos. Em 1987, em diversas entrevistas ele falou sobre "reformular a conspiração" e sobre a esperança de que sua nova banda pudesse "ser a trilha sonora para reviravoltas vindouras. Acho que esta é a hora certa para que as pessoas se levantem e vejam o que está acontecendo. E não estou falando da cena, realmente não ligo para a cena. Falo da sociedade em que vivemos. Se nossa música pode gerar algum tipo de protesto, ou fazer as pessoas pensarem, é isso que queremos".

MacKaye já tinha decidido que tocaria guitarra. Squip lhe falou sobre um baixista chamado Joe Lally, que havia sido roadie na turnê americana do Beefeater. Mais tarde, Lally gargalhou ao comentar sobre suas qualificações iniciais para o trabalho: "Squip disse que eu era um cara com quem você poderia fazer uma viagem de van por longas distâncias e não ter vontade de matar!"

Parecia uma combinação pouco provável. Lally nunca havia tocado em uma banda séria, e sua principal conexão musical era com a cena de metal-punk, que era regada a drogas e álcool. No entanto, graças a sua amizade com o Beefeater ele parou de beber, de usar outras drogas e de comer carne. Quando os dois fizeram uma *jam*, MacKaye e Lally se deram muito bem musicalmente e pessoalmente, e ficaram ainda mais próximos em função do amor que ambos sentiam pelo Obsessed.

O próximo passo foi arrumar um baterista. Com a saída repentina de Brian Baker para a banda Doggy Rock, Colin Sears estava meio perdido. Embora nem o Dag Nasty nem o BMO (as últimas bandas de Sears) combinassem com a abordagem de MacKaye, Sears era mais politicamente consciente do que seu currículo musical sugeria; ele havia trabalhado com Kevin Mattson no Peace Center e também era vegetariano. Além disso, ele era um músico muito habilidoso e teve uma conexão imediata com MacKaye e Lally.

A música que a nova banda começou a tocar refletia o plano de Ian MacKaye: uma sessão rítmica com um tempero de reggae/funk misturada com guitarras de rock construídas a partir de fragmentos do punk, Detroit rock, harDCore e um pouco de metal estilo Obsessed, resultando numa poderosa música dançante com ritmos variados. Enquanto a música parecia estar se desenvolvendo bem, MacKaye estava preocupado em relação à sua habilidade de cantar e tocar guitarra ao mesmo tempo. Ele não tocava um instrumento (numa banda) desde o Teen Idles, sendo que naquela época ele tocava baixo, e não guitarra, e além disso não cantava.

Poucos vocalistas poderiam satisfazer MacKaye; o candidato mais óbvio seria seu irmão Alec. Mas quando MacKaye procurou o seu irmão, já era tarde demais: ele já tinha sido recrutado por Bald. Então Ian MacKaye colocou pressão em si mesmo, trabalhando para conseguir lidar com os vocais e a guitarra.

Na mesma época, uma nova banda estava sendo formada por alguns remanescentes do Gray Matter. Geoff Turner e Steve Niles haviam tocado com Jeff Nelson e MacKaye por algum tempo, no outono; quando MacKaye partiu para seu novo projeto, Nelson continuou tocando com Turner e Niles. Então Mark Haggerty voltou da

Nova Zelândia e se uniu a eles. Inicialmente, a banda também estava à procura de um vocalista. Mas após os músicos terem feito um teste e rejeitado Bruce Merkle (ex-vocalista do 9353), Turner decidiu assumir os vocais. A crescente sofisticação nas composições de Turner e a bateria poderosa e precisa de Nelson distinguiam a banda do Gray Matter.

Mesmo sem a presença de Brian Baker, o Meatmen continuava sendo uma boa banda. O último LP do qual Brian Baker participara, *War of the Superbikes*, foi lançado em 1985 pelo selo Homestead, seguido por *Rock'n'Roll Juggernaut* no final de 1986, que saiu pela Caroline. Músicas como "Cadaver Class", "French People Suck" e "Pillar of Sodom" soavam mais juvenis do que nunca, mas a banda deu uma amenizada na sua performance, na tentativa de atingir uma audiência maior. Com a MTV exibindo o patético clipe de "Centurions of Rome", Lyle Preslar queria mostrar que o Meatmen não fazia um som punk-piada, mas sim um "glam rock anos 70", bem mais respeitável – e vendável.

Preslar caçoou as "bandas da Dischord que terminam a cada quinze minutos", e de fato outro grupo se separou após ter feito apenas alguns shows: o One Last Wish virou história no final de 1986, após ter gravado algumas demos com MacKaye no Inner Ear. Alguns integrantes da banda ficaram insatisfeitos com a gravação; músicas que tinham muita pegada ao vivo, não chegaram perto disso no estúdio. A paixão de Picciotto parecia um pouco aprisionada pela guitarra habilidosa (porém comedida) de Hampton, e a natureza controladora do guitarrista exacerbou questões de longa data, como a insatisfação de Janney no baixo. O colapso foi muito repentino: em 1994, quando questionado sobre o final da banda, Hampton apenas confessou que tudo permanecia um mistério.

No entanto, duas novas bandas da Dischord estavam prontas para tocar. Anunciados apenas como "Steve N./Jeff N./Jeff T./Mark H." e "Chris B./Alec M./Dante F./Chris T.", esses quartetos (que mais tarde levariam os nomes de Three e Ignition, respectivamente) debutaram no DC Space em março de 1987. O show foi parte de uma série de concertos que Cynthia Connolly havia agendado em benefício do Fundo de Defesa Censura Nunca Mais. Ela convidou o músico veterano Root Boy Slim para tocar em uma noite, tendo o Scream como banda de apoio.

O Scream foi a atração principal na noite seguinte, fazendo um de seus últimos shows com Stax e apresentando novas músicas como "No More Censorship" e "Fucked Without a Kiss". Esta última era um relato real de um estupro na prisão, baseado na experiência de um amigo que foi preso durante um protesto contra a Guerra do Vietnã. Na prisão, ele foi deixado sem qualquer tipo de proteção, e acabou sendo atacado mais de 40 vezes, no intervalo de 48 horas.

Enquanto o Three era impressionantemente preciso, o Ignition por vezes parecia meio distante. Mesmo assim, o espírito das duas bandas era inegável. Assim como o nome sugeria, o Ignition parecia ter o destino de ser um catalisador. "Estamos tentando começar algo", disse Bald na época. "Temos muitas ideias e grandes planos, e só depende de nós fazer acontecer. E, diferentemente do passado, acho que todos na banda estão a fim". Em pouco tempo o Ignition faria o seu segundo show, em um evento patrocinado pela Positive Force, junto com o Broken Siren, o Bad Pieces (uma breve reencarnação do Nuclear Crayons) e o Rain, temporariamente reforçado por Scott McCloud (do Soul Side) na segunda guitarra.

Apenas um mês depois dessa estreia ao vivo, o Ignition gravou seu primeiro single. A banda já havia decidido lançar o disco pelo seu próprio selo. "A Dischord não poderia fazer rápido o suficiente", Alec MacKaye explicaria mais tarde. "Eles estavam muito ocupados com outros projetos".

A velocidade era essencial, pois a banda já estava agendando seus primeiros shows fora da cidade. Para Bald, aquilo era crucial: "O Rites of Spring deveria ter saído e feito uma turnê. Mas eles não queriam fazer [uma turnê] sem o Embrace ou o Beefeater, uma grande família feliz. E isso era um completo absurdo. Todos querem sua 'casa segura', viver debaixo do seu teto seguro, sua pequena comunidade punk segura".

Lançado em maio, o primeiro single do Ignition tinha o logo da banda, um antigo símbolo asiático que, de acordo com Bald, significava "força" ou "vida longa" – suas esperanças para a banda. "Sinker" era uma colisão em câmera lenta, que transmitia a erosão dos ideais pelo cotidiano do trabalho, enquanto "Anxiety Asking" assumia a roupagem musical do harDCore para indiciar antigos companheiros de Bald: "Suckers to the whole world/Killing yourself and your fighting chance/You quit when you were ahead... you just change for the same" ("Idiotas para o mundo todo/Matando a si mesmo e sua chance de lutar/Você desistiu quando estava à frente... você apenas muda para o mesmo"). Mas a principal faixa do single era "Rebuilding", que combinava um riff implacável de guitarra com esperança ("This time could be different". Em português, "Desta vez pode ser diferente") e aceitação: "Life is a one-way cycle/You're born, you live, and you die" ("A vida é um ciclo de sentido único/Você nasce, você vive e você morre").

X X X

Após a separação do One Last Wish, Canty, Picciotto e Janney tinham obstinadamente retornado aos ensaios. Enquanto eles procuravam por uma nova direção, um velho amigo apareceu novamente: Mike Fellows. Ele tinha planos de mudar para Nova York no outono, para frequentar a escola de arte, mas mesmo assim os quatro começaram a ensaiar de novo e, surpreendentemente, encontraram um ponto em comum. A nova sonoridade passava longe do Rites of Spring ou do One Last Wish, e buscava inspiração em uma fonte improvável.

O hip hop já vinha se insinuando ao longo daquela década, mas um novo grupo apareceu e mudou tudo: o Public Enemy. Petrificados pelo primeiro disco do grupo, os quatro músicos apropriaram-se do funk barulhento do Public Enemy, ao qual adicionaram sua energia punk e a crescente estética "de escola de arte". O resultado foi o musicalmente revolucionário Happy Go Licky.

O primeiro show da banda (em abril, no DC Space) deixou muita gente intrigada. Parecia uma reunião do Rites of Spring, embora com um novo nome meio estranho, e a banda tocou músicas ao mesmo tempo dançantes e tortas, enquanto Fellows entoava letras absurdas e inexpressivas. Por outro lado, as coisas que Picciotto cantava eram mais sinceras do que nunca. Para alguns, a banda parecia ter se rendido à ironia artística/post-punk; sua indiferença desapontava os fãs acostumados com a franqueza e a vulnerabilidade do Rites of Spring.

Em retrospectiva, pode-se afirmar que banda foi corajosa na tentativa de distanciar-se do Rites of Spring. Quais eram as opções naquele momento? Ou você optava pelo hardcore, ou você caminhava na direção do pop rock; o Happy Go Licky, entretanto, ultrapassou todas as expectativas. A banda misturava paixão com cinismo, mas não exatamente pelo método de resolver essa tensão, e sim jogando tudo num liquidificador e divertindo-se muito com isso. Às vezes a banda beirava o caos, mas essa precariedade era emocionante.

As bandas Ignition, Fire Party, Three e Happy Go Licky já estavam em funcionamento, e o Soul Side retornaria em breve; assim, apenas três grandes nomes do *Revolution Summer* estavam sem banda: MacKaye, Squip e Birdzell. Enquanto os dois últimos estavam enfrentando dificuldades para formar a "grande banda", eles imaginavam que MacKaye, Lally e Sears vinham praticando com muito afinco.

Então, Sears recebeu uma ligação de Brian Baker. O Doggy Rock tinha sido um fiasco e Baker estava voltando para casa. Ele queria retomar o Dag Nasty com uma nova formação, que teria Doug Carrion no baixo no lugar de Roger Marbury, pois esse último teve atritos com Baker na versão anterior da banda. Foi um verdadeiro dilema para Sears, que tinha uma longa história de parceria musical com Marbury. De todo modo, ele recorda: "Eu queria tocar música para viver. Brian e Doug queriam fazer algo, assim como Peter Cortner. E, já que a banda contava com Baker, Peter e eu, por que não chamá-la de Dag Nasty?".

A banda imediatamente entrou em estúdio para regravar as músicas que tinha feito no outono passado, além de seis novas composições. Essas sessões levaram ao segundo álbum do Dag Nasty, chamado *Wig Out at Denko's*, um disco que representava mais uma mudança do harDCore em direção ao pop. Logo após o término das gravações, a banda pegou a estrada novamente.

Naquela época, Baker pensava que as novas músicas "poderiam levar a coisa positiva a um outro nível". E disse mais: "Não acho que ainda somos uma banda de hardcore, eu acredito que somos apenas uma banda. Tocamos para o público punk e gosto de tocar para eles. Espero que eles gostem do caminho que estamos seguindo". Ao invés de acatar o senso comum do hardcore, ele disse: "As novas bandas precisam ser mais criativas e não devem seguir ninguém. Pegue todas as suas influências e faça o seu próprio som".

Era isso que o Government Issue estava tentando fazer. A banda havia feito uma bem-sucedida turnê pela Europa e EUA, além de ter gravado um novo álbum, que foi lançado pela Giant. *You* teve uma recepção muito positiva da crítica e do público. "Os últimos discos são aqueles que eu estava esperando para fazer durante três anos", disse Stabb. "Eu sempre sonhei que pudéssemos unir o elemento melódico com aquela boa musicalidade. A nova formação [da banda] é a melhor que já tivemos".

Enquanto o GI e o Dag Nasty faziam turnês, MacKaye e Lally estavam pensando num bom substituto para Sears. Os bateristas testados não pareciam se encaixar. Então, MacKaye pediu a Canty para segurar a onda enquanto eles procuravam um baterista permanente. Pelo menos assim eles teriam como ensaiar. As letras das novas músicas expressavam o estado de espírito de MacKaye: "I am a patient boy/I wait, I wait, I wait, I wait" ("Sou um garoto paciente/Eu espero, espero, espero, espero").

MacKaye estava cada vez mais próximo da Positive Force. Ele estava ansioso para tocar em muitos shows beneficentes e manifestações com sua nova banda. Em 1986, ele disse a um entrevistador que a comunidade punk havia "dado as costas para as nossas premissas mais fundamentais". E MacKaye não queria dar as costas.

A Positive Force organizou pelo menos um evento (protesto, palestra ou ato beneficente) por semana durante o verão de 1987, mas encontrar lugares para esses eventos era um problema recorrente. Por causa de novos regulamentos em DC, o Centro Comunitário Chevy Chase estava impedido de abrigar eventos que cobravam entrada, e era muito difícil conseguir datas no Centro Comunitário de Bethesda. O DC Space dava bastante apoio, mas não era grande o suficiente para alguns shows, enquanto outros espaços (como o Hung Jury Pub e o WUST) poderiam ser caros e um pouco precários. Havia a necessidade de um espaço que abrigasse shows para todas as idades.

Com trabalho pesado e persuasão, a Positive Force conseguiu reabrir o Sanctuary Theater, que havia fechado as portas para o punk em 1984-1985. O grupo ainda fortaleceu sua relação com a St. Stephens, a igreja que os pais de MacKaye frequentavam. E MacKaye fez outra sugestão: "Por que vocês não tentam reabrir o Wilson Center?".

O Wilson Center era um excelente espaço e a sua utilização poderia – de modo simbólico – recuperar o tempo perdido. Marco zero para o harDCore, o seu fechamento tinha assinalado o fim de uma era. No entanto, reabrir o espaço não seria fácil. Os primeiros contatos não foram muito promissores. Mas o Wilson Center era um espaço comunitário verdadeiramente comprometido com as ações sociais, então foi difícil de recusar o pedido de abrigar um show beneficente para o Washington Peace Center, aliados de longa data da Positive Force.

O show – ocorrido em julho de 1987 – foi cuidadosamente planejado. O renovado Soul Side (que tinha um novo baixista, Johny Temple) concordou em ser a atração principal. As outras bandas foram Fire Party, Three e Christ on a Crutch, esta última uma nova banda de hardcore politizado, que recentemente havia se mudado para DC (a banda originalmente era de Annapolis).

O show transcorreu sem percalços visíveis, com talvez 250 pessoas presentes e uma atmosfera otimista e amigável. Depois do show, os colaboradores da Positive Force limparam o chão, recolheram o lixo e até limparam os banheiros. No dia seguinte, o gerente responsabilizou o grupo por uma janela quebrada, embora ela não tivesse sido quebrada durante o show. Esse incidente quase fechou o clube para mais eventos, mas por fim foi permitido que a Positive Force fizesse mais um show.

A Positive Force também usou o salão de baile do Johns Hopkins' School of Advanced Internacional Studies para fazer vários shows, incluindo uma palestra/show beneficente/protesto da Anistia Internacional, em julho. O Scream foi a atração principal, acompanhado pelo King Face, Three e uma potente nova banda, chamada

Swiz. Este quarteto lembrava o espírito de grupos como o Faith e o Dag Nasty (do começo da carreira) – o que não chega a ser uma surpresa, afinal o vocalista da banda era Shawn Brown, vocalista original do Dag Nasty.

O nome da banda foi tirado de uma peça de Peter Shaffer chamada *Equus*: "Você fica na frente da televisão por muito tempo, e isso vai transformá-lo num imbecil, como a maioria da população. Eis o ponto, isso é *swiz* [em português, *decepção*]. Parece que está lhe oferecendo alguma coisa, mas na verdade está tirando alguma coisa de você. Sua inteligência e concentração, a cada segundo que assiste. Isso é uma verdadeira decepção, percebe?".

Além de Shawn Brown, a banda contava com os desconhecidos Jason Farrell (guitarra), Nathan Larson (baixo) e Alex Daniels (bateria). O Swiz fazia jus à descrição de sua música: "sons muito poderosos". Para aqueles que se desiludiram pela trajetória do Dag Nasty (e para os mais velhos da cena), a aparição do Swiz foi motivo de celebração.

Naquela noite, a apresentação do Swiz foi seguida por shows igualmente dinâmicos (ainda que bem diferentes) do King Face e do Three. O King Face apresentou muitas músicas novas, incluindo "Your Body Is Your Mind" e "Television's Better", enquanto o Three otimizou e diversificou a sonoridade do Gray Matter. As letras inteligentes de Turner refletiam uma visão mais ampla, tratando de temas como AIDS, fundamentalismo, consumismo e a política de Reagan para a América Central, em músicas como "Dark Days Coming" e "Pious and Blind".

Mesmo assim, a apresentação mais convincente da noite foi a do Scream, tocando pela primeira vez com Dave Grohl. Poucos metros de parede separavam a fúria do Scream da Embaixada Chilena, o posto avançado nos EUA daqueles que haviam assassinado Rodrigo Rojas. O auge do set foi a saideira "Hit Me", uma esmagadora música sobre "inspiração" – inspiração vinda da música, da palavra escrita, da palavra falada. Depois de fazer referências às mortes de Marvin Gaye e Martin Luther King Jr., a música cresceu e terminou com uma simples afirmação: "I am free" ("Eu sou livre").

A banda parou, mas Pete Stahl continuou a cantar a parte final várias vezes. Devido a sua insistência, o público engatou um coro e começou a cantar junto a parte "I am free", até que a banda voltou com força total. Enquanto Stahl rodava por todos os lados do palco, a música fez sua transição para "Solidarity", cresceu por alguns segundos, e então terminou. Com um silêncio total no recinto, Stahl disse: "Vamos marchar pelas pessoas que não são livres".

Após a apresentação marcante do Scream, mais da metade das 300 pessoas presentes se uniu a uma marcha silenciosa, que passou pela porta de diversas embaixadas de países que tinham uma coisa em comum: o abuso dos direitos humanos. A procissão acabou com uma pequena manifestação em Sheridan Circle, onde em 1976 a polícia secreta do Chile havia explodido (com um carro bomba) um dissidente chileno exilado chamado Orlando Letelier e seu colega de trabalho Ronni Moffit.

Nem todos os eventos daquele verão correram tão bem, mas um certo impulso fora estabelecido. Novas pessoas começaram a entrar na Positive Force, e o apoio dentro da comunidade punk parecia estar crescendo. A profunda conexão do grupo com a renascida cena inspirou uma ideia: por que não fazer uma coletânea que seria, na verdade, uma versão em vinil do que eram os shows beneficentes da Positive Force, espalhando músicas e mensagens poderosas ao mesmo tempo em que arrecadaria dinheiro para uma boa causa?

Essa ideia veio de uma fonte pouco provável. William e Azar Dagher, ex-integrantes de bandas de Baltimore que tinham uma ligação com o harDCore, como o Bollocks e o Law and Order. Eles haviam formado uma nova banda (muito influenciada por The Smiths) chamada Braver Noise. Após lançarem um LP do Braver Noise pelo seu selo Fetal, os irmãos começaram a trabalhar em um *sampler* com bandas da área de DC, intitulado *FR5*. Uma coletânea irregular, mas que trazia pelo menos duas pérolas: "Sundays" do Press Mob e "Driving With the Top Down" do Broken Siren. Lida Husik, uma moradora da Casa da Positive Force, entregou uma música para a coletânea ("Candle"), mas a faixa chegou tarde demais. Azar Dagher sugeriu colocar a música em uma compilação da Positive Force.

Aquela parecia a hora certa para fazer um disco que seria, ao mesmo tempo, o registro daquela nova cena e um tipo de mensagem alternativa ao *State of the Union* [em português, Discurso sobre o Estado da União[2]]. A União Americana pelas Liberdades Civis e a Community for Creative Nonviolence foram as entidades escolhidas como beneficiárias pelas vendas do disco, e um show foi marcado para arcar com

2 N. de T.: O Discurso sobre o Estado da União é um evento anual nos EUA, que consiste num discurso que o presidente pronuncia diante do Congresso sobre a situação do país. O discurso também é utilizado para o presidente apresentar suas propostas legislativas e prioridades.

os custos de prensagem da coletânea. O Ignition, o Fire Party e o Marginal Man confirmaram presença. Ian MacKaye também foi procurado.

Ele não apenas pensou que a Dischord poderia ajudar com o projeto, mas também que sua nova banda estaria pronta para fazer sua estreia nesse show beneficente. Após um breve período de ensaios com Ivor Hanson (que, em seguida, voltou para a faculdade), Canty assumiu novamente o posto de baterista. Os ensaios estavam indo tão bem que MacKaye decidiu que a nova banda tocaria com Canty. Ian chegou a declarar que aquele seria um arranjo temporário – uma vez que Canty ainda estava no Happy Go Licky –, mas alguns suspeitavam que MacKaye havia encontrado o baterista ideal e que iria seguir em frente com a esperança de que Canty ficaria disponível mais cedo ou mais tarde.

Não foi uma má aposta. O Happy Go Licky havia conquistado muitos fãs – incluindo muitos que não eram admiradores do Rites of Spring – com performances imprevisíveis e explosivas. A criatividade da banda e a interação quase telepática eram de tirar o fôlego. No entanto, Fellows saiu da banda para se dedicar aos estudos. O Happy Go Licky ainda tentaria continuar, mas isso parecia uma hipótese duvidosa.

Enquanto planejava o show (o segundo no reaberto Wilson Center), MacKaye apresentou uma gravação de um ensaio, trazendo parte de uma música chamada "Word". O som era muito mais próximo de Egg Hunt do que de Embrace: a mesma tensão, a cozinha dub, os sentimentos contundentes. Com suas mudanças de tempo e intensidade, o estilo poderia confundir as massas adeptas dos moshs, enquanto dava amplas oportunidades para danças mais flexíveis, e permitia que MacKaye cantasse e tocasse guitarra ao mesmo tempo. Perguntado se a banda tinha um nome, MacKaye sorriu e disse: "Fugazi".

A palavra foi tirada do livro *Nam: The Vietnam War in the Words of the Soldiers Who Fought There*, que conta com entrevistas feitas por Mark Baker. Para MacKaye (um estudioso autodidata dos anos 1960, que se lembrava de ter ido a manifestações contra a Guerra do Vietnã com seus pais durante a infância), aquela foi uma escolha ideal. "Fugazi" evocava não apenas suas influências dos anos 1960, mas também uma certa intenção militante. MacKaye observou que a palavra Fugazi "era uma gíria dos veteranos de guerra para uma 'situação de merda', e é mais ou menos assim que eu vejo o mundo".

Como o Fugazi ainda engatinhava, o porta-estandarte do punk na cidade continuava sendo o Scream. A banda havia assinado com a RAS (Real Authentic Sounds)

Records, um respeitado selo local de reggae, que tinha decidido expandir para o rock. Embora o Scream estivesse triste por ter saído da Dischord, Pete Stahl disse: "Nós gostávamos da filosofia da RAS, gostávamos de muitos artistas do selo e parecia que eles poderiam nos ajudar a dar o segundo passo". O disco *Banging the Drum* estava prestes a emergir, mas o Scream já tinha gravado seu álbum seguinte, *No More Censorship*, o primeiro pela RAS Recs.

Um show no 9:30 Club, no fim de agosto, mostrou a banda no seu auge; tanto os músicos quanto o público pareciam entender que o Scream estava prestes a explodir. O Scream fora uma das poucas bandas do harDCore que buscara inspiração nas revoltas da década de 1960. Nesse período [fim dos anos 1980], a nostalgia estava transformando os anos 1960 em apenas mais uma oportunidade de marketing, como por exemplo com a utilização da música "Revolution", de John Lennon, em um comercial da Nike. "Parece que nesse verão algumas pessoas estão fazendo muito dinheiro usando a geração do 'Verão do Amor'", disse Stahl. No momento em que uma música nova ("Run to the Sun") começou a ser executada, ele cuspiu no palco e exclamou: "Revolução não significa vender tênis". No final do show, quando Stax subiu ao palco para uma excitante versão de "American Justice/Fight", ficou claro que, em meados de 1987, apenas poucas bandas de DC (ou de qualquer outro lugar) poderiam competir com o poder do Scream.

E uma dessas poucas bandas abriu o show beneficente do State of the Union, em setembro de 1987. O Fugazi começou com um tema instrumental, para atrair o público para dentro da casa (como era de costume no Wilson Center, as pessoas estavam socializando do lado de fora). Em seguida, veio um breve discurso sobre o propósito do evento. E, então, a banda abriu apropriadamente com "Song #1", o adeus de MacKaye aos punks rebeldes com tendência a ter pouca visão. Os acordes monstruosos acompanhavam uma moral concisa: "Life is what you want it to be/So don't get tangled up/Trying to be free/Don't worry what the other people see/It's nothing" ("A vida é o que você quer que ela seja/Então não se perca/Tentando ser livre/Não se preocupe com o que os outros vêem/Não é nada").

O que as pessoas presenciaram naquela noite foi um *power trio* liderado por MacKaye, cujo cabelo longo e embaraçado foi amarrado para trás com um rabo de cavalo. Aquela era uma aparência muito diferente para ele, e isso gerou até mesmo um rumor divertidíssimo de que Ian havia adotado o Rastafarianismo e voltado a fumar maconha. Lally, por sua vez, havia cortado seu cabelo de headbanger bem curto.

Mesmo parecendo um pouco desconfortável no papel de guitarrista e vocalista, MacKaye mantinha o velho domínio de palco. "Song #1" deslizou graciosamente para "Furniture", antes que uma corda quebrada atrapalhasse a música. Sem se deixar abater, a banda mandou três sons na sequência – "Merchandise", "Turn off Your Guns" e "In Defense of Humans" – pontuadas apenas pelos comentários mordazes de MacKaye. As canções (prontas, mas ainda sujeitas a possíveis ajustes) eram compostas por acordes pesados, pitadas de dub, um baixo propulsor e letras concisas.

Quase no final do show, MacKaye deu uma pausa para fazer uma piada: "vamos diversificar um pouco as coisas aqui, com a presença do Guy" – Picciotto estava na plateia, acompanhando o show. "Se começarmos a cagar em alguma música, vocês podem começar uma briga ou algo assim". Então ele apresentou a música seguinte, dizendo que era sobre "o que diabos poderíamos fazer, se o fizéssemos". A linha de baixo galopante de Lally foi recebida pela forte bateria de Canty e pela guitarra nervosa de MacKaye. A tensão da música foi finalmente resolvida por grandes acordes e um refrão estilo "pergunta e resposta". Era "Waiting Room", a música escrita em meio à frustração que levou à criação da banda.

O show arrecadou quase mil dólares. Assim, o projeto State of the Union pôde seguir em frente, e o Wilson Center foi assegurado como um local para shows. O Fire Party, o Ignition e o Marginal Man também fizeram ótimas apresentações, mas as palavras que ficaram foram as de "Waiting Room": "But I don't sit idly by/I'm planning a big surprise/I'm gonna fight for what I want to be/And I won't make the same mistakes/Because I know how much time that wastes" ("Mas eu não fico de braços cruzados/Estou planejando uma grande surpresa/Eu vou lutar por aquilo que eu quero ser/E não cometerei os mesmos erros/Porque sei quanto tempo foi perdido").

DANCE OF DAYS
MARK JENKINS
MARK ANDERSEN

1987

*

1988

CAPÍTULO ONZE

FONTE DA JUVENTUDE

ERA QUASE NATAL. AS ÁREAS COMERCIAIS DO CENTRO E OS SHOPPING centers de Washington evidenciavam o maior festival de consumismo do ano. Mas, naquela manhã de 21 de dezembro de 1987, a multidão que saía às compras foi recebida com uma decoração um pouco diferente. Espalhados por toda a cidade, enormes cartazes em três cores saudavam os compradores e os transeuntes com uma mensagem fora de época: "MEESE é um PORCO".

Os transeuntes não compreendiam por que o procurador geral dos Estados Unidos estava sendo tão difamado. Mas, olhando cuidadosamente, havia uma nota em letras miúdas, que mostrava que o grande agente de autoridade da nação estava naquele momento sob investigação por dois promotores especiais. 1. Pelo seu "papel altamente suspeito na obtenção de contratos governamentais para a Wedtech Corporation". 2. Pelo seu envolvimento no escândalo Irã-Contras. O texto argumentava que "a conduta pessoal de Meese e seu depoimento confuso sugeriam que ele era ou um mentiroso crônico, ou um homem confuso com uma ética negligente". E o cartaz continuava:

"Se uma pessoa não é culpada por um crime, então ela não é uma suspeita". Edwin Meese disse isso, e suas políticas – desde que se tornara procurador-geral – provavam que ele acreditava no que dizia. Para Meese, a Constituição não passava de papel higiênico. Meese havia argumentado que a Carta dos Direitos não tinha sido concebida para ser aplicada aos governantes locais e estaduais. Ele encorajou os oficiais públicos a desobedecer as decisões da Suprema Corte com as quais ele não concordava. Ele apoiava teste de drogas obrigatório, argumentava que os estados deveriam ter o direito de criminalização do aborto e conduziu uma campanha para destruir as conquistas dos Direitos Civis, alcançadas com muito custo nos anos 1960 e 1970. Na gestão Meese (do Ministério da Justiça), as empresas são livres para discriminar negros, mulheres e, mais descaradamente, pessoas com AIDS. Meese apelou a Suprema Corte para abolir a "Miranda Rule" ["Advertência de Miranda"], que exige que a polícia informe aos cidadãos os seus direitos antes de interrogá-los. Meese tentou abolir a "Exclusionary Rule" ["Regra de Exclusão"], que protege os americanos de buscas ilegais e apreensões, tornando inadmissíveis no tribunal as evidências obtidas através da violação da Constituição. O que você pode fazer? Escreva ao Presidente Reagan. Escreva ao Congresso. Escreva ao Ed Meese. Vamos forçar a renúncia imediata desse ser desonesto e odioso."

Em função da provocação algo simplória que dominava o cartaz, esse complemento parecia surpreendentemente bem elaborado, sugerindo uma maior sofisticação política, mais complexa do que a mensagem que aparecia em primeiro plano. O mesmo aconteceu com a hábil execução do ataque. De acordo com o *Washington Post*, "os misteriosos cartazes apareceram na cidade da noite para o dia, colados nas paredes e caixas de energia, e ninguém parecia saber quem tinha feito isso". Os funcionários públicos começaram a remover os cartazes – após uma reclamação do "Capitólio", reportou o *Post* –, e o porta voz do Departamento de Justiça, Patrick Korten, referiu-se ao cartaz como "ofensivo" e "nada simpático".

Com o Congresso em recesso e outras novidades políticas em marcha lenta, o caso virou a sensação do feriado; a matéria do *Washington Post* repercutiu em jornais de lugares distantes, como por exemplo San Francisco. Tomado de surpresa, o *Post* limitou-se a fazer insinuações de que o cartaz talvez tivesse alguma conexão com o grupo conservador de direita encabeçado por Lyndon LaRouche. Muitas teorias estavam rolando, mas nenhuma delas chegou perto da verdade: os responsáveis por essa ação foram trinta punks de DC – e, em particular, Jeff Nelson.

Ao contrário de seu companheiro da Dischord, Nelson manteve uma atitude mais reservada desde a separação do Minor Threat. Depois do Three, ele não tocou em nenhuma banda "séria", e optou por focar inteiramente nas operações de negócios e direção da Dischord. Os talentos gráficos de Nelson cresceram de uma forma significativa na medida em que as artes das capas dos discos da Dischord evoluíram do simples preto e branco para capas mais elaboradas e coloridas – começando pelo disco do Egg Hunt.

Esse não era o único tipo de progresso que Nelson queria para a Dischord. Embora Amy Pickering, Cynthia Connolly e a novata Jenny Thomas fizessem trabalhos importantes, o selo ainda era essencialmente um trabalho de dois homens: raramente faziam anúncios, enviavam apenas algumas poucas cópias promocionais e não divulgavam releases para a imprensa. O Minor Threat manteve-se como a banda mais vendida da Dischord mesmo cinco anos após a sua separação – e, de fato, subsidiaram futuros lançamentos –, mas Nelson admitia de forma aberta que estava cansado do hardcore. "Não quero lançar coisas que eu mesmo não ouço", ele disse, além de afirmar que queria "expandir para poder alcançar mais pessoas".

O perfil caseiro e *low profile* da Dischord foi objeto de uma bem humorada disputa entre Nelson e MacKaye. "Ian não suporta quão organizada a Dischord está se tornando, enquanto eu não suporto o quão desorganizada ela ainda é", disse Nelson na época.

O selo tinha começado a pagar direitos autorais com o [disco] *Still Screaming*, mas, segundo Nelson, "de uma forma irregular e que estava sempre mudando". Em 1985, ele disse: "Achávamos que estávamos indo muito bem. Pagamos mais ou menos 4.000 dólares em dívidas, e acertamos a maioria dos nossos direitos autorais. Porém, quando chegou a hora dos impostos, percebemos como era tosco o nosso sistema de contabilidade". Essa questão foi parcialmente resolvida com a reformulação dos livros fiscais, mas Nelson ainda sentia que "não vendemos uma quantidade suficiente de discos para manter os preços tão baixos. Nosso problema não é vender os discos, mas sim mantê-los em estoque". No entanto, ele acrescentou: "Ian não acredita que o problema esteja nos preços – ou não quer acreditar nisso – e acha que é mais importante tentar cortar os gastos ainda mais, para manter os preços baixos". Como cortes de custos sempre afetavam as embalagens ou a divulgação, essas diferenças de opinião geravam algumas discussões desagradáveis.

A outra metade da Dischord dificilmente poderia deixar de ser ofuscada por MacKaye, que tinha sido chamado pelo *Washington Post* de "filósofo-rei do punk rock". Não obstante, as ideias políticas de Nelson também estavam evoluindo. "Em inúmeras entrevistas do Minor Threat nós dissemos 'Veja bem, não somos de forma alguma politizados, desculpe'", recorda-se Nelson. "Apenas não sabíamos muito sobre o assunto, e não queríamos ser hipócritas". Mas, em meados dos anos 1980, "comecei a entender um pouco mais sobre o assunto".

Em outubro de 1987, Nelson leu que Meese (alinhado com a Associação Nacional do Rifle) havia revogado um plano para proibir armas de plástico. Tais armas poderiam enganar os detectores de metais, então sua proibição era apoiada por órgãos de segurança pública. Um porta-voz do Departamento de Justiça explicou que a Associação Nacional do Rifle havia "oferecido alguns argumentos razoáveis, e que mereciam atenção". Para Nelson, que apoiava o controle de armas, aquele parecia um clássico exemplo da influência dos milionários lobistas de direita. Já irritado com as ações de Meese no escândalo Irã-Contras e na comissão "contra a pornografia", Nelson decidiu agir.

A frase "MEESE é um PORCO" se materializou rapidamente. Nelson decidiu que um cartaz enorme com aquela simples frase, em letras e cores marcantes, seria o instrumento perfeito. O designer não se deu conta na época, mas sua escolha por aquelas palavras era estranhamente apropriada. Meese, um notório inimigo dos manifestantes dos anos 1960, tinha o hábito de colecionar estátuas de porcos, um estranho tributo pessoal aos agentes da lei.

A Positive Force foi uma fonte natural de apoio ao projeto. O grupo topou participar depois de Nelson ter aceitado a proposta de incluir um parágrafo detalhando as razões para criticar Meese. Olhando agora, era uma ideia bem óbvia. Afinal, os punks já tinham experiência em colar cartazes de modo sorrateiro. Esse projeto apenas usou habilidades já existentes para uma grande causa. A cena de DC, antes declaradamente "despolitizada ", estava aplicando lições do DIY para questões maiores.

X X X

Enquanto a ideia de Nelson tomava forma, Ian MacKaye estava montando seu próprio palanque: o Fugazi. A banda tinha começado com uma grande quantidade de shows, a maioria beneficente, incluindo um em apoio à uma grande passeata pelos direitos gays. MacKaye raspou a cabeça novamente, e a banda ganhou mais habilidade, confiança e novas músicas. E também parecia ter se tornado um quarteto, com a entrada de Guy Picciotto para fazer *backing vocals*.

Guy enfrentava um dilema. Ele e Brendan Canty já tocavam juntos havia pelo menos cinco anos. O Fugazi estava se encaixando, enquanto o Happy Go Licky estava perigando terminar. Mike Fellows havia se mudado para Nova York e Eddie Janney tinha planos de morar em Paris. Mesmo assim, a banda continuou a fazer shows nas oportunidades em que Fellows estava na cidade, sempre tocando com pouco ou nenhum ensaio.

Em setembro, o Happy Go Licky abriu para o Sonic Youth e o Ignition no 9:30 Club, e a banda estava em uma forma absurdamente quente. Um dos destaques da apresentação de 20 minutos foi a versão improvisada de "White Lines", o rap anti-cocaína de Melle Mel. Fellows: "Eu fiz toda a linha de baixo de cabeça e cantamos apenas aquilo que lembrávamos da letra". Apenas algumas frases da versão original, repetidas de forma caótica. O choque das guitarras era pontuado por gritos de "free base", "crystal eyes", "blow away", "get higher baby" e "never come down".

Outro destaque do *set* foi "Ansol". Com uma linha de baixo suave, a música era permeada por microfonias e transmissões de rádio saindo diretamente dos amplificadores. Frases picotadas como "everyday is like nirvana" e "wooly bully" (ambas extraídas de canções dos anos 1960) pareciam ser uma forma de samplear sem o auxílio de equipamentos. No final do show, com a música "Suzuki", Janney subiu no amplificador e caprichou na microfonia, pressionando sua guitarra contra o equipamento. Picciotto largou seu instrumento e se atirou no chão, contorcendo-se e gritando coisas como "she's my man now" ("ela é meu homem agora"), enquanto Fellows continuava cantando "wooly bully/wooly bully".

Se muitos acharam que a intenção era impenetrável, a intensidade da performance sugeria que o Happy Go Licky era – ao seu modo – tão sincero quanto o Rites of Spring. "Quando montamos o Happy Go Licky, a intenção da banda era apenas dizer 'foda-se'", disse Picciotto tempos depois. "Você pode cantar de maneira diferente, pode fazer um som diferente, pode misturar e fazer tudo isso [desde que] seja você no comando disso tudo e entregando para as pessoas".

Naquela noite, o pedido de bis foi tão forte que Ian MacKaye teve que subir ao palco. Ele disse: "O Happy Go Licky agradece muito a vocês", e depois se dirigiu ao técnico de som e pediu "solte a música, por favor". O burburinho havia se instaurado, mesmo com o futuro e o crescimento do Happy Go Licky ainda incertos. A situação de

Picciotto no Fugazi ficou ainda mais indefinida. Ele tinha sido *roadie* da banda nos primeiros shows fora da cidade; e, após algumas apresentações, ele começou a subir ao palco para dançar e fazer alguns vocais de apoio.

Isso não significava nada permanente, já que uma das ideias do Fugazi era fomentar a improvisação e também a inclusão de convidados especiais. Canty, por exemplo, continuava tocando com a banda, mas era considerado oficialmente como um "empréstimo" do Happy Go Licky. No final do ano, uma bela lista de convidados havia se juntado ao Fugazi em cima do palco: Ian Svenonius (ex-vocalista do In Pieces) tocando teclado; Molly Burnham tocando trompete; e, especialmente, Charles Moats da Positive Force, balançando seu traseiro.

Todo o potencial da banda ficou evidente quando eles tocaram no DC Space em outubro, abrindo para o King Face. O show teve um clima alegre, com MacKaye provocando Andy Rapoport (baixista do King Face), que havia atuado no papel principal em uma peça naquela mesma noite, na Universidade Católica. Com 150 pessoas amontoadas num pequeno espaço, a banda começou com a instrumental "Joe #1".

Enquanto Joe Lally desenrolava as idas e vindas das notas, MacKaye falava por cima da melodia, encorajando o público a dançar de um jeito criativo e não violento. Ele convidou Jenny Toomey ao palco, para falar um pouco sobre a semana contra o estupro, parte do movimento "Women Take Back the Night"; Mackaye observou ainda que "todos deveriam escutar aquilo, porque envolve os direitos humanos, não apenas das mulheres". Depois da participação de Jenny, a banda retomou o show com "Merchandise" e "Furniture". Essa "canção sem palavras" começava meio dub e ia crescendo, então Ian cantou: "That's right/It's coming from here/You can check it out/ It's coming from here" ("É isso mesmo/Está vindo daqui/Você pode checar/Está vindo daqui"). A música parou repentinamente e MacKaye exclamou "Right fucking here", apontando para o seu coração.

Na pausa que se seguiu, MacKaye encorajou novamente o público: "Qualquer um que tenha uma ideia musical deve dar as caras. E se você simplesmente tem algo a dizer, venha aqui e diga". Ele se preparou para começar "Song #1", acrescentando que "essa música é um tipo de filosofia e você pode atribuir tanta importância quanto quiser para qualquer outra coisa. E, no fim, não é nada. Então, vocês deveriam cuidar uns dos outros, e nunca colocar movimentos na frente das pessoas, porque..." – MacKaye cortou o seu próprio discurso com os acordes gigantescos da música, fazendo a plateia explodir.

Músicas novas e extremamente poderosas – como "And the Same" – sugeriam que o Fugazi tinha apenas começado a explorar suas capacidades, mas a maior surpresa ainda estava por vir. MacKaye gritou "Tonight!" ("Esta noite!") e soltou um clássico *riff* barulhento; de repente, Picciotto estava voando pelo palco, fazendo o vocal principal pela primeira vez no Fugazi. Embora os vocais em "Break-In" estivessem quase inaudíveis (aparentemente o técnico de som também tinha sido surpreendido), a energia do momento foi extraordinária. Sem perder o embalo, a banda emendou com "Waiting Room", que teve o seu clímax com o pedido de MacKaye – desnecessário devido às circunstâncias – de "get up!" ("levantem-se!").

Durante a introdução de "The Word", MacKaye fez uma série de agradecimentos: às bandas Ignition e King Face, ao DC Space e à Positive Force. Suas palavras foram guiadas pela aceleração da música: "Esta é dedicada a todos aqui. Esta é uma música sobre mudança. Eu quero que vocês derrubem qualquer porra de parede entre a banda e o público esta noite; por favor, aumente sua voz e junte-se a nós". Enquanto o coro crescia, MacKaye desabafou: "You got a problem?/You got a problem?/What was that word again?" ("Você tem um problema?/Você tem um problema?/Qual era a palavra mesmo?").

Olhando para a grande massa dançante, ele disse "Sim, nós podemos nos mexer. Não é divertido se mexer sem machucar ninguém? É possível". E mais uma vez a música irrompeu, para que o Fugazi pudesse completar o pensamento deliberadamente incompleto: "Qual era a maldita palavra mesmo? A palavra é... mudança". A tensão foi resolvida, a banda acalmou a música (para um ritmo mais dub) e deixou o palco.

X X X

O público do Fugazi cresceu rapidamente, e em pouco tempo já estava no mesmo nível do Embrace. Tomas Squip e Dug Birdzell decidiram abandonar a formação com muitos integrantes, pois acreditavam que os membros da banda estavam muito comprometidos com diferentes estilos de vida e atitudes em relação à indústria fonográfica. Eles resolveram simplificar e voltar ao básico, como o Fugazi, com Squip tocando guitarra. A casa onde o grupo morava, na Kearny Street, foi deixada para trás; em novembro, praticamente o grupo inteiro (Squip, Birdzell, Joe Lally, além dos amigos Bobbie Brewer e Dana DeNike) mudou-se para a casa da Positive Force.

Na nova casa, Squip e Birdzell fizeram contato com os outros dois membros da sua *nova* banda: o baterista Jerry Busher e a percussionista Maria Jones, ex-Broken Siren.

Busher era um principiante na bateria, mas tinha uma aptidão natural para a coisa. E, o mais importante para Squip e Birdzell, ele tinha a atitude certa. Além disso, tirando algumas experiências barulhentas no Beefeater, Squip também era um novato na guitarra, dominando apenas alguns acordes naquela época.

Em outubro, o Ignition tinha lançado seu segundo single, feito duas mini-turnês e várias viagens de final de semana para tocar. Chris Bald tocava com muita força e conseguia danificar seu instrumento em quase todos os shows. Num evento organizado pela Positive Force, ele arremessou sua guitarra no chão. Essas explosões davam um toque especial ao show, mas eram difíceis de sustentar. "Era normal que estivéssemos consertando a guitarra na van, a caminho do próximo show", lembraria mais tarde Dante Ferrando, fazendo uma careta.

Um dos "ataques" de Bald quase acabou com a banda. Em um show no DC Space, enfurecido por problemas intermitentes de som, ele jogou sua guitarra no amplificador – danificando ambos – e depois destruiu o resto do seu equipamento, antes de deixar o palco. Isso poderia ter sido um desfecho eletrizante para a apresentação, mas a banda estava apenas na sua segunda música. Os outros integrantes da banda ficaram parados, em estado de choque, até que Alec MacKaye anunciou, com naturalidade: "Bem, acho que é isso por hoje. Obrigado por terem vindo".

Circularam rumores de que essa poderia ter sido a última apresentação do Ignition, mas a banda retornou para uma série de shows, que foi promovida com um cartaz que trazia o logo da banda sobreposto a uma foto mutilada de Elvis Presley, com a frase: "Not about to die" ("Não a ponto de morrer"). O quarteto estava planejando uma turnê pelos EUA com o Scream, quando apareceu uma vaga de última hora para uma turnê europeia ao lado da banda norueguesa So Much Hate. O Ignition topou, e o Southern Studios ofereceu lançar um 12" combinando os dois singles, para coincidir com a turnê.

Na mesma época, o Soul Side estava finalmente assumindo uma identidade própria, movendo-se além do estilo do Lünchmeat, em parte graças à ênfase rítmica de Johnny Temple, um grande fã de reggae. Novas e poderosas composições, como "Name in Mind" e "Trigger" (assim como "War", um cover de Bob Marley), mostraram um grande crescimento musical e uma evolução da consciência política. Pouco tempo depois de ter retornado de sua primeira turnê americana, a banda fez um show beneficente da Positive Force (para a Community for Creative Nonviolence) no Wilson Center, ao lado das bandas Fugazi, Thorns e Hated. E, então, o Soul Side gravou o seu primeiro disco pela Dischord no Inner Ear, com o auxílio de Ian MacKaye.

No início de 1988, a cena estava bem movimentada. O Swiz estava fazendo uma turnê pela região nordeste dos EUA, enquanto o selo Sammich se preparava para lançar o primeiro 12" da banda. O selo também estava planejando um LP do Shudder to Think, um quarteto que tinha suas origens na banda de hardcore Stuge e estava desenvolvendo um estilo bem diferente, baseado na visão peculiar do vocalista Craig Wedren e seu alcance vocal lírico. E o King Face havia lançado um 12" com interpretações afiadíssimas de "Lull-a-bye", "Anyone" e "Crawl Into Tomorrow".

O Scream começou a turnê do disco *Banging the Drum*, que incluía alguns shows no centro-oeste com o Fire Party. Agora muito mais à vontade no palco, o Fire Party tinha estabelecido uma boa amizade com o Scream; os dois grupos decidiram fazer uma turnê juntos no início de 1988. O Fire Party gravou seu primeiro EP com MacKaye no Inner Ear, para ser lançado em meados de 1988, coincidindo com o lançamento de *No More Censorship* do Scream.

Das novas bandas ligadas à Dischord, apenas o Three parecia mais confinado à região de Washington. E isso causava uma tensão entre dois integrantes da banda: Nelson achava que Steve Niles estava muito envolvido com a sua empresa, a Arcane Comics, e não suficientemente engajado nas coisas da banda. No começo de 1988, às vésperas de uma série de shows, Niles quebrou sua mão durante um acesso de raiva. Nelson ficou furioso. Pouco tempo depois disso a banda terminaria, mas antes da separação eles gravaram um álbum e algumas fitas demo com material inédito. Nelson achava que essas demos eram "muito, mas muito melhores" do que o álbum, mas mesmo assim ele providenciou um projeto gráfico elegante para o disco, que foi lançado em 1989.

Nelson e uns poucos e bons amigos (escolhidos com cuidado) também estavam clandestinamente silkando 300 cartazes "MEESE É um PORCO" no porão da Dischord House. Depois de ser atingido por essa ideia, Nelson tornou-se (nas suas próprias palavras) um "completo lunático", dedicando muitas horas e centenas de dólares para esse projeto. Para escrever o texto do cartaz, ele recrutou Kurt Sayenga, editor do fanzine *Greed*.

O processo de produção foi trabalhoso. Os cartazes não poderiam ser colocados para secar do lado de fora, pois alguém poderia vê-los. Por isso, os dois primeiros andares da Dischord House tornaram-se um grande varal para secar. Muitas pessoas menos habilidosas ficaram sujas de tinta – outra vítima foi o piano de Ian MacKaye, que ganhou alguns respingos brilhantes.

Alguns amigos foram recrutados e organizados em equipes para a missão de colar os cartazes, e Nelson tentava escolher uma noite em que a presença policial fosse mais tranquila e o clima favorável. No dia 20 de dezembro, aproximadamente 10 grupos (cada um com três ou quatro pessoas e 30 cartazes) foram para a rua. Houve apenas um conflito com policiais, mas todos os demais grupos completaram suas missões sem problemas, inclusive com um cartaz colado estrategicamente em frente ao escritório de Meese. Em menos de duas horas, mais de 200 cartazes estavam na rua.

X X X

Depois que a poeira dos cartazes começou a baixar, o Happy Go Licky deu as boas-vindas ao Ano Novo com seu primeiro show no 9:30 Club como atração principal, junto com as bandas Three e Bastro. Foi um show muito badalado, o que indicava que a banda havia inesperadamente quebrado as barreiras do público punk, alcançando uma audiência muito maior. Os músicos fizeram uma apresentação intensa, finalizada com um bis chocante, porém apropriado: "Drink Deep", o hino do Rites of Spring. Executada no calor do momento, a música foi a despedida da banda.

"Foi uma ótima maneira de ir embora", disse Picciotto na época. "O Happy Go Licky nunca teve realmente 'uma formação', apenas foi uma ideia, e então nos juntamos e fizemos vários shows". Ele ainda acrescentou: "Não posso imaginar nunca mais tocar com Mike e Eddie". Mas, naquele momento, ele e Canty estavam livres para se focar no Fugazi.

Um outro grupo importante, e com muito mais tempo de estrada, também estava prestes a se separar. O Marginal Man vinha fazendo algumas gravações, incluindo uma versão de "Stones in the Wall" para entrar na coletânea *State of the Union*. Porém, tirando isso, "estávamos à deriva", Pete Murray se lembraria mais tarde. Kenny Inouye queria focar nos seus estudos e Mike Manos estava se casando. A gravação do terceiro LP levou muito tempo (os créditos do álbum diziam apenas que "foi gravado durante os anos 1980") e a banda se apresentou só uma vez no último trimestre de 1987.

A banda terminou com um show lotado no 9:30 Club, em março de 1988. O terceiro LP – que trazia a faixa "Spirits", uma homenagem a Toni Young – seria lançado no final do ano. A foto da capa mostrava um peixe sendo solto no Rio Potomac, um adequado símbolo da despedida da banda.

Pouco após sua decisão de voltar para o Dag Nasty, Colin Sears descobriu um cisto no seu braço. Com a necessidade de uma operação e incapacitado de tocar (bem no momento em que a banda estava saindo em turnê), Sears foi substituído pelo novato Scott Garrett. Isso acabou deixando o Dag Nasty com apenas um integrante da formação original: Brian Baker.

Então, a banda gravou o single "You're Mine", com uma sonoridade macia que ofendeu ainda mais os punks puristas. "Quando foi escrita, era para ter uma textura do tipo Gang of Four encontra The Clash", recorda-se Peter Cortner. "Então fomos lá, gastamos 3.000 dólares gravando esse single e ficou parecendo com Bon Jovi. Chegamos num consenso de nunca sequer ensaiar aquela música. Não a tocamos, não gostamos dela". Brian Baker, no entanto, defendia a gravação como um experimento: "Gosto da ideia de gravar singles que obriguem a banda a testar os seus limites, não importa se isso se encaixe no som da banda ou não".

Com sua nova formação – a quinta desde o início da banda apenas dois anos antes – o Dag Nasty saiu em turnê e nunca mais voltou. Eles se estabeleceram em Los Angeles (disseram que Washington era "um pouco sufocante") e começaram a trabalhar em um novo álbum, chamado *Field Day*, que sairia pelo selo Giant. "Não queremos ser rotulados como uma banda de DC", disse Cortner, um sentimento totalmente apoiado por Baker.

O Dag Nasty tinha completado a sua transição do harDCore para o pop rock. Embora alguns tenham chamado o *Field Day* de traição, o álbum teve ótimas resenhas fora do mundo dos fanzines punks (mais puristas) e vendeu 20.000 cópias nos primeiros dois meses, muito bem-sucedido para um lançamento independente.

Os punks anticomerciais de DC não deixaram barato: "A única razão pela qual o Dag Nasty existe [é] para fazer dinheiro", reclamou Alec MacKaye. "É a banda do Brian Baker, ele apenas contrata e demite os demais. Acho que eles têm talento, mas, ao mesmo tempo, é tudo pelo dinheiro". Bald foi ainda mais direto: "Isso faz com que tudo que eles fizeram antes se transforme numa grande mentira."

"Ainda estou para ver uma banda, seja de punk ou speed metal, que tenha se tornado tão famosa ao ponto de justificar o termo *vendidos*", respondeu Baker. "Somos uma banda underground. Queremos vender o máximo possível de discos e aumentar o nosso público, mas sem abandonar aqueles que gostam da gente agora".

Baker também atacou a cena punk de Washington, acusando-a de ser arrogante e provinciana. "Pouquíssimas bandas conseguem se estabelecer fora de DC. Nesse momento, somos realmente a banda de DC que mais vende, com exceção do Minor Threat. Eu estava tentando fazer alguma coisa maior e isso meio que vai contra os princípios de Washington. Na época em que o Embrace terminou, eles tinham feito 12 shows. Naqueles seis meses, nós fizemos 62 shows. O álbum do Embrace saiu dois meses atrás, enquanto nós estamos prestes a gravar nosso terceiro álbum".

Ele ainda disparou contra o estilo de produção da Dischord, afirmando que o som "de merda" do *Wig Out at Denkos* era "um exemplo do ideal de Washington: 'Por que ir a um estúdio melhor? Esse aqui está ótimo. Gostamos desse estúdio'. É por isso que o Embrace ficou em casa: 'Gostamos desse estúdio, ele é realmente demais'; e o álbum deles é realmente terrível."

X X X

Uma das críticas de Brian Baker era que as bandas de DC não faziam turnês. Mas, com o Scream, o Ignition, o Soul Side e o Fire Party na estrada, essa crítica estava se tornando ultrapassada. Quando o Fugazi recebeu um convite para tocar no Gilman Street (um novo espaço para shows de punk rock em Berkeley), a banda decidiu montar uma turnê em torno daquela data. Ian MacKaye chamou a turnê de "uma chance de me familiarizar novamente com o que está acontecendo no país. Para a banda como um todo, é uma chance de tocar, fazer com que as pessoas nos vejam e, uma vez que seremos apenas nós quatro na estrada, uma grande chance de nos 'tornarmos' uma banda". O quarteto havia gravado uma demo em janeiro, mas decidiram não lançar nada daquela sessão, apenas reservaram uma faixa para a compilação *State of the Union.*

Isso significava que o Fugazi ia para a estrada sem nenhum disco para promover, uma coisa bem pouco comum, embora cópias da fita demo logo começaram a circular livremente, e com o aval da banda. "Se as bandas *têm* que ter um álbum lançado para fazer uma turnê", comentou MacKaye, "então somos definitivamente a banda [que] sairá em turnê sem ter um disco".

A banda também decidiu que não iria vender camisetas ou qualquer outra coisa. "Quando alguma coisa está à venda, torna-se apenas mais um produto", ponderou MacKaye. Ele explicou que a mensagem da música "Merchandise" era a seguinte: "Gaste seu dinheiro com sabedoria, porque seu dinheiro é seu voto".

Guy Picciotto rejeitava *merchandise* de banda por outro motivo: sua preocupação com o fato do punk não ser mais algo espontâneo. "Quando eu tinha uns 16 ou 17 anos, não podíamos tocar em clubes, então tocávamos no porão de alguma casa no subúrbio. Quarenta garotos apareciam para ver [o show] e dançar como loucos, então chegava a polícia, e íamos todos para casa. Eu não precisava de 900 tipos de camisetas diferentes. Fazíamos nosso próprio circuito. Agora os garotos vêm ao nosso show e perguntam por camisetas, ou a porra dos nossos bonés".

A única coisa que os músicos levaram para a turnê – além dos equipamentos – foi uma grande quantidade de folhas com as letras das músicas, que entregavam gratuitamente. Lally tinha criado uma arte que parodiava uma propaganda de TV, com a manchete: "E agora, algumas palavras do... Fugazi". A brincadeira continuava no "logo" do Fugazi, com um símbolo falso de direitos autorais. Bem no final da folha, vinha o remate: um adesivo falso de código de barra, com a palavra "MUDANÇA" escrita nas barras.

O Fugazi optou por evitar o circuito já estabelecido dos clubes de punk rock. Decidiu não tocar em casas conhecidas pela violência, exigia shows para todas as idades e adotou a postura de não cobrar mais do que cinco dólares pelo ingresso. Os promotores também foram avisados de que não poderiam promover o show anunciando que a banda contava com um ex-integrante do Minor Threat.

"O modo como lidamos com o negócio é muito importante: a postura da banda, onde tocamos, onde não tocamos", disse MacKaye. "Tentamos apresentar um show que proporcione um sentimento de comunidade à plateia. Literalmente paramos de tocar se rolar violência no show, porque não toco mais para plateias violentas".

Para garantir a política do ingresso barato, o Fugazi ficava com uma porcentagem da bilheteria, ao invés de receber um valor fechado, como a maioria das bandas fazia. Isso significava que a banda ganharia menos, mas poderia alcançar objetivos maiores. Assim como MacKaye havia planejado, todos os integrantes da banda concordaram com isso.

A turnê teve shows em galerias de arte, lojas de discos, porões, cinemas e até no Sundance Saloon, em Bozeman, Montana. "Nós poderíamos lucrar no circuito já estabelecido, mas escolhemos não fazer isso", disse Mackaye. "Nós preferimos fazer um show menor agendado por alguém em quem confiamos e gostamos".

Na época, Picciotto explicou que esse esquema diferente de marcar os shows "dá às pessoas a ideia de que esse não é um circuito rock'n'roll, e que essa banda está trabalhando com outro *network*, fazendo as coisas de maneira diferente. Basicamente, estamos dizendo: 'seja um pioneiro conosco, vamos criar'".

X X X

Enquanto o Fugazi se preparava para a sua turnê, eles tocaram em mais shows beneficentes e manifestações. Um deles foi organizado pela Positive Force, para arrecadar dinheiro para o Christic Institute, um grupo que focava suas atenções no caso Irã-Contras. O show aconteceu em março, no Wilson Center, junto com as bandas False Prophets (de Nova York) e King Face. Para abrir o show foi convidada uma banda nova, cujo vocalista subiu ao palco com um visual bem estranho: uma cueca do Super-Homem.

"Algumas pessoas dizem que o punk morreu", anunciou aquela figura esguia. "Não sei se isso é verdade, mas uma coisa é certa: as músicas de protesto estão vivas". O homem olhou para a banda, e então se voltou novamente para o microfone. De repente, com toda a força que seu corpo frágil podia reunir, ele gritou: "If there's anybody out there who can hear me/I'm screaming from way down here below..." ("Se tem alguém aí que pode me escutar/Estou gritando bem aqui debaixo..."). A banda foi junto, embarcando num tema alegre.

O palhaço/profeta era Squip, com seus camaradas Birdzell, Jones e Busher. A autodenominada banda de "protesto" era o Fidelity Jones. O nome da banda era uma combinação do termo "jones" (que significa "viciado") com o conceito de "fidelity" ("fidelidade"), algo como "A Fidelidade do Viciado".

Em comparação com o Beefeater, as músicas eram menos experimentais. E, apesar do baixo poderoso de Birdzell, a banda não chegava nem aos pés de sua precursora. Squip ainda estava lutando para cantar e tocar ao mesmo tempo.

Mesmo assim, as canções eram fragmentos impetuosos de punk, funk, reggae e rock, e sua sinceridade era óbvia. A mensagem de Squip continuou a evoluir para uma direção mais espiritual, com foco na "teologia da libertação". Esse direcionamento espiritual vinha da sua influência original, o Bad Brains. Porém, HR tinha se focado quase exclusivamente no Rasta, enquanto Skip buscava conhecimento em diversas fontes – Hinduísmo, Budismo, Cristianismo – e usava imagens femininas e masculinas para representar o divino.

A mensagem de Squip deixou alguns punks meio desconfortáveis, e o próprio vocalista certa vez indagou se as suas letras o faziam parecer um "fanático religioso". Mesmo assim, ele não via um conflito entre a espiritualidade e o punk. "Uma vez que você acabou com tudo, você tem que adotar coisas que façam sentido. Mais do que qualquer outra coisa, o punk é como uma grande esponja, que faz toda a limpeza para que você não seja vítima de distrações, fraudes e enganos. É muito destrutivo se cobrir com tinta e spray para cabelo, TV e videogames, refrigerante e fumar cigarros. Deixe isso tudo. É a minha filosofia punk: largue toda a porcaria".

Essa era a essência da visão de Squip. Em 1987, ele ajudou a preparar uma lista de boicote, encorajando as pessoas a evitarem as drogas, incluindo o álcool e o tabaco; a carne, o couro e qualquer outro produto animal; e empresas como a Shell e a Coca-Cola. Por trás das especificidades da lista, estava um apelo para que as pessoas se afastassem da cultura do consumismo, e adotassem uma existência mais simples e não abusiva.

Quase por acidente, a lista de boicote se tornou parte da coletânea *State of the Union*. O encarte de 10 páginas tinha sido finalizado, mas Nelson observou que uma versão de 12 páginas seria melhor. A Positive Force então decidiu incluir dois itens na lista de boicote: um panfleto anti-Shell utilizado num protesto recente e um ensaio com o tema "Viva a vida". Uma nota explicava que a lista continha "sugestões, e não regras para separar os 'justos' dos 'impuros'", mas ela foi largamente mal interpretada como um livro de regras puritanas. E isso gerou mais controvérsia do que qualquer outro aspecto do projeto, inclusive do que a foto com nu frontal de Squip, com a frase "Senhor, não me deixe fazer nada de errado" escrita em seu peito.

O plano de Squip de "largar as porcarias" também foi demonstrado com a música "Fountain of Youth", que apresentava o punk como uma oportunidade para um crescimento sem fim. "Na época, parecia que muitas pessoas [da cena] estavam chegando na 'fase adulta'", observou o vocalista. Mas, "se você quer agarrar-se à juventude, você pode. Você não precisa passar pelas fases de decadência que as pessoas passam, da morte espiritual até a morte física. Um jovem é alguém que está crescendo, que tem um coração selvagem. Se você está em desenvolvimento e se fortalecendo, isso não tem nada a ver com a cronologia ou calendários."

A primeira leva de músicas do Fidelity Jones trazia a pró-vegetarianismo "Gorilla Gorilla", o funk apocalíptico "Purifire", e ainda "Long Sexy Showers", uma canção ao mesmo tempo sensual e espiritual, escrita para Toni Young. Ao lado de "Fountain of Youth", o auge do show era a sombria "Blood Stone Burn", que a banda já havia gravado para a coletânea *State of the Union*. A música vai do folk rock ao reggae, relatando imagens de estupro, bebedeira, guerra, AIDS e assassinatos, com a repetição do trecho "today is the aphelion" ("hoje é o dia do afélio") – uma referência ao ponto da órbita em que a Terra está mais afastada do Sol.

Em parte, a canção era um reconhecimento de que Washington rapidamente estava se tornando uma região sangrenta. Em 1985, aconteceram 148 assassinatos na cidade; até abril de 1988, na época do segundo do show do Fidelity Jones, 100 pessoas já tinham sido assassinadas, um fato que Squip salientou em cima do palco na hora em que tocaram "Blood Stone Burn". Seguindo esse ritmo, mais de 300 pessoas seriam assassinadas em DC em um único ano, um novo recorde.

X X X

Com todos os problemas de Meese, Nelson pensou numa ação ainda mais ambiciosa, novamente com pôsteres. Junto com seu amigo Peter Hayes (um artista gráfico que havia tocado no Mourning Glories e no Wonderama), Nelson criou uma nova versão do pôster. Dessa vez, o texto que estava na parte inferior foi eliminado, para dar lugar a uma barra amarela gritante, bem no topo. Nessa barra estava escrito "Especialistas concordam!", uma alegre referência ao clamor pela renúncia de Meese.

A arte ficou tão legal que Nelson decidiu fazer camisetas de presente para aqueles que se envolveram na campanha. Conforme as dimensões do novo projeto ficavam evidentes (o dobro de pôsteres e de participantes), e com Nelson investindo centenas de dólares no projeto, ele considerou a possibilidade de vender algumas camisetas para tentar cobrir uma parte dos gastos.

Enquanto a equipe preparava 800 pôsteres (dessa vez em quatro cores) e recrutava pessoas para a missão de espalhá-los pela cidade (novamente com a ajuda da Positive Force), o Fugazi estava fazendo os preparativos finais para a sua turnê. Em quase todos os shows eles apresentavam uma nova – e poderosa – música. Duas delas, "Burning" e "Give Me the Cure", tinham Picciotto na voz principal. Embora as duas tivessem "a marca" de Picciotto, era evidente que se encaixavam no estilo do Fugazi.

"Burning" evocava os perigos da era dos bancos de dados, e "Give Me the Cure" era ainda mais oportuna. "Ian sugeriu que escrevêssemos uma canção sobre a AIDS, e eu tinha algumas ideias sobre isso", disse Picciotto. "Em geral, a AIDS tem sido abordada como uma 'praga dos pecadores' ou então uma praga entre as pessoas de valores inferiores", observou MacKaye, "quando na verdade é uma doença como qualquer outra. Enquanto as pessoas não enfrentarem a AIDS nesse nível, não creio que haverá uma disposição verdadeira para encontrar a cura". De modo apropriado, a música foi tocada pela primeira vez durante um show beneficente para pessoas soropositivo.

Uma nova e impressionante música foi inspirada numa conversa (muito intensa) que MacKaye teve com uma amiga, que tinha sido abordada agressivamente por um homem na rua. Ian escreveu: "Why can't I walk down a street/Free of suggestion?/Is my body my only trait/In the eyes of men?" ("Por que não posso andar por uma rua/

Livre de sugestões?/O meu corpo é meu único atributo/Aos olhos dos homens?"). Estas se tornariam as linhas de abertura de "Suggestion". A banda tocou a música pela primeira vez em dezembro de 1987, no DC Space.

"De todas as músicas que já fiz na vida, essa é a mais importante para mim", disse MacKaye na *Maximum RockNRoll*. "O estupro atrai toda a atenção, mas não podemos esquecer da constante intimidação e do assédio que todas as mulheres que conheço já sofreram. E isso me deixa com muita raiva, e quis escrever sobre o tema, mas acabou não dando muito certo, porque escrevi a partir da minha perspectiva; ou seja, uma perspectiva masculina. Então tentei escrever a primeira metade da música de uma perspectiva feminina. E a segunda metade escrevi como um observador da situação."

A canção provocou muitas críticas, a maioria por parte dos homens que se sentiram ameaçados pelo assunto, mas algumas vezes por parte das mulheres, que acharam que Ian não tinha o direito de assumir uma voz feminina. Amy Pickering colocou panos quentes na situação quando pediu para cantar [a música] junto com a banda num show em Annapolis. A banda aceitou prontamente, e o resultado foi excelente. Ela continuaria a fazer participações especiais em "Suggestion" sempre que a banda tocasse em DC.

O último show que o Fugazi fez antes de cair na estrada foi um beneficente no Lafayette Park, em frente à Casa Branca. Picciotto cantou uma nova música chamada "Glue Man", inspirada em um filme que Jem Cohen fez sobre um viciado em cola perdido em devaneios perigosos. Jem era amigo de Ian desde o colégio. Para alguns, a música evocava o passado antidrogas do harDCore, mas Picciotto foi cuidadoso ao descrevê-la como "uma canção sobre obsessão".

MacKaye às vezes explicava uma das letras de Picciotto ao público, e isso nem sempre agradava o autor. No show beneficente para pessoas com AIDS, MacKaye descreveu "Give Me the Cure" como "uma canção sobre a AIDS", e no show do Lafayette Park ele disse que "Break-In" era sobre "gravidez na adolescência". Em uma entrevista depois do show, para o fanzine *Nomadic Underground*, Picciotto esclareceu que "quando Ian disse que 'Break-In' era sobre gravidez na adolescência, ele provavelmente deveria ter dito que 'esta *pode* ser sobre gravidez na adolescência', porque ela pode ser sobre um monte de coisas. Ela certamente significa muitas coisas diferentes para mim".

Com frequência, Picciotto oferecia seus próprios comentários sobre as músicas, mas ele tinha a tendência de ser mais sugestivo do que concreto. Certa vez ele apresentou "Give Me the Cure" dessa forma: "Todo amante é um cientista, e todos possuem um amor estragado". Em outra oportunidade, ele anunciou "Lockdown" dizendo que "Não há paz enquanto há pessoas na prisão". Alguns acharam que esses comentários demonstravam um certo desconforto de Picciotto em relação ao conteúdo político, mas ele negou. "Todos acham que Ian é o 'cara politizado', mas não é verdade", ele disse. "Eu me importo muito com esses assuntos, mas tenho meu próprio método de expressar meu ponto de vista".

Na estrada, o Fugazi enfrentou algumas previsíveis incompreensões, mas geralmente lidava bem com isso. Em Spokane, por exemplo, "quatro ou cinco garotos, realmente bêbados, ficavam atingindo a todos que queriam apenas dançar e curtir", recorda-se Picciotto. "Então, dissemos, 'Todos aqueles que querem apenas dançar, podem subir no palco'. Todos subiram ao palco, e Ian e eu descemos, e ficamos de frente para o palco. Ian tocando guitarra e aqueles quatro ou cinco garotos destruindo tudo ao nosso redor. Eu apenas dancei com eles. E eles ficaram tentando entender o que diabos estava acontecendo. Isso acabou com toda a mística [do pogo]. Depois daquela música, todos voltaram para baixo e o show mudou de clima".

Ironicamente, talvez o show mais violento da *tour* aconteceu justamente no 924 Gilman Street, em Berkeley. Esse espaço para shows (gerenciado por voluntários) tinha sido financiado pela *Maximum RockNRoll*, com 40 mil dólares, e estava prosperando, mesmo com uma programação muito underground. As paredes do Gilman eram repletas de mensagens como "Fronteiras separam as pessoas" e "Deixe o racismo do lado de fora". Na porta do local, havia um comunicado que dizia: "Reconheço que sou pessoalmente responsável por minhas ações e colaboro com as outras pessoas por livre e espontânea vontade. Concordo em respeitar o direito dos outros de se expressarem". A venda de bebidas alcoólicas era proibida no Gilman, de modo a garantir que os shows fossem para todas as idades. Isso levou o *Wall Street Journal* a (incorretamente) chamar o local de "Meca do straight edge".

À sua maneira, o Gilman Street representava o mesmo tipo de idealismo do *Revolution Summer*. Mas nem todos os frequentadores do local enxergavam o punk como algo mais profundo; para muitos, era apenas mais um tipo de entretenimento.

Com um pôster "Especialistas Concordam! MEESE é um PORCO" enfeitando o palco, MacKaye começou o show com o seu tradicional "Boa noite senhoras e senhores, somos uma banda chamada Fugazi e somos de Washington DC". Em seguida, ele agradeceu às bandas de abertura (Crimpshrine e Yeastie Girls), salientando – numa referência à banda Yeastie Girls – que "é muito importante que as mulheres tenham uma voz nessa comunidade na qual sua voz é menosprezada. Uma ótima maneira de fazer isso é aqui na pista de dança. Bem, eu sei que todo mundo adora correr em círculos, mas na verdade não é todo mundo; em geral, apenas os garotos gostam. Então, façam-nos um favor, façam um favor a vocês mesmos, façam um favor a todos nós, e deixem que todos venham para a frente do palco, para que possam se movimentar e dançar. Vamos expulsar a violência da cena, vamos expulsar a violência desse show, sem estupidez de garoto valentão essa noite".

Apesar do pedido de Ian, uma roda abriu rapidamente; em pouco tempo, o palco estava tomado por punks, que mergulhavam na plateia, esbarravam na banda, derrubavam instrumentos e, num dado momento, chegaram a quebrar uma corda da guitarra de Ian. Depois de trocar a corda, ele se dirigiu ao público: "Fizemos um show em Bozeman, e as pessoas foram super receptivas com a ideia de abandonar suas atitudes machistas. Fizemos um show em Spokane, e lá também foram receptivos em relação a deixar de lado a besteira machista. Tocamos no Evergreen State College, em Olympia, e as pessoas lá, da mesma forma, também estavam dispostas a abandonar a fachada machista. Agora, aqui estamos nós, na belíssima Bay Area, e espero que todos também sejam receptivos a esse conceito".

Algumas vaias vieram da plateia. A banda não se abalou e começou a tocar "Burning". Depois veio "Give Me the Cure" e Picciotto cantou "I never held the hand of dying before/I never walked with the dying" ("Eu nunca dei a mão para a morte antes/ Eu nunca andei com a morte"). Naquela época, a Bay Area era uma das regiões dos EUA mais afetadas pela epidemia de AIDS. O número de pessoas dando *stage diving* aumentou de novo. Uma dessas pessoas foi de encontro a Picciotto, esbarrando no microfone e cortando a boca do vocalista.

Sem se deixar abater, a banda seguiu em frente. Quando a linha de baixo de "Suggestion" começou, MacKaye pediu: "Espero que vocês escutem com atenção essa próxima música. Se você pensa que é durão, bem, deixe-me dizer, os homens não sabem de nada. Eles não chegam nem aos pés das mulheres, eles não fazem ideia do que significa ser estuprado..."

Com a música indo em direção ao seu desfecho – e com a resposta já esperada de alguns na plateia –, MacKaye apontou para o público e disse: "Esperem um pouco! Façam-me um grande favor. Não pulem nos próximos dois minutos! Apenas me dêem um pouco da sua atenção, por apenas dois minutos, e então vocês podem fazer o que quiserem". A atenção da plateia foi recapturada por alguns momentos, e MacKaye retomou a música: "He just wants to prove it/She does nothing to remove it/We don't want anyone to mind us/So we play the roles that they assigned us" ("Ele apenas quer provar/Ela não faz nada para impedi-lo/Não queremos que ninguém nos importune/Então desempenhamos o papel que nos foi designado").

Ficou claro que MacKaye se referia aos punks (e também a outros membros da sociedade), e sua mensagem foi compreendida. Depois da "bronca", a banda seguiu com sua apresentação. No final de "Glue Man", Picciotto foi atingido mais uma vez por um punk que subiu no palco para pular na plateia. Ele então parou e apontou para o seu lábio cortado, enquanto MacKaye fazia barulhos com sua guitarra.

"As pessoas dizem, 'Ah, eles são contra a dança'", disse Picciotto depois. "Não, não somos. Estou apenas cansado de um ou dois valentões arruinando a atmosfera do show. É o meu show também, e por isso vou me envolver e descobrir o que está acontecendo."

X X X

A segunda rodada de pôsteres "MEESE é um PORCO" aconteceu no dia 15 de maio. E, dessa vez, várias pessoas foram paradas pela polícia, em Washington e Arlington, e receberam multas de 50 dólares. Alguns dias depois, o FBI começou a investigar, alegando temor pela vida de Meese. Porém, antes que as investigações pudessem avançar, o *Washington Post* reportou que agentes federais estavam investigando um caso que legalmente poderia ser classificado como "sujar a rua". O FBI silenciosamente abandonou o inquérito.

Essa saga ainda contou com mais um capítulo. A Common Concerns (uma livraria de esquerda perto de Dupont Circle) estava vendendo as camisetas "MEESE é um PORCO", feitas por Nelson. Com a nova publicidade, as camisetas se tornaram uma febre: Nelson mal conseguia suprir a demanda. Mais ou menos uma semana depois do artigo no *Washington Post*, que transformou a perseguição policial em constrangimento policial, o mensageiro Christopher Stalvey levou um pacote ao Departamento de Justiça. Ele estava usando uma camiseta "MEESE é um PORCO".

Os guardas do Departamento de Justiça olharam a sua camiseta e o proibiram de entrar. Stalvey insistiu, argumentando que estava apenas fazendo o seu trabalho. Os guardas chamaram um encarregado superior e foram informados que o mensageiro não estava autorizado a entrar. Por fim, Stalvey teve que encontrar outro mensageiro para fazer a entrega.

O porta-voz do Departamento de Justiça alegou que Stalvey foi barrado porque não estava "vestido adequadamente". A ironia – e ilegalidade absurda – dessa posição não passou em branco: a União Americana pelas Liberdades Civis saiu em defesa de Stalvey. No fim das contas, o Departamento de Justiça foi forçado a admitir que cometeu um erro. Todavia, a história correu mundo afora.

Em função dessa super publicidade, as vendas das camisetas cresceram ainda mais. Nelson teve que contratar outra pessoa para confeccionar as camisetas (o artista punk Andy Gore) e engatou uma produção frenética. A livraria Common Concerns vendeu mais de 4.000 camisetas, e elas se tornaram o item mais vendido da loja por muito tempo. Nelson conseguiu dinheiro suficiente para cobrir todos os gastos com os pôsteres, além de outras despesas; ele usou o resto do dinheiro para comprar mais equipamentos de serigrafia e material de arte para outros projetos.

No dia 6 de julho, Meese renunciou.

PUNKS VS POLÍCIA, PARTE UM

POR MARK ANDERSEN

Essa foi uma das semanas mais assustadoras da minha vida.

Dessa vez, a sede da Positive Force foi o centro de coordenação, já que Jeff Nelson estava preocupado com a possibilidade da Dischord ser envolvida em caso de problema. Cerca de 70 punks foram divididos em doze grupos, cada um com um território específico; eles estavam ansiosos para sair pelas ruas colando os pôsteres, inclusive em áreas com muita visibilidade e alto risco.

Se a sorte esteve do nosso lado na última vez, nessa noite não foi bem assim. Dois grupos foram flagrados; um deles foi multado e depois liberado, e o outro (do qual fazia parte Jeff Nelson) foi advertido e liberado após remover alguns pôsteres. O meu grupo esbarrou com a polícia diversas vezes, mas escapou ileso. No entanto, depois de levar um amigo para casa, eu inocentemente parei para recolher um material que tinha sido abandonado durante uma fuga.

Bem na hora em que eu estava recolhendo um balde e alguns pincéis, um carro azul escuro do Serviço Secreto encostou no beco. Eles nos seguiram por vários quarteirões até a Rua 16, e então nos pararam, alegando que estávamos com a luz de freio queimada. Após meu "trabalho noturno", eu estava com uma aparência terrível, coberto por cola branca enrijecida. O policial me deu uma olhada, e olhou também para os pôsteres e outras coisas que estavam no banco traseiro; então ele voltou para a viatura e começou a conversar com alguém pelo rádio. Enquanto eu amaldiçoava a minha estupidez, consegui ouvir um pedaço da conversa do policial, que dizia: "Parece que acabamos de solucionar o mistério do 'MEESE é um PORCO'".

Em pouco tempo, estávamos cercados por mais cinco carros da polícia, todos com suas luzes piscando. Eles liberaram o meu amigo, mas eu tive que ficar lá sentado por quase duas horas, vendo o sol nascer, enquanto todos os tipos de policiais passavam por lá, falando em seus *walkie-talkies*, tentando me questionar, e se envolvendo em discussões vigorosas sobre o meu destino.

Finalmente, o policial que me parou pediu que eu saísse do carro. Claro que eu achava que seria preso, mas fiquei surpreso ao ver todos aqueles oficiais indo embora. Fiquei ainda mais surpreso quando o policial me deu duas multas: uma por dirigir com a luz de freio queimada, e outra por não usar cinto de segurança. Obviamente não reclamei, mas também não vi muito sentido em sair com apenas duas multas depois de toda aquela comoção.

Porém, o drama ainda não tinha terminado. Apenas algumas horas depois, o meu carro foi repentinamente guinchado de uma vaga perfeitamente normal. Passei o resto do dia brigando no pátio. No dia seguinte, meu carro foi arrombado e saqueado. A coluna de direção foi danificada (aparentemente para parecer que o arrombamento tinha sido obra de um ladrão), mas o fato é que o meu velho e detonado Gremlin 1977 dificilmente seria alvo de um ladrão de verdade.

Ficou óbvio que esses fatos não foram coincidências, mas sim parte de uma campanha orquestrada de coação, quando fiquei sabendo que Jeff tinha recebido um mandado de prisão naquela madrugada. Pouco depois, seu grupo (Michelle Cochran, Peter Hayes e Heather Johnson) também recebeu uma ordem

Michelle: "O policial disse que sabia que tudo teria acabado se nós retirássemos os pôsteres, mas que seus superiores ficaram bravos com a primeira leva de cartazes que foram para a rua em dezembro, e que agora estavam realmente bravos". Os quatro foram acusados por "espalharem pôsteres políticos em prédios públicos", um delito que acarreta uma multa de 50 dólares e 10 dias na prisão. Dadas as circunstâncias, ficou claro que eles tinham sido escolhidos por razões políticas.

Dois dias depois, a coisa ficou mais séria; recebi uma ligação do Agente Especial John Kerr, do FBI. Ele havia sido informado sobre o meu encontro matinal com a polícia na Rua 16, e queria me interrogar um pouco mais sobre o caso "MEESE é um PORCO". Com a ajuda de Lisa Fithian, do Washington Peace Center, eu rapidamente consegui um bom advogado que fazia trabalho voluntário. Seu nome era Jonathan Smith. Ele me aconselhou a não falar com o FBI de novo, e que todas as perguntas deveriam ser enviadas por escrito. Ele então ligou para o Agente Especial Kerr, que disse que tinha sido instruído pelo Departamento de Justiça a "investigar e relatar sobre a origem dos pôsteres".

Aquilo era simplesmente intimidação política. Quando liguei para o Jeff, para contar sobre o que havia acontecido, ele de repente se deu conta que nossos telefones poderiam estar grampeados. Indignado, Jeff (que se considerava um cara "razoavelmente cumpridor das leis, pagador de impostos") perdeu a paciência e gritou ao telefone: "Se você está escutando, então foda-se! Estamos na América, que supostamente deveria ser a terra da liberdade! Foda-se!". Encerramos nossa conversa, pois concordamos que seria melhor se falássemos pessoalmente dali em diante.

Felizmente, James Rupert – do *Washington Post* – ajudou a virar a mesa. Ele escreveu uma matéria sobre a nossa história, detalhando toda aquela campanha de intimidação que sofremos; e essa matéria saiu na primeira página do jornal, bem ao lado de um artigo que sugeria que Meese tinha ajudado a arquivar uma investigação sobre a corrupta Wedtech Corporation. E, então, a maré virou. De repente éramos os heróis e Meese o vilão; silenciosamente, tanto o Condado de Arlington quanto o FBI abandonaram suas investigações.

Depois do artigo no *Washington Post*, vieram matérias similares no *New York Times*, *Seattle Times*, *Newsweek*, *San Francisco Chronicle*, entre outras, e nossa história correu o país. As táticas meio desajeitadas do FBI, da polícia e do Departamento de Justiça acabaram se virando contra eles, pois nossa mensagem foi espalhada muito além do que jamais poderíamos imaginar.

X X X

Depois de tocar na Costa Oeste, o Fugazi fez um show no 9:30 Club abrindo para o Fire Party, que havia recém chegado de sua turnê europeia e estava bem mais entrosado. Músicas como "Drowning Intentions" e "Engine" (que seriam lançadas em breve num EP pela Dischord) mostravam o crescente poder e a confiança da banda. Uma das melhores canções da sessão de gravação ("Pilate") foi reservada para a compilação *State of the Union*.

Porém, a banda ainda se sentia injustiçada. "As pessoas dizem 'Vocês são boas para uma banda de meninas', ou 'Vocês quebraram o estereótipo de uma banda feminina'", reclamou Natalie Avery. "Por que não podemos ser uma banda como qualquer outra?"

O Fire Party foi uma das inspirações de Jenny Toomey, que montou a banda Geek com Derek Denckla (ex-Carpe Diem), Lillian Daniels e Ivor Hanson, que havia voltado da escola e agora morava na Positive Force House. Pouco depois disso, Kim Coletta e Jenny Thomas formariam uma banda chamada Twister, junto com o baixista J. Robbins; a banda faria seu primeiro show no início de 1989, num festival de bandas de garotas organizado pela Positive Force.

Além do Fugazi e do Fidelity Jones, o Ignition também passou a apoiar a presença feminina dentro da cena punk. A faixa "One Sided" criticava os pretensos revolucionários do sexo masculino, incluindo o próprio Bald (autor da música): "I'm only telling one side of the story/Humanity is a double-edged sword/We must give equal billing to her words" ("Estou contando apenas um lado da história/A humanidade é uma faca de dois gumes/Devemos dar a mesma importância às palavras delas"). No ano seguinte Bald montou outra banda, chamada 96, e a baixista era uma mulher de poucas palavras, Christina Billotte, que teria um papel importante no futuro.

Por sorte o Fire Party estava em sua melhor forma no show do 9:30, porque teve a ingrata tarefa de tocar com o Fugazi, cuja apresentação trouxe outra versão matadora de "Suggestion" e a polêmica (e antimachista) "Bulldog Front", inspirada num enfrentamento que a banda teve com skinheads durante um show em Atlanta.

Alguns dias depois desse show, o Fugazi gravou sete músicas no estúdio Inner Ear, com Ted Niceley (ex-baixista do Razz) como assistente de produção. Essa sessão de gravação se tornaria o primeiro EP do Fugazi. No mês seguinte, a banda foi a atração principal de um show beneficente para o Greenpeace (organizado pela Positive Force), no Wilson Center. Durante o mais quente e poluído verão de DC em anos, a banda tocou "Burning Too" pela primeira vez, uma música que falava sobre crise ambiental.

A plateia contava com mais ou menos 500 pessoas, um número consideravelmente superior à média dos shows da Positive Force. Isso refletia o crescimento do Fugazi. Tocaram mais duas bandas nesse dia: Moss Icon (de Annapolis) e Ulysses, um novo grupo formado por Ian Svenonius, Steve Gamboa, James Canty e Steve Kroner. Alguns ficaram aturdidos com o barulho feito pela banda. Muitos afirmam que, nas primeiras apresentações, o Ulysses nunca tocou a mesma música duas vezes; outros sugeriam que a banda ainda não havia tocado o que poderia ser considerado uma música de verdade naquele momento inicial.

O Ignition – que também tocou nesse show – tinha acabado de gravar o seu álbum chamado *Machination*, além de uma nova versão de "Anger Means" para a coletânea *State of the Union*. Sobre essa música, Alec MacKaye disse: "Fala sobre crescer na América e viver uma vida que supostamente seria a melhor coisa que você poderia ter, mas na realidade é apenas uma prisão, como qualquer outra". "Anger Means" seria a faixa dois da coletânea, vindo na sequência de "Ameri-dub" do Scream, uma assombrosa faixa com *samples* fornecidos por Ian MacKaye.

Durante outra mini-turnê em junho, o Ignition tocou com um Bad Brains reconstituído. O som da banda não tinha mudado tanto assim, mas a aparência era um pouco diferente, em função das ausências de HR e Earl Hudson. No lugar deles estavam Taj Singleton (ex-vocalista da banda People, da Suíça) e Mackie (um baterista que já tinha tocado com Darryl Jenifer e Dr. Know no passado).

Após saírem do Bad Brains, HR e Hudson voltaram a trabalhar com velhos conhecidos como Dave Byers e Kenny Dread. Apesar da predileção de HR pelo reggae, o produtor Oscar Brown transformou o álbum solo *Human Rights* em um disco fraco de synth-pop dançante. Até mesmo "Life After Death" – uma canção que era super forte em apresentações ao vivo – soava acanhada no disco. O álbum seguinte (*Singin' in My Heart*) tinha uma pegada reggae mais evidente, mas também foi uma decepção.

A visão excêntrica de HR parecia encontrar mais sintonia na companhia de Jenifer e Dr. Know. Talvez para provar isso, a SST lançou um poderoso álbum ao vivo do Bad Brains. Mesmo assim, as duas facções continuavam separadas.

X X X

A violenta cena skinhead de DC havia enfraquecido, em parte porque Lefty estava na prisão por ajudar alguém a roubar uma bota, usando uma faca. No entanto, um novo movimento skinhead racista estava sendo organizado por Tom Metzger, um supremacista branco de meia-idade. Ele não sabia nada sobre skinheads ou punks até encontrar com alguns skinheads britânicos afiliados ao National Front, na sua visita ao Reino Unido. Ele descobriu que nos EUA existia uma cena similar (ainda que menos organizada) e enxergou nisso uma oportunidade. Os skins americanos pareciam mais interessados em beber cerveja do que em discutir política, mas Metzger e seu filho John decidiram usá-los como "guerreiros de linha de frente" para a Resistência Ariana Branca (em inglês WAR, White Aryan Resistance).

Na sua turnê americana, o Government Issue acabaria se encontrando com os skinheads neonazistas. A banda tinha sobrevivido a um ano bem difícil de turnês, incluindo um sério acidente de van no Reino Unido, e havia gravado um novo álbum (*Crash*, considerado por muitos o melhor trabalho do grupo). Era um momento de mudanças filosóficas para o GI: John Stabb tinha aderido ao vegetarianismo, e participou de uma manifestação organizada pela Positive Force numa unidade do McDonald's em Tenleytown. Após o protesto, Stabb se comprometeu que o GI tocaria em um show beneficente pró-Frente de Libertação Animal (em inglês, Animal Liberation Front).

Antes disso, porém, o Government Issue teve dois encontros bem desagradáveis com os skinheads nazistas. O primeiro aconteceu em Las Vegas. Stabb: "Era um local enorme cheio de pichações racistas, como 'Os crioulos são uns merdas', 'Morte aos Judeus' e 'Poder Branco', com suásticas pintadas por todas as partes". A banda foi intimidada por um grupo de nazis que ficaram gritando "Poder Branco!".

"Odiei cada minuto do nosso show", disse Stabb. "Fiquei com vontade de matar [os nazis] e deixar seus ossos apodrecendo na poeira". Depois do show, um dos skinheads foi cumprimentar a banda e Stabb se recusou a dar-lhe a mão. "Vá pra casa e queime todos os seus discos do Government Issue", ele disse, "porque não quero que você goste da gente".

Em Memphis, a banda teve mais um encontro com os nazis, e dessa vez revidou com mais ênfase. "Tinha um skinhead que ficava fazendo uma saudação nazista bem na minha cara", contou Stabb. "Revidei a ignorância dele de uma forma bem verbal: 'Por que você está aqui? Por que você existe? Por que você odeia os seres humanos por causa da sua cor ou raça?' Eles começaram a nos xingar, mas aguentamos firme". Depois do show, os nazis ficaram esperando do lado de fora para atacar a banda, mas foram embora depois que a polícia foi chamada.

Apesar desses incidentes, foi uma turnê bem-sucedida. Mesmo assim, o crescimento lento da banda estava afetando a relação entre os integrantes. Após uma discussão pesada em Detroit, Stabb e Tom Lyle chegaram a um acordo: "Concordamos que se o próximo disco não fosse tão bem-sucedido, então seria o fim", afirmou Stabb.

Enquanto isso, o Fugazi estava na Europa: ganhando mais destaque na mídia, confrontando plateias, tocando pesado e com frequência. "Não ficamos incomodados com shows nos quais a plateia fica gritando ou reagindo negativamente", disse MacKaye ao semanário britânico *Sounds*. "Com essa banda, a plateia não dita o menu". Como havia acontecido com outras bandas de DC, o Fugazi ficou impressionado com o *network* de *squats*, centros para a juventude e outras instituições underground da Europa.

A combinação entre punk e política era admirável, e o Fugazi não era a única banda em DC que sabia disso. O Soul Side gravou duas músicas que revelavam um novo direcionamento. Com fluidez e dissonância, "103" desafiava: "The selling of lives/To feed our country's foolish pride" ("A venda de vidas/Para alimentar o orgulho bobo do nosso país"). Mas "Bass" era ainda mais incisiva, com seu baixo ágil, bateria marcial, guitarra ameaçadora e um refrão empolgante: "I'm calling for action/So rise people rise/Rise and revolt/Burn the eyes of the rulers/Burn it down" ("Estou chamando para a ação/Então levante-se, povo, levante-se/Levante-se e revolte-se/Incendeie os olhos dos governantes/ Incendeie").

Dias depois, numa noite muito fria, o Ignition tocou no Safari Club. Alec MacKaye descreveu como dois mendigos morreram queimados enquanto tentavam se manter aquecidos, fazendo uma fogueira em um prédio abandonado do outro lado da rua, alguns dias antes. Então a banda tocou "Lucky 13", que tratava da questão dos moradores de rua. Os dolorosos versos levavam a uma pergunta: "How come the cost of living is so high/When the price of life is so cheap?" ("Como o custo de vida pode ser tão alto/Quando o preço da vida é tão baixo?").

Bald agora estava morando com Squip e Birdzell. Como resultado dessa proximidade física e espiritual, o Ignition e o Fidelity Jones ficaram ainda mais unidos. Bald e Squip fizeram uma faixa gigantesca com a palavra "PARE" e a utilizaram como pano de fundo quando tocaram no show beneficente em prol da Frente de Libertação Animal, no Wilson Center. Durante a música "Wrenching", do Ignition, Bald confrontou o público, gritando "PARE!" repetidas vezes e apontando para a faixa.

O show do Government Issue foi muito bom, mostrando a precisão de uma banda bem afiada pelas turnês. Graças à presença da banda no line-up, cerca de 500 pessoas foram ao show. Muitos pertenciam a uma comunidade punk mais *mainstream*, resultando numa mistura de culturas bem complicada. Squip e Bald bagunçaram o ritual de *stage diving* do público: eles mergulharam pelados na plateia.

No final do ano, saiu *Banned in DC*, um belíssimo livro de Cynthia Connoly, Sharon Cheslow e Leslie Clague, veteranas da cena punk. Esse livro era sem dúvida um registro muito importante, mas o que estava acontecendo naquele momento era forte o suficiente para ofuscar a obra.

A Positive Force decidiu fazer um show beneficente em prol dos moradores de rua, que estavam sofrendo com a onda de frio. Havia outro motivo: a prefeitura não estava cumprindo uma lei de direito a abrigo que tinha sido aprovada em um referendo popular. Dias antes desse show (que aconteceu no final de dezembro), o Fugazi voltou da Europa, onde tinha gravado um novo EP (no Southern Studios) e também uma sessão com John Peel. Picciotto agora estava totalmente integrado à banda, e estava começando a experimentar a possibilidade de tocar a segunda guitarra.

Lydia Ely e Donald Keesing – dois punks das antigas de DC – ajudaram a organizar o evento. Na época, Lydia trabalhava na Coalizão Nacional para os Moradores de Rua (em inglês, National Coalition for the Homeless). Uma das bandas de abertura foi o Rain Crow, na qual tocava Keesing. Na sequência tocaram Verbal Assault, de Rhode Island, e Soul Side.

Enquanto o Soul Side tocava, os voluntários da Positive Force lidavam com uma pequena multidão na porta de entrada. Quase 1.000 pessoas apareceram, o maior público punk em um show no Wilson Center até aquele momento. O Verbal Assault e o Soul Side tinham um considerável número de fãs, mas a vasta maioria estava ali para ver o Fugazi. Em seu primeiro show depois do lançamento do EP, a banda tinha inesperadamente dobrado seu público.

Antes do Fugazi começar a tocar, Ian fez uma menção à inédita presença de público, que foi recebida com gritos de aprovação. "Mas agora, correndo o risco de ser um idiota completo – e não ligo a mínima, de verdade – eu irei implorar, pedir, suplicar para que as pessoas na frente sejam mais cuidadosas umas com as outras, porque venho assistindo, noite após noite, pessoas se machucando bem aqui", e apontou para a frente do palco. "Mas sei que vivemos em uma democracia, ou o que pensamos ser uma 'democracia', então tenho certeza que algumas pessoas vão dizer, 'Ei cara, tenho o direito de pular na cabeça das pessoas a noite inteira'". Ele deu uma pausa, refletindo sobre o que disse. "É justo. Mas quantas pessoas gostariam que eles não pulassem nas cabeças delas a noite inteira?".

A plateia ovacionou, e MacKaye continuou: "Então escutem, venham todos aqui pra frente, e não apenas os garotos, ok? Vamos garantir que todos possam se divertir. Vamos combinar assim: se você subir no palco mais do que duas vezes, e pular nas pessoas, eu lhe direi 'Suma daqui'". Com o público vibrando, a banda começou "Provisional", uma nova música escrita por Picciotto depois de uma visita ao campo de concentração de Dachau. O amplificador de Picciotto pifou, então ele deixou o instrumento de lado e a banda tocou a música com apenas uma guitarra. Daquele ponto em diante, o clima da apresentação seria feroz e incessante.

Depois de "Provisional", a banda tocou "Song #1". Quando MacKaye iniciou os acordes, a casa se levantou em intensa (e não-violenta) dança. Ele começou a cantar, e foi praticamente abafado pelo público; as pausas da música eram preenchidas com gritos emocionados da plateia. Na música seguinte, "Bulldog Front", teve lugar o coro mais ensurdecedor desde a época do Minor Threat.

Pouco depois, Amy Pickering foi para a frente do palco e assumiu o microfone. No trecho "I've got some skin/You want to look in" ("Eu tenho um pouco de pele/Você quer olhar"), ela puxou sua camiseta, gritou e girou para ficar de frente pra bateria. Ela cuspiu as palavras: "You spent yourself, boy/Watching me suffer/Suffer your words/ Suffer your eyes/Suffer your hands/Suffer your interpretation/Of what it is to be a man" ("Você passou seu tempo, garoto/Vendo-me sofrer/Sofrer suas palavras/Sofrer seus olhos/Sofrer suas mãos/Sofrer sua interpretação do que é ser um homem"). Nessa última frase, a sensação era de que o salão inteiro tinha se juntado a ela.

A música deu uma acalmada, e MacKaye se dirigiu para a frente do palco, com algo em mente. Mais ou menos uma semana antes do show, o *Washington Post* tinha publicado uma matéria sobre os skinheads de DC. Esses skins denunciaram energicamente os skinheads neonazistas, e até mesmo se gabaram por ter "acertado alguns" deles. Eles prosseguiram, no entanto, para defender veementemente os ataques aos gays. De fato, um skin tinha sido preso naquela época, depois de espancar um homossexual num parque da cidade.

MacKaye sentiu que era uma boa hora para se expressar; enquanto a banda continuava na levada de "Suggestion", ele disse: "Sabe, li no jornal um dias desses sobre alguns jovens, alguns 'rapazes' que estavam batendo em homossexuais no parque". MacKaye repetiu, com ainda mais desdém: "Eu li no jornal que alguns jovens, alguns 'rapazes' estavam batendo em homens gays no parque". Uma voz da plateia gritou "Isso é uma merda!". Ele continuou: "Bem, não dou a mínima para o que você é, mas você não deve bater em uma pessoa por ser gay" – ele foi ovacionado – "você não deve bater em uma pessoa por ser negra" – uma ovação ainda mais intensa – "você não deve bater em uma pessoa por ser mulher" – mais aplausos, e então MacKaye falou pausadamente, acentuando cada palavra – "VOCÊ... NÃO... DEVE... BATER... EM... PESSOAS... PONTO FINAL".

MacKaye se afastou por um instante, balançando a cabeça. Em seguida, voltou ao microfone: "Bom, normalmente essa é uma música sobre estupro, mas nessa noite, essa música é sobre..." – então ele começou a cantar de modo bem suave – "...bater em gays no parque à noite". Uma carga elétrica de emoção cortava o ar, e então MacKaye voltou para a letra da música: "He did nothing to deserve it/ We keep quiet like they taught us" ("Ele não fez nada para merecer isso/Nós ficamos calados como eles nos ensinaram"). E o vocalista perguntou, "Quantas pessoas aqui conhecem alguém que já bateu em um homem, um gay, um homem negro, uma mulher negra, uma lésbica, uma mulher branca? Todo mundo".

Com a identidade do protagonista da música trocada por um homem gay, a canção ganhou um novo sentido: "Eles nos atribuem um papel de passividade, um papel de medo, eles dizem 'Não se envolva'. Bem, isso é uma idiotice!". O alvoroço do público cresceu novamente e MacKaye continuou: "Porque um dia você, e você, e você" – disse apontando para algumas pessoas da plateia e depois para si mesmo – "e você, e você e eu seremos atacados por alguma razão, que será igualmente insana, igualmente idiota". Então a música retornou, encaminhando-se para o seu desfecho. "He did nothing to conceal it/He touches him because he wants to feel it/We blame him for being there in the park at night/We... are... all..." ("Ele não fez nada para esconder/Ele o tocou porque queria sentir/Nós o culpamos por estar lá no parque à noite/Nós... somos... todos..."). A música parou e o salão inteiro gritou "Guilty!" ("Culpados!").

Depois de um segundo de silêncio, todos começaram a aplaudir. Pingando de suor, MacKaye caminhou até o seu amplificador. Então a banda tocou "Lockdown", seguida rapidamente por "Give Me the Cure", "Waiting Room", "Burning Too" e "Glue Man" fechando o set.

Em "Glue Man", Picciotto ficou de joelhos, golpeando o peito com o microfone. Ele se levantou, apenas para cair mais uma vez, e foi em direção à bateria; ele se apoiou em um prato por alguns momentos, e então cambaleou até o público. Empurrado de volta ao palco, ele gritou as últimas palavras da letra, "I'm alone/I'm alone" ("Estou sozinho/Estou sozinho"), e então a música acelerou até seu clímax. Picciotto, Canty e

Lally foram saindo do palco, mas MacKaye continuou improvisando na guitarra, enquanto agradecia: "Voltem para casa com segurança. Muitíssimo obrigado por terem vindo, nos veremos logo. É muito bom estar em casa".

PUNKS VS POLÍCIA, PARTE DOIS

POR MARK ANDERSEN

Estávamos verdadeiramente satisfeitos com a queda de Meese, mas George Bush logo se tornou nosso novo presidente. Apesar de toda criminalidade do caso Irã-Contras e do crescimento da pobreza e da violência nos EUA, teríamos mais quatro anos de um governo conservador; Ian sugeriu que talvez devêssemos adotar uma versão das técnicas de "defesa pessoal" dos Panteras Negras para proteger nossa comunidade punk dos dias sombrios que estavam por vir.

Um pequeno teste se deu no *Alternatives Festival* de 1988. Inspirada pela energia renovada da cena, Jenny Toomey tinha voltado para a Positive Force. Um pouco antes de viajar para o Reino Unido (onde ficaria estudando por um ano), ela ajudou a organizar o festival anual. Em função de uma forte chuva, um dos dois dias de evento no Dupont Circle teve que ser cancelado; Jenny entrou em contato com a Segurança do Parque para solicitar uma autorização de transferência de data, para a semana seguinte, no dia 11 de setembro. Por telefone, eles deram certeza de que ela poderia pegar essa permissão na sexta-feira. Tranquilizada, Jenny ligou para as bandas e começou a divulgar a nova data do evento.

No final da tarde de sexta-feira, Jenny foi informada, de modo ríspido, de que não havia tal permissão. Em outras palavras, a Positive Force tinha um evento no dia seguinte, que certamente seria prestigiado por centenas de pessoas, mas não havia uma forma legal de manter o evento. Indignado com esse pouco caso, eu me coloquei à disposição para confeccionar uma permissão falsa. Após consultar o Fugazi e as outras bandas, decidimos seguir com o evento. Com a utilização criativa de um corretivo, uma máquina de escrever e uma máquina de Xerox, consegui elaborar uma nova permissão bem razoável.

Com a nossa "permissão" em mãos, chegamos cedo e montamos os equipamentos o mais rápido possível. Quando o público estivesse lá, sabíamos que seria muito difícil interromper o evento sem o risco de uma revolta. À tarde, enquanto fazíamos a passagem de som, apareceu um policial em sua moto. Respiramos fundo enquanto ele analisava a permissão detalhadamente, para em seguida nos devolver e seguir o seu caminho. As coisas estavam caminhando, mas a tensão continuava; pela segunda vez, apareceram mais policiais para examinar a permissão; um deles chegou a ligar para a sede da administração. Mais uma vez foram embora, e continuamos com o nosso evento.

Quando o Fugazi subiu ao palco para encerrar o evento, cercado de centenas de pessoas, nossa sensação de triunfo era real. Mais tarde, Ian comentou que aquele dia tinha sido "um bom exercício". Em uma entrevista concedida algum tempo depois, Ian explicou seu conceito: "Fizemos todos esses protestos com percussão, passeatas, entre outras coisas... Numa análise superficial, você pode pensar: 'Que diferença pode fazer um protesto com instrumentos de percussão na porta da embaixada da África do Sul? Que diferença isso pode fazer para o apartheid?'. O que realmente importa é que estamos exercitando nossos músculos de protesto, e é bom que esses músculos estejam em forma, porque muita coisa ruim ainda virá pela frente, e precisamos estar prontos para lidar com tudo isso".

Ian MacKaye, Nathan Strejcek, Jeff Nelson e Geordie Grindle. O Teen Idles em ação, em 31 de outubro de 1980. (FOTO: JAY RABINOWITZ)

HR (Bad Brains) em Nova York, no começo de 1982.

(FOTO: © GLEN E. FRIEDMAN. ESTA FOTO FAZ PARTE DO LIVRO FUCK YOU HEROES, DA BURNING FLAGS PRESS)

As mãos de Alec MacKaye, na capa do disco do Teen Idles, o primeiro lançamento da Dischord. (FOTO: SUSIE JOSEPHSON)

Flyer de um show no Wilson Center, em 25 de junho de 1982. (ARTE: BOB RAITER)

Flyer de um show no Wilson Center, em 30 de abril de 1982. (ARTE: BOB RAITER)

Teen Idles ao vivo. Abril de 1980. (FOTO: JEM COHEN)

Paul Hill, Donald Keesing, Wendel Blow e Sab Grey. Os skinheads de DC em Georgetown.

The Untouchables no Madams Organ. Alec MacKaye, Eddie Janney e Bert Queiroz. Março de 1980. (FOTO: MARK JENKINS)

A banda Faith tocando no Chancery, em 1982. Chris Bald, Ivor Hanson, Alec MacKaye e Mike Hampton.
(FOTO: MALCOM RIVIERA)

Capa do primeiro disco do Bad Brains.

Bad Brains ao vivo no começo dos anos 1980. HR e Darryl Jenifer. (FOTO: MALCOM RIVIERA)

A formação do Scream em 1980: Franz Stahl, Kent Stax, Skeeter Thompson e Pete Stahl. (FOTO: MIMI BAUMANN)

Ian MacKaye, do Minor Threat, no 9:30 Club em 1983.
(FOTO: JIM SAAH)

John Stabb dando um stage-dive no Wilson Center, em 1982.

(FOTO: REBECCA HAMMEL)

O público do lado de fora do Wilson Center. (FOTO: REBECCA HAMMEL)

Susan Mumford e Chris Thompson, da banda Tiny Desk Unit, no DC Space. (FOTO: MARK JENKINS)

Urban Verbs: Danny Frankel, Robin Rose, Robert Goldstein, Linda France e Roddy Frantz. (FOTO PROMOCIONAL DA WARNER BROTHERS, USADA COM A PERMISSÃO DA BANDA)

Ian MacKaye e Skip Groff.

Galera reunida depois do show do Minor Threat, Youth Brigade e Government Issue no 9:30 Club, em 16 de julho de 1981. No fundo: Mike Hampton, Brian Baker, Manolo Lagdameo, Ivor Hanson e Brendan Canty; No meio: Tesco Vee, Barry Hensler, Corey Rusk, Kevin Farrell e Todd Swalla; Na frente: Toni Young, Chris Bray e Vivien Greene.

(FOTO: LUCIAN PERKINS)

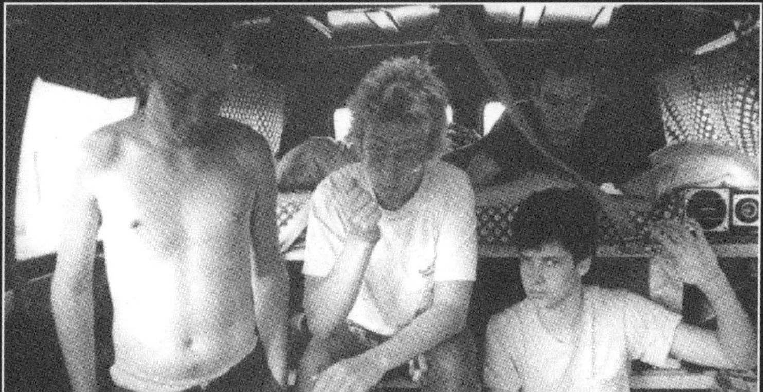

Ian MacKaye, Brian Baker, Jeff Nelson e Lyle Preslar. O Minor Threat na "van do inferno". (FOTO: AL FLIPSIDE)

ENGLAND

Ian MacKaye e a plateia, no último show do Minor Threat. 23 de setembro de 1983.

(FOTO: JIM SAAH)

Guy Picciotto e Mike Fellows, do Rites of Spring. 29 de julho de 1984.
(FOTO: CYNTHIA CONNOLY)

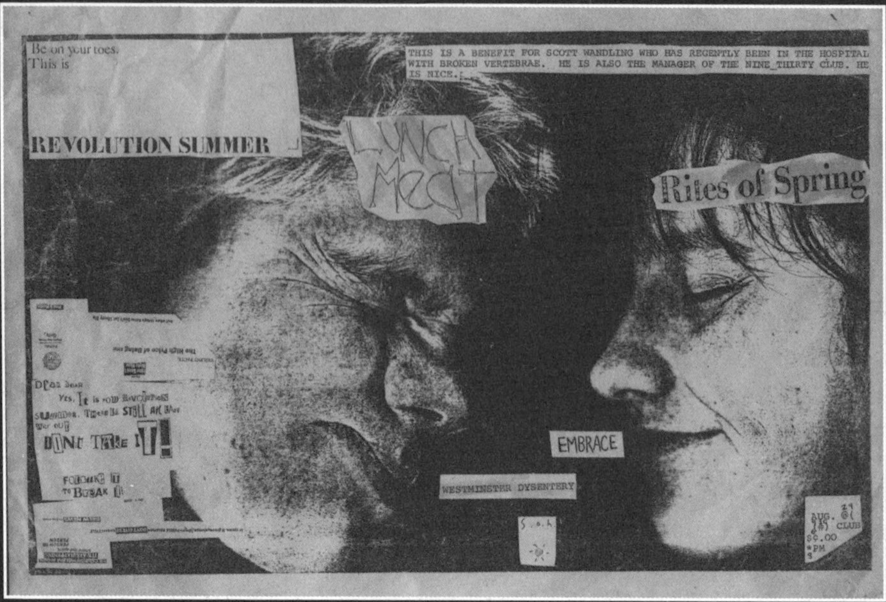

Flyer do show do Rites of Spring, Lünchmeat, Embrace e Westminster Dysentery, no 9:30 Club. 29 de agosto de 1985. (NA FOTO, CHRIS THOMSON E AMY PICKERING)

A banda Hate From Ignorance no palco do 9:30 Club, em 6 de março de 1983.

(FOTO: TIFFANY PRUITT)

Bobby Sullivan e Scott McCloud, do Lünchmeat, no Centro Comunitário Lake Braddock. 25 de julho de 1985. (FOTO: AMANDA MACKAYE)

Molly Burnham, Amy Pickering, Natalie Avery e Ted Niceley, na loja de discos Yesterday and Today.

(FOTO: SKIP GROFF)

Doug Caldwell, da banda Lethal Intent.

(FOTO: VALERIE ROUSETTE)

Lara Lynch, da banda Nuclear Crayons, no 9:30 Club, em 22 de maio de 1983.

(FOTO: JIM SAAH)

Style/Arts

The Washington Post — Tuesday, February 11, 1986 B7

9353: Bruce Merkle, left, Vance Bockis, Jason Carmer and Dan Joseph.

Spotlight

9353: Rock 'n' Roles

By Robert Pfeiffer
Special to The Washington Post

The best pop musicians often seem to balance the relationship between what they've heard and what they play, drawing on artists who have shaped their musical sensibilities while creating something original. 9353, which has just released its second album, "We Are Absolutely Sure There Is No God," does that, and in the process creates some of the Washington area's most interesting new music.

The band members, led by the vocal acrobatics of Bruce Merkle, have endured some of the classic pitfalls of their chosen endeavor: members going off to college or on extended hiatuses; questionable mixing of instruments on a self-produced first album; even the prolonged reconstruction of the studio in which their second album was to be produced.

Still, they have persevered, and over the last three years have amassed a solid local following. Their desire for a larger audience is balanced, says guitarist Jason Carmer, by a healthy sense of realism.

"Our whole point, as far as money goes, is to flicting desire to make it big—and with all the trimmings.

"We want our picture on the cover of Rolling Stone," jokes bassist Vance Bockis. The band laughs collectively at the idea, but in many ways this tension between the real and imagined rock worlds parallels the intertwined musical textures and ironic lyrical postures that define the band's sound.

Especially during live performances, the group displays a highly developed sense of dynamics. The typical 9353 song creates a tensile relationship between instruments, then explodes into what may seem a completely unrelated idea. If that sounds like a description of jazz playing, the similarity is not coincidental. Carmer shuns most current popular music in favor of other forms: "Classical music is my first love, and I grew up on jazz. I hate pop."

Carmer's remark may seem to smack of elitist posturing, but the technically gifted guitarist's style reveals an uncompromising respect for the music. Both Carmer and Bockis share the punk rock of the late '70s as the force that led them to their instruments.

Bockis' bass lines recall the melodic, linear tion of sonic effects and instant changes in style, he has created a refreshing approach that both parodies and celebrates the pomposity of rock guitar clichés. Dan Joseph, the band's drummer, attacks various tempos with clarity, precision and surprising ease for a 19-year-old.

9353's music is ultimately defined, however, by lyricist/singer Merkle. During the course of a single song, Merkle uses up to five distinct voices, ranging between a mocking, authoritative bass and an innocent upper-register falsetto. The voices divide his lyrics into theatrical segments, with often bitingly funny results. Underneath the humor, however, Merkle harbors a sense of having been betrayed by society's institutions, particularly the educational system. "I'm doing what I want to do," he says, "and I wonder what it would have been like if I had been encouraged to do that [in school]. I'd probably be a lot further along than I am now."

The group will be performing at what is being billed as its "record-release hell" Thursday night at the 9:30 club, where they say they may eventually record a double-live album of unreleased songs.

"Nobody's done a good double-live record in 10 years," Carmer points out, grinning slyly. His expression sums up the relationship between the 9353 musicians and the music they've grown up with. Asked how they sort the confusing barrage of influences that have preceded them, Merkle supplies a telling

A banda 9353 em matéria no Washington Post. 11 de fevereiro de 1986.

(FOTO: FATIMAH BALBAD)

Flyer do protesto punk-percussivo.

(ARTE: TOMAS SQUIP)

O Soul Side em ação. Bobby Sullivan e Johnny Temple.

Protesto punk-percussivo na frente da Embaixada da África do Sul, em 21 de junho de 1985. (FOTO: BERT QUEIROZ)

Dave Grohl, do Mission Impossible, no Centro Comunitário Lake Braddock. 25 de julho de 1985. (FOTO: AMANDA MACKAYE)

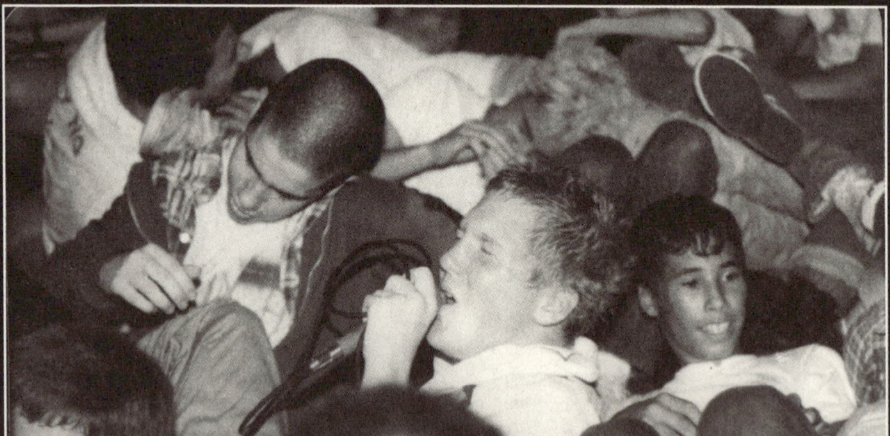

Os integrantes do Mission Impossible se misturam com a plateia durante o show no Centro Comunitário Lake Braddock, em 25 de julho de 1985.

(FOTO: AMANDA MACKAYE)

The Obsessed: a banda era uma paixão em comum dos jovens Joe Lally e Ian MacKaye.

Government Issue. (FOTO: JIM SAAH)

O Dag Nasty no Salão das Nações, em 4 de dezembro de 1985. Brian Baker, Shawn Brown, Colin Sears e Roger Marbury.

(FOTO: BERT QUEIROZ)

Monica Richards, da banda Madhouse, no 9:30 Club.

(FOTO: LESLIE CLAGUE)

Flyer de um show no Wilson Center para arrecadar fundos para a coletânea State of the Union.

(ARTE: MARK ANDERSEN E LIBERATION GRAPHICS)

Capa do disco do Embrace.

(DISCHORD RECORDS)

Pete Murray, Andre Lee, Kenny Inouye e Steve Polcari, do Marginal Man, no palco do 9:30 Club, em 2 de janeiro de 1983. (FOTO: TIFFANY PRUITT)

Lida Husik (aka Red Emma) e Claudia DePaul. (FOTO: MARK ANDERSEN)

Leslie Clague, Sharon Cheslow e Cynthia Connoly: as autoras do livro Banned In DC.

Os posters secando na Dischord House. (FOTO: JEFF NELSON)

Os cartazes "Meese is a Pig" sendo colados nas ruas de Washington, em maio de 1988

(FOTO: JOHN FALLS)

Um incógnito Jeff Nelson com a primeira versão do cartaz "Meese is a Pig".

(FOTO: THEODORE NELSON)

Logo da Positive Force.

(ARTE: SETH TOBOCMAN, JAMES MILLER E MARK ANDERSEN)

Marcha pela vida das mulheres. 4 de abril de 1989.

Jenny Toomey e Juliana Luecking.

(FOTO: MARK ANDERSEN)

A Positive Force reunida, no verão de 1989. Algumas pessoas que estão na foto: Melisa Casumbal, Josh, Jenny Toomey, Mark Andersen, Andrea, Sean Knight, Larry Keitz, Jim Miller, Debbie Lewis, Brad Sigal, Geov Parrish e Eric Fuertado.

(FOTO: DARROW MONTGOMERY)

Franz Stahl, Dave Grohl, Skeeter Thompson e Pete Stahl, do Scream. Sessão de fotos para o encarte da coletânea State of the Union.

(FOTO: TOMAS SQUIP)

Marc Lambiotte e Joey Aronstamn, do Holy Rollers, no DC Space.

(FOTO: NAOMI PETERSON)

Rollins Band no 9:30 Club.

(FOTO: PAT GRAHAM)

A banda Faith no palco do Wilson Center. 17 de setembro de 1982.

(FOTO: REBECCA HAMMEL)

Geoff Turner, Steve Niles e Mark Haggerty, do Three. (FOTO: NAOMI PETERSON)

Ian MacKaye, do Minor Threat, no 9:30 Club, em 1983. (FOTO: JIM SAAH)

1989

*

1991

CAPÍTULO DOZE

LONGA DIVISÃO

"ONDA DE ASSASSINATOS NA CAPITAL: VIOLÊNCIA RELACIONADA AO crack explode em Washington, colocando a cidade – e o prefeito Barry – sob cerco". Essa manchete saiu no *Newsweek*, mas poderia ter sido uma das dezenas de outras diferentes publicações. Os homicídios tinham subido 151% em 1988, fazendo com que DC tivesse a maior taxa de assassinatos entre todas as grandes cidades dos EUA. Além disso, circulavam rumores de que o prefeito Barry estava usando drogas.

A noção de que Washington é a cidade mais corrupta e violenta dos EUA tem um apelo atemporal. Ela reforça tanto o antiamericanismo internacional quanto o racismo americano, uma vez que a cidade teve uma grande população afro-americana desde a sua fundação, e se tornou de maioria negra nos anos 1950. Na verdade, a *Newsweek* chegou a duvidar que DC era a "capital americana dos homicídios" em 1941. A taxa mais alta de assassinatos em Washington foi em parte um acaso estatístico: um território relativamente pequeno que serve como mercado do vício para uma área metropolitana muito maior. Ainda assim, era evidente que algo tinha dado muito errado.

O mercado de drogas estava em alta e as penitenciárias superlotadas. A *Newsweek* relatou que ocorreram mais de 45 mil detenções relacionadas às drogas nos últimos dois anos e meio, e que os custos com as cadeias tinham aumentado quase 400%. Apesar das severas leis sobre armas em Washington, era muito fácil comprar armas (de qualquer tipo) na vizinha Virginia.

Ian MacKaye estava no Reino Unido, para mixar o novo EP do Fugazi. Numa entrevista ao semanário *Sounds*, ele disse que "Washington é uma mentira, a cidade em si é uma mentira. Ela parece ser essa bela cidade de mármore branco, a sede do poder do 'mundo livre'. Mas na verdade é uma cidade bem problemática. Existem muitas pessoas pobres aqui. Nós já alcançamos o centésimo assassinato de 1989, o que é inacreditável. Não há uma cultura de verdade em DC. Há uma cultura das pessoas ricas, e apenas isso, ninguém recebe ajuda ou apoio dos poderes existentes".

Contra tais desigualdades, a música parecia ser um frágil catalisador para a mudança. Mesmo assim, em pouco mais de um ano, o Fugazi havia se tornado uma das forças artísticas mais potentes da cidade. E a banda não estava sozinha. Eles estavam à frente de uma comunidade punk artística e política, que havia amadurecido drasticamente.

O papel do Fugazi gerou um pouco de ressentimento. Chris Bald reclamou: "Parece que as pessoas em DC aceitam apenas uma banda por vez, e é sempre alguma banda do Ian". Mas a ascendência do grupo veio no contexto de uma comunidade também representada por outras grandes bandas, como Ignition, Soul Side, Fire Party, Scream, King Face, Fidelity Jones, Swiz e Shudder to Think.

A camaradagem da cena persistia, mesmo no meio da grande diversidade musical. "Não há mais um som característico de DC", observou Guy Picciotto. "É bem variado, os níveis artísticos são bem diversos. O que une a cena são as conexões entre os amigos, ao invés de algum tipo de código de ética ou sonoridade. E acredito que isso seja bem saudável".

"Tem uma galera mais politizada, pessoas trabalhando em livros, outros tipos de performances ou trabalhos artísticos", acrescentou MacKaye. "As pessoas estão chegando a um ponto onde se ramificam, e fazem todos os tipos de coisas, algo que eu apoio totalmente. Faz parte da criatividade, e daí vem a energia".

No segundo semestre de 1989, o Fugazi foi a banda principal de um show beneficente organizado pela Positive Force para o Peace Center, no Wilson Center. O show apresentou uma nova banda chamada The Holy Rollers, formada por Joey Aronstamn (ex-Grand Mal), Marc Lambiotte (ex-Law of Fives) e Maria Jones, ex-baterista do Fidelity Jones. Os Rollers foram seguidos pelo Edsel, mais uma banda nova. Os músicos eram ex-integrantes de bandas "teen-core" como Kids for Cash e At Wit's End, mas eles tinham se afastado dessa estética para criar um punk à la Wire.

Das bandas que tocaram no evento, o Swiz era aquela mais próxima da tradição do harDCore. O primeiro EP da banda pelo selo Sammich trazia a faixa "Wash", na qual o vocalista Shawn Brown cutucava o antigo colega de banda Brian Baker: "Lies aren't exercises" ("Mentiras não são exercícios"). O disco recebeu ótimas resenhas no meio punk; o fanzine *Dear Jesus*, de Nova York, afirmou: "Certamente o melhor disco de 1988". Depois do disco, a banda já vinha apresentando ótimas novas composições, como "Godspeed", um angustiante relato da vida do ponto de vista de uma garota de programa, e "Tylenol", uma declaração de Brown sobre o orgulho da sua herança afro-americana, diante da crescente onda dos skinheads nazistas.

O show do Fugazi mostrou seu recente surto criativo. Agora duas guitarras conduziam músicas como "Sieve-Fisted Find", "Greed" e "Brendan #1". "Shut the Door" era, provavelmente, a melhor do novo material. Essa canção – que Ian dedicou a seu irmão Alec – teve como inspiração a morte de Catherine Brayley, uma veterana da cena punk de DC, ex-integrante da banda Sybil. Brayley e Alec tinham sido namorados. Após a separação, Brayley enfrentou uma luta contra a depressão e o vício em heroína, e continuou morando em um apartamento da família MacKaye até a sua morte por overdose.

Os versos de "Shut the Door" expressavam a lógica sem saída do vício, enquanto o refrão trocava para o horror das vozes dos pais de Brayley, no momento em que entravam no apartamento para encontrar a filha morta. Assim como "Glue Man", a canção não transmitia uma condenação moral, mas sim empatia e um sentimento de imensa perda.

O show estava tão lotado que chamou a atenção da brigada de incêndio, que tinha chegado bem perto do final da apresentação e multou a Positive Force por superlotação. A multa de 400 dólares foi apenas a confirmação de uma coisa óbvia: os clubes underground de DC tinham ficado pequenos para o Fugazi.

Depois de muito atraso, a coletânea *State of the Union* finalmente saiu em abril de 1989. A compilação era um registro da evolução do punk de DC desde o *Revolution*

Summer, em termos musicais e políticos, mas também era uma ótima ferramenta para espalhar as ideias da Positive Force pelo país. A ação política organizada (e radical) agora era um elemento importante do espírito do punk de DC, e isso inspirou garotos em outros lugares a formarem grupos ativistas.

Apesar do problema dos assassinatos e do crack, havia uma questão ainda mais importante que não tinha sido realmente enfrentada: diminuir a diferença entre os privilegiados de Washington e os marginalizados. A Positive Force sempre fazia os seus shows em igrejas e centros comunitários nas áreas mais carentes da cidade, pois dessa maneira a renda dos shows poderia ser revertida para a comunidade. Além disso, o público – de maioria branca – poderia ter contato com a realidade daquelas pessoas. O Fugazi e algumas outras bandas começaram a priorizar shows beneficentes para organizações que ajudavam as pessoas de baixa renda.

Alguns veteranos da cena punk decidiram abraçar a causa. Tomas Squip e Lydia Ely trabalharam com moradores de rua, através das organizações Victor Howell House e Coalizão Nacional para os Moradores de Rua. Aronstamn trabalhou para um escritório de defensoria pública, e frequentou muitos abrigos para famílias sem teto, uma experiência do tipo "inferno na Terra", que gerou a canção "Cross the Line".

Em junho, o Fugazi fez um show beneficente no Wilson Center em prol da Washington Free Clinic; o lugar estava tão quente, lotado e úmido que pedaços do teto começaram a descolar e cair na plateia durante a apresentação da banda. Além do Fugazi, também tocaram naquela noite o Ignition e o Fidelity Jones (que contava com um novo guitarrista, Andy Charneco, deixando Squip livre para fazer o quisesse no palco).

O Ignition não desapontou e fez um show agressivo. Em um dado momento, Alec MacKaye fez uma pausa para se certificar de que a plateia sabia o motivo pelo qual a banda estava lá: "Estão se sentindo bem? Isso é bom porque nos dias de hoje custa muito ficar doente. Custa tanto que, se eu me machucasse agora, ficaria com uma dívida pelo resto da minha vida". (Por incrível que pareça, Alec sofreu um acidente de moto voltando para casa depois do show. Ele colidiu com um carro que ultrapassou um farol vermelho. Por fim, ele se recuperou totalmente de seus ferimentos, mas não antes de sofrer para pagar diversas despesas médicas, exatamente como tinha alertado a plateia durante a apresentação.) Esse seria o último show do Ignition.

Um mês depois, o Fugazi fez dois shows com ingressos esgotados no 9:30 Club, ao lado da banda texana Bad Mutha Goose, liderada por Tim Kerr (ex-Big Boys). Na segunda noite, o Fugazi tocou "Repeater" pela primeira vez. Com suas reviravoltas, guitarras descontroladas e uma robusta estrutura rítmica, a música fazia lembrar o espírito livre do Happy Go Licky.

"Repeater" abordava duramente a questão dos homicídios em Washington no ano de 1989 (em especial nas regiões mais humildes da capital). A vibração da música capturava a problemática das drogas e dos conflitos de gangues, que tinham alcançado inclusive os arredores do colégio Woodrow Wilson: em janeiro, um tiroteio deixara vários estudantes feridos.

Naquele momento, o Fugazi estava ganhando mais dinheiro do que jamais poderia imaginar com um projeto absolutamente anticomercial. Após o show no 9:30 Club, os integrantes da banda decidiram que tocariam (por tempo indeterminado) apenas em eventos beneficentes, shows gratuitos ou manifestações na região de DC. Eles ainda decidiram aperfeiçoar a parceria com a Positive Force nesses shows. Todavia, essa parceria não significava que a Positive Force e o Fugazi tivessem ideias idênticas; ela demonstrava apenas confiança e afinidade.

X X X

Enquanto o Fugazi acelerava, outras bandas de DC pisavam no freio. O Scream – que outrora parecia incontrolável – agora estava à deriva. A banda não parava de fazer turnês pela Europa e EUA, porém mal conseguiam se sustentar. O álbum *No More Censorship* tinha vendido mais de dez mil cópias, um número respeitável para um disco punk de um selo independente, mas muito menor do que a banda ou o RAS estavam esperando. Em pouco tempo, o selo e a banda concordaram em se separar.

O fim do Ignition também estava se aproximando. Ferrando sempre estava em desacordo com Bald sobre assuntos que envolviam dinheiro, e estava ficando cansado dos constantes atritos. Enquanto isso, o Food for Thought corria o risco de perder a sua concessão. Preocupado com o vazio que resultaria se o Food for Thought fechasse, Ferrando queria parar de excursionar para montar seu próprio clube. Chris Thompson também estava bem cansado de fazer turnês, queria mais tempo para um relacionamento pessoal e para voltar a estudar.

Alec MacKaye e Bald queriam continuar com um conceito que chamaram de "Ignition Services". A banda poderia continuar existindo com dois novos membros, algumas das antigas músicas e praticamente com o mesmo nome. MacKaye e Bald ficariam encarregados da parte musical do Ignition Services, enquanto Ferrando e

Thompson gerenciariam os ramos de "alimentação" e "educação". Foi uma boa ideia, mas se mostrou inviável na prática.

O Soul Side também enfrentava algumas divergências internas. O EP *Trigger* e o compacto "Bass"/"103" foram bem-sucedidos, mas a temática das letras de Bobby Sullivan já não eram mais um consenso entre os integrantes da banda. Mais ainda: alguns na banda achavam que a retórica de Sullivan era vazia, pois não era apoiada por ações. Para fugir da fama de hipócritas, eles pressionaram o vocalista para escrever letras menos politizadas; ele concordou, de modo relutante.

Durante uma interminável turnê europeia de três meses, Sullivan mostrou-se preocupado com o fato do Soul Side ter se tornado uma banda "for fun", e amenizou o tédio e os atritos da estrada com substâncias químicas. Ainda na Europa, a banda gravou um convincente novo álbum (com letras extremamente indiretas), mas a turnê deixou o grupo exausto e acentuou as desavenças. A banda fez mais alguns shows após o seu retorno, mas em pouco tempo se separou.

HR teve problemas ainda maiores na Europa. Sua banda tinha ganhado certa coesão musical, mas financeiramente a turnê foi um fracasso. Abandonado sem nenhum dinheiro na Europa, o vocalista engoliu o seu orgulho e ligou para Tony Countey. "Estava frio nas ruas e eu tinha que sobreviver de alguma forma", ele explicou.

Era um momento oportuno, afinal o Bad Brains estava vivendo um impasse no estúdio durante as gravações do novo álbum, e isso custava dinheiro para a gravadora (Caroline). Darryl Jenifer e Dr. Know tinham criado um novo material poderoso, nos moldes de *I Against I*, mas o vocalista Taj Singleton não estava funcionando. Com o sucesso de bandas como Beastie Boys, Living Colour, Metallica, 24-7 Spyz e Red Hot Chili Peppers, o Bad Brains sentia que tinha deflagrado algo, mas sabia que não estava colhendo os frutos.

Jenifer e Dr. Know obviamente não botavam fé em HR, mas não se encontravam em posição de virar as costas para o antigo vocalista. Devido a insistência de Countey, HR aceitou voltar para a banda (por um período mínimo de dois anos), arrastando consigo seu irmão Earl.

As músicas já estavam gravadas, faltava apenas escrever as letras e gravar os vocais. "Quando voltei, tive uma semana para ouvir as músicas antes de ir para o estúdio e gravar a voz", recorda-se HR. "Fui para as colinas de Woodstock e fiquei ouvindo aquelas músicas sem parar, nem sequer dormia. Eu mergulhei totalmente no trabalho para fazer as letras, inspirado pelo espírito de Jah".

Levando em consideração o modo (confuso) como foi feito, o resultado foi extraordinário. Não dá para dizer que *Quickness* foi um salto de qualidade em relação ao *I Against I*, mas foi um sucessor bastante digno. Com produção mais uma vez assinada por Ron St. Germain, o álbum trouxe de volta as raízes hardcore do Bad Brains. Mais tarde, algumas letras provocariam muita indignação, mas quando o álbum foi lançado a atenção estava toda focada na energia musical e na habilidade da banda. Uma resenha da *Sounds* dizia que "apenas o Metallica pode competir com o Bad Brains em seus próprio termos, fundindo uma ferocidade inesgotável com pilhas de *riffs* de modo extremamente fluído".

A faixa-título era um bom exemplo da mistura de metal, funk, rap, punk e dub produzida pela banda. "Essa música é um resumo dos últimos 40 anos do rock and roll, desde o bebop até o jazz, passando pelo hip hop e pela música do futuro", disse HR. "O título é algo que me ocorreu nas ruas de Nova York, [sobre] a perseverança para viver no sistema e afastar a Babilônia das nossas vidas".

A visão do vocalista estava um pouco mais moderada do que na época do *I Against I*. "Ainda que não houvesse reggae [no LP], a mensagem estava lá. O Pai estava trabalhando da Sua própria maneira. É como se uma porta estivesse se abrindo para nós, para que pudéssemos chegar até as pessoas através da mensagem Rasta. [Inicialmente] eu estava apreensivo, mas a decisão não cabe a mim. Sou um músico a serviço de Deus. Alguns garotos falavam comigo, e me diziam que tinham gostado muito do álbum. Dessa forma, era uma sensação de missão cumprida. Eu não consegui o que queria, mas se tivesse [conseguido], eu teria atrapalhado a missão que Deus tinha para o Bad Brains".

Enquanto o Bad Brains tentava chegar lá, Henry Rollins caminhava cautelosamente pelas beiradas do mundo do rock comercial. Ele tinha passado por uma transformação física, com incontáveis tatuagens e anos de musculação, mas ainda acreditava que "o *mainstream* tem um monte de babacas. Não quero essas pessoas perto de mim. Quero que elas me odeiem, que tenham medo de mim. Sou um pensador livre e um destruidor de Deus, e todas aquelas pessoas que vivem na escuridão, no medo e aprisionadas, deveriam temer pessoas que andam livremente, como eu".

Uma situação desconfortável: Henry Rollins dava declarações como essa, mas também aparecia num anúncio da Gap na revista *Rolling Stone*. Mais tarde ele diria que fez isso apenas "por diversão" e para afrontar as pessoas. "Peguei o dinheiro e investi nos meus outros projetos. É isso", ele explicou. "Eu não vou vender ninguém. O lucro disso é realmente mínimo e sempre coloco de volta na empresa. Toda essa encenação capitalista é feita apenas para investir na arte".

Rollins tinha fundado uma editora chamada 2.13.61 (data de seu aniversário), e continuava com as turnês de *spoken word*. Ian MacKaye produziu o álbum *Life Time* da Rollins Band, que mostrava o coeso punk-blues da banda, bem afiado depois de cair na estrada.

As grandes gravadoras começaram a cortejar a Rollins Band. No fim de 1988, Rollins decidiu fazer um EP com o baixista Andrew Weiss, usando o nome Wartime. Ele explica o projeto fazendo graça: "Uma mistura de Trouble Funk [banda de R&B e funk de Washington] com Satanás. É definitivamente um rock agressivo. Não é bonitinho. É perfeito para uma grande gravadora, pois é uma afronta a tudo que uma *major* representa". Na época, o vocalista disse: "Não gostaria de ver a Rollins Band numa grande gravadora, pelo menos não agora".

Indignado com a SST (pela ausência de pagamento de direitos autorais dos seus discos com o Black Flag) e convencido de que os proprietários do selo Texas Hotel eram "hippies sujos", Rollins logo iria reavaliar sua opinião sobre grandes gravadoras. "Estou cansado de lançar itens de colecionador", ele disse quando estava prestes a deixar a cena independente.

X X X

Sentados em uma cafeteria em Princeton, discutindo sobre as garantias que sua agência lhes deu sobre algumas datas de futuros shows, os membros de uma das bandas de DC com mais tempo de estrada decidiram terminar. O Government Issue "tinha planejado fazer mais alguns shows na Costa Leste e mais uma turnê europeia", disse John Stabb, "mas todos concordávamos que nossos corações já não estavam mais lá".

O último show da banda aconteceu no 9:30 Club, e a casa estava absolutamente lotada. Esse show demonstrou o grande poder musical da banda, mas também revelou as tensões internas. "Estamos terminando porque eu queria fazer alguma coisa nova e criativa, e [o Tom] não quer", disse Stabb ao público. Deboches à parte, a despedida do GI foi razoavelmente alegre.

Stabb já estava começando a montar uma nova banda, chamada Weatherhead, junto com seu amigo Frank Love. Embora o grupo tenha sido eleito como a "melhor banda nova" pela *Flipside*, a sonoridade meio pop espantou vários fãs do GI. A última formação do GI beirava a perfeição; por isso, não seria fácil para Stabb conseguir um time tão bom quanto aquele novamente.

Aliviado por não fazer mais parte do GI, J. Robbins se concentrou na sua nova banda com Kim Coletta. O baterista original Jenny Thomas saiu, e foi substituído por Adam Wade, mas a banda ficou com a melhor das músicas inicialmente escritas por Thomas: "Tools and Chrome". O trio escolheu o nome Jawbox, que foi tirado de um termo irônico para TV, e começou a se preparar para o primeiro show, ao lado do Fugazi e Shudder To Think, no Pierce Hall.

Robbins mostrou-se um competente *frontman* e o som da banda (algo entre Fugazi e Holy Rollers) misturava *riffs* melódicos de guitarra com boas letras como as de "Foot Binder" e "Bullet Park". O Shudder To Think subiu ao palco depois do Jawbox e mostrou seu som cada vez mais sofisticado, que logo seria registrado em um novo LP pela Dischord, intitulado *Ten Spot.*

Grandes gravadoras estavam de olho no Fugazi, e um representante da CBS compareceu ao show, mesmo depois de ter sido aconselhado por Ian MacKaye de que isso seria uma perda de tempo. A única aparente resposta da banda foi uma intensa nova canção chamada "Blueprint", que sugeria que o Fugazi não iria entrar no jogo das grandes gravadoras.

Duas semanas depois, o Fugazi apresentou-se no festival anual da Positive Force, em Dupont Circle. Apesar do forte (e hostil) aparato policial, o evento transcorreu sem problemas, e os destaques foram a poderosa performance do Lungfish (cujo vocalista Daniel Higgs já tinha tocado no Reptile House), o Fidelity Jones e uma carismática apresentação de *spoken word* de Juliana Luecking. Como havia um temor de que o Fugazi pudesse causar um certo caos no parque, a banda foi anunciada como "Gazebo Front". A banda começou a tocar às 17:15h, e nesse momento chegaram ao local seis carros da polícia e uma van com cães policiais, para garantir que o evento terminasse às 18:00h, conforme determinava a licença. O Fugazi fez um show tenso, mas desafiador, acabando exatamente às 18:00h com o comentário ácido de MacKaye: "Agora vão pra casa, antes que sejam todos presos".

Na plateia estava Kent McClard, diretamente de Santa Barbara. Ele publicava um fanzine chamado *No Answers*, que tentava trazer à tona as implicações revolucionárias do straight edge. O zine possuía um sério tom de moralidade, algo que poderia afastar alguns leitores, mas estava se tornando influente por todo o país. Obviamente inspirado pelo harDCore, McClard não poupava a cena de críticas. Ele era muito fã do Swiz e achava que a banda (entre outras do estilo harDCore) estava sendo injustamente excluída do eixo Dischord/Positive Force.

Os membros do Swiz realmente se sentiam excluídos, mas não havia nenhum preconceito contra a banda. A banda não foi convidada para participar do *State of the Union* apenas porque não havia mais espaço. O Swiz tinha sido convidado para tocar em vários shows da Positive Force, incluindo dois com o Fugazi. Entretanto, a banda era mais popular entre os fãs adolescentes de hardcore, que frequentavam as matinês de sábado no Safari Club. Mas os membros da Positive Force raramente iam às matinês do Safari Club, simplesmente porque elas aconteciam no mesmo horário das reuniões semanais do grupo.

Apesar das suas preocupações sobre a divisão da cena, McClard ficou muito animado com seu encontro com o punk de DC, e notou um dos pontos fortes dessa cena: "O que faz essa cena única é que muitos caras das antigas continuam na ativa, ainda lutando contra a 'maturidade' do *mainstream*", escreveu McClard. "As amizades, as histórias, os ideais e o comprometimento que começaram no início dos anos 1980, ficaram cada vez mais fortes e focados. Seus gritos de protesto são apoiados por fortes ações políticas. O punk rock não foi vendido à sociedade. Em DC, ele existe como uma alternativa ao *mainstream*. O harDCore vive. Que ele seja uma inspiração e um exemplo".

Sob a orientação de Cynthia Connoly, o DC Space se tornou fundamental para a comunidade punk. Ela organizou uma ambiciosa semana de shows e os destaques desse evento foram registrados no álbum *Pre-Moon Syndrome*, um disco beneficente para a Free Clinic. Os shows capturavam a crescente diversidade da cena de DC. Liderado por Mark Robinson (fundador do selo Teenbeat), o Unrest estava "se aprofundando em estilos musicais que sequer existiam". As bandas Velocity Girl (ex-Gotterdamocrats) e Whorl (ex-Big Jesus Trash Can) tinham conexões com o novo selo Slumberland, cuja inspiração vinha da cena britânica de "dreampop". Com o fim do Slickee Boys, a nova banda de Kim Kane marcou presença: Dait Bait. Algumas bandas de fora da cidade também tocaram no evento, como Butter Glove (de Richmond), Go Team (de Olympia) e Honeymoon Killers (de Nova York).

A "responsabilidade da vida adulta" continuava a atrapalhar a coesão da cena, já que músicos e fãs tentavam se manter com e sem o punk. Steve Kiviat, ex-editor do zine *Thrillseeker* e atual estudante de direito, ofendeu-se com a crítica de Squip sobre "punks que viraram advogados". Conforme ele relatou anos mais tarde, "escrevi para o Tomas e disse: 'O que devemos fazer? Trabalhar em empregos de merda para o resto de nossas vidas?'" Era uma pergunta bem difícil, uma vez que a busca pelo seu próprio caminho (certamente um ideal punk) acabava conduzindo as pessoas de volta para o *mainstream*. Com as pessoas deixando suas bandas ou a faculdade, e começando a questionar se a cena era realmente o ponto central de suas vidas, a comunidade inevitavelmente perdia força.

No entanto, a faculdade de direito não era a única alternativa para se tornar um profissional. Brian Baker continuou sua odisséia, juntando-se a banda Junkyard (cuja sonoridade tinha inspiração descarada no hard rock sulista dos anos 1970) apenas três semanas antes do grupo começar a gravar seu álbum de estreia pela Geffen, no final de 1988. Parecia uma decisão bem estranha para alguém que no passado já tinha ridicularizado os *rednecks* e o próprio Lynyrd Skynyrd, uma instituição do rock sulista. De fato, Baker declarou ao *Sounds*: "Odeio o conceito [do Southern rock]. Musicalmente gosto de algumas coisas, mas não levanto a bandeira dos confederados ou a coisa de ficar bêbado na caminhonete".

O convite para tocar no Junkyard veio do guitarrista Chris Gates (ex-Big Boys). Chris comparou sua nova banda ao Guns N' Roses e Tracy Chapman "porque eles são de verdade. O Guns N' Roses e o Metallica derrubaram as barreiras para qualquer um que queira fazer música com significado". A proposta visual da banda (logo com hot rods e cervejas bem visíveis na contracapa do disco) era uma negação do punk. Era como se o straight edge nunca tivesse existido.

Em uma entrevista para o *No Answers*, os integrantes do Fugazi recusaram-se a criticar o Junkyard. "Houve um período na minha vida em que a cena punk era o fim de tudo", disse MacKaye. "Qualquer um que ficasse contra isso, na minha visão, era como um pecado capital. Mas, com o tempo, percebi que temos coisas mais importantes para falar, ao invés de falar sobre outras pessoas". Picciotto ainda acrescentou que "existem coisas piores na Terra do que outra banda de rock'n'roll".

Três baluartes do harDCore, Mike Hampton, Ivor Hanson e Bert Queiroz, também deram um passo em direção ao *mainstream* com uma nova banda, chamada Manifesto. Seu pop rock polido e melódico, com direito a bateria eletrônica, foi um passo lógico após o One Last Wish. A banda tinha muito pouco da energia crua do punk ou do seu espírito rebelde, mas Hampton argumentava que "todas as bandas nas quais eu estive foram um progresso natural para mim". Assim como muitos outros punks das antigas, esses três esperavam que a música pudesse se tornar seu ganha pão.

Jeff Nelson gostava do trabalho da banda, e conseguiu que eles gravassem um single pela Dischord. Porém, quando MacKaye ouviu a fita do Manifesto, ele cancelou o lançamento. Um pouco frustrado, Nelson dava indícios de que começava a gostar mais de pop rock melódico do que de punk. Na surdina, ele começou a planejar um novo selo, o Adult Swim – o nome expressava, de forma brincalhona, o crescente desinteresse de Nelson por música "adolescente raivosa". Nesse período, Nelson tocava em duas bandas de pop rock com raízes no harDCore: o Senator Flux e o High Back Chairs. Apenas o High Back Chairs gravou pela Dischord.

Assim como muitos outros "veteranos" da Dischord, Nelson raramente ia aos shows. Essa ausência da galera old school era sentida até mesmo nos shows do Fugazi. Os pensamentos de Ian MacKaye sobre essa mudança ficaram claros em "Long Division", uma música que ele começou a escrever na turnê europeia de 1989. Era a canção mais calma que o Fugazi já havia feito, e lembrava um pouco "Long Time", uma das músicas do Manifesto que sairia no single da Dischord. (Tempos depois, MacKaye disse que qualquer semelhança era mera coincidência.)

Na Europa, o Fugazi não conseguia se livrar da herança dos primeiros anos do harDCore: a banda era constantemente abordada com perguntas sobre o straight edge. Embora os músicos não tivessem mudado sua atitude em relação às drogas, eles estavam de saco cheio de falar de assuntos não relacionados à música, como o straight edge, os preços baixos de seus ingressos, os shows para todas as idades etc.

Nos EUA, a cena straight edge (ou SE) tinha ganhado vida própria. Um dia, MacKaye viu um flyer de um show com seis bandas do "DC SE – the new school" no Safari Club, e ele não reconheceu nenhuma das bandas. Um fanzine straight edge indagou MacKaye sobre o "straight edge hardcore" do Minor Threat, e ele respondeu: "Mas o que é exatamente straight edge hardcore? O Minor Threat fez músicas sobre melhoria de vida".

Ray Cappo, do Youth of Today (uma banda popular que começou quase como uma versão caricata do harDCore), também estava tentando se livrar dos clichês do straight edge; ele escreveu novas letras atacando o racismo, o patriotismo cego e o abuso aos animais. No entanto, o direcionamento de Ray Cappo mudou completamente quando ele se uniu à Sociedade Internacional para a Consciência de Krishna, conhecida popularmente como Hare Krishnas. Com sua nova banda, chamada Shelter, ele se preparou para espalhar a mensagem. A *Maximum RockNRoll* publicou uma polêmica discussão entre Cappo e Tim Yohannon, além de divulgar uma suposta corrupção da ISKCON (sigla em inglês para Sociedade Internacional para a Consciência de Krishna).

Tais desdobramentos inevitavelmente respingavam em Ian MacKaye, o autor da música "Straight Edge". Ele não era fã de nenhuma religião organizada, muito menos dos Hare Krishnas, e estava insatisfeito em ver que sua ideia tinha contribuído para esse encaminhamento, ainda que indiretamente. Uma polêmica relacionada a esse caso se deu por causa do selo californiano No Master's Voice; esse selo lançou um LP em prol da Frente de Libertação Animal, que trazia bandas como Beefeater (com participação especial de Ian) e as britânicas Chumbawamba e Oi Polloi. Aconteceu que o fundador do selo, com sua postura de militante dos direitos dos animais/straight edge, também passou a defender ideias homofóbicas, fanatismo anti-aborto e uma adoração à disciplina que beirava o fascismo: "É a sobrevivência do mais apto, e o straight edge vegano estará no topo". Pouco depois esse selo mudou de nome e passou a se chamar Hardline, com seu famoso logo com dois rifles automáticos cruzados, formando um X. Esse selo difundiu essas ideias através de bandas como o Vegan Reich.

O Bad Brains novamente se meteu numa controvérsia, pois algumas pessoas interpretaram que "Don't Blow Bubbles" era uma celebração da AIDS como uma punição aos gays. Eis os trechos que acenderam a polêmica: "In time before there was no cure/ Now through His will it's healed for sure" ("Antigamente não havia cura/Agora, através da Sua vontade, ele está curado com certeza"). Mais tarde, HR diria que o significado da letra era "não injete heroína. As bolhas estão no fim da seringa". Todos sabiam que HR era um ex-usuário de heroína, e, além disso, o amigo e ex-empresário da banda David Hahn tinha contraído o vírus HIV usando drogas injetáveis.

Tempos depois, Jenifer comentou de modo sarcástico: "Se tivéssemos apenas dito 'use camisinha' ninguém teria ficado bravo". No entanto, os membros da banda frequentemente diziam coisas que deixavam as pessoas zangadas. Até mesmo o tranquilo Dr. Know uma vez explicou que a mensagem da música era "não seja um gay".

Em turnê pela Europa, os shows do Bad Brains estavam recebendo ótimos elogios. HR já não era tão frenético quanto antes, mas ainda tinha uma energia incrível e uma segurança digna de um rei – além de sempre levar uma Bíblia a tiracolo. O vocalista conduzia a banda com músicas novas e também antigas, compensando a perda de agressividade com muita graça e fluidez. Em Londres, ele até mesmo finalizou a música "At the Movies" (a última do set) com o seu tradicional salto mortal para trás.

No entanto, em entrevistas, HR começou a dizer que "não sou um 'Bad Brains', sou um 'Human Rights'". Agora Jenifer era o líder do novo Bad Brains, e HR não estava muito propenso a receber ordens de ninguém. "O HR gosta de ter a banda dele, o Human Rights, porque ele pode contratar e demitir qualquer pessoa que quiser", disse Dr. Know em 1993. "No Bad Brains não é assim". A tensão chegou ao seu auge após um show em Berlim Ocidental, quando HR partiu pra cima de Jenifer dentro do ônibus de turnê. A briga foi contida, e HR saltou do ônibus ainda em movimento. "Ele pulou e saiu rolando no chão", relembrou anos depois Countey. "Ele poderia ter sido facilmente atropelado pelo ônibus."

Isso aconteceu apenas alguns dias antes da queda do Muro de Berlim, e a banda estava na única estrada que unia o lado oriental ao lado ocidental, com cercas altíssimas dos dois lados. Apesar disso, HR se recusava a retornar ao ônibus. Finalmente Jenifer saiu do ônibus, caminhou com HR e tentou acalmá-lo, enquanto o resto da banda seguia para o próximo show.

Os dois chegaram a um acordo que salvou a turnê – e até mesmo o show daquela noite. Quando voltaram aos Estados Unidos, o Bad Brains se separou mais uma vez. Apesar do acordo para ficar dois anos na banda, HR e seu irmão abandonaram o barco.

Em uma vingança simbólica, Jenifer cortou seus *dreads* e anunciou publicamente que seu antigo amigo era um "hipócrita". Sem HR, os outros dois membros da banda tiveram que prestar explicações. "Tive que assumir essa responsabilidade e falar com as pessoas; eu dizia para elas que 'sou um músico, tenho um vídeo na MTV'", recorda-se Jenifer. "Elas simplesmente riam e respondiam, 'Bem, assim como nós, o seu cu está na reta, certo?'" Dessa vez, o baixista prometeu: HR nunca mais voltaria.

O CONTO DOS DOIS ARTIGOS

POR MARK ANDERSEN

Após o lançamento da coletânea *State Of The Union*, a Positive Force estava em alta, e uma grande quantidade de citações no *City Paper* e no *Washington Post* sugeriam que estávamos começando a ser vistos como parte central da história do punk em DC. Um artigo de Alan Keenan para o *City Paper* foi uma bênção: misturando citações de Jenny Toomey (que havia retornado da Europa para se reunir ao grupo), Brad Sigal, Melisa Casumbal e minhas, esse artigo abordava os nossos esforços para criar um autodesafio da ética "revolucionária", que incluía uma postura contrária às drogas, vegetarianismo, um estilo de vida simples, comprometimento com os imperativos ecológicos e democracia radical, enquanto abríamos as portas de nossa casa não apenas para o ativismo, mas diretamente para os necessitados.

Como escreveu Alan: "O punk rock foi uma rebelião contra a complacência de meados dos anos 1970, mas rapidamente se tornou apenas uma questão de corte de cabelo, roupas e pose. A PF quer recuperar os ideais do punk e espalhá-los pelo mundo... Basicamente, a PF funciona como uma ala política não-oficial da Dischord Records, transformando em ações a mensagem de responsabilidade e de 'fazer o bem', que já estava presente (e continua) em várias bandas da Dischord e do harDCore, como Minor Threat, Beefeater, Soul Side, Fire Party e Fugazi".

O *State of the Union* tinha espalhado essas ideias muito além das redondezas. Alan: "O sentido do potencial do punk está presente na música do *State of the Union*, que vem recebendo ótimas críticas de publicações como *Rock'n'Roll Confidential* e do semanário musical britânico *Sounds*...". Uma simples declaração no encarte da coletânea dizia: "Esse álbum foi feito por pessoas muito parecidas com você... você poderia fazer um álbum... escrever uma música... organizar uma manifestação... então por que você não faz isso?"

Julgando pela quantidade de cartas que recebemos, o disco estava cumprindo sua missão, mas isso também significava que precisávamos de ajuda. Jenny e Kristin Thomson se encarregaram de responder todas as cartas, e tiveram a ideia de fazer um pacote de informações que ajudaria a responder as perguntas mais frequentes (por exemplo: como formar grupos ativistas, como fazer shows beneficentes, como fazer um disco, dentre outras).

No artigo do *City Paper*, Alan comparou nossa parceria informal com o Fugazi com aquela entre o MC5 e os Panteras Negras, no final dos anos 1960. Apesar das diferenças, a observação de Keenan foi compreendida e levada como um elogio. Como Alan notou, de certo modo o Fugazi e a Positive Force uniram forças em um experimento para expandir os limites do punk rock como uma verdadeira força de mudança social.

No entanto, Alan ainda observou quão difícil seria traduzir esse idealismo e energia no sentido de uma mudança duradoura, se não houvesse mais esforços na instituição e formação de coalizão: "Embora eles sempre tenham conseguido algum suporte (através de seus shows beneficentes e de seu próprio trabalho) de instituições alternativas que incorporam muitos de seus ideais políticos, até agora ainda não conseguiiam encontrar formas de facilitar que outros possam seguir o estilo de vida da PF... Sem a ajuda de outras instituições, sempre será difícil para a maioria (com exceção de alguns poucos jovens) abraçar o estilo de vida antimaterialista e comunitário que se tornou a marca dos integrantes da PF". Esse era um desafio justo e inteligente.

Nossa experiência com Todd Kliman, do *Washington Post*, definitivamente não foi tão agradável. Ele escreveu uma matéria recheada de cinismo, e com muitos dados incorretos, na qual falsificava nossas crenças e nos fazia parecer estúpidos. Embora Todd não tivesse usado o termo, o artigo foi o precursor do que iria se tornar uma verdadeira enxurrada de ataques do "politicamente correto". Sim, era verdade que alguns da esquerda iam a extremos ridículos, mas em breve qualquer um que quisesse descartar uma crítica mais radical seria rotulado como "politicamente correto". Qualquer análise mais aprofundada tornou-se desnecessária. Era conveniente para pessoas com a cabeça fechada. No entanto, e para nossa sorte, tínhamos aliados como o Nation of Ulysses para ir à forra contra os hipócritas da mídia.

X X X

Em Washington, havia uma abundância de bandas novas. Em um show da Positive Force na época do Natal (para angariar fundos para os mineiros em greve no sudoeste da Virginia), o line-up contou com Fidelity Jones, Swiz, Ulysses e uma nova banda chamada Hazmat. Esse quarteto oferecia um som quebrado e melódico, com uma formação bem diferente da usual: uma banda de mulheres (Christina Billotte no baixo, Melissa Berkoff na bateria e Kathy Cashel na guitarra) com um homem no vocal, Charles Bennington, que recentemente havia tocado no Blood Bats junto com Colin Sears e Roger Marbury. O Hazmat gravou uma demo com Geoff Turner, que trouxe de volta seu estúdio WGNS, agora em um novo local e com equipamentos mais sofisticados. O grupo não durou muito tempo, mas Christina e Melissa se juntaram a Nikki Chapman e Mary Timoty para formar uma banda ainda mais promissora, o Autoclave.

O Ulysses tinha agora um novo nome: Nation of Ulysses. E tinha também a sua própria "Embaixada", o nome que a banda escolheu para a casa comunitária onde moravam, uma das várias novas casas de punks no bairro Mount Pleasant. A chegada do guitarrista Tim Green – ex-integrante da banda garage punk The Vile Cherubs – ajudou a impulsionar a evolução do NOU, que deixou de ser uma mera banda para se transformar em um "grupo terrorista/partido político".

Ian Svenonius admitiu que "ainda não sabemos tocar nossos instrumentos", porém o conceito da banda estava progredindo. "O Nation of Ulysses é basicamente uma mensagem de separação", anunciou Ian em uma entrevista com Sharon Cheslow para um novo zine chamado *Interrobang*. "Não queremos nos envolver com os EUA e com a estrutura existente. Eu acho que você deve fazer todo o possível para permanecer *underground* e não ser assimilado. O Nation of Ulysses é o *establishment* vendo sua própria mortalidade. O Nation of Ulysses proclama o fim da vida e da sociedade tal qual conhecemos. O Nation of Ulysses é o apocalipse".

Foram muitas as fontes de inspiração para Svenonius e seus comparsas: sua identidade incorporava elementos do dadaísmo, da Nação do Islã, do futurismo, do situacionismo, dos Panteras Negras e dos grupos de guerrilha da América Latina e das Filipinas. "Talvez o Ulysses não seja compreendido em vida", admitiu seu líder. "Mas tudo bem".

O show do Nation of Ulysses no evento beneficente para os mineiros deixou muitas pessoas impressionadas. Uma delas foi Calvin Johnson, que estava de volta a Washington para o período de férias. Após o show, ele procurou a banda e fez a oferta para lançar um single pela K Records. "The Sound of Young America"/"Atom Bomb" saiu em meados de 1990 pela "DisKord", uma combinação entre a K Records e a Dischord. Nos shows, a banda contava com uma bandeira de DC tremulando orgulhosamente no fundo do palco, bem atrás do caos. "Basicamente, queremos criar uma nova ideia sobre o sentido de quem somos em termos comunitários: uma nação de jovens conectada por um som", proclamou Svenonius. "Nos anos 1990, a justiça vai prevalecer!"

Em outubro de 1990, o ideário da banda se espalharia por toda a nação através de uma turnê; além disso, Svenonius foi eleito pela revista *Sassy* como o "Sassiest Boy in America" (em português, "o rapaz mais audacioso da América"). A matéria abordou muitos aspectos do "Programa Ulysses" e também permitiu que Svenonius revelasse para o mundo suas opiniões sobre DC: "Sou muito dedicado à minha cidade natal, Washington. Eu acho que DC vai definir os anos 1990. Será a Meca da juventude, como São Francisco nos anos 1960".

Mas os anos 1990 começaram com más notícias na amada "Cidade Chocolate" de Svenonius. O ano de 1989 tinha sido o mais violento na história da cidade, com 437 assassinatos. E em 14 de janeiro de 1990, uma operação do FBI prendeu o prefeito Marion Barry, após tê-lo filmado fumando crack.

A Positive Force respondeu com um show beneficente, cujo line-up trazia o Fugazi, o Fidelity Jones e uma banda de funk metal chamada Lucy Brown. O show reabriu o ginásio da escola St. Augustine's, que tinha sido fechado para qualquer evento punk após um show caótico do Black Flag. Esse ginásio era grande o suficiente para comportar o crescente público do Fugazi. Um plateia de 1.200 pessoas preencheu cada centímetro do local.

Tocando para o maior público de sua carreira, o Fidelity Jones foi corajoso e fez uma apresentação repleta de músicas inéditas. O ponto alto do show foi um discurso instigante de Squip, inspirado pela recente invasão do Panamá, obra da administração Bush. Quando ele chegou no ápice do seu discurso, a banda mandou uma versão de "Misstra Know-it-All", de Stevie Wonder. Ela foi emendada com "Venus on Lovely", uma canção inspirada por um encontro de Squip com uma delirante e semi-nua viciada em crack, na época em que ele era voluntário no plantão noturno na enfermaria do abrigo do Community for Creative Nonviolence: "Fight for life child, fight for life/ I'm staying up with you tonight" ("Lute pela vida criança, lute pela vida/Ficarei com você esta noite").

O potencial da banda era óbvio, mas seus integrantes estavam cada vez mais desapontados com a falta de diversidade de sua audiência. O grupo que inicialmente tinha sido pensado como algo multirracial, com diversidade de gênero e militante, acabou caindo no padrão: quatro homens brancos tocando para homens brancos de classe média. Em uma entrevista para a *Maximum RockNRoll*, Squip disse: "Não culpo os negros por não virem aos shows de punk, porque [o show] é alto e estúpido, e todos em cima do palco ou na plateia são skatistas brancos usando tênis. Se eu fosse negro, eu colocaria minha cara na porta, daria uma espiada e voltaria para casa, porque o punk não faz sentido para mim".

Squip não foi o primeiro a perceber essa divisão cultural. No início dos anos 1980, alguns festivais com Minor Threat, Trouble Funk, GI e outras bandas tentaram conectar esses dois mundos, mas falharam. Enquanto isso, o Fidelity Jones estava se afastando do seu desenho original: a influência de Charneco estava levando o som da banda para o caminho do hard rock, e os músicos estavam começando a ficar meio desconfortáveis com a visão militante de Squip.

O Fugazi, por sua vez, mantinha-se comprometido com o enfrentamento. Em seu primeiro show depois de voltar da Europa, a banda dedicou "Blueprint" para a "ideia jovem" e seus mais novos expoentes: Nation of Ulysses e Hazmat. Depois disso eles tocaram "Suggestion" com a participação de Pickering e uma nova música chamada "Turnover".

Depois de outra música nova ("Two Beats Off"), MacKaye voltou ao microfone: "Você está atualmente em Washington, DC. Estou dizendo isso porque, caso alguém esteja acompanhando os jornais, ou o mundo da política, deve saber que houve um monte de sensacionalismo em torno de nosso prefeito, que acabou de ser preso. Essa música é meio que dedicada a ele. Em Washington, no ano passado, mais de 400 pessoas foram mortas nas ruas; nesse ano, possivelmente o número será ainda maior. As pessoas estão falando sobre 'a guerra contra as drogas', mas na verdade precisamos encarar uma 'guerra contra a pobreza'".

Essas palavras foram o prefácio de uma versão impetuosa de "Repeater". Trechos como "Did you hear something outside?/Sounds like a gun/Stay away from that window/It's not anyone that we know" ("Você ouviu alguma coisa lá fora?/Parece com um revólver/Fique longe dessa janela/Não é ninguém que conhecemos"), ecoaram a apenas alguns metros da W Street, um conhecido mercado de drogas, e cenário de inúmeros tiroteios.

EDUCAÇÃO NA W STREET

POR MARK ANDERSEN

Trabalhei em um dos prédios mais assustadores da W Street; com as portas da frente e de trás quebradas, o local era um comércio de drogas aberto 24h por dia, e também uma galeria de tiro, famoso o bastante para aparecer em um programa de TV chamado *City Under Siege*. Nesse edifício havia um corredor onde os junkies se reuniam para usar drogas injetáveis. As paredes eram todas manchadas de sangue. Os usuários acenavam para os traficantes da escada do porão, e eles superlotavam as escadarias e os corredores do prédio. Tiroteios e invasões eram coisas comuns. As agulhas ficavam jogadas no gramado do lado de fora, incluindo em um parquinho usado pelas crianças para brincar.

O tamanho do problema era inegável. Infelizmente, a grande culpa residia na jurisdição sobre as drogas, que mais atrapalhava do que ajudava. Os outdoors espalhados pela W Street eram um bom exemplo dessa contradição: um tinha um desenho da Morte, uma seringa e as palavras "Diga não as drogas"; e no outro uma grande propaganda de bebidas.

Propagandas de bebidas eram comumente vistas em todos os bairros pobres de DC; os outdoors mostravam pessoas bonitas, ricas, influentes, o que na verdade era um insulto aos menos afortunados que andavam ao lado das propagandas. "Sinta o poder", diziam os anúncios, "Monte no touro", para vender bebidas super fortes com nomes como "Power Master" e "King Cobra" para os desprivilegiados e sem esperança. As pesquisas indicavam a ligação do álcool com atos de violência. Em 1978, uma carta de saúde da Harvard Medical School afirmou que o álcool era o mais "devastador problema médico-social encarado pela sociedade humana, perdendo apenas para a guerra e a fome". Qual era a diferença entre esses traficantes corporativos de álcool dos traficantes nas esquinas? Uma única diferença era óbvia: o álcool era legal.

Ian MacKaye era um dos que apoiavam a legalização das drogas. Ele disse numa entrevista: "A maioria dos assassinatos em DC não está relacionada a 'mortes por drogas', e sim 'mortes por dinheiro': o capitalismo mostrando sua face. Creio que as drogas deveriam ser legalizadas. Não sou partidário de nenhuma droga, acho que é uma idiotice, mas entendo de economia. Entendo que existem pessoas pobres e entendo que também existem pessoas que querem ganhar dinheiro rápido. É o 'estilo americano', não é?".

X X X

O Fugazi continuava firme, mas tinha chegado a hora de outro abalo. O Fire Party havia retornado da Europa com uma série de novas músicas, mas a banda não durou muito. Bald tentou transformar seu projeto paralelo (ChrisBald96) em uma "banda de verdade", e até gravou um LP na Alemanha, mas em pouco tempo a banda terminou e ele retirou-se da cena. O Swiz e o King Face também terminaram após algumas mudanças de formação que não deram muito certo. O Gray Matter tinha voltado à ativa, mas apenas nas horas vagas, pois todos os integrantes estavam envolvidos em outros projetos (em especial o restaurante de Ferrando e o estúdio de Turner, WGNS).

O Fidelity Jones se fragmentou após uma mini turnê no leste do Canadá, em meados de 1990. Tendo decidido que o punk era uma causa perdida, Squip se focou nas suas buscas espirituais e no seu trabalho com moradores de rua no Victor Howell House – e nunca mais voltou à cena. Se Squip temia que o Fidelity Jones tinha se tornado mero entretenimento, outros veteranos da cena (como os integrantes do Strange Boutique e do Manifesto) esperavam atingir uma audiência *mainstream*, a mesma que Squip tanto desdenhava. O Strange Boutique foi escolhido como a "Banda do ano de DC" pela Washington Area Music Association, e o Manifesto assinou um contrato com a Fire Records, um selo indie do Reino Unido.

O mais triste destino se abateu sobre o Scream. A banda gravou um poderoso novo disco no outono de 1989, mas não tinha gravadora. (No entanto, eles lançaram um single pelo selo DSI, de John Fox.) Além disso, a banda estava enfrentando problemas com o baixista Skeeter Thompson, cada vez mais dependente de cocaína e com um comportamento instável. Thompson deixou o Scream durante a turnê europeia, e a banda teve que encontrar um substituto às pressas para finalizar a tour. Durante a turnê americana a banda perdeu outro baixista, e J. Robbins teve que quebrar o galho nesse período.

Depois da turnê, Robbins voltou para o Jawbox e Thompson reassumiu o baixo. Ameaçados de despejo, os integrantes do Scream agendaram uma turnê improvisada pela Califórnia, onde acabaram morando por um tempo (em casa de parentes), e aproveitaram para tocar bastante pela região.

Em um show em Santa Barbara, Thompson encheu o saco do produtor para que o pagamento fosse em cocaína – vale lembrar que o produtor (Kent McClard) era straight edge. Tais incidentes queimaram o filme da banda que outrora fora muito conceituada.

Então Thompson recebeu uma ligação desesperada de sua ex-namorada, que estava morando com um traficante de cocaína e totalmente descontrolada no uso de crack. Ele ficou muito preocupado com a possibilidade de que ela estivesse em perigo, e começou a escutar uma fita do Bad Brains sem parar, em busca de uma direção. Finalmente ele concluiu que deveria voltar para casa para ajudá-la. Pela terceira vez em menos de um ano, o Scream se viu sem baixista no meio de uma turnê.

Dave Grohl esperou algum tempo, mas finalmente ligou para Buzz Osborne (do Melvins) pedindo o contato de um grupo que tinha visto o Scream em San Francisco. O

Nirvana era uma banda punk em ascensão, cujos integrantes tinham ficado tão impressionados com a performance de Dave Grohl na bateria que imediatamente tentaram recrutá-lo. Depois de falar com o baixista Chris Novoselic, Grohl viajou até Olympia, e lá ficou hospedado no apartamento do guitarrista/vocalista Kurt Cobain. Sua cama era um sofá velho. Sem baixista, sem baterista e sem dinheiro para voltar pra casa, os irmãos Stahl ficaram em Los Angeles, na casa da irmã deles.

X X X

O maior show da Positive Force em 1990 aconteceu em março: um evento beneficente chamado "Freeze the Drug War" com as bandas Fugazi, Sonic Youth e Geek (de Jenny Toomey). Aproximadamente 1.800 pessoas foram ao show, que rolou no Citadel Center do bairro Adams Morgan; o local era originalmente uma pista de patinação, mas agora era usado como estúdio de gravação para cinema e TV.

Nos últimos anos, Toomey tinha ficado num entra-e-sai na Positive Force, e agora estava pensando em um meio de lançar o material do Geek e outras bandas, já que era improvável que isso acontecesse via-Dischord. Ela conversou com Brad Sigal, que tinha dinheiro para investir em algum projeto. Inicialmente, eles pensaram em continuar com o selo Homeless Records, que tinha sido criado para lançar a coletânea *State of the Union.* Todavia, eles queriam ter controle sobre o projeto, então decidiram atacar por conta própria.

Foi assim que nasceu o selo Simple Machines. O primeiro projeto foi uma série de 7 polegadas conhecida como *The Machines.* O primeiro volume, intitulado *Wedge*, trazia o Geek (com a faixa "Herasure"), Lungfish ("Nothing Is Easy"), Edsel ("Feeder") e The Hated (com a versão de "I Am a Rock", de Simon and Garfunkel). Não demorou muito para que Derek Denckla e Kristin Thomson entrassem para o selo, uma vez que Sigal tinha optado por focar no ativismo estudantil.

O Geek não durou muito, mas Toomey montou outra banda (Tsunami) com Thomson, John Pamer e Andrew Webster. Esse grupo mostrava a influência da divertida cena de Olympia, cuja peça-chave era o selo K Records. Esse aspecto da diversão era algo praticamente inexistente na cena de DC naquela época. No intervalo de poucos anos, Toomey passou de letrista do Geek para faz-tudo do Tsunami, banda na qual ela era compositora, letrista, vocalista e guitarrista.

Com muito trabalho, estilo próprio, lindas artes e espírito criativo, o selo Simple Machines conquistaria uma aura cult nos EUA – condição que até então só a Dischord tinha desenvolvido. O selo fomentava uma nova cena através de bandas como Teenbeat e Slumberland. Toomey, Thomson e Denckla tinham fortes ideias de esquerda, mas a questão política seria menos explícita nessa nova comunidade.

Os integrantes do Fugazi não renunciaram às suas posições políticas, mas estavam preocupados de que o alvoroço em torno da mensagem da banda e das práticas nos negócios pudessem ofuscar a música. O novo disco do grupo, *Repeater*, chegou perto de capturar em estúdio todo o poder da banda ao vivo, e vinha recebendo muitos elogios. *Repeater* chegou ao primeiro lugar da parada independente do semanário *New Musical Express*.

Em uma era de shows cuidadosamente coreografados (e muitas vezes com direito a playback), o Fugazi caminhava no sentido oposto: nunca tinha um setlist e escolhia as músicas na hora. A banda continuava disposta a enfrentar sua própria plateia. Picciotto desenvolveu técnicas inesperadas para "desarmar" o ritual punk, incluindo abraços e beijos naqueles fãs que invadiam o palco. "Temos dois tipos de shows", ele disse, "um é na base do confronto total, e outro é do tipo em que todo mundo entra em sintonia. Eu posso fazer os dois, ambos são importantes".

Apesar da política de preços baixos (tanto no ingresso do show quanto nos discos), da ausência de *merchandise* e do fato de tocar em diversos shows beneficentes, a verdade é que em 1990 o Fugazi estava fazendo dinheiro o bastante para ter que prestar contas para o imposto de renda. Apesar disso, eles continuaram no esquema de autogestão, algo sem precedentes para uma banda com tamanha popularidade.

Dias antes de partir para a terceira turnê europeia do Fugazi, MacKaye lançou duas ideias desafiadoras a Positive Force: um show a céu aberto (no meio do inverno) bem na frente da Casa Branca, para dramatizar a situação dos sem-teto, e um show na prisão de Lorton, na Virgínia.

Mas alguns acontecimentos atrapalharam esses planos. O Iraque (um país armado pelos EUA para a guerra contra o Irã) invadiu o Kuwait; os EUA começaram a enviar tropas para a Arábia Saudita. A Positive Force organizou um protesto contra a guerra iminente em frente à Casa Branca, em novembro, e começou a trabalhar com grupos como o Peace Center em outras ações.

Diante de plateias cada vez maiores na Europa, o Fugazi fez 60 shows em 66 dias. No momento em que a banda tocava "Waiting Room", num squat na Itália, a energia elétrica do local acabou e a plateia conduziu a música até o final cantando. Músicas mais antigas – como "And the Same" e "Merchandise" – ganharam nova fisionomia com duas guitarras, ficando mais precisas; enquanto "Provisional" e "Glue Man" ganharam mais corpo. A *Sounds* chamou o Fugazi de "The Clash da América".

O Fugazi continuava tentando quebrar as barreiras entre banda e público, mas novos obstáculos estavam sendo erguidos. Agora os fãs eram muito mais novos do que os músicos, e com o crescimento do público, mais e mais seguidores vieram do punk *mainstream*, trazendo com eles uma predileção pelo pogo e pelo *stage diving*. Os integrantes da banda tiveram que aceitar essa nova realidade, ou então teriam que passar o show inteiro gritando com o público. Essa mudança iria afastar alguns fãs mais antigos, mas parecia que a banda não podia mais fazer nada.

A banda parecia cada vez mais disposta a negar as expectativas do público, especialmente no que dizia respeito a algum tipo de liderança. Em Bremen, na Alemanha, uma pessoa (aparentemente curiosa pelo fato de que a banda não estava tão comunicativa como de costume) gritou: "Em que vocês estão acreditando?". E MacKaye respondeu apenas: "Em que você está acreditando, senhor?".

A resposta deveria ter sido evidente através das ações do Fugazi: as músicas que eles estavam cantando, a maneira como montavam o show, o fato de que embora tivessem vendido 100 mil cópias de *Repeater* eles ainda desdenhavam das ofertas de grandes gravadoras. A banda ainda marcava seus próprios shows e continuava com a política de ingresso barato e entrada para todas as idades. Mais ainda: os músicos frustravam os entrevistadores, pois se recusavam a assumir quaisquer rótulos. Após uma discussão desse tipo, o fanzine *Rock Against Sexism* chamou o Fugazi de "reticente" e "apolítico".

A versão K7 de *Repeater* trazia uma citação do filósofo espanhol José Ortega y Gasset: "A revolução não é um levante contra uma ordem pré-existente, mas sim o estabelecimento de uma nova ordem, contrária à tradicional". O Fugazi parecia estar desafiando as pessoas a fazerem isso por elas mesmas, ao invés de prestar homenagem a uma banda.

No retorno do grupo a DC, o *Washington City Paper* nomeou 1990 como "o ano do Fugazi", salientando que os músicos tinham "tomado o mundo de assalto – e nos seus próprios termos". A banda fez o show na prisão (Lorton) e também um beneficente no 9:30 Club, ao lado das bandas Unrest e Autoclave, em prol da Whitman Walker Clinic, que estava batalhando contra a AIDS. Então veio o maior evento no qual o Fugazi e a Positive Force já tinham se envolvido: o protesto na frente da Casa Branca em apoio aos moradores de rua. O evento aconteceu em um sábado de janeiro, exatamente um dia antes do prazo limite que o Presidente Bush havia definido para que o Iraque se retirasse do Kuwait.

O foco do evento foi ampliado, ganhando também um forte posicionamento contra a guerra. Além do show do Fugazi, também tinha sido planejada uma manifestação e um protesto com percussão. A Positive Force organizou uma espécie de vigília com batucada, que durou 24 horas. O grupo regozijou quando Bush reclamou para a imprensa que "essas malditas baterias estão me deixando acordado a noite toda".

Uma forte tempestade de neve atingiu a cidade um dia antes do evento. No dia em questão, a temperatura subiu e a neve derreteu, mas ainda estava frio e chuvoso. Com o país se preparando para uma guerra, a polícia cobriu a área da Casa Branca. Apesar da condição climática, por volta de três mil pessoas compareceram, incluindo antigos aliados que há tempos não davam as caras, como Squip. Enquanto os manifestantes batiam em latões de óleo, baterias, latas e chaleiras, os organizadores estavam pensando no que fazer com o show. Tocar em um palco desprotegido, na chuva, poderia expor os músicos e a produção a um possível acidente elétrico. Em um certo momento a chuva parou, apenas para recomeçar quando a banda já estava pronta para subir ao palco. Os organizadores e os músicos se reuniram, tentando decidir o que fazer. Finalmente, sentindo a gravidade do momento político, MacKaye simplesmente disse: "Vamos fazer o show!". Todas as mãos disponíveis estavam lá para descobrir os equipamentos e se preparar para uma apresentação arriscada.

Parte da plateia se espremeu na frente do palco. MacKaye disse: "Inicialmente, esse show deveria ter sido feito no parque, imaginando que se as pessoas conseguem viver ao relento, no frio, nós certamente também podemos tocar por uma hora e meia [no frio], e protestar um pouco em apoio aos grupos de pessoas que trabalham para conseguir abrigo para os moradores de rua. Em DC, há milhares de pessoas morando nas ruas. Se você vive aqui, depois de um tempo você começa a andar ao lado deles. É inconcebível, pelo menos para mim, que os bilhões e bilhões de dólares que estamos gastando no Oriente Médio, não possam ser investidos nas pessoas que estão morrendo nas ruas."

O público aplaudiu e MacKaye continuou: "Na verdade, existe um vínculo entre o problema dos desabrigados e o problema da saúde pública, entre outras coisas. Esse país começa a se dobrar economicamente, e nós nos jogamos em mais uma guerra para desviar a atenção das pessoas para os problemas aqui na América. Tudo está conectado. Nós somos o Fugazi de Washington DC, muito obrigado por terem vindo". E no instante em que a banda começou a tocar "Brendan #1" o protesto com percussão finalmente acabou, e os manifestantes que estavam batucando se juntaram à plateia para ver o Fugazi.

O palco rapidamente se tornou fonte de preocupação. Ele era resistente, mas tinha como base três camadas de caixas de leite; regulamentos do parque proibiam fixar o palco diretamente no chão. A multidão começou a forçar o palco lentamente para um lado. Além disso, muitas pessoas subiam no palco para pular na plateia, deixando a estrutura ainda mais frágil. MacKaye pediu às pessoas que não fizessem *stage-diving*, e sugeriu que ao invés disso eles poderiam "cantar junto com a banda". Então tocaram uma música nova, "Reclamation", construída a partir de um *riff* poderoso e repetitivo. A letra tinha sido inspirada nos extremistas antiaborto, mas alguns trechos ganharam outro significado na iminência de uma nova guerra. Por exemplo, esse trecho: "These are our demands/We want control of our bodies" ("Essas são as nossas exigências/ Queremos o controle dos nossos corpos").

Estava tão frio e úmido que MacKaye falou que suas mãos pareciam "blocos de madeira", mas a banda estava quente, alimentando-se com a energia daquela situação. O palco continuava a se deslocar, e parecia que poderia ceder a qualquer momento. Os músicos adaptaram algumas canções para refletir sobre a situação política atual, como por exemplo em "Two Beats Off", que ganhou um trecho extra sugerindo que o público "levasse isso para as ruas". MacKaye interrompeu para salientar a presença da segurança do parque filmando o evento "para um especial da MTV, quem sabe".

Depois a banda tocou "KYEO", e na sequência "Long Division", cuja evocação triste de fragmentação levou MacKaye a comentar que "se George Bush quer uma América unida, é melhor que ele saia do negócio do petróleo e da guerra". A essa altura, o calor da plateia espremida tinha produzido uma gigantesca fumaça de calor humano, mandando nuvens espessas de vapor para o palco.

O Fugazi fechou o show com "Repeater" e "Burning Too". MacKaye introduziu a primeira com uma comparação entre a guerra particular de DC e a iminente guerra no Oriente Médio: "Parece que ficamos acostumados com as centenas de pessoas que morreram por aqui, mas espero que nunca nos acostumemos com as dezenas de milhares que morrerão no Oriente Médio". O público se juntou a MacKaye na contagem do refrão "1, 2, 3". O grito de desespero da música levou a um pedido de "continuem contando". MacKaye recitou metodicamente: "10.000... 20.000... 30.000... 40.000... 50.000... 60.000... 70.000... 80.000... 90.000..." – a potencial contagem de corpos na aventura que estava prestes a entrar em erupção – e assim a canção teve seu doloroso clímax.

Por incrível que pareça, o evento transcorreu sem nenhum incidente – nem com a polícia, nem com o palco, ou até mesmo com a chuva. Vigiados por agentes armados em cima da Casa Branca, o Fugazi fez um de seus melhores shows. Quatro dias depois, bombas começaram a cair em Bagdá, o mais intenso bombardeio da história humana.

UMA ÁRVORE CADA VEZ MAIS OCA

POR MARK ANDERSEN

Esse período estava ficando envolto na escuridão. Meu trabalho estava me consumindo, e um grande golpe veio com o suicídio de Mitch Snyder, um ativista do CCNV (Community for Creative Non-Violence), em julho de 1990. Perder alguns camaradas de longa data, como Tomas, Chris Bald, Lydia Ely e Sharon Cheslow (as duas últimas tinham se mudado para a Bay Area), também foi profundamente desanimador. Ian tinha uma metáfora muito apropriada: "O movimento punk é como uma árvore que vai crescendo; há anéis no seu tronco, e cada anel é como uma nova geração. Em um certo ponto, ela se torna um árvore forte e sólida... Mas então, em algum momento, esses anéis internos, essas pessoas do início do movimento, acabam se desiludindo com esses outros anéis e dizem 'foda-se', e largam tudo... E o que você tem no final? Um grande corpo sem alma: uma árvore oca, larga e alta, mas vazia."

O poder especial do punk de DC foi em parte construído por um núcleo principal que havia permanecido muito além do tempo habitual para a cena. Com essa continuidade, a cena teve a chance de crescer, e não apenas aumentar de tamanho. Ela evoluiu em novos níveis de entendimento e ação, ao invés de correr constantemente em volta do mesmo ciclo de "ritual de passagem". Agora, com tantos baluartes do *Revolution Summer* indo embora, isso parecia estar mudando. Para mim, tornou-se [illegible] continuar enquanto crescia uma divisão entre Jenny e eu, que veio à tona com a defesa dela para que o Sonic Youth (banda de grande gravadora) tocasse em um show beneficente.

Jenny estava agora se movimentando em suas próprias direções, influenciada pelo trabalho de selos como a Sub Pop e a K Records. Enquanto Jenny achava que a cena de DC tinha muita afinidade com Seattle, eu via a Sub Pop (com o *revival* do rock dos anos 1970 e o *hype* que já havia permitido que a mídia inglesa anunciasse a cidade como o berço de uma misteriosa entidade chamada "grunge") quase como uma antítese da Dischord. O "Singles Club" da Sub Pop simbolizava o fenômeno do colecionador de discos. Quando o Fugazi fez um desses singles, e lançou as mesmas músicas pela Dischord, na mesma época, apenas com uma capa diferente, a versão da Sub Pop se tornou imediatamente "item de colecionador", com um preço ridículo.

Para mim, a Sub Pop parecia despolitizada, retrô e consumista; a K Records, por sua vez, me parecia quase tão sem sal quanto a nova realidade que eu estava encontrando no interior de DC. Sim, eu respeitava o espírito "faça você mesmo" e a criatividade da K Recs, mas eu queria o punk nas barricadas, e não o punk num "piquenique secreto para adolescentes". Divagações fofas como "a revolução de cassetes da K está explodindo o underground juvenil em uma revolta passional contra o ogro corporativo" me pareciam tão relevantes ou ameaçadoras quanto o juramento de um escoteiro qualquer.

Jenny discordava, e dizia que eu estava sendo muito literal, muito preso ao passado e suas práticas. Ela insistia: "temos que olhar para diferentes tipos de sinais de rebelião hoje em dia". Nós dois tínhamos questões válidas, e ainda muito em comum, mas minha crítica arrogante em relação à nova direção de Jenny estava destruindo tudo, incluindo a nossa amizade. Olhando em retrospectiva, não deveria ser nenhuma surpresa que em pouco tempo Jenny deixou a Positive Force.

X X X

Quando a guerra começou, o Fugazi estava no Inner Ear gravando seu próximo LP. Seu estilo austero parecia refletir a seriedade do momento. A aparentemente doce "Nice New Outfit" incluía referências a "bombas inteligentes" e trechos como "You're number one with a bullet/That's money well spent" ("Você é o número um com uma bala/Isso é dinheiro bem gasto"). A renascida "KYEO" terminava com uma promessa desafiadora: "We will not be beaten down" ("Não seremos derrotados").

Alguns membros da Positive Force do Colégio Whitman ajudaram a organizar um show beneficente no Sanctuary Theater, com Jawbox, Holy Rollers, Shudder to Think e uma nova banda chamada Desiderata, que trazia Amanda (irmã de Ian MacKaye) no vocal. Com mais de 800 pessoas, esse foi o maior evento do grupo sem a presença do Fugazi.

O "banco" Latin Investment Corporation entrou em colapso em dezembro de 1990, levando as poupanças de milhares de imigrantes de El Salvador. Alguns deles encararam uma crise dupla, pois foram despejados de seus apartamentos na Columbia Road, quando descobriu-se que os prédios tinham diversas irregularidades na área de controle de incêndios. Por causa dessa emergência, a Positive Force rapidamente organizou um show beneficente na Sacred Heart Church, uma importante instituição da comunidade latino-americana, que tinha um auditório gigantesco.

O Fugazi foi a atração principal do evento. Tocaram também o Nation of Ulysses e o Admiral, da Pensilvânia. Antes de tocar "KYEO", MacKaye comentou: "Como vocês já devem ter percebido, há uma guerra no Oriente Médio. E como vocês já devem ter notado, temos uma guerra aqui também". Picciotto acrescentou uma nova introdução para "Two Beats Off" – tirada de "The Place That I Love", do The Jam –, que terminava com o apelo de "take a stand against the world" ("tome uma posição contra o mundo"). O clímax da apresentação se deu com uma *jam* bem barulhenta, cheia de *noise*, durante a qual MacKaye ficava repetindo "Mil missões todos os dias", numa referência ao impiedoso bombardeio no Iraque. Mais de cinco mil dólares foram angariados para comprar comida, roupas e o que mais fosse necessário para as vítimas do banco falido.

Os EUA foram bem-sucedidos na Guerra do Golfo. No início, havia um sentimento coletivo que Henry Rollins chamou de "ficando louco de guerra", um vírus que infectou até mesmo a cena punk. Em um show do Fugazi, em Richmond, ativistas da Positive Force que estavam distribuindo panfletos antiguerra foram fisicamente intimidados e quase expulsos do local; a banda precisou intervir para acalmar os ânimos. Em um show na Filadélfia, Stephanie Atkinson (a primeira mulher do exército que resolveu dizer não à guerra) falou no microfone, e disse que a música do Fugazi a ajudou a tomar a decisão de resistir.

A manipulação da mídia fazia com que os americanos acreditassem que a Guerra do Golfo era um conflito sem feridos. Não era muito clara a quantidade de iraquianos que morreram, e poucos pareciam se importar. Meses mais tarde, uma funcionária do departamento de recenseamento dos EUA quase perdeu o seu trabalho, pois apresentou uma estimativa segundo a qual 150 mil iraquianos tinham sido mortos. Obviamente, os cidadãos americanos não deveriam saber disso.

Em resposta, a Positive Force organizou um show beneficente na Sacred Heart para levantar fundos para grupos jornalísticos independentes. As bandas Cringer, Autoclave e Citizen Fish (do Reino Unido) abriram o show. Em seguida veio o Fugazi, que tocou o novo álbum (*Steady Diet of Nothing*) na íntegra. A pré-venda do disco já tinha 160 mil pedidos.

Entre as novas músicas estava "Dear Justice Letter", inspirada na saída de William Brennan da Suprema Corte. A canção lamentava a saída de Brennan como "the last fair deal going down" ("o último negócio justo indo pelo ralo") – um trecho extraído de um antigo blues – e vociferava com coragem: "I won't die politely" ("Eu não morrerei de modo polido"). MacKaye dedicou "KYEO" a Rodney King, que tinha sido violentamente espancado pela polícia de Los Angeles naquela época.

Era evidente que o Fugazi ainda estava pronto para a luta, mas será que o resto da comunidade também estava? A banda Agent 86, recém chegada da Califórnia, agora se intitulava "a única banda política de hardcore em DC". Isso era exagero, mas uma coisa era verdade: de todas as bandas da coletânea *State of the Union*, apenas o Fugazi e o Shudder to Think restaram. Mais e mais punks radicais de DC pareciam estar se afastando da militância, ou então tratando de política fora da música.

E então, para marcar definitivamente os momentos finais do harDCore, o palco do Wilson Center foi desmontado, e o espaço foi transformado em um centro juvenil para a comunidade latina. Mais ainda havia uma força considerável na comunidade punk de DC, e que estava prestes a ter sua grande retomada. Dessa vez, as mulheres – ou melhor, as grrrls – iriam ditar as regras.

MARK JENKINS
DANCE OF DAYS
MARK ANDERSEN

1991

*

1992

CAPÍTULO TREZE

REVOLUÇÃO AO ESTILO DAS GAROTAS AGORA

A JOVEM MULHER DE CABELO ESCURO, VESTIDA APENAS COM UM SUTIÃ preto e minissaia, parecia estar nervosa. No palco do DC Space, ela olhava várias vezes na direção dos outros membros da banda: uma baixista de cabelo descolorido, uma baterista de cabelo encaracolado e um guitarrista de cabelo curto, o único homem no quarteto. Ela se virou em direção à plateia e, inicialmente, falou de modo suave, quase com timidez: "Nós somos o Bikini Kill... e nós queremos..." – e nessa hora sua voz aumentou de volume – "REVOLUÇÃO AO ESTILO DAS GAROTAS AGORA!".

Um garage punk cru tomou forma logo atrás do seu clamor. Com autoridade, Kathleen Hanna lançou um desafio: "Hey girl friend/I got a proposition" ("Ei amiga/Tenho uma proposta"). Acompanhada pela baixista Kathi Wilcox, pela baterista Tobi Vail e pelo guitarrista Billy Karren, Hanna fazia uma convocação para confrontar séculos de misoginia e opressão.

Ela deu um sorriso enquanto cantarolava "You're a big girl now/You've got no reason not to fight/You've got to know what they are/Before you can stand up for your rights" ("Você é uma garota crescida agora/Você não tem motivo para não lutar/Você tem que saber quem eles são/Antes que você defenda seus direitos"). Então o seu corpo ficou tenso, e ela gritou: "RIGHTS... RIGHTS... YOU... DO... HAVE... RIGHTS!" ("DIREITOS ... DIREITOS ...VOCÊ ...TEM ... DIREITOS!").

A tensão diminuiu, a banda desacelerou, apenas para retomar a fúria uma vez mais. Em alta velocidade, Hanna disparava provocações que novamente remetiam à infância – "Liar, liar/Got your pants on fire" ("Mentiroso, mentiroso/Suas calças estão queimando") – e então mudava para assuntos de adultos: "You profit from the lie/Eat meat/Hate blacks/Beat your fucking wife/It's all the same thing/You live life in denial" ("Você lucra com a mentira/Come carne/Odeia os negros/Bate na sua mulher/É tudo a mesma coisa/Você vive sua vida como uma negação"). A música se encaminhou para uma parte só com bateria, e Hanna se virou para Kathi Wilcox e elas puxaram o refrão de "Give Peace a Chance", cujos sentimentos utópicos contrastavam com os gritos de fundo de Tobi Vail. Baixo e guitarra se reencontraram, e conduziram "Liar" para um desfecho impiedoso.

Era junho de 1991. Na sua primeira aparição em Washington, a mistura de feminismo e punk oferecida pelo Bikini Kill foi um sopro de energia renovada. A chegada da banda de Olympia (no fim da sua primeira turnê americana, ao lado do Nation of Ulysses) teria um impacto retumbante.

Apesar do *Revolution Summer* ter perdido muitos de seus baluartes, a cena punk mantinha uma forte infraestrutura, com a Dischord e a Positive Force reforçadas por novos aliados como o selo Simple Machines. De acordo com Jim Testa, do *Jersey Beat's*, "DC é um dos centros musicais mais incríveis do país... nas sombras da Casa Branca, mais do que em qualquer outro lugar dos EUA, o punk está vivo". Agora o Bikini Kill e os seus aliados, o Nation of Ulysses e o Bratmobile, davam o poder às mulheres de uma maneira nunca antes vista na história do punk de DC.

A chegada do Bikini Kill e do Bratmobile foram resultado de conexões complicadas entre o Estado de Washington e Washington, DC. As duas distantes cenas tinham começado a fazer trocas de músicos: enquanto Dave Grohl se juntou ao Nirvana, Lois Maffeo tinha se mudado para DC, e começou a tocar com o baterista Pat Maley na banda "Courtney Love" – um nome que tirava sarro de uma figura até então desconhecida da cena punk de Portland. Brendan Canty tinha feito amizade com Maffeo,

Johnson, entre outras pessoas, enquanto visitava sua irmã que morava em Olympia. Jenny Toomey conhecia Hanna da época do colégio em Bethesda, já tinha feito turnê junto com o Seaweed (de Tacoma) na época do Geek e tinha tocado (por pouco tempo) com Vail no My New Boyfriend.

Uma das primeiras conexões aconteceu em 1980, quando Calvin Johnson (K Records) conheceu Ian MacKaye. Musicalmente não havia muita compatibilidade, mas ambos eram punks muito ativos e comprometidos com o espírito do "faça você mesmo". Os laços foram estreitados quando Connolly agendou o Beat Happening e o Go Team para tocarem no DC Space, e também pelas frequentes viagens de Johnson a DC para visitar a sua família. Johnson também organizou vários shows do Fugazi em Olympia.

Quando a K Records se uniu a Dischord para o lançamento do primeiro single do Nation of Ulysses, isso serviu para unir ainda mais uma nova geração de punks de DC e de Olympia. Uma das pessoas que comprou o disco foi Tobi Vail, a criadora do *Jigsaw*, um dos primeiros fanzines denominados como "angry grrrl zines", por volta de 1990-1991. Além do *Jigsaw*, também tiveram destaque zines como *Sister Nobody*, *Chainsaw* e *Girl Germs*.

As análises feministas de Tobi Vail sobre o punk irritaram algumas leitoras de seu fanzine, mas ela não se arrependeu. Ela tinha passado muito tempo em "cenas dominadas pelos homens", e ela acreditava que isso impedia que as pessoas criassem "comunidades alternativas de verdade, baseadas em alguma coisa que não seja o consumo. Eu me sinto totalmente deixada de lado de todas essas coisas que são importantes pra mim. E sei que em parte é porque o punk rock foi feito por e para garotos, e também porque o punk rock dessa geração está chegando a uma era de bandas que só pensam em suas carreiras."

O zine *Jigsaw* falava em "resistência" e "revolução", palavras que também eram cruciais para o Nation of Ulysses. Tobi Vail descobriu a banda através do fanzine *Interrobang*, de Sharon Cheslow. "Nunca pensei que chegaria a vê-los tocar, pois parecia que eu sempre ouvia falar dessas bandas de DC quando elas estavam prestes a terminar", escreveu Vail.

Tobi Vail ficou atônita ao ver o Nation of Ulysses em ação. Naquela época, o quinteto tinha aparado algumas arestas em sua apresentação, gerando assim uma energia crua e um poder impressionante. "Libertação para esse recinto" era o princípio número um do show deles. "Palavras não fazem justiça ao que sinto por esse grupo", escreveu Vail. "Depois que vi o Nation of Ulysses, soube que teria que entrar em uma banda, e foi exatamente como deve ser quando você vê uma banda realmente grande".

Historicamente, Olympia tinha uma cena das mais equilibradas em termos de gêneros; o hardcore masculino nunca teve total controle por lá, e a estética feminina criativa de punks como Stella Marrs ajudou a ajustar o tom. Muitos associavam a K Records e o Beat Happening a Johnson, mas Candace Peterson era a coproprietária, e Heather Lewis dividia os vocais no Beat Happening. "Desde o momento em que coloquei os meus pés em Olympia, em 1981, ficou claro para mim que as garotas ditavam as ordens nessa cidade", disse Maffeo, que tinha um programa de rádio totalmente dedicado às garotas na estação KAOS, do Evergreen State College.

Em 1991, as mulheres estavam tomando conta dos palcos. Tobi Vail foi inspirada por bateristas como Maria Jones, do Holy Rollers, e também por bandas como Lunachicks, Babes in Toyland, STP, L7 e Frightwig. Porém, ela reconhecia que ainda havia questões feministas em aberto no que seria supostamente a era "pós-feminista".

Em Portland, Hanna estava chegando a conclusões similares. Ela carregava a herança cruel de abuso sexual, gravidez na adolescência e, consequentemente, um estigma de "vagabunda". Ela se recorda: "Eu estava super envolvida em meus relacionamentos com homens até os meus 17 ou 18 anos. Então eu fiquei muito mal por causa de um cara e comecei a pensar, 'Não posso dar todo esse controle [a uma outra pessoa]'. Naquela época, minha melhor amiga também tinha sido abusada na nossa casa. Eu tinha uma série de questões quanto a abusos sexuais e violência doméstica que eu não tinha confrontado. E eu não ia me calar, não ia deixar isso passar".

No começo, Hanna fez apresentações de *spoken word*, inspiradas por artistas contestadoras como Kathy Acker e Karen Finley. Então, ela foi em direção à música, em parte para alcançar as "garotinhas punk. Eu estava em uma missão para que o feminismo parecesse legal para as garotas mais jovens". O resultado foi a banda Viva Knievel, um quarteto que chegou a fazer uma turnê pelos EUA antes de se separar.

Naquela época, Hanna estava trabalhando em um centro para pessoas que sofreram violência doméstica. "Aquilo influenciou totalmente o meu trabalho. Tínhamos um monte de músicas sobre estupros coletivos e coisas do tipo. Íamos a algumas cidades, as meninas ouviam as músicas, e depois me procuravam para contar as suas histórias. Foi bom, pois eu já tinha experiência com aconselhamento. Meio que já sabia o que dizer. Basicamente, estava fazendo o mesmo trabalho que fazia no centro".

No final de 1990, Hanna tinha conhecido Tobi Vail. "Li o *Jigsaw* e fiquei super feliz", disse Hanna. "Percebi que estávamos querendo fazer o mesmo tipo de coisa, então decidi que seríamos amigas". Elas planejaram uma banda que teria uma visão punk feminista muito forte, mas também seria sexy e positiva em relação à vida – mais para Madonna do que para Andrea Dworkin (e sua cruzada antipornô).

Isso gerou uma crítica violenta por parte de algumas feministas, principalmente porque algumas vezes Hanna trabalhava como stripper. Mais tarde Hanna escreveria sobre o assunto, dizendo que o strip-tease "é um trabalho, e como qualquer trabalho, é um saco. Eu pessoalmente decidi ser uma funcionária do comércio sexual porque me sentia bem menos explorada fazendo 20 dólares por hora para ficar dançando pelada, do que recebendo 4,25 dólares por hora (para ser explorada fisicamente, psicologicamente e por vezes sexualmente) trabalhando como garçonete ou fritando hambúrgueres. Por que algumas feministas querem me penalizar por ter escolhido uma forma óbvia de exploração, ao invés de uma [forma] sutil, e que paga menos?"

Uma outra preocupação para algumas feministas era o uso da palavra "garota". Hanna respondeu que "cada um pode se referir a si mesmo como bem quiser. Se eu escolhi me chamar de 'garota', então eu gostaria que respeitassem [isso]". Todavia, ela foi ligeira ao acrescentar: "Quem se importa se eu sou chamada de 'garota' ou de 'mulher', comparado ao fato de que as mulheres estão sendo estupradas todos os dias, que as mulheres estão sendo assassinadas por seus namorados?"

Hanna e Vail estudaram o feminismo anticapitalista de escritoras e ativistas afro-americanas como bell hooks, Audre Lorde e Angela Davis. Suas críticas ao movimento feminista original, que mal atingia além da classe média branca, também se aplicavam ao punk.

"Estou realmente interessada no movimento punk/movimento de garotas raivosas que sobreviveram a abusos sexuais", disse Hanna. "E não se trata apenas de garotas com raiva, isso pode acontecer com qualquer um. Porque muitas pessoas me procuraram para contar suas histórias de abuso sexual, ou então pessoas que foram espancadas por seus pais ou algo assim. E mesmo que não seja a violência física, é a violência emocional e a hierarquia familiar – que é a mesma hierarquia que coloca os homens acima das mulheres, a mesma merda dos brancos no topo e os negros por baixo, humanos acima dos animais, chefes acima dos empregados".

Tobi Vail e Kathleen Hanna chamaram sua síntese de "Revolution Girl Style Now" ("Revolução ao estilo das garotas agora"). Para transformar essas ideias em uma banda, elas contaram com a colaboração da estudante de cinema Kathi Wilcox e, mais tarde, de Billy Karren, ex-integrante do Go Team e do Snakepit. O nome Bikini Kill foi tirado de um projeto de Lois Maffeo com sua amiga Rebecca Gates.

O nome foi inspirado em um filme de Frankie Avalon chamado *The Million Eyes of Sumuru*, no qual uma super vilã recruta um grupo de belas mulheres para se tornarem esposas ou amantes de todos os líderes mundiais. Por fim, as mulheres devem assassinar esses líderes, mas uma delas se apaixona por sua vítima em potencial, e decide revelar o plano para ele. Então, um grupo de escravas usando biquínis é enviado para matá-la.

Mais tarde, Maffeo se recordaria: "Tinha esse tipo de ideia feminista de querer tomar conta do mundo em apenas um dia. Sempre tivemos essa ideia, tipo 'E se as mulheres decidissem não fazer nada por um dia, e entrar em greve? Vamos ver o mundo entrando em colapso'".

Para Kathleen, o nome evocava "garotas armadas usando biquínis. É derrubar todo o estereótipo do que é a sexualidade [feminina]. Isso é nosso, e isso é bem poderoso". O nome também fazia menção à devastação infligida à população nativa do Atol de Bikini (no Oceano Pacífico), pelos testes das bombas de hidrogênio dos EUA, nos anos 1950.

X X X

Na vizinha Eugene, no Oregon, Allison Wolfe (de Olympia) e Molly Neuman (de DC) também estavam montando uma banda. Elas já tinham trabalhado juntas em um programa de rádio e publicado o *Girl Germs*, um zine inspirado nos exemplos de mulheres como Tobi Vail e Lois Maffeo. Na primeira edição, Neuman escreveu: "Meu irmão de dois anos e meio ganhou uma bateria de brinquedo nesse Natal. Eu ganhei uma guitarra quando completei 18. Eu tinha essa ideia de que talvez quisesse ter uma banda. Mas ninguém me disse que eu poderia, ninguém me encorajou. Há uma diferença fundamental na maneira como fui criada, e na maneira como o meu irmão está sendo criado. Ele está ganhando ferramentas para criar. E eu tenho que ir atrás dessas ferramentas".

Assim como o Bikini Kill, o *Girl Germs* e sua subsequente banda Bratmobile propuseram um novo feminismo punk. Segundo Neuman e Wolfe, o zine que elas faziam era "pró-garotas, pró-punk rock, pró-underground. Nós apoiamos as pessoas sem voz, cujas vozes são constantemente caladas, e acima de tudo somos a favor das pessoas".

No começo, o Bratmobile se especializou em aparições no estilo "guerrilha". Durante um show do Unrest em Eugene, em outubro de 1990, a dupla "fez um protesto/aparição surpresa" para combater "um monte de bêbados babacas". No entanto, as coisas ficaram mais organizadas quando Johnson chamou o grupo para fazer um show no Dia dos Namorados ao lado do Bikini Kill. O show serviu para aproximar as duas bandas, mas não acabou com a hostilidade local sofrida por ambos os grupos. Wolfe: "Sempre ouvimos nossos nomes de forma humilhante por toda a cidade".

Assim como acontecera com o Bikini Kill, Neuman e Wolfe foram inspiradas pelo Nation of Ulysses. Visitando sua terra natal no final do ano, Neuman tinha visto a banda no DC Space junto com o Little Baby, um grupo que durou pouco tempo e que contava com Mike Fellows e alguns remanescentes do Soul Side. Nesse show, Johnson apresentou Neuman a Erin Smith. "Eu não estava por perto na época do Rites of Spring ou no começo do Fugazi, então pra mim o Nation of Ulysses era a melhor coisa que eu já tinha visto", disse Erin. "Além da energia e das músicas deles, tinha também o lance do nacionalismo de DC, aquela coisa de 'fazer [de DC] uma Meca da juventude'. Era realmente bem emocionante pra mim, porque nunca imaginei quando eu estava crescendo, que algo assim estivesse para acontecer".

Erin e seu irmão Don editavam o fanzine *Teenage Gang Debs*, que celebrava a obsessão dos irmãos pela cultura pop dos anos 1970. Esse zine não trazia nenhum elemento punk feminista revolucionário, mas Erin concordava com Molly que "já é hora de mais mulheres terem voz" no punk. A segunda edição do *Girl Germs* trazia um artigo de Erin chamado "A Libertação de Marcia Brady".

Empolgadas com a cena de DC, Neuman e Wolfe visitaram a cidade juntas durante as férias de primavera. Toomey arrumou um show para elas no restaurante Abi's, junto com as bandas Desiderata e Severin (uma nova banda com Alec Bourgeois, Eugene Bogan, Alex Daniels e Mark Haggerty). O Abi's original ficava muito próximo da Dischord, da Positive Force e do Inner Ear, e se tornou o local favorito dos punks famintos. As duas ficaram hospedadas na "Embaixada" do Nation of Ulysses, onde elas conheceram uma aliada crucial, chamada Jen Smith.

Com Molly Neuman e Erin Smith nas guitarras, Christina Billote na bateria, e Wolfe e Jen Smith nos vocais, o Bratmobile (DC) nasceu. Neuman: "Nós ensaiamos três vezes, fizemos o show, fomos para Nova York onde assistimos alguns shows do Nation of Ulysses e do Beat Happening, e então o Tim Green gravou a gente". Depois que Neuman e Wolfe voltaram para Eugene, o Bratmobile entrou num hiato, mas já planejava um retorno para o próximo verão. Elas ficaram sabendo que o Bikini Kill estava em turnê com o Nation of Ulysses durante os meses de maio e junho, então toda a galera estaria em DC na época do verão.

A grande cena punk de DC não sabia nada sobre essa aliança. O Nation of Ulysses tinha conquistado muitos fãs fervorosos, mas ainda havia muita gente em dúvida [sobre a banda]. Essa ligação da banda com as garotas punks era considerada irônica por algumas mulheres mais veteranas da cena punk.

Mesmo assim, em breve a cidade iria celebrar o "Som da América Jovem"[1] do Nation.

X X X

No início de maio, o bairro Mount Pleasant entrou em erupção, em função de um incidente que revelou a crescente complexidade da política étnica de Washington: uma policial afro-americana atirou em um homem latino. A oficial disse que o homem havia avançado em sua direção com uma faca, durante sua detenção por estar bêbado em público; mas rumores se espalharam dizendo que ele tinha sido baleado enquanto estava algemado. O disparo gerou três dias da mais intensa agitação civil desde as rebeliões de 1968. Na primeira noite, centenas de jovens lutaram contra a polícia nas ruas, destruindo mais de doze viaturas, antes da polícia utilizar gás lacrimogêneo e uma grande mobilização policial para conter a confusão. A segunda noite teve mais confusão, porém com mais pessoas vindas de outros bairros, para se juntarem aos saques e aos confrontos com a força policial.

Os integrantes do Nation of Ulysses (que tinha acabado de gravar seu primeiro álbum, *13-Point Program to Destroy America*) e outros punks de DC foram para as ruas, tendo como alvo a polícia, em meio a todo o caos. Alguns pareciam acreditar que aquilo era "A Revolução", porém outros criticavam seus companheiros punks por se apropriarem de uma luta que não era deles. Apesar disso, os punks que moravam nesse bairro diziam ser contra o processo de gentrificação – uma bandeira que fazia parte inclusive do programa do Nation of Ulysses –, mas é possível argumentar que eles colaboravam com o processo de expulsar pessoas pobres pelo simples fato de morarem lá.

1 N. de T.: referência à música "The Sound of Young America", do álbum *13-Point Program to Destroy America* (1991).

No mesmo mês, a Suprema Corte julgou procedente a lei da mordaça da Administração Bush, impedindo que clínicas financiadas pelo Governo Federal oferecessem aconselhamento sobre a questão do aborto. Graças a nomeações feitas por Reagan e Bush, a Corte parecia estar muita próxima de revogar o Caso Roe contra Wade, permitindo assim que os estados pudessem proibir o aborto novamente.

A Positive Force e o Fugazi colaboraram em outro ato beneficente para a Washington Free Clinic (que estava entre as instituições afetadas pela "lei da mordaça"), na Sacred Heart Church, atraindo uma multidão de 1.500 pessoas, apenas um mês depois dos tumultos. O show também contou com duas atrações internacionais: The Ex (Holanda) e No Means No (Canadá). A banda canadense abriu com as seguintes palavras: "Esse é um show beneficente que não deveria existir. O serviço de saúde deve ser gratuito".

As apresentações foram violentas, mas isso era apenas um reflexo do clima daqueles tempos. "Não me recordo de alguma vez estar tão bravo quanto agora", disse Picciotto na época. "Os últimos seis meses nesse país devem ter sido provavelmente os piores da minha vida. Nunca me senti tão marginalizado ou amedrontado com uma situação. Acho que existem coisas acontecendo nesse país que são inacreditáveis, realmente amedrontadoras".

A banda estava engasgada com a Guerra do Golfo e também com a recente Celebração da Vitória, que exibiu armamento militar no Shopping de Washington e teve o custo de 12 milhões de dólares. "É muito triste pensar que levantamos talvez uns quatro mil dólares nessa noite", disse MacKaye para a multidão. "Imagine o que alguma organização como a Free Clinic poderia fazer com esse montante de dinheiro..."

A Positive Force e o Fugazi estavam fazendo o que podiam. A maioria dos espaços usados para os shows beneficentes (incluindo a Sacred Heart) ficava ou na região ou próximos das zonas de rebeliões. Apesar da pressão para realocar os shows (um fanzineiro branco reclamou que os shows eram em "Verminville, uma vizinhança invariavelmente cheia de drogados e sem acesso ao Metrô"), a Positive Force continuou a organizar os eventos nessas áreas, na esperança de levantar algum dinheiro para os bairros mais necessitados e, ao mesmo tempo, para derrubar as barreiras que separavam os bairros ricos dos pobres.

Jen Smith tinha criticado a empolgação de alguns dos seus amigos em relação aos tumultos, embora ela também estivesse contagiada pela sensação da possibilidade que chegou com tal ruptura na estrutura social. "Ela escreveu uma carta, com seu estilo inacreditável, na qual ela discorria de modo realmente idealista, mas sem parecer piegas", recorda-se Neuman. "Foi logo depois dos tumultos em Mount Pleasant, e ela disse, 'Esse verão será a revolta das garotas'". Essa frase deu nome a energia que estava sendo construída.[2]

Quando o Bikini Kill fez sua estreia em DC, pouco depois dos conflitos, os músicos foram surpreendidos com o apoio imediato que receberam. O show da banda gerou uma intensa e positiva propaganda boca a boca, e MacKaye produziu (e pagou) uma sessão de gravação com a banda no Inner Ear.

Uma versão definitiva do Bratmobile fez sua estreia em julho, abrindo para o Tsunami, no Fort Reno. Neuman assumiu as baquetas, enquanto Erin Smith ficou como a única guitarrista. Alguns zombaram do amadorismo do trio, mas o Bratmobile tocou um punk raivoso bem humorado, que era adequado para músicas divertidas e obscenas como "Kiss and Ride".

Inspirados pela carta de Jen Smith, os integrantes do Bratmobile decidiram começar um novo fanzine. "Estávamos pensando em um nome [para o zine]", recorda-se Neuman. "Tínhamos pensado em *Girl Riot*, e então mudamos para *Riot Grrrl* com três erres, como em um grunhido. Era um jogo legal de palavras, e também uma expressão que era um tipo de veículo que validava a nossa raiva". Erin Smith deu crédito a Neuman por ter inventado o termo.

Molly Neuman, Kathleen Hanna, Alisson Wolfe, Tobi Vail, Erin Smith e Jen Smith trabalharam no novo zine. Segundo Neuman, as primeiras edições eram "principalmente coisas pequenas, fofocas e diversão"; mas esses primeiros números também traziam ataques a Clarence Thomas (um dos indicados a Suprema Corte), um ensaio chamado "Medo de um planeta gay" e dicas sobre como sabotar carros de polícia.

Durante um show beneficente da Positive Force (em prol de treinamento de autodefesa para mulheres de baixa renda), Kathleen, Allison e Molly entregaram cópias do zine *Riot Grrrl*, estabelecendo conexões com garotas punks que não faziam parte da cena de Mount Pleasant, e montando uma lista de telefones. Nas palavras da própria Molly: "Assim teríamos a chance de encontrar garotas que não eram necessariamente muito ligadas à cena, mas que eram legais de qualquer maneira". O show teve a participação das bandas Quicksand, Desiderata e Circus Lupus (uma banda noise cujo vocalista era o ex-Ignition Chris Thomas e que trazia Arika Casebolt na bateria).

2 N. de T.: referência ao termo Riot Grrrl.

A presença do Quicksand (uma banda de Nova York que descendia do Youth of Today e do Gorilla Biscuits) acabou gerando um certo desconforto. Embora a banda não encorajasse, houve muito pogo durante a apresentação. Como se tratava de um show para protestar sobre a violência contra as mulheres – e muitas mulheres se sentiam afastadas justamente por causa do pogo –, a Positive Force decidiu distribuir panfletos que pediam que as pessoas evitassem o pogo durante o show. Os membros da Positive Force que não se opunham ao pogo também firmaram sua posição.

A Positive Force era muito associada à cena da Dischord, mas a organização possuía pessoas de diversas idades e predileções. De muitas maneiras, a PF se sentia mais em sintonia com bandas de hardcore militantes (como Born Against, Downcast e Shelter) do que com as bandas de post-hardcore, cada vez mais profissionais e distantes da política. No entanto, o grupo também procurou desafiar os rituais do punk (como o pogo) e controlar o comportamento destrutivo de alguns fãs de hardcore, que colocava em risco o uso de vários espaços para apresentações.

Esses objetivos não eram universalmente apreciados. A banda Aggressive Behavior escreveu uma música chamada "Positive Force, Blow Me" [em português, "Positive Force, chupe-me"]. Circularam rumores de que o panfleto distribuído no show do Quicksand servira para rotular todos os adeptos do pogo como "estupradores". Quando a banda de hardcore Four Walls Falling teve que cancelar um show da Positive Force de última hora (o baterista da banda tinha sido preso), circulou uma lenda dizendo que o show tinha sido cancelado porque a Positive Force estava "banindo o hardcore".

Parte do problema era que a Positive Force ainda mantinha uma crítica radical da sociedade americana. Matt Burger, vocalista da banda Worlds Collide, disse na época: "Você não pode esperar que eles gostem da Positive Force – a maior parte da cena hardcore está em lua de mel com a América". Se isso era verdade, a Positive Force estava seguindo outro caminho.

Para os veteranos da PF, uma das coisas mais inspiradoras em relação a essa cena de garotas era que elas não tinham medo de desafiar a forma e o conteúdo do punk, e não se importavam quando ouviam "vocês estão levando as coisas muito a sério". Música e política mais uma vez se misturavam livremente, combinadas com o entusiasmo da comunidade cujo centro nervoso ficava em Mount Pleasant, em casas comunitárias como a Embassy e a Pirate House.

Enquanto Kathy Wilcox estava de férias na Europa, Kathleen Hanna montou duas novas bandas: The Mecca Normal-ish Wonder Twins (com Tim Green) e Suture (com

Sharon Cheslow na guitarra e Dug Birdzell na bateria). Assim como outras bandas de vida curta que surgiram naquele verão, ambas gravaram no porão da Embassy.

A terceira edição do *Riot Grrrl* convocou "uma reunião apenas de meninas para discutir a condição do punk rock, a revolução, formas de encorajar uma maior participação das mulheres na cena, e formas de se ajudarem a tocar instrumentos e fazerem as coisas". Tempos depois, Hanna observou que ela "não necessariamente tinha um grande plano para conquistar o mundo. Era apenas 'vamos ver no que vai dar'".

Quase trinta mulheres apareceram na primeira reunião, incluindo Neuman, Wolfe, Billote, Vail, Cheslow, Hanna, Toomey, Kristin Thomson e muitas jovens garotas. O encontro aconteceu em junho, na Positive Force House, e atraiu muitas mulheres que de uma maneira normal nunca teriam se conhecido. Alguns dos temas foram: o pogo, compartilhamento de habilidades e experiências pessoais sobre sexismo e abusos. "No fim das contas, muitas garotas tinham coisas sobre as quais queriam falar", disse Kathleen. "Então decidimos continuar com as reuniões". Dada a natureza intensamente pessoal (e frequentemente dolorosa) de muito do que foi compartilhado, o grupo permaneceu 100% feminino.

Essa não foi a primeira reunião punk de mulheres em DC, mas dessa vez a ideia ficou. "Basicamente, é uma questão de apoio, onde mulheres e garotas podem ser criativas juntas e falar sobre as coisas", disse Hanna. "Colaboramos mutuamente para que não nos sentíssemos tão isoladas".

Para Kathleen, a "Revolução ao estilo das garotas agora" foi muito além de colocar meninas em bandas. Ela queria um movimento "inclusivo, no qual as pessoas pudessem ser amáveis e atenciosas, e não serem vistas como idiotas, burras, liberais ou covardes. A revolução realmente não precisa ser uma coisa para machos".

Havia uma certa oposição ao Riot Grrrl dentro da cena punk, mas ela foi silenciada. "Pessoalmente, não sinto que alguém esteja contra nós", disse Wolfe. "Creio que a oposição está um pouco abafada, pois eles sabem que o que está acontecendo é realmente legal, e seria bem chato ser declaradamente sexista sobre isso. Então, acho que existe um sutil cala a boca".

De fato, punks feministas como o Bikini Kill tiveram um apoio maior em DC do que em Olympia. "Ninguém dava a mínima pra gente em Olympia", contou Hanna. "Ninguém se empolgou [com o que estávamos fazendo], com exceção de cinco ou seis garotas que tomaram a frente e nos apoiaram. Não tivemos nenhuma resposta abertamente positiva em nossa própria comunidade. Então, quando viemos para DC e fomos muito bem-recebidas, isso foi um pouco assustador".

A banda começou a considerar uma mudança definitiva para Washington, por motivos políticos e pessoais. "Em Olympia, eu me sinto politicamente isolada. Tem música por todo lado, mas nada de política", afirmou Hanna. Segundo Kathleen, em DC ela se sentia muito próxima da Positive Force, da Simple Machines e da Dischord.

Ian MacKaye apoiou o Riot Grrrl desde o início. Além de trabalhar com o Bikini Kill no Inner Ear, ele conseguiu que o Bratmobile tocasse em um show do Fugazi, no DC Space. É claro que o apoio do Fugazi, do Nation of Ulysses e de outros homens foi importante, mas a verdade é que as mulheres estavam na liderança, e não seguindo alguém.

Porém, nem todas as mulheres envolvidas com os fanzines feministas seguiram o Riot Grrrl na sua evolução para se tornar um grupo formal. "Eu não ia às reuniões", afirmou Erin Smith. "Muitas garotas pensavam do mesmo modo, que poderíamos fazer mais barulho com nossas ações. Embora eu estivesse muito interessada nas coisas que elas defendiam, [as reuniões] não eram para mim".

Em pouco tempo, o grupo experimentaria um conflito de gerações. Molly Neuman se recorda de ficar espantada com o nível de entendimento de muitas jovens garotas, mas outras garotas que apoiavam o grupo sentiam que era irrelevante para elas em termos pessoais. "Eu não estava interessada no nível das discussões", disse Toomey. "Eu tinha consciência que era muito importante para as garotas mais novas, mas eu era formada na faculdade em Estudos sobre a Mulher, e não estava interessada em conversas sobre namorados, pogo ou coisas do gênero". Christina Billote e Tobi Vail não voltaram depois da primeira reunião, e o grupo rapidamente mudou em direção a um público suburbano mais jovem.

O "(Verão) da Revolução ao estilo das garotas agora" (como foi apelidado no *Riot Grrrl* #4) estava enfraquecendo. A galera de Olympia estava se preparando para o evento International Pop Underground, da K Records, assim como o Fugazi, o Nation of Ulysses, o Tsunami, entre outras bandas. O zine *Riot Grrrl* lançou um desafio final: "É possível que aqueles que estão trabalhando nessas questões talvez não voltem a fazê-lo, mas esse nome está livre de direitos autorais. Então, levem isso adiante!"

APRESENTAÇÃO, INSPIRAÇÃO, ASSASSINATO

POR MARK ANDERSEN

A primeira vez que peguei um exemplar do *Riot Grrrl* foi durante uma visita à minha ex-parceira Claire McBride, na Edison Street, em julho de 1991. O que encontrei nesse fanzine foi uma deliciosa alternativa ao previsível machismo, ou ao cinismo cool que imperava na cena punk. Fiquei especialmente encantado pela lista "A REVOLUÇÃO COMEÇA AQUI E AGORA (dentro de cada um de nós)", que depois de um tempo descobri ter sido escrita por Kathleen.

Fiquei igualmente impressionado pelas mulheres e garotas por trás do zine, depois de conhecê-las na Positive Force House. Na prática, além de um fórum de apoio, o que estava nascendo naquelas reuniões das riot grrls era uma força política feminina muito organizada, que poderia exercer o poder dentro da cena e também garantir que vozes antes caladas pudessem ser ouvidas. Com muita vontade de promover o trabalho das garotas, fiz uma entrevista (para um jornal local) com Allison, Kathleen e Molly, após a segunda reunião. Nunca tivera uma conversa tão inspiradora como aquela na minha vida.

As três dividiam ideias igualmente profundas e emocionantes. Depois da escuridão do ano anterior, encontrei pessoas ansiosas para juntar revolução e punk na mesma frase, apoiando-se em ações e proporcionando o pontapé inicial para uma revolução feminista já muito atrasada dentro da comunidade punk. Embora algumas das suas críticas pudessem se aplicar (e isso aconteceria em breve!) ao meu próprio papel dentro da PF, de modo geral eu estava muito feliz com o desafio.

Como banda, o Bikini Kill era uma revelação. Em todos os shows da banda que vi entre 1991 e 1992 aconteceu pelo menos algum momento grandioso – para mim, esse era um caminho comparável apenas à minha experiência com o Rites of Spring, em 1985. O Bikini Kill não tinha apenas as canções, o conceito e o carisma, mas, o que é mais crucial, a banda tinha um coração. Senti isso quando Kathleen fez um intenso e vulnerável número solo, quase indo às lágrimas, num show em Nova York. E, novamente, durante um *spoken word* para uma plateia hardcore pouco amistosa, em um show beneficente. E teve mais: senti o mesmo quando "Rebel Girl" foi tocada pela primeira vez, diante de uma plateia repleta de garotas no Peace Center.

Embora não concorde com tudo que ela fez, ou disse, em cada show, eu tinha aprendido ou sentido algo profundo. O Bikini Kill fez por mim o mesmo que todas as grandes bandas de punk fazem: envolto pela música e pela emoção, os problemas do cotidiano desapareciam, todas as verdades eram questionadas e o mundo parecia vibrar com as possibilidades. E isso era realmente legal.

Kathleen uma vez me disse que ela sempre se sentia em perigo físico durante suas apresentações. A vulnerabilidade da banda era verdadeira, como ficou claro em um incidente durante um show em Boston. Naquela ocasião, os roadies da banda eram Chris Bald e Laura, do zine *Sister Nobody*. Segundo Bald, "o Bikini Kill estava abrindo o show de uma banda de Boston, chamada The Freeze, e alguns skinheads estavam na plateia. Tinha esse cara muito bêbado e desagradável, que ficava assediando a Kathleen". Quando a Laura tentou acalmar o sujeito musculoso, ele a agrediu de modo selvagem, e a derrubou. Chris e Kathleen conseguiram detê-lo e expulsá-lo do show.

Michael Cartier é o nome do agressor; na época, ele estava perseguindo sua ex-namorada Kristin Lardner, que tinha participado da cena punk de DC em meados dos anos 1980. Menos de um mês depois do incidente no show do Bikini Kill, Cartier assassinou Kristin a tiros, pelas costas, em uma movimentada rua de Boston.

X X X

Enquanto DC tinha sua revolução das garotas, o punk continuava caminhando em direção ao *mainstream*. No entanto, nem todos os artistas "estabelecidos" estavam confortáveis com isso. Henry Rollins, que se dizia "não muito ligado em política", tentou montar um selo chamado High on War, que doaria os lucros para crianças vítimas de abuso. Ele também publicou *Human Shrapnel*, um livro contra a guerra do Vietnã, escrito pelo veterano Bill Shields, e ajudou na distribuição de *Just Another War*, um dilacerante livro de fotos da Guerra do Golfo, de Ken Jaurecke e Exene Cervenka.

No rescaldo do espancamento de Rodney King e do assassinato do vocalista da banda punk Circle One (morto pela polícia), Rollins clamou por uma "investigação justa sobre o trabalho da polícia americana". Nas suas palestras em faculdades, Rollins falou sobre Jack Thompson, o oficial da Flórida responsável pela acusação de obscenidade ao grupo 2 Live Crew. Henry disse que o grupo de Luther Campbell era "uma história americana de sucesso", e declarou que "a América não gosta de homens negros com dinheiro".

Na época, Rollins estava na gravadora Chrysalis, que ele aclamava como "a única gravadora em que já estive que cumpriu o que prometeu". Quando o antigo dono da Chrysalis começou um novo selo, chamado Imago (cuja distribuição era feita pelo conglomerado multinacional BMG), a Rollins Band assinou com eles. O título do primeiro LP, *End of Silence*, era uma cutucada na incompetência dos selos independentes. "Eu me recuso a trabalhar novamente para uma gravadora independente", disse.

Na primavera de 1991, Rollins estava dividindo o palco com a banda Jane's Addiction. O empresário da banda solicitou que eles participassem de uma ambiciosa turnê de verão, chamada Lollapalooza, que misturaria diferentes culturas e música com tendas políticas e shows em palcos secundários. Rollins tinha a dura missão de abrir o show, mas ele e a banda abraçaram o desafio.

Naquele período, grandes nomes da música enfrentaram turnês desastrosas. Por outro lado, o Lollapalooza se tornou a sensação daquele verão (além da Rollins Band e do Jane's Addiction, o line-up contava com nomes como Siouxsie and The Banshees, Body Count, Nine Inch Nails e Living Color). Perry Farrell, o organizador do evento, afirmou que "isso é o mais próximo que nossa geração pode chegar de uma revolução", mas Henry Rollins disse que era "apenas mais um show". Mesmo assim, ele admitiu que a turnê tinha mostrado que havia "um interesse real naquilo que pode ser chamado de 'música underground'".

Em Olympia, o [festival] International Pop Underground foi bem mais intimista – e escapou ileso do "ogro corporativo", nas palavras da própria K Recs. Bandas de grandes gravadoras não podiam tocar no evento, e nenhum executivo dessas empresas foi convidado. Com exceção dessa postura antimajor, a política do evento não era exatamente linha dura, o que se manifestou através dos toques característicos da K Recs, como um desfile de animais de estimação, exibições do filme *O Planeta dos Macacos* e a utilização do slogan "Make Love Rock Not War".

Diversos fanzines e compilações em K7 foram preparados para o festival, incluindo *A Wonderful Treat*, que documentava boa parte da cena de Mount Pleasant durante o verão. Um dos mais impressionantes documentos em áudio foi uma coletânea em vinil chamada *Kill Rock Stars*, organizada por Slim Moon. A coletânea trazia Bikini Kill, Bratmobile, e outros artistas de Olympia e DC, tanto jovens (Nation of Ulysses) quanto não tão jovens (Jad Fair).

Apenas duas bandas da coletânea não tocaram na convenção. Uma delas era o Nirvana. Em 1989, pouco após terem gravado seu primeiro álbum, *Bleach* (por apenas 600 dólares), a banda mudou-se para Olympia. Chris Novoselic (baixista) logo migrou para Tacoma, mas o quase patologicamente calado Kurt Cobain parecia florescer em Olympia, e até fez uma tatuagem caseira da K Recs. Cobain era instintivamente antimachista, graças às suas dolorosas experiências com valentões em Aberdeen, cidade onde cresceu. Por isso, ele gravitava em torno de Vail, Hanna e outras garotas da cena.

Kurt tinha sido "fisgado", inicialmente, por um show do Black Flag na época do *My War*, e também por uma mixtape (que chegou em suas mãos através de um amigo) que trazia bandas como Flipper e MDC. A música do Nirvana refletia essas influências: metal, punk, um pouco de tristeza, complementados com um aroma pop underground.

A entrada do baterista Dave Grohl melhorou a banda, e em 1991 eles eram extremamente populares no circuito underground. A banda fazia parte do cast da Sub Pop, mas o selo passava por sérias dificuldades financeiras; por isso, o Nirvana seguiu o exemplo do Sonic Youth e assinou com uma grande gravadora, a DGC. Isso significava que eles não poderiam tocar no festival, mas Cobain tinha planejado participar como membro do projeto The Israeli Donkeys. Porém, para sua tristeza, o empresário do Nirvana confirmou a participação da banda no Reading Festival, no Reino Unido, bem na época do International Pop Underground.

O evento começou com o "Girl Day", oficialmente intitulado como "Love Rock Revolution Girl Style Now". Johnson aceitou a ideia original de Tobi Vail para que apenas mulheres se apresentassem [nesse dia]. Johnson: "A ideia foi evoluindo, e acabou que homens também poderiam ver os shows e tocar. O mais importante não era que apenas mulheres fariam as coisas, e sim a possibilidade de que pessoas que normalmente não tocavam pudessem se apresentar".

Nesse dia tocaram Bikini Kill, Mecca Normal, L7 e The Spinanes. A banda de Rebbecca Gates estava fazendo apenas a sua quinta apresentação, mas "saí daquele show me sentindo uma artista de verdade". De acordo com alguns dados, 90% das atrações do festival contavam com pelo menos uma mulher na formação. Com o passar dos dias, ficou claro que o evento estava gerando uma nova e poderosa energia;

entusiasmado, Guy Picciotto afirmou que o evento mostrava "como serão os dias depois da revolução".

O Fugazi foi escalado para fechar o evento. De acordo com a revista *Option*, a aparição da banda estava "gerando uma intensa emoção". Mas os músicos não estavam colaborando para esse burburinho; MacKaye, por exemplo, trabalhou na bilheteria em uma das noites do festival.

Com mais de 600 pessoas lotando o teatro, esse foi de longe o maior show da semana. Antes de se juntar a Picciotto na harmônica de abertura de "Exit Only", MacKaye dirigiu-se à plateia e disse "divirtam-se e... vocês sabem". Esse era quase um ritual de apelo para que os fãs tomassem cuidado uns com os outros, mas ele obviamente não imaginava que fosse necessário nesse show.

No entanto, alguns insistiram em pogar e mergulhar na plateia, mas nessa noite (como às vezes acontecia em shows do Fugazi) algumas pessoas no público decidiram não aceitar isso. Durante uma belíssima versão de "Merchandise", um cara tentou dar um *stage dive*, mas foi detido no meio do salto e jogado de volta ao palco pelas pessoas da primeira fila. Muitos incidentes similares ocorreram até o final do show. Isso deve ter sido reconfortante para os integrantes do Fugazi, pois muitas vezes eles sentiam que a plateia dependia deles para resolver as coisas.

Antes do show, Kathleen Hanna e várias outras mulheres tinham distribuído um panfleto sobre um suposto estuprador que estaria no evento; elas pediram para falar durante o show do Fugazi, mas Ian disse que ele mesmo abordaria o tema durante o *set*. Quando a banda parou para afinar os instrumentos, ele disse: "Não sei se vocês notaram, mas está circulando por aí um panfleto, sobre um estuprador. Nessa cidade, como em qualquer outra, existe sempre alguém tentando machucar as pessoas. E muitas pessoas estão preocupadas com isso, tanto é verdade que estão aqui, nesse evento incrível, e mesmo assim continuam pensando nisso: que existe alguém por aí que pode estuprar uma mulher. Então, elas queriam muito fazer algo sobre isso, queriam dizer algo. Esse é um local estranho para fazer isso, mas... coisa pesada".

A guitarra entrecortada de "Suggestion" começou, e MacKaye continuou: "Algumas pessoas dizem que a música não deveria ter significado, ou então que a política não tem nada a ver com a música, que a música deve ser apenas divertida. Bem, isso é justo – para eles. O nome dessa música é 'Suggestion' e se tem alguém que acha que é a pessoa certa para cantar essa música, então por favor suba até aqui e cante o que quiser. Enquanto isso, começarei". Dito isso, Ian cantou as primeiras estrofes.

Parecia improvável que alguém pudesse aceitar o convite. No entanto, uma garota com uma longa trança nos cabelos (Hanna reconheceu a garota e sabia que ela já tinha sido vítima de abuso) emergiu da multidão e, muito nervosa, pegou o microfone – recebendo gritos de apoio. Tremendo, ela cantou: "Is my body my only trait/In the eyes of men?" ("O meu corpo é o meu único atrativo/Aos olhos de um homem?"). Até mesmo o usualmente frio colaborador da *Flipside* ficou tocado, e escreveu que "ela conseguiu cantar apenas alguns trechos, e então desabou e chorou. MacKaye parecia muito abalado. Todos na plateia também pareciam impressionados. Esse foi um dos momentos mais emocionantes que já tinha visto". A casa inteira cantou junto com ela: "I've got some skin/And you want to look in" ("Eu tenho um pouco de pele/E você quer olhar"). Com lágrimas caindo em seu rosto, ela desceu do palco e foi aplaudida com entusiasmo.

MacKaye recuou e apontou para o microfone, convidando outras pessoas para irem até lá. Como ninguém se prontificou, a plateia respondeu cantando em uníssono. Quando a música deu uma pausa, uma voz feminina anônima gritou o nome do suposto estuprador, que aparentemente estava no meio do público. MacKaye retomou a música, e a galera continuou cantando junto.

"Já tocamos essa música várias, várias vezes", observou MacKaye, "e as pessoas pedem, 'Toquem aquela música legal sobre estupro!'" Enquanto ele falava, a música continuava ressoando, num volume baixo. "Mas não é realmente uma música muito legal, não tem nada de legal nela, não mesmo. [A música] é mais como uma luta. É um homem, ou um garoto, lutando com uma situação sob a qual ele sente que tem pouquíssimo controle, ainda que seja diretamente responsável por ela. Então ele junta algumas palavras, e finge que é assim que outra pessoa deve pensar. Esse outro alguém é uma mulher ou uma garota. E ele não é nem uma coisa nem outra".

O recinto ficou totalmente silencioso. Cantando de uma forma quase sussurrada, Ian voltou para a música: "She did nothing to conceal it/He touches her because he wants to feel it..." ("Ela não fez nada para esconder/Ele a toca porque quer sentir isso..."). Picciotto assumiu os backing vocals: "We don't want anyone to mind us/We play the roles they assigned us..." ("Não queremos que ninguém se importe com a gente/Desempenhamos os papéis que nos foram atribuídos..."). Então a voz de MacKaye decretou o fim da música, com um grito eletrizante e brutal: "WE... BLAME... HER... FOR... BEING... THERE" ("NÓS... A... CULPAMOS... POR... ESTAR... LÁ").

Repetindo uma reação comum, Tobi Vail mais tarde notou que chorou durante essa música. A revista *Option* afirmou que o show do Fugazi foi "o ápice do festival.

Quando [a banda] tocou 'Provisional', o auditório sentiu que estava levitando para fora do planeta, em direção a um lugar muito, muito melhor".

O lançamento do disco *Steady Diet of Nothing* e o resto da turnê americana foram muito bem-sucedidos, provocando uma enxurrada de elogios. Toda essa atenção parecia um pouco "doentia" para Ian MacKaye, e a banda se negou a conceder entrevistas para grandes revistas como a *Rolling Stone, Spin* ou *Details* – por outro lado, os músicos falavam livremente com fanzines e fãs. Apesar das negativas, muitas revistas publicaram matérias sobre a banda; a *Spin* usou depoimentos que foram gravados "na surdina".

Os integrantes da banda lutaram contra sua nova imagem de "superestrelas indie". Na verdade, alguns elogios exagerados não agradaram a banda. "Não basta que você toque no Fugazi, escreva músicas e participe do jogo", reclamou Ian. "Mas agora você também precisa se adequar à agenda de outras pessoas – você tem que ser 'o moralista dos anos 1990' ou 'o último espírito verdadeiro do rock'n'roll'".

"Vamos nos manter de forma autônoma: continuaremos lançando nosso próprio material, cuidando nós mesmos dos negócios [da banda] e marcando shows", disse Picciotto. "Nunca entramos em uma banda para ficar famosos. Basicamente gostamos de tocar nossa música. Nos consideramos um sucesso desde o nosso primeiro show, apenas pelo fato de tocarmos. Acho que a banda está ficando cada vez melhor porque estamos nos entendendo melhor. É esse tipo de coisa que me interessa, e não quantas pessoas estão comparecendo aos shows ou quantos discos estamos vendendo".

Os músicos também rejeitaram a ideia de que eles eram os "guardiões" do código de ética punk. "Provavelmente parecemos dogmáticos, mas há uma diferença entre fazer apenas o que você quer e dizer às outras pessoas o que elas deveriam fazer", explicou MacKaye. "Nós apenas dissemos a nós mesmos que o ingresso do show deveria custar cinco dólares". A banda se tornou mais reservada sobre os detalhes de suas letras, preferindo que os ouvintes encontrassem o significado por eles mesmos.

O Fugazi alcançou a meta de Ian para o Minor Threat, quase uma década antes: tornar-se uma grande banda, mas sem a "sujeira". O Fugazi agora estava deixando para trás os antigos limites. Ao mesmo tempo em que as grandes gravadoras buscavam o estilo então chamado de "rock alternativo", o Fugazi não queria deixar o underground, e sim, como explicou Ian, "levar o underground conosco".

Muitos achavam que o Fugazi não conseguiria continuar de forma independente, mas os integrantes da banda discordavam. "Se estivéssemos preocupados com o futuro, teríamos terminado essa banda um bom tempo atrás", disse Picciotto. "Há anos as pessoas vêm dizendo que nós deveríamos fazer as coisas como as outras bandas fazem, [mas] não fizemos, e conseguimos sobreviver".

"É divertido dizer 'foda-se', não para as pessoas, mas sim para algo que se tornou o padrão", observou MacKaye. "'É assim que você deve fazer as coisas' – isso é besteira". Johnson chamava isso de "a parte Meatmen de MacKaye. Como Tesco Vee, ele gosta de dizer 'foda-se', mas de um jeito diferente. Ian gosta de fazer as pessoas de LA sofrerem, fazendo shows por seis dólares".

Em DC, os shows de cinco dólares continuavam a beneficiar grupos comunitários de base. "Mesmo achando que coisas como o Greenpeace ou a Anistia Internacional são realmente importantes", disse MacKaye, "tentamos fazer nossos shows beneficentes para grupos menores, mais locais, onde sabemos que o dinheiro terá um impacto maior, e será usado diretamente para comida, roupa de cama, esse tipo de coisa. Estamos tentando tomar conta da nossa própria casa".

Ironicamente, enquanto o Fugazi era fiel às suas raízes, alguns antigos aliados decidiram que a banda não era suficientemente pura. Quando a banda tocou com o Nation of Ulysses, o Bikini Kill e o Tribe 8 no Gilman Street, os músicos foram denunciados como "estrelas do rock" por alguns dos voluntários [do clube] – mesmo que a banda tenha tocado de graça para angariar fundos para o espaço carente. Eles enfrentaram o mesmo tipo de problema em alguns *squats* europeus. No fanzine *No Answers*, Kent McClard encorajou abertamente os integrantes da banda Born Against a atacar o Fugazi pelo seu sucesso, mas eles se recusaram. Quando eles tocaram no Palladium, em Nova York, por cinco dólares – forçando o clube a concordar com sua política de preço, após três anos sem tocar na cidade –, alguns reclamaram que, em função das taxas da Ticketmaster, os ingressos custaram "na verdade" U$6,50.

Tais reclamações eram difíceis de entender: o Fugazi não parecia ter mudado. A banda não exigia adiantamentos (trabalhava apenas com a porcentagem da bilheteria), fazia shows para todas as idades e mantinha o preço de cinco dólares – com exceção de Los Angeles, onde os ingressos custavam seis dólares. A equipe agora contava com o roadie Mark Sullivan e o técnico de som Joey P., e utilizava duas vans alugadas para as turnês. No entanto, a decisão de não disponibilizar merchandise continuava de pé. A Dischord contava com um pequeno grupo de funcionários (entre eles Amy Pickering, Cynthia Connoly, Amanda e Alec MacKaye, Kim Coletta, Renee Tantillo e Seth Martin, todos amigos de longa data), e tinha providenciado um escritório para o departamento de distribuição, a Dischord Direct, que ficava do outro lado da rua da

Dischord House. Todavia, CDs, K7s e LPs não tiveram alteração de preço. Todos os membros da banda ainda moravam em casas comunitárias, e grande parte do dinheiro ia diretamente para a Dischord (para financiar outros lançamentos) ou para projetos comunitários.

A crescente popularidade do Fugazi tinha conduzido a banda, inevitavelmente, para um circuito mais rock'n'roll, no qual eles tinham que lidar com *promoters* e espaços que não faziam parte do punk underground. Os integrantes da banda divertiam-se ao fazer com que essas pessoas rezassem na sua cartilha, mas nem sempre conseguiam controlar exatamente o que acontecia nos shows. Alguns fãs pediram para que eles tocassem em lugares menores, mas MacKaye respondia que não queria excluir ninguém. Ele notou que "para manter os ingressos baratos em grandes espaços, na verdade estamos ganhando menos dinheiro para tocar, uma vez que as despesas gerais são incrivelmente altas".

Muitas críticas pareciam refletir apenas ciúmes, ou a ideia elitista de que tudo que é popular deve ser ruim. "O underground devora a si mesmo", disse Brendan Canty em um momento de raiva. "Se você não sai, eles te expulsam". Entretanto, o rótulo de "vendido" do Fugazi estava prestes a ser ofuscado pelo lançamento de *Nevermind*, do Nirvana.

Sim, o álbum tinha uma sonoridade muito mais rica e sofisticada do que o anterior *Bleach*, mas a atitude não tinha sido corrompida pelo *mainstream*. "Territorial Pissings" foi inspirada em Valerie Solanas – a fundadora da Society for Cutting Up Men (SCUM Manifesto), que ficou famosa após tentar assassinar Andy Warhol –, enquanto o título de "Smells Like Teen Spirit" veio de Kathleen Hanna. Certa noite, pixando frases nos muros de Olympia, Hanna escreveu "Kurt smells like Teen Spirit" [em português, "Kurt cheira a Teen Spirit"], uma referência ao desodorante feminino chamado Teen Spirit. Até mesmo o título do álbum parecia influenciado pela cena das garotas: no zine *Jigsaw*, Tobi Vail havia escrito uma denúncia poética da sua geração, que ela descreveu como "equivocadamente domesticada, sem direção, presa no meio do 'deixa pra lá'" [em português, a tradução de *Nevermind* é "deixa pra lá" ou "não importa"].

"Somos sempre associadas ao Nirvana, ao Nation of Ulysses e ao Fugazi", disse Hanna tempos depois, "e somos sortudas por ter [o apoio deles]. Mas essas bandas foram igualmente influenciadas por nós, pelas nossas conversas e nossa música. Assim, estamos dando mais do que recebemos".

Segundo dizem, as garotas do Bikini Kill e do Bratmobile foram inicialmente convidadas para representar as líderes de torcida rebeldes no vídeo de "Smells Like Teen Spirit". No clipe, um *pep rally* (a instituição mais odiada do colegial) descamba para o caos total enquanto o Nirvana se apresenta. No final, as líderes de torcida (tatuadas e com símbolos anárquicos), a plateia e a banda acabam misturadas, enquanto o diretor da escola é amarrado e amordaçado.

Insurreição juvenil, igualitarismo punk, revolução das garotas: estava tudo lá, em um vídeo de quatro minutos. Em 1992, Grohl disse que "Smells Like Teen Spirit"[3] saiu "diretamente dos escritórios da K Records e da Dischord". No entanto, o clipe levaria a música para um lugar muito diferente.

X X X

Enquanto o *Nevermind* ganhava força, o Bikini Kill estava na estrada com o Nation of Ulysses, em direção ao leste, pois tinham decidido que DC era – como Kathleen Hanna escreveu na época – "realmente a nova Meca juvenil!" Perto do final da turnê, um show no DC Space foi cancelado em função de problemas com a van; então o Bikini Kill e o Nation of Ulysses concordaram em fazer um show beneficente da Positive Force, para um grupo de direitos humanos das Filipinas. O Nation já falava da doutrina "P-Power" há tempos, um conceito possivelmente extraído do "people power" ["poder do povo"], o lema do movimento popular que derrubara a ditadura de Ferdinando Marcos nas Filipinas. Para o Nation, no entanto, a frase servia para apoiar o New People's Army, um grupo comunista de guerrilha que estava enfrentando o atual governo filipino.

O Bikini Kill fez jus a fama conquistada com um show bastante intenso. Além de tocar músicas como "Feels Blind"e "Double Dare Ya", a banda apresentou sons novos (e provocativos) como "White Boy", inspirada no livro *The Age of Sex Crime*, de Jane Caputi, que analisava a misoginia no fenômeno contemporâneo de *serial killers* que matavam mulheres.

3 N. de T.: Grohl estava se referindo, principalmente, ao trecho "Our little group has always been/And always will until the end" ["Nosso pequeno grupo sempre existiu/E sempre existirá até o fim"].

Nessa época, o Riot Grrrl estava em ascensão, e tinha sido abraçado por mulheres como Erika Reinstein, May Summer, Mary Fondriest, Sarah Stolfa, Jasmine Kerns, Laura Solitaire, Tiffany Fabian, Ananda LaVita, Claudia Von Vacano, entre outras – muitas delas tinham sido, ou ainda eram, integrantes da Positive Force. Hanna era a única integrante do Bikini Kill que ainda estava envolvida no Riot Grrrl, mas as performances da banda continuavam inspiradoras.

O Nation of Ulysses foi a banda principal, usando os ternos que já tinham se tornado sua marca registrada. Hiperativo como de costume, Ian Svenonius subia na bateria de James Canty, pulava na plateia, rolava pelo palco e contorcia seu corpo nas mais diferentes poses.

As novas músicas da banda mostravam uma influência jazzística. Um fragmento de "A Love Supreme", de John Coltrane, foi usado para a introdução de "The Sound of Jazz to Come". Svenonius apresentou a música "N.O.U.S.P.T.D.A" como "o nosso plano para destruir a América". Essas novas canções eram um pouco mais lentas e dissonantes. O show terminou com Steve Kroner arremessando sua guitarra no meio de "Mockingbird Yeah". A guitarra voou pelo ar e atingiu a parede do fundo; Kroner abandonou o palco e quebrou a guitarra em pedaços, enquanto a banda terminava a música.

Até mesmo Don Zientara (que descrevia a banda como "prima donnas" no estúdio) concordava que o Nation tinha "algo de especial. Dava pra ver que eles estavam criando alguma coisa nova". O álbum *13-Point Program to Destroy America* estava recebendo ótimas críticas: na revista *Sassy*, Erin Smith o chamou de "o disco punk do ano".

O Fugazi e o Nation of Ulysses não eram os únicos destaques da cena punk de Washington. No seu décimo primeiro ano de existência, a Dischord lançou álbuns do Holy Rollers, Jawbox, Shudder to Think, Circus Lupus, Severin e Gray Matter. Essas bandas estiveram ativas entre 1991 e 1992, bem como o High Back Chairs, Lungfish, Velocity Girl, Unrest e Girls Against Boys. Os selos independentes locais Simple Machines, Teenbeat e Slumberland, patrocinaram um bem sucedido festival, chamado Lots of Pop Losers (uma paródia com o Lollapalooza). Mesmo assim, a vanguarda da cena (politicamente e talvez até musicalmente) era a tríade Nation of Ulysses/Bikini Kill/Riot Grrrl.

X X X

O ano tinha sido o mais violento da história de DC, com 483 homicídios, mas as taxas de crimes estavam subindo em todo o país. Em dezembro de 1991, Henry Rollins e seu melhor amigo, Joe Cole, foram atacados em Venice, na Califórnia, e Cole foi assassinado a tiros. Rollins ficou arrasado, mas decidiu lidar com isso da mesma forma que lidava com todas as outras coisas: dedicou-se ao trabalho. "Essa seria a hora ideal para largar tudo, parar de trabalhar, ficar recluso", disse. "Mas todos enfrentam momentos difíceis. Temos que lidar com isso e seguir em frente".

Enquanto Rollins enfrentava esse momento triste, o primeiro clube onde ele tocou estava prestes a fechar as portas. O novo proprietário do DC Space (a Pennsylvania Avenue Development Corporation) julgou a estrutura do local insegura, e não tinha intenção de melhorá-la, pois o quarteirão inteiro estava programado para ser reconstruído. (Na verdade, uma crise no setor imobiliário atrasou esses planos, e o espaço ficou vazio por mais de uma década, antes de virar uma Starbucks.) Para marcar o final dessa era, o DC Space recebeu um mês inteiro de celebrações, que incluiu um show surpresa do Fugazi.

Surgiram muitas ideias para um novo clube, mas nenhuma parecia de rápida aplicação, então a Positive Force teve acesso a uma sala no Washington Peace Center. O espaço não tinha tratamento acústico, não tinha palco, sua disponibilidade não era constante e tinha capacidade para apenas 100 pessoas, mas ajudou a preencher o vazio. A primeira banda a tocar lá foi o Bratmobile.

Na mesma semana em que o Bratmobile tocou para 50 pessoas no Peace Center, o álbum *Nevermind*, do Nirvana, encostou no *Dangerous* de Michael Jackson, no topo da parada da *Billboard*. As primeiras 45 mil cópias do álbum esgotaram-se em dias (esse número corresponde a um terço das pré-encomendas do *Steady Diet of Nothing*, do Fugazi).

A fonte dessa guinada era óbvia: o clipe de "Smells Like Teen Spirit" era exibido incessantemente na MTV. O Nirvana não acreditava que permaneceria por muito tempo numa grande gravadora (Cobain chegou a prever: "Imagino que seremos descartados"), mas, graças à MTV, eles estavam se tornando um fenômeno pop de vendas.

Uma camiseta do Bad Brains aparecia diversas vezes no clipe de "Smells Like Teen Spirit", mas a grande descoberta do punk não fez nada para ajudar a banda em dificuldades. A nova formação do quarteto agora contava com Chuck Mosley (ex-Faith No More) no vocal e o retorno de Mackie a bateria. Em uma entrevista, quando Dr. Know tentou driblar uma pergunta sobre HR com sua tradicional diplomacia, Darryl Jenifer atravessou e não perdoou: "Pau no cu dele. Não tenho respeito algum por ele, por causa da sua ignorância e da sua falta de consideração pelos outros, pelos seus irmãos". Ele se referia às repetidas saídas de HR da banda como "surtadas". Até mesmo Dr. Know insinuou que as ações de HR tinham mais relação com "o desejo de ser um rock star" do que com integridade artística.

HR tinha retomado o Human Rights, tocando reggae de raiz. Paul Cornwell, um novo empresário que conhecia o músico desde os velhos tempos, tinha conseguido inserir o artista no circuito do reggae. No palco, HR tinha o mesmo magnetismo de sempre, e a bateria de Earl Hudson continuava poderosa. A questão é que o Bad Brains tinha sido pioneiro no seu estilo musical, enquanto o Human Rights estava trilhando um caminho já pavimentado.

HR continuava sendo criticado por sua homofobia e intolerância, e novas histórias sobre sua instabilidade estavam circulando; isso alertou alguns antigos amigos, que passaram a especular sobre a possibilidade do vocalista estar novamente usando drogas pesadas. Susan, esposa de Earl Hudson, sugeriu que na verdade ele pudesse ser "maníaco depressivo".

O vocalista havia montado um time de craques, que chegou a contar com Al Anderson, dos Wailers. Mas era difícil manter esse time junto, e assim começou um processo de contratar e demitir sem a menor cerimônia. Em um show no 9:30 Club, ele apareceu com uma banda com nove integrantes, incluindo três guitarristas e dois tecladistas. "O HR certamente não tem condições de pagar esse monte de gente", um amigo da banda disse na época.

Nos bastidores, as coisas eram ainda mais anárquicas. Embora Cornwell fosse seu empresário, HR aparentemente assinava acordos de gestão com outras pessoas sempre que estava com pouca grana. Cornwell não conseguia controlar o ímpeto de HR, e isso prejudicava (e muito) sua capacidade de fechar negócios para o Human Rights. O principal problema foi a ligação de HR com James Keene. Em 1993, Cornwell descreveu Keene como um "mafioso de segunda classe do Brooklyn, que me ameaçou de morte".

Essa descrição acabou sendo confirmada por alguns eventos que ocorreram no 9:30 Club. Keene apareceu de repente no show, alegando que HR devia dinheiro a ele e que por isso levaria toda a grana da bilheteria como pagamento. Quando o empresário de turnê (contratado por Cornwell) se opôs, Keene puxou uma arma. O empresário de turnê se demitiu lá mesmo, Keene pegou toda a grana e HR não fez nada.

Com HR ficando cada vez menos confiável, Hudson quis voltar para o Bad Brains. O vocalista, no entanto, recusava-se a fazer o mesmo. Por outro lado, Jenifer e Dr. Know não aceitavam o retorno de Hudson sem o seu irmão. Revoltado e sem grana, Hudson apareceu em um show do Bad Brains em Baltimore, para vender camisetas do Bad Brains que ele tinha feito. Ele estava acompanhado por sua esposa Susan, e ela contou que Tony Countey ficou enfurecido e ordenou a segurança para detê-los. O conflito foi resolvido e Hudson inclusive chegou a subir ao palco brevemente durante a apresentação, mas o baterista ficou magoado. Nessa época, ele foi convidado a dar uma entrevista, e disse que contaria a "verdadeira história do Bad Brains" por 25 mil dólares.

X X X

O Bikini Kill estava se estabelecendo no seu novo lar: Mount Pleasant. A banda ainda não tinha lançado nada além da fita *Revolution Girl Style Now* e algumas faixas em coletâneas como *Kill Rock Stars, Give Me Back* ou *There's a Dyke in the Pit,* mas estava atraindo muita atenção. Segundo Hanna, após a descoberta de "Smells Like Teen Spirit" tinha ficado "muito fácil de conseguir publicidade, ou de conseguir ser punk e escapar das merdas da sociedade, sem perder a sua dignidade ou se vender".

Porém, boa parte do apoio recebido pelo Bikini Kill ainda era fruto do boca a boca. A banda estava atingindo aquelas garotas adolescentes que acreditavam, talvez pela primeira vez, que o punk fazia sentido para elas. O movimento Riot Grrrl tinha decidido fazer uma convenção, um evento que prometia focar ainda mais na energia das garotas punks.

Conforme ganhava mais popularidade, o Bikini Kill se recusava a cooperar com grandes revistas de rock, como a *Spin.* A revista *Option* publicou uma matéria que parecia colocá-las contra outras roqueiras; elas atacaram a revista durante um show em Nova York e destruíram um exemplar em cima do palco. Em DC, as integrantes da banda se irritaram pelo fato de tocar em igrejas (a Positive Force organizava muitos shows nesses espaços), e se recusaram a tocar com uma banda local porque um dos seus membros tinha sido acusado de agredir a namorada.

DC agora era o lar das duas bandas mais importantes da cena punk americana, Fugazi e Bikini Kill. A Positive Force juntou as duas bandas para um show beneficente em apoio à Marcha pela Vida das Mulheres, que aconteceria em abril de 1992. Mais duas bandas estavam confirmadas: Scrawl (de Ohio) e L7 (de LA). O L7 tinha ajudado a elaborar o evento Rock for Choice na Costa Oeste, em colaboração com a organização Fund for a Feminist Majority. Parte do dinheiro seria direcionado para esse grupo (FFM), e outra parte beneficiaria dois grupos locais que auxiliavam mulheres de baixa renda: Planned Parenthood Fund e Washington Free Clinic.

O show foi marcado para o Citadel Center, mas a cidade revogou a licença do espaço após reclamações da vizinhança. De última hora, o show teve de ser dividido em duas noites em um local muito menor, o Sanctuary Theater.

Os ingressos para as duas noites esgotaram rapidamente, e a MTV entrou em contato pedindo para cobrir o evento. A maioria dos membros da Positive Force não queria câmeras lá dentro, mas a decisão final foi deixada para as bandas. Com exceção do L7, cujo representante ficou muito irritado com a mera sugestão de que a MTV fosse barrada, todas as demais bandas responderam negativamente à solicitação. Uma vez rejeitada, a MTV nem tentou cobrir o show.

Na primeira noite, o Scrawl, o L7 e o Fugazi fizeram apresentações poderosas, para uma plateia que incluía Joan Jett, que era fanática pelo Fugazi. O Bikini Kill abriu a segunda noite. Kathleen Hanna, vestindo uma camiseta do Riot Grrrl, ofereceu o microfone para o público; Reinstein aceitou o convite e subiu ao palco, para falar em nome da Positive Force e da cena Riot Grrrl. Com Hanna no baixo, Karren na bateria e Wilcox na guitarra, a banda começou com a música "Hamster Baby". A base que misturava surf music e distorção foi complementada pelo grito à la Yoko Ono de Tobi Vail, acertando em cheio o jornalista musical britânico Everett True.

Kathleen tirou sua camiseta para mostrar uma minissaia listrada e uma meia-calça branca. Assim que a banda começou a nova "Lil' Red Riding Bitch", Hanna interpretou a letra, agarrando seus seios enquanto cantava "these are my tits" ("estes são meus peitos"), e em seguida ficou de costas para a plateia e cantou "this is my ass" ("esta é minha bunda").

Hanna era uma presença perturbadora e fascinante: enquanto cantava, ela tocava sua virilha de modo desafiador, e então iniciava uma dança algo irônica, lembrando movimentos de uma *stripper*. Havia uma carga sexual em seus movimentos, mas não parecia algo recatado ou relacionado à exploração. Era algo que fazia parte dela, tanto quanto sua consciência política.

"Don't Need You" era um repúdio à aprovação do sexo masculino, mas naquela noite (assim como em várias outras), tornou-se um grito de alerta para diversos grupos marginalizados. A banda distribuiu um folheto com as letras, que explicava que essa música também era destinada ao "mundo corporativo idiota da revista de rock" *Spin*, que havia atacado Hanna depois que ela se recusou a dar uma entrevista. "Does it scare you, *Spin*?" ("Isso te assusta, *Spin*?"), perguntava a cantora. "That we don't need you?/Us punks/We don't need you" ("Que não precisamos de você?/Nós punks/Não precisamos de você").

Após dar um largo sorriso para uma mulher que jogou uma flor para a banda, Kathleen tocou uma gravação de um homem culpando as "vagabundas idiotas e putinhas roqueiras" pelos assédios sexuais e estupros. "Essa música é dedicada a ele", exclamou Hanna, e "Suck My Left One" começou.

"Rebel Girl" sofreu com vários problemas na guitarra. Frustrado, Billy Karren arremessou seu instrumento, enquanto Hanna improvisava um sarcástico trechinho de "Maneater" (Hall & Oates), que terminou com um pequeno rap. Depois de "Jigsaw Youth", Karren assumiu o microfone para cantar uma nova música, que trazia o trecho "George Bush ain't no hero/George Bush is a pig" ("George Bush não é herói/George Bush é um porco"), repetido diversas vezes. Antes de finalizar o set com "Thurston Hearts the Who", Tobi Vail declarou: "Se o aborto é ilegal, isso não demonstra apenas que vivemos em uma sociedade patriarcal doente, dominada por homens brancos, mas também que eles não se importam se vivemos ou morremos".

Enquanto a guitarra de Billy Karren emitia barulhos sobrenaturais, Neuman começou a ler um artigo que chamava o Bikini Kill de "confuso e contraditório", "ativistas e não artistas" e ainda de ter "ódio aos homens". Então Kathleen Hanna inclinou-se sobre Erika Reinstein na frente do palco, e preencheu o ar com gritos altíssimos. Em meio ao caos, a música retomou o seu curso, atingiu o clímax e então desintegrou-se enquanto Billy arremessava sua guitarra para o alto. Os gritos de Reinstein conduziram a música ao seu desfecho.

Esse espetáculo não era exatamente música, mas era obviamente algo potente e verdadeiro. Até mesmo as trocas de instrumentos (algo que, em condições normais, pode prejudicar o andamento de um set) colaboraram para a força do show. Tempos depois, Chris Bald disse que aquele foi "um dos melhores shows que já vi na vida". Apesar do magnetismo de Kathleen Hanna, a apresentação serviu para comprovar que a força do Bikini Kill era o conjunto.

O L7 tocou na sequência. Com um set bem puxado pro metal, a banda contou com a participação incendiária de um dos integrantes do Gwar. Entretanto, o L7 encontrava-se em uma posição incômoda: tocar depois do Bikini Kill e antes do Fugazi.

O Fugazi estava ainda mais impetuoso do que na noite anterior. Na introdução de "KYEO", Ian disse: "Acho que todos sabemos por que estamos aqui. Essa é uma música sobre lutas, essa é uma música sobre ser enganado por uma falsa sensação de segurança. Mantenha seus olhos abertos!" Depois de várias músicas, Picciotto disse: "A garotada está lá fora transando – e isso é legal, transar é legal –, mas quando você entra em apuros, as pessoas dizem que o seu corpo é a sua prisão. E isso é besteira. Essa é uma música sobre ser jovem, e é para o Bikini Kill". A banda tocou "Runaway Return", e depois emendou com uma nova canção que Picciotto chamou de "Rend My Body Politic".

Alguns ingressos tinham sido reservados para as pessoas que estavam na cidade para a marcha. Com isso em mente, MacKaye apresentou a nova "Instrument" com as seguintes palavras: "Já que muitos de vocês estão visitando Washington, vou contar algumas coisas sobre a nossa bela cidade. Temos aqui muitos jovens atirando uns nos outros todos os dias. Essa música trata do peso dessas consequências quando isso acaba afetando vocês, e não apenas eles".

Antes da última música, MacKaye falou sobre a questão do aborto: "Para aqueles que podem pagar, sempre haverá uma escolha. Mas o problema são as pessoas que não podem". Ian olhou para a banda e então gritou: "SUGGESTION!" Conforme a música crescia, Amy Pickering veio dançando do fundo do palco. Na hora em que cantou o trecho "I've got some skin/You want to look in" ("Eu tenho um pouco de pele/Você quer olhar"), ela levantou sua camiseta para exibir o sutiã.

A música deu uma parada e Pickering quebrou o silêncio: "Quantas de vocês acham que ficarão grávidas?" Na plateia, alguém fez uma piada, mas ela continuou, com a voz trêmula: "Pois é, é engraçado, né? Eu não achava que ficaria grávida, mas fiquei. E quer saber? Eu fiz um aborto, porque eu tinha uma escolha. E em nome de todas vocês que podem ou não engravidar – e podem ter certeza que muitas ficarão –, eu irei à marcha". Enquanto o público aplaudia, sua voz ganhou força: "Vou lutar pelas pessoas que não podem se defender... pois acho que vale a pena. Por que você não vai e luta por mim? Eu tive sorte, eu tive uma escolha..." Ela saiu do palco, enquanto o Fugazi conduzia suavemente o final da canção. Depois de 30 segundos, a banda parou abruptamente e saiu sem dizer uma palavra.

X X X

Em meados de 1992, o movimento Riot Grrrl tinha virado notícia. A revista *Sassy* e o jornal *LA Weekly* haviam publicado um longo artigo sobre o assunto, que foi reproduzido em dezenas de outras publicações por todo país. Tempos depois, Kathleen Hanna confidenciaria (rindo) que "meio que menti [para a jornalista do *LA Weekly*]. Eu disse a ela que existiam muitas riot grrrls em todos os cantos, e que a coisa toda estava crescendo – mas isso era apenas uma ideia na minha cabeça". De fato, diversos braços do movimento tinham surgido em outros locais: muitos começaram a partir de garotas de DC que foram estudar em Nova York, Olympia, Los Angeles e outras cidades. O crescimento do grupo indicava que garotas adolescentes tinham uma vontade genuína de participar.

A cena Riot Grrrl também tinha se tornado um alvo: elas eram chamadas de "separatistas" porque não permitiam a participação masculina. Uma das detratoras era Justine Demetrick, que organizava shows em Boston com uma banda chamada Tools of the Revolution. Justine estava alinhada com a banda feminina Spitboy, da Bay Area, que naquela época fazia sua primeira turnê pelos EUA. A banda tinha debutado na coletânea *Give Me Back* (assim como o Bikini Kill e o Desiderata), organizada por McClard, Sonia Skindrud e Kim Carlyle. Quando o Spitboy tocou em DC pela primeira vez, em junho, uma das integrantes da banda disse que elas não eram uma "banda de garotas ou uma banda riot grrrl".

Pouco tempo depois do show do Spitboy no Peace Center, a Suprema Corte julgou procedente a lei contra o aborto na Pensilvânia. A Positive Force planejou um show/protesto ao lado do prédio da Suprema Corte, não apenas para questionar essa decisão, mas sim a guinada à direita da Corte em relação a vários assuntos importantes. As atrações musicais seriam o Fugazi, o Bikini Kill e a dupla folk Egg and Dudley, que se juntariam a representantes do movimento Riot Grrrl, do Peace Center, de grupos contra o racismo e também de um grupo que trabalhava em prol de reformas do sistema penitenciário.

MacKaye queria uma faixa bem simples, na qual estivesse escrito apenas "30 anos", uma referência sutil ao tempo que o país teria de conviver com uma Suprema Corte de extrema direita se a maré não virasse. A artista responsável pelo banner seria Claudia Von Vacano, ligada ao movimento Riot Grrrl, e ela defendia uma mensagem mais direta, algo como "Mantenha Suas Mãos Longe do Meu Corpo", ou "Aborte a Corte" (segundo consta, o Bikini Kill também queria uma mensagem mais direta). Na noite anterior ao evento, as partes envolvidas chegaram a um acordo que parecia não deixar ninguém feliz: a frase escolhida foi "Desligue a TV".

Esse conflito ficou ainda mais complicado em função da crescente tensão entre o Fugazi e a Positive Force. A banda estava de saco cheio de ser retratada pela grande imprensa como auxiliares musicais da Positive Force. Além disso, Ian não estava empolgado com a decisão do grupo de finalizar o evento com um protesto punk-percussivo. Para ele, essa ideia já tinha dado o tinha que dar.

Quando o Bikini Kill subiu ao palco, mais de mil pessoas já estavam presentes. Kathleen Hanna dirigiu-se ao público: "Se alguém ficar te incomodando aqui nesse show, faça o favor de nos avisar, suba aqui no palco e escape disso. Lidar com esses idiotas não deve ser tarefa para apenas uma pessoa". E então a banda tocou "Girl Soldier": "Guess you didn't notice/While we were crying/Guess you didn't give a fuck/After all only women were dying/I am screaming/With my hands and my heart/You spread my legs apart..." ("Acho que você não percebeu/Enquanto estávamos chorando/Acho que você não dá a mínima/Afinal de contas, apenas mulheres estavam morrendo/Estou gritando/Com minhas mãos e meu coração/Você abriu minhas pernas...").

Billy Karren foi para a bateria e Tobi Vail para a frente do palco. Ela dedicou a música "Hamster Baby" a Bald, que tinha levado uma coronhada alguns dias antes durante uma tentativa de assalto. Quando a música acabou, Kathleen Hanna fisgou o público ao entoar um grito de guerra do [time de futebol americano] Washington Redskins, e complementou com uma versão à capela de "Rich Girl", da dupla pop Hall & Oates. Então "Jigsaw Youth" começou e Hanna explodiu em uma dança frenética: "I can sell my body if I wanna/God knows you already sold your mind/I may sell my body for money sometimes/But you can't stop the fire/That burns inside of me..." ("Posso vender meu corpo se eu quiser/Deus sabe que você já vendeu sua alma/Posso vender meu corpo por dinheiro às vezes/Mas você não pode apagar o fogo/Que queima dentro de mim...").

A música parecia fazer parte do processo de autoaceitação, da busca por uma vida autêntica em meio a escombros dos abusos na infância. O mesmo espírito podia ser observado em músicas como "Resist Psychic Death" (com Hanna apontando para o Capitólio e gritando "o seu mundo não é o meu"), "Don't Need You" e "Rebel Girl".

Kathleen apresentou "Suck My Left One" com um mini-manifesto: "Essa próxima música foi escrita porque existem muitas maneiras de resistir. Talvez você olhe para uma garota e pense, 'Ela não é uma feminista, ela parece uma garota de shopping center', ela veste roupas de marca, então ela não existe. E isso é besteira, pois estamos em lugares diferentes. E também existem as garotas pobres, que ganham a fama de vagabundas com muito mais facilidade do que as garotas ricas, e assim existem muitas questões sobre raça, classe social e gênero..." Emocionada, Hanna fez uma pausa. "Minha irmã Mary está aqui hoje. Quando garotos falavam coisas pra ela na época do colégio, ela costumava responder com isso. Então, essa canção é pra ela, porque ela a escreveu".

TENSÃO ENTRE A POSITIVE FORCE E O FUGAZI

POR MARK ANDERSEN

Esse tinha sido um problema desde a época da famosa lista de boicote da coletânea *State of the Union*; um pouco antes desse protesto, o jornal *Washington Post* havia descrito o Fugazi como "o principal representante de um movimento musical chamado Positive Force", e na sequência a matéria dizia que a PF era "o exército de rua do Fugazi". Ian também havia argumentado que o protesto punk-percussivo tinha se tornado aquilo que ele nasceu para combater: a mesmice dos protestos de rua. Nós entendemos a posição de Ian, mas na falta de ideias melhores – e sob forte pressão – a Positive Force foi em frente com seu protesto percussivo.

A coisa toda ficou ainda mais complicada porque, na verdade, o movimento Riot Grrrl e o Bikini Kill estavam do lado da PF e aprovaram as decisões sobre o evento. Isso fazia sentido. Mesmo assim, havia um sentimento no ar do tipo "muito cacique pra pouca tribo". Todas essas discussões antes do evento, somadas ao cansaço do Fugazi, provocaram uma certa tensão no processo. Especialmente para mim, pois estava entre a cruz e a espada.

A banda fez mais uma troca de instrumentos. Hanna aproveitou a pausa e apontou para o Capitólio. "Não preciso mais pedir autorização para o meu pai para sair a noite, então por que deveria pedir autorização a eles para fazer um aborto? Creio que precisamos começar nossas próprias coisas, de modo que não precisaremos mais pedir permissão para o governo. Isso significa que precisamos criar grupos de apoio, e também precisamos aprender mais sobre saúde, sobre o nosso próprio corpo, e compartilhar esse conhecimento. Temos que superar as frescuras, do tipo 'você não pode abrir sua buceta e enfiar seus dedos nela' ou 'você não pode olhar o clitóris da sua namorada'. Temos que aprender a fazer exames pélvicos e extrações menstruais". Enquanto a plateia aplaudia essa defesa de um procedimento ilegal, Hanna levantou suas mãos e disse: "Então me prenda".

Depois de alguns palestrantes, o Fugazi subiu ao palco, e a banda parecia um pouco cansada após uma longa turnê. Eles abriram com a instrumental "Sweet and Low"; Ian apontou para a frente e disse: "Aquele é o Capitólio, e a Suprema Corte está bem ali. Vivi aqui minha vida toda, e nunca estive lá. Realmente não sei o que rola por lá. Costumava acreditar que [nossos direitos] estavam garantidos. Mas, obviamente, estava enganado. E o que vem agora: o direito ao voto?"

Muitas mulheres e garotas, energizadas pelo show do Bikini Kill, não queriam abandonar seu espaço na frente do palco. Quando o Fugazi começou a tocar "Blueprint", teve início o caos: a plateia foi empurrada para a frente e as garotas foram esmagadas contra o palco. De repente, um fusível queimou, interrompendo a música. Reinstein estava indignada por ter sido esmagada, por isso subiu ao palco e deixou o local.

Canty manteve o ritmo por um tempo, mas demorou quinze minutos para que tudo voltasse ao normal. A banda finalizou "Blueprint", mas o clima havia mudado. O pogo recomeçou, ainda mais violento, e Picciotto deu um puxão de orelha em um garoto que ficava subindo no palco: "sente-se, garoto". No final da música, MacKaye implorou: "Parem de empurrar as pessoas. E garotos: por favor, parem de ficar pulando na cabeça das pessoas".

A voz desesperada de Picciotto desafiava os ocupantes dos cintilantes prédios brancos ao redor: "Why don't you come to my house?/Why don't you drag me right out?" ("Por que você não vem para a minha casa?/Por que você não me arrasta para fora?"). Era a música que Picciotto tinha chamado de "Rend My Body Politic" em um show recente, e a sua relevância para o momento era óbvia. Parecia que a plateia tinha acatado o pedido de MacKaye, pois as coisas estavam mais calmas.

Para uma banda acostumada com plateias bem mais violentas, a resposta do público foi até animadora. Porém, nem todos pensavam assim. As mulheres tiveram que abandonar a frente do palco. "No final das contas, todas tivemos que sair de lá, porque estava muito violento", disse Reinstein. "Assim, fomos obrigadas a ficar na parte lateral do palco, reclamando umas com as outras, e putas da vida, porque aquilo sempre acontecia".

O que aconteceu logo em seguida foi um exemplo concreto da intenção das garotas em redefinir a cena punk. "Nós voltamos, de mãos dadas, e formamos um círculo", recorda-se Reinstein. "Nossa postura era: 'ninguém entra nessa roda, esse é um espaço apenas para garotas'. E era bem no meio do *pit*, e muitas garotas começaram a se juntar, e aquele círculo ficou enorme. Foi uma coisa muito poderosa: conseguimos estabelecer um espaço seguro naquele local que sempre foi violento e ameaçador para muitas de nós".

Quando as garotas se afastaram do palco, Picciotto foi até o microfone: "Na escola, você aprende que a Suprema Corte é a última parada da justiça nessa terra. Bem, a lição de hoje é que se as leis deles não refletem as nossas necessidades, não precisamos obedecer porra nenhuma". A plateia gritou em aprovação, e Picciotto continuou: "Então, como Kathleen disse, eles podem tirar nossos direitos, mas não podem tirar nossa capacidade de agir. Então faça o que você tem que fazer". Dito isso, o Fugazi tocou "Dear Justice Letter".

Parecia que a banda tinha se encontrado, mas o círculo das garotas estava encontrando uma crescente resistência. "Aconteceram confrontos bem feios entre uma música e outra", disse Reinstein. "As pessoas ficaram muito incomodadas com o fato de que 'atrapalhamos o *pit*'". Depois de sucessivas invasões, Mary Fondriest reagiu: ela deu um soco na cara de um garoto, cortando o seu lábio.

MacKaye percebeu a confusão e pediu, "Por favor, não briguem". Aparentemente, as garotas entenderam aquilo como uma repreensão, então ele voltou atrás: "Não estou falando particularmente de você, estou falando no geral". De qualquer maneira, seu comentário não foi apreciado. "Estávamos tentando fazer uma coisa inacreditavelmente positiva", disse Reinstein. "Estávamos pegando de volta nosso espaço, enfrentando esse pogo violento que o Fugazi tanto combate. Parecia que a banda não estava nos apoiando".

As riot grrrls acharam que os comentários de Ian foram condescendentes, mas ele achava que a plateia estava razoavelmente bem comportada, dada a sua dimensão. Além disso, Ian considerou exagerada a reação de Mary Fondriest. Tal incidente não atrapalhou o protesto que seria realizado após o show. No final da apresentação do Fugazi, havia ao menos duas mil pessoas no local. Metade desse público participou da marcha até a Suprema Corte, em uma manifestação barulhenta que teve direito inclusive a uma versão improvisada de "We're Not Gonna Take It" do Twisted Sister.

UMA PODEROSA NOVA ENERGIA

POR MARK ANDERSEN

Com o passar dos meses, pude observar o impacto causado por essa revolução das garotas. Relações de poder de longa data estavam claramente sendo interrompidas; e se isso podia trazer algum desconforto para mim ou outra figura de autoridade masculina, creio que no geral (e acima de tudo) foi inspirador.

A transformação parecia evidente em algumas garotas e mulheres que eu já conhecia há tempos. Essas palavras escritas por Jasmine Kerns (pouco depois da reunião das riot grrrls) parecem capturar um pouco da energia do momento: "Meus dedos formigam toda vez que penso na reunião do RG, onde nos apoiamos nos momentos difíceis, e ajudamos umas às outras na tarefa diária de lidar com o machismo subliminar que temos que suportar... fortificando nossa autoestima e nosso amor próprio, coisa que quase não existia há um ano. Garotas, eu realmente amo vocês e NUNCA me esquecerei do verão de 1992, o verão do *Revolution Girl Style Now*".

Se as palavras de Jasmine podem parecer um pouco exageradas, elas realmente expressam o que eu vi desabrochando durante todo o ano. Como Jen Smith escreveu no zine *Girl Germs* #3: "Desgraçado, eu quero FORÇAR essa edição. Essa injustiça tem que acabar... Não me sinto inclinada a apontar o dedo, mas estou disposta a mandar um 'foda-se' quando necessário, e se isso é alienação, bem, paciência, algumas coisas precisam ser feitas... Por hora, aceito esse ardente desafio, de lutar por minha mulher, de lutar por ela e talvez ela também possa lutar por mim. Vejo muitas garotas – garotas que não conheço – fazendo as mesmas promessas e as mesmas ameaças. Elas falam comigo e eu falo com você, e sei que a nossa hora chegou..."

Em DC, muitas outras garotas estavam passando por um processo parecido: estavam mostrando a sua voz, e com muita disposição para enfrentar os antigos "líderes da cena" (inclusive eu), para criar algo novo... algo belo e cheio de esperança. Entretanto, nós não percebemos o grande desafio que se aproximava.

Na semana seguinte, aconteceu a Convenção Riot Grrrl, e mais de 100 garotas compareceram (e uns poucos garotos). As integrantes das bandas Bratmobile e Heavens to Betsy tinham terminado a turnê americana a tempo de participar. O Bikini Kill não participou "como banda" – queriam evitar o rótulo de líderes do movimento –, e sim individualmente. "Custou apenas sete dólares por três dias de alojamento e atividades", comemorou Hanna. "Todas as noites tinham shows, e tivemos *workshops* sobre violência doméstica, imagem corporal, racismo e estupro".

Os *workshops* eram, na sua maioria, apenas para mulheres, porém outros eventos eram abertos para um público misto. Talvez o mais importante tenha sido o fato de que o evento foi inteiramente organizado por mulheres, com uma ajuda mínima dos homens. A energia do Bikini Kill, do Bratmobile, de Toomey e Thomson (Simple Machines), de Jen Smith, de Christina Billotte e muitas outras, tinha mudado drasticamente a cena punk de DC. Na verdade, a energia relacionada ao Riot Grrrl em breve viria à tona no hardcore, através da "Chicks Up Front Posse", iniciada por diversas garotas de DC, dentre as quais Daisy e Margaret Rooks, ambas da Positive Force.

A "Revolução ao Estilo das Garotas Agora" foi declarada primeiramente pelo Bikini Kill, no início de 1990. Em pouco mais de um ano, a agitação das garotas tinha crescido de modo impressionante. Mas a trajetória do movimento Riot Grrrl seria afetada, em pouco tempo, pelo sucesso gigantesco do Nirvana, um velho aliado do Bikini Kill. O barulho horrível dos desajustados, rebeldes e desesperados, estava prestes a emergir do subterrâneo para o brilho dos holofotes da grande imprensa.

1992
*
1993

CAPÍTULO CATORZE

MERCADORIA

NO FINAL DE 1992, UM NOVO COMERCIAL DE TV COMEÇOU A SER veiculado durante programas direcionados ao público adolescente (tais como *Barrados no Baile* e *Jornada nas Estrelas: A Nova Geração*). Nesse comercial, um jovem ligeiramente desalinhado elogiava as virtudes do mais novo carro da Subaru, em uma comparação com o... punk rock.

O comercial logo saiu do ar, mas o fenômeno que ele representava não. Graças ao inesperado sucesso de "Smells Like Teen Spirit", o punk tinha sido transformado em uma tendência da música pop.

O Fugazi havia rejeitado a *Rolling Stone*, mas o punk de DC acabou na capa da revista de qualquer maneira, através da figura de Dave Grohl. Ele foi fotografado ao lado de Kurt Cobain, que vestia uma camiseta branca parafraseando um antigo slogan da SST: "Revistas corporativas ainda são uma bosta". O gesto não mudou o fato de que o

Nirvana era uma banda de grande gravadora na capa da *Rolling Stone*; Grohl admitiu que a banda havia se tornado "uma contradição viva".

Na mesma edição da revista, uma matéria declarava que Seattle era a "nova Liverpool", lar não apenas do Nirvana, mas também de bandas como Soundgarden, Alice in Chains e Pearl Jam. Até mesmo o Mudhoney, pioneiro do "grunge", tinha assinado com uma grande gravadora. Dave Grohl: "As pessoas estão se mudando para Seattle, porque ouviram que as grandes gravadoras estão na cidade para contratar as bandas".

Em entrevista para a revista literária *Matrix*, Grohl afirmou: "Quando eu entrei no punk, a atitude era 'matem todas as estrelas do rock'. Nunca me interessei pela música das paradas de sucesso. Muitas pessoas que estão comprando o *Nevermind* são exatamente as pessoas que nós criticamos – aquele tipo machão idiota que todos conhecem. Tudo o que temos para dizer sobre machismo, tudo que precisamos dizer sobre racismo, passa pela cabeça de várias pessoas".

Enquanto Grohl lutava com o público de sua nova banda, a cena underground de sua terra natal parecia estar prosperando, atraindo a atenção de magnatas da música e também da mídia. Scott Crawford, um punk da velha guarda de DC, observou: "É difícil não soltar um sorriso do tipo 'eu sabia' quando as pessoas dizem que DC é 'a próxima Seattle'. Houve um tempo em que pessoas com mais conhecimento usavam esta cidade como um termômetro para o resto da cena independente americana".

Com novos selos, novos espaços para shows e uma crescente rede de casas comunitárias, DC tinha se tornado algo semelhante à "nova Meca da juventude" profetizada pelo Nation of Ulysses, atraindo pessoas de outras cidades para se juntarem à cena. Segundo o *Washington Post*, "as novas bandas não estão muito preocupadas com o sucesso convencional. Na verdade, há um sentimento anticelebridade e antissucesso no ar – definitivamente um rock'n'roll anticonvencional".

A comunidade cresceu e, inevitavelmente, tornou-se menos unida. E também parecia cada vez mais uma cena musical, e menos política. Mesmo assim, a Positive Force continuou exercendo um papel central, e também havia uma nova influência que Jen Smith chamou de "a força da alma revolucionária feminina". Fanzines e apresentações de *spoken word* inspirados pelo Riot Grrrl foram além da questão do sexismo, homofobia e abusos sexuais, para lidar com temas como raça, classe social e direitos dos animais. Gays, lésbicas e bissexuais dentro da cena punk deixaram de ser tão enrustidos como no passado.

No mundo pós-*Nevermind*, uma nova pergunta se tornou importante: as bandas de DC ainda estavam no underground por escolha ou por casualidade? Um artigo da *Newsweek*, chamado "Procurando pelo Nirvana II", resumia bem o momento. Ilustrado com uma foto de Courtney Love, do Hole, que havia casado com Cobain recentemente – um pôster do Nation of Ulysses era visível atrás dela, na parede –, esse artigo dizia que "a indústria fonográfica está indo de um lado para o outro para cortejar bandas punks. Alimentar delírios desse tipo não é coisa nova para a indústria. A diferença é que dessa vez é voltado para o punk, um movimento historicamente inimigo da indústria fonográfica. Segundo Marc Geiger, da Def American Recordings, 'as bandas que valiam cinco mil dólares alguns anos atrás, agora valem em torno de duzentos e cinquenta mil'".

No mesmo artigo da *Newsweek*: "As bandas punks continuam sendo relativamente baratas – elas não precisam tocar no rádio, o que significa uma grande economia para as gravadoras. E com a MTV, elas conseguem atingir pessoas em todo o país, de qualquer maneira. As empresas não se importam de perder dinheiro com a maioria dos artistas (85% dos lançamentos de grandes gravadoras dão prejuízo), na esperança de ganhar 50 milhões com um Nirvana".

Segundo o *Washington Post*, DC tinha – além do Fugazi – pelo menos meia dúzia de bandas que poderiam chamar a atenção das *majors*: Nation of Ulysses, Shudder to Think, Jawbox, Unrest, Bikini Kill e Bratmobile. Porém, a postura independente do Fugazi – apoiada por bandas como Nation of Ulysses e Bikini Kill – indicava que o punk de DC não se venderia facilmente.

"Durante um jantar com o Fugazi e o Bikini Kill, em uma casa caindo aos pedaços chamada Embassy, no bairro Mount Pleasant", relatou o jornal *LA Weekly*, "a conversa não era sobre dominar a sociedade, mas na verdade ficar fora dela. O Nirvana tinha acabado de sair na capa da *Rolling Stone*. Ian MacKaye, do Fugazi, ficou olhando para a capa: Kurt Cobain usando aquela camiseta com a frase 'Revistas corporativas ainda são uma bosta'. 'Dá pra acreditar?', pergunta MacKaye. 'Isso é tão estranho'. Ele folheia a revista. 'E aqui está Henry Rollins. Merda!' Enquanto eles se sentavam em sofás velhos, comendo uma gororoba vegetariana e bebendo água, a ideia do Nirvana chegando ao Top 40 era suficiente para que perdessem o apetite. 'Todos estão assinando com grandes gravadoras', diz MacKaye, 'exceto as pessoas nessa sala'. 'Sim', diz Hanna, e ela tem certeza disso".

Para Jonathan Poneman, coproprietário da Sub Pop, "Não é uma questão de destruir a indústria musical, mas sim uma questão de poder ser incluído. Uma revolução igualitária – é o que faz do Nirvana uma banda punk". Tobi Vail discordava: "Agora, mais do que nunca, é hora de reforçar a ideia do underground. Nós, os punks de verdade, precisamos nos unir para enfrentar a cooptação corporativa. Alguns dos meus melhores amigos estão em bandas que assinaram com grandes gravadoras, e respeito suas escolhas, mas isso não parece com uma revolução".

Tim Yohannon reproduziu o artigo da *Newsweek* na *Maximum RockNRoll*, acompanhado de comentários ferozes: "O punk não tem absolutamente nada em comum com grandes gravadora$, com seu e$pírito oportuni$ta, ou com sua estrutura antidemocrática... ou com as bandas desprezíveis que a$$inaram com elas. Então, um grande FODA-SE e boa viagem para bandas como Butthole Surfers, Flipper, Hole, Nirvana, L7... e para todos os 'fãs' que, assim como os hippies, não conseguem ver pra onde isso está indo".

Kurt Cobain respondeu: "Eu deveria me sentir culpado pelo sucesso, deveria estar vivendo sob a ameaça do velho punk rock, negando tudo que é comercial, ficando preso no meu mundinho, sem realmente causar impacto na vida de ninguém, exceto naquelas pessoas que já sabem do que estou reclamando. Isso é pregar para um convertido". Uma guerra civil punk estava prestes a explodir com força total.

Em DC, a Positive Force House foi palco de uma briga feia, quando o pessoal do selo Simple Machines convidou a MTV para ir ao prédio (para gravar uma entrevista sobre selos independentes) sem a autorização dos demais moradores. O selo atravessava um bom momento, tanto que Toomey e Thomson já estavam planejando a mudança para uma sede própria; mas agora essa mudança aconteceria em um clima de raiva e recriminação.

Após a Convenção Riot Grrrl, a imprensa também caiu matando sobre o grupo. Algumas fundadoras passaram a temer que o excesso de exposição pudesse criar uma imagem distorcida. O primeiro exemplo palpável veio com uma matéria no jornal *USA Today*: "Fiquem atentos, garotos! Das centenas de quartos que outrora foram cor de rosa e enfeitados com babados, chega a jovem revolução feminista. E não é bonita. Mas não quer ser. Então está aí!"

A matéria realmente revelou o Riot Grrrl para uma nova "audiência" – incluindo, sem sombra de dúvidas, algumas jovens garotas –, mas a descrição do movimento ficou quase irreconhecível para aqueles que estiveram em sua vanguarda. Até as coisas que deveriam ser úteis (como a divulgação dos zines *Fantastic Fanzine*, *Gunk* e *Girl Germs*) saíram pela culatra, pois a matéria afirmava que eram publicações gratuitas, e isso acarretou uma enxurrada de pedidos que os editores não tinham como atender. Depois de rotular as riot grrrls como "punkettes", o artigo terminou com um tapinha na cabeça: "Quanto mais as coisas mudam, mais elas continuam iguais".

O pacote jornalístico deu uma trégua, depois de esgotar temporariamente tópicos como Seattle, Nirvana e Lollapalooza, além de proporcionar um novo momento de atenção midiática para a questão do feminismo. Durante os nove meses seguintes, era quase impossível pegar uma revista que não tivesse alguma matéria relacionada ao Riot Grrrl – em geral imprecisa, paternalista ou simplesmente tola. Muitas cometiam apenas erros factuais, ou então repetiam erros de outras reportagens. Por exemplo, Jen Smith foi confundida em um artigo com Jean Smith, do duo Mecca Normal, e esse erro foi reproduzido por inúmeros outros repórteres.

Após recusarem solicitações da ABC News e do talk show de Sally Jesse Raphael, as garotas do Riot Grrrl de DC decidiram não falar mais com a imprensa. Os braços do movimento em outras cidades concordaram com a decisão. Em entrevista para Melissa Klein (uma garota da cena punk de DC), Hanna disse: "A revista *Interview* entrou em contato ontem. Maria Shriver gostaria que participássemos do programa dela. E isso é muito assustador. Sei que somos símbolos. E sei também que essas pessoas não se importam pelo que eu tenho a dizer. Acho que as pessoas querem ficar olhando para os meus peitos, ou querem me ver colocando o meu pé na boca, esse tipo de coisa. Eles podem controlar o que estamos fazendo com a criação de rótulos, para nos separar dos outros e enquadrar de alguma forma esquisita. Não deixarei que isso aconteça".

Ironicamente, os formadores de opinião do underground eram (em geral) mais críticos sobre o Riot Grrrl do que a grande imprensa. Lawrence Livermore pegou pesado com o movimento em um artigo do fanzine *Lookout!*. Até mesmo uma outra punk feminista, Karin Gembus, noticiou "rumores" na *MRR* de que o Riot Grrrl estava boicotando não apenas o Spitboy, mas também o Born Against e o Nation of Ulysses. Essas informações não eram verdadeiras. No entanto, a fofoca foi repetida pela *Flipside* no mês seguinte.

Um artigo acusava: "Kathleen Hanna acredita que o feminismo deve excluir os homens" – todavia, Kathleen estava em uma banda cujo guitarrista era homem, que ela chamava de "irmão na luta". A decisão de não autorizar que homens desconhecidos da banda fotografassem os shows (fruto de uma péssima experiência com um fotógrafo desprezível), gerou o boato de que nenhum homem podia fotografar o grupo. Na verdade, a foto da capa do mais novo álbum da banda tinha sido feita por um fotógrafo de DC chamado Pat Graham.

O Bikini Kill tinha uma apetite para provocar e fazer barulho, mas também fazia jus ao seu slogan: "incentivar diante da insegurança". Hanna, em especial, era uma fonte de apoio constante para outras garotas. Ironicamente, ela era capaz de fazer isso em função da flexibilidade adquirida como stripper.

Hanna: "Eu dou comida para os meus amigos, cuido deles quando estão doentes. Sou a única pessoa nessa comunidade que dá carona para as meninas à noite. As pessoas me ligam e vão até a minha casa quando são sexualmente abusadas, e conversam comigo. Posso fazer isso pois não tenho que acordar no outro dia às seis da manhã para trabalhar. Isso me permite ser uma conselheira em assuntos de abuso sexual quando necessário, pois não tenho que trabalhar cinco dias por semana para algum homem em troca de um salário de merda. Em dois dias de trabalho faço dinheiro o suficiente para me sustentar, e assim tenho tempo para ajudar as pessoas quando elas precisam".

No segundo semestre de 1992, uma certa desilusão com a cena de DC começou a crescer – bem como a famosa "saudade de casa". Quando o Bikini Kill começou uma turnê americana durante o outono, os planos de retorno ficaram incertos. Enquanto isso, o Bratmobile deu uma pausa novamente: as integrantes da banda viviam em três cidades diferentes. Apesar do novo disco ter sido gravado no porão da Embassy (por Tim Green), o trio já não ficava muito tempo em DC.

O Nation of Ulysses, um velho aliado do Bikini Kill, continuava em sua turnê pelos EUA e Europa. A banda dissera a todos que havia se separado dos EUA, e que reconhecia a juventude como uma classe oprimida – em um gesto de solidariedade com a juventude, afirmaram que permaneceriam com 18 anos para sempre. A sua intenção declarada era a "aniquilação total dos EUA e de todos seus fantoches fracos e infernais, até que nossas fronteiras sejam ilimitadas". O novo álbum anunciava a "fase de insurreição" do Nation of Ulysses e o fim da música.

Esquecendo o humor e a criatividade da banda, alguns consideravam que a imagem era o seu principal atributo, mas a música superou o discurso, justificando a definição da *Melody Maker* para o álbum *Plays Pretty for Baby*: "um grande álbum punk". Ritmos fragmentados, grandes declarações e referências a Mao, Bad Brains, Beatles e incontáveis fontes: a banda estava cada vez mais talentosa, até mesmo visionária.

A resposta do Nation aos críticos foi a evolução contínua, sempre trocando de pele, como uma cobra. Na época em que o álbum foi lançado, a banda tinha quase um set inteiro apenas com material novo, que foi tocado em um show lotado no Peace Center, ao lado do Bratmobile, em julho de 1992. No entanto, a solidariedade do quinteto não era tão forte quanto seus comunicados sugeriam. Pouco tempo depois do show no Peace Center, Steve Kroner deixou a banda definitivamente.

Até mesmo alguns amigos da banda pareciam um pouco desapontados. Em "Lil' Red Riding Bitch", o Bikini Kill acusou: "You're not the victim/Tho you'd like to make it that way/Pretty girls all gather round/To hear your side of things/Your shining path" ("Você não é a vítima/Embora você gostaria que fosse assim/Garotas bonitas ao seu redor/ Para escutar o seu lado das coisas/Seu caminho brilhante"). Jen Smith discordou, no zine *Red Rover*: "Preferimos ficar no território do familiar e do legal, sem ameaças, sem ameaçar, EM SEGURANÇA... naquele tipo de revolução fragmentada, exclusiva e fácil, uma eterna pauta juvenil parece um pouco inútil e falsa". Uma outra amiga desiludida comentou que "revolução não significa ficar acordado até tarde bebendo café".

Para muitas das fundadoras do Riot Grrrl, 1991 tinha sido o *Revolution Summer* delas. Um ano mais tarde, o espírito estava enfraquecendo. Na época em que o Bikini Kill pegou a estrada para uma turnê, o Nation estava voltando para DC para aquela que seria sua missão derradeira. Tim Green saiu da banda pouco antes de um show no 9:30 Club com o Beat Happening, sinalizando o fim do grupo. Mais ou menos na mesma época, o Bikini Kill decidiu voltar para Olympia.

A perda simultânea dessas duas bandas foi um golpe forte para a ala mais militante da cena de DC. Porém, o harDCore e as suas ramificações ainda conseguiam inspirar muitas pessoas, em Washington e outros locais. Thurston Moore (Sonic Youth), que já havia apontado o Faith e o Minor Threat em uma lista de "Sete Melhores bandas de todos os tempos" na revista *Spin*, explicou que a música "Youth Against Fascism" era sobre "alguns jovens punks de DC que protestam contra a opressão das mulheres e das minorias na América". Ele tinha visto "esses garotos do lado de fora da Casa Branca, batendo em potes e panelas" – o famoso protesto punk-percussivo.

O Fugazi seguia engajado. Em agosto, a banda realizou mais um show beneficente no Fort Reno. Depois disso, partiram para um retiro em Connecticut, no meio do mato, com o objetivo de trabalhar em novas músicas, e voltaram para DC com muito material. Trabalharam essas músicas em um estúdio caseiro, e depois foram gravá-las (para o novo álbum) no estúdio de Steve Albini.

Após essas gravações, o Fugazi trabalhou com a Positive Force em dois shows no fim de outubro, ambos beneficentes: o primeiro deles com Chumbawamba (Reino

Unido) e Negu Gorriak (País Basco), e o segundo com Lungfish e Womyn of Destruction. Nesse último show, o Fugazi tocou pela primeira vez "Returning the Screw", que MacKaye descreveu como "uma música sobre revidar". Parecia uma carta envenenada com dois destinatários: Reagan e Bush.

Uma semana depois, Bill Clinton foi eleito presidente, uma transição que pouco fez para mudar a sociedade americana ou a situação em Washington, onde não haviam camas o suficiente para acomodar os milhares de desabrigados. Nessa época, aconteceu uma tentativa de fechar um abrigo em Foggy Bottom, mas a equipe do local rebelou-se. Os funcionários e as pessoas que moravam lá decidiram ocupar o abrigo; Tomas Squip participou do protesto.

Pete Farina, que trabalhava com Squip, entrou em contato com a Positive Force; o Fugazi foi convidado para tocar no abrigo, de modo a chamar atenção para o problema. A banda rapidamente aceitou o convite, mas não houve tempo para realizar o plano: o abrigo foi invadido pela polícia e todas as pessoas que estavam lá foram presas, incluindo Squip e Farina.

O protesto foi então transferido para a frente da prefeitura. A ação foi agendada para uma sexta-feira à tarde, de modo a causar o máximo possível de transtornos para a cidade. Para cortar custos, a Positive Force tomou a decisão de não levar um gerador reserva; em parte por conta dessa decisão, esse show se tornaria a mais confusa e frustrante colaboração entre a PF e o Fugazi.

Na montagem do palco, o primeiro problema já apareceu. Desrespeitando um acordo conseguido depois de muito esforço, a pessoa responsável pela parte elétrica do evento liberou a utilização de apenas metade da energia previamente combinada, com a justificativa de que seria o suficiente para um evento daquele porte. Depois de muita discussão, essa pessoa prometeu ficar no local para resolver alguma eventualidade.

O Fugazi abriu com "Blueprint". Enquanto os técnicos de som Joey P. e Shawn Vitale faziam das tripas coração para acertar a mix, o tal funcionário da prefeitura pediu que os organizadores diminuíssem o volume, caso contrário ele cortaria a energia elétrica. A banda então tocou "Reclamation", e o técnico de som concordou em abaixar o volume no final da música. O funcionário avisou mais uma vez que cortaria a energia se alguém reclamasse de barulho, e então desapareceu no meio da multidão.

Sem ter conhecimento dessa discussão, o Fugazi foi direto para "Walken's Syndrome", e lá pelo meio da música aconteceu uma pane elétrica em uma parte do palco. Felizmente, era apenas um disjuntor que havia se desligado. O problema foi corrigido e a banda tocou mais duas: "Facet Squared" e "Dear Justice Letter". Quando essa última estava chegando ao seu auge, a energia caiu de novo. Uma das duas fontes de energia havia "morrido". Vitale desesperadamente ligou todo o sistema de som na fonte que restava, ao mesmo tempo em que circulavam rumores pela plateia de uma possível armação da prefeitura.

O Fugazi conseguiu tocar "Repeater", mas a energia acabou novamente na música seguinte. Apesar dos apelos dos organizadores, o funcionário da prefeitura não deu mais as caras. Outro fato estranho: a polícia não foi vista durante a tarde toda na região do evento.

Os organizadores tinham certeza de que aquilo era um complô da prefeitura, e por isso sugeriram uma manifestação para bloquear o trânsito durante o horário do rush. Enquanto eles debatiam os próximos passos, Guy Picciotto pegou um megafone e falou (ironicamente) para os mais de mil presentes: "Por favor, jovens: seja lá o que vocês forem fazer, não causem distúrbios e não queimem coisas". Em seguida, Ian pegou o megafone, fingiu que estava chorando e fez um apelo brincalhão olhando para o prédio da prefeitura: "Por favor, alguém da prefeitura pode ligar o som pra gente? Alguém nos ajude, por favor!"

As pessoas riram, mas a tensão estava aumentando. Como último recurso, alguém ligou para a funcionária que tinha emitido a permissão para o evento. Horrorizada em ouvir o que estava acontecendo, ela se apressou em ir ao local para restaurar a energia. Por sorte essa funcionária era uma pessoa de palavra, e em pouco tempo o show estava pronto para recomeçar.

Picciotto disse: "Ok, vamos tocar mais um pouco, a energia vai cair novamente e então vamos destruir tudo". A banda começou a tocar "Turnover". E a energia não caiu. O show finalmente seguiu em frente, e a plateia foi crescendo junto. No final de "Public Witness Program" a energia caiu de vez, encerrando o dia. Tinha sido de fato um dia muito difícil para todos os envolvidos, mas serviu para demonstrar que o Fugazi continuava disposto a transformar raiva em arte.

X X X

O exemplo da banda serviu como um discreto caminho para a cada vez mais eficiente cena punk nacional. "O Fugazi está enviando uma onde de choque através da cena underground", observou Ben Weasel na *Maximum RockNRroll*. "As bandas estão começando a exigir mais dos promotores, coisas como ingressos mais baratos e seguranças menos truculentos. Ou isso se deve ao fato de que eles finalmente perceberam que tem a força para exigir isso, ou então eles estão se sentindo pressionados a fazer isso. A coisa ainda está engatinhando, [mas] o fenômeno Fugazi está criando em efeito dominó."

MacKaye: "É muito engraçado como algumas bandas ficam realmente irritadas com a gente sobre isso. Se elas não gostam, podem apenas dizer foda-se". Todavia, ele acrescentou que "não tenho problemas com bandas que fazem seus negócios de maneira diferente da gente. Os punks gastam muito tempo policiando as outras pessoas. O que importa pra gente não é o que as outras pessoas fazem, mas sim o que nós fazemos". Depois de ter desprezado propostas de quase todas as grandes gravadoras, o Fugazi permanecia feliz na Dischord.

Os integrantes do Fugazi eram muito cautelosos na hora de fazer críticas e evitavam citar nomes, mas alguns fãs chegaram as suas próprias conclusões. Quando o Fugazi tocou em Chicago, o ingresso custou cinco dólares. No mesmo local e com o mesmo promotor, o show do Bad Religion custou 16 dólares. A banda industrial Consolidated era conhecida por sua política radical, mas enfrentava muitas críticas em função da sua aproximação com o "negócio da música"; eles gravaram uma faixa que listava todas as contradições da banda e admitia que "Nós não somos o Fugazi".

No artigo de Ben Weasel, os membros do Bad Religion lembraram que dois deles tinham filhos para criar. "Não podemos fazer o nosso negócio da forma que o Fugazi faz", argumentou o baixista Jay Bentley, "mesmo que quiséssemos". Jim Testa, do zine *Jersey Beat*, concordou: "Os caras do Fugazi vivem como monges. Fazem turnês constantemente, vivem em casas comunitárias. Pessoas reais não vivem desse jeito".

Se algumas pessoas achavam que os integrantes do Fugazi eram exageradamente disciplinados, os punks mais puristas continuavam a criticar. "O Fugazi está fazendo turnês no circuito dos clubes comerciais", protestou um punk belga em uma carta para a *Maximum RockNRoll*. "Eles argumentam que a banda atrai um público muito grande, e por isso precisam tocar em grandes casas. Mentira! Se eles quiserem, podem tocar em pequenos clubes independentes por várias noites, ou então em cidades próximas, ou então podem anunciar o show usando um nome falso". Na mesma edição, outro correspondente escreveu que "o Fugazi está ficando gigante em benefício próprio. Existe uma solução muito fácil para que o Fugazi possa levar em conta, se eles querem mesmo manter a sua raiz punk – mudar o nome da banda. Se eles se tornarem, por exemplo, o Sperm Whale Patrol ou algo assim, eles perderiam o público adolescente e os idiotas da MTV, e poderiam atrair os fãs de verdade".

A visão da *Rolling Stone* era um pouco diferente. Depois do Fugazi ter se recusado a dar uma entrevista, o jornalista Michael Azerrad decidiu fazer uma resenha do show no Ritz, em Nova York. Ele declarou que o Fugazi era "uma das poucas bandas alternativas de verdade nesse país", citando as qualidades que distinguiam o quarteto: sem vínculo com grande gravadora, discos lançados por eles mesmos, pouca ou nenhuma promoção, inexistência de merchandise, shows custando cinco dólares (e para todas as idades) e sempre combatendo qualquer tipo de violência.

Ele ainda escreveu: "[Eles são] comprometidos e sinceros como apenas os rappers parecem ser nos dias de hoje. Nos shows, e também na teoria, o Fugazi existe para demolir a complacência, contrariando as expectativas. [...] MacKaye é suficientemente iconoclasta para condenar o pogo, um lugar-comum dos shows de punk rock. Dos dois lados do palco, o show do Ritz foi uma manifestação vulcânica de justa indignação. [...] Apresentações veementes, que fazem do Fugazi talvez a melhor banda americana ao vivo".

Em uma resenha sobre o mesmo show, o fanzine *Edith* não foi tão positivo: "A última vez em que me senti tão distante da música e dos músicos foi num show do U2 em 1987, numa arena para dezessete mil pessoas. A música 'Merchandise' me fez chorar por causa do Ritz e por toda a atmosfera do show". Embora admitindo que talvez estivesse "mal acostumado" com as inúmeras vezes em que assistiu o Fugazi tocando em locais menores, o autor da resenha ainda concluiu: "Já está na hora do Fugazi encerrar relações com esses promotores corporativos desonestos de merda. Mesmo que isso signifique tocar duas semanas seguidas em grandes cidades, ou então pular algumas cidades – por que não é tudo questão de deixar de lado a conveniência pelo que é certo?"

MacKaye ficou bem frustrado com esses comentários. "Para algumas pessoas, parece que não fazemos nada certo", ele falou. "As pessoas ficam com o pé atrás com qualquer um que venda muitos discos – 'eles devem ter se vendido', seja lá que porra isso quer dizer. Eu pessoalmente nunca acreditei nisso. Sempre achei que era possível [vender muitos discos]".

Cansado pela maratona de shows, Picciotto admitiu que "às vezes o Fugazi parece um mostro, de tão grande". Após um show em New Heaven, marcado por confrontos violentos com skinheads nazistas, MacKaye concedeu uma entrevista: "Fico pensando por que ainda faço isso com 30 anos de idade", e então deu sua própria resposta – "Temos a banda para nós mesmos". Por fim, ele acrescentou que o "Fugazi faz parte da comunidade de DC, essa é a nossa principal aliança. É essa comunidade que nos apoia e que nos conduziu até aqui. Achamos que essa comunidade é muito frágil, muito especial. É muito mais importante pra gente do que uma quantidade 'X' de discos vendidos. Isso não importa".

"Você daria um bom policial". Esse trecho da música "Great Cop" parecia uma acusação típica da América pós-Rodney King, ou então uma menção à experiência do Fugazi com o repórter traiçoeiro da *Spin*, mas também cutucava a prática punk do "policiamento". A banda, no entanto, cuidava apenas de sua própria vida. Depois de rejeitar o álbum gravado e mixado por Steve Albini, os músicos regravaram todo o material no Inner Ear, com Ted Niceley e Don Zientara. O resultado foi, possivelmente, a melhor representação já captada da fúria ao vivo do Fugazi.

X X X

Em outras partes, os limites entre o alternativo e o mundo corporativo estavam um pouco confusos. Grandes gravadoras estavam comprando selos independentes ou trabalhando em conjunto com eles, como por exemplo no caso do acordo de distribuição da Matador com a Atlantic. Muitas bandas de DC assinaram com *majors* nesse período, incluindo nomes como Manifesto, Lucy Brown, Clutch e Obsessed; o mesmo aconteceu com o Wool, de Los Angeles, e com o Gumball, de Nova York.

Talvez o caso mais notável tenha sido o do Bad Brains, que tinha uma nova formação. Após terem despedido Chuck Mosley, a banda fez um dia de testes para encontrar um novo vocalista, no clube Wetlands, em NY. A estreia da nova formação aconteceu na edição de 1992 do festival New Music Seminar, e ali ficou claro que o jovem Israel Joseph I (22 anos) daria conta do recado. Ele cantou novas e poderosas músicas – como "Rise", "Coming in Numbers" e "Free" – com muita convicção e habilidade. Não demorou muito para a Epic contratar a banda, que começou a trabalhar no seu primeiro disco por uma grande gravadora.

Por outro lado, HR estava em dificuldades. O Human Rights estava na corda bamba: sem gravadora e impossibilitados de excursionar. Durante um certo tempo, HR morou na rua. De acordo com seu ex-empresário Paul Cornwell, HR tinha vendido os direitos de suas composições e o nome do Bad Brains para pagar antigas dívidas. Depois de cumprir uma pequena sentença de prisão (aparentemente por "vadiagem"), HR apareceu na porta do seu amigo Mic Lowe. Ele concordou em hospedar o vocalista por alguns dias, em um quarto no porão que estava livre entre a saída de um inquilino e a entrada de outro.

Quando chegou a hora de partir, HR simplesmente não saiu. Ao invés disso, ele informou a Lowe que "eu moro aqui agora", e que o novo inquilino deveria achar outro lugar. A tensão foi aumentando depois disso: HR agrediu um dos inquilinos da casa e se trancou no porão. Alguns amigos de longa data tentaram convencer HR a sair, mas ele estava irredutível e disse que ficaria com o quarto.

Por fim, ele acabou saindo, e foi morar (por um curto período) com seus pais e depois na casa do seu amigo Roy Benn. Lá, ele entrou em uma discussão com a SST, sobre um adiantamento pela gravação do disco *Peace and Justice*, que ele também havia oferecido, sem sucesso, para a Dischord. Após deixar a casa de Benn, HR foi para a casa de um amigo de longa data chamado Sid McCray, o homem que havia apresentado o punk para o Bad Brains. Mas quando HR insistiu em falar mal e ameaçar Darryl Jennifer, que continuava sendo um dos melhores amigos de McCray, ele foi convidado a se retirar mais uma vez.

Por um curto período, Benn assumiu o papel de empresário do Bad Brains, e marcou um show para o Human Rights em um espaço de artes administrado por um grupo chamado Betapunks. Porém, em função do mau tempo, da divulgação precária e da concorrência de outros shows na mesma data, quase ninguém apareceu. Desanimada, a banda nem sequer tocou; e acabou pouco tempo depois. Em um show em Nova York, também agendado por Benn, HR chegou sozinho e cantou acompanhado apenas de uma fita.

Havia muita especulação sobre esse problema, mas Paul Cornwell achava que sabia o motivo. "Vamos usar a palavra certa: esquizofrenia. Joseph não vai ao médico, então um diagnóstico mais preciso fica inviável, mas esse o é seu problema. Joseph poderia ser aconselhado, e com ajuda de medicamentos ele poderia controlar o seu comportamento, seus ataques de pânico, mas ele se recusa a aceitar o fato de que está doente. Ele tem um coração de ouro, mas se recusa a aceitar ajuda".

X X X

O Riot Grrrl saiu dos holofotes; o Fugazi e a Positive Force seguiram seu rumo; enquanto isso, o selo Simple Machines se tornou a próxima bola da vez de Washington. De acordo com o *Washington Post*, o selo estava liderando "uma revolução fonográfica, uma ascensão das produções caseiras, distribuição e consumo do post-punk pop". Ao lado da TeenBeat Records e do WGNS Studios, o selo estava "criando o novo som da jovem América, com uma abordagem inocente e alternativa em relação ao negócio da música."

A manchete do *Post* disse tudo: "Ei Galera, VAMOS LANÇAR UM DISCO!" Toomey e Thomson não apenas agitaram a bandeira do DIY, mas também forneceram ferramentas para outras pessoas dispostas a criar. De acordo com a matéria, parte de seu *modus operandi* era "transmitir habilidades e informações, para evitar a reinvenção da roda". A partir de 1989, quando Toomey e Thomson ajudaram a montar o manual "You can do it" (em português, "Você pode fazer isso") para a Positive Force, elas constantemente dividiram seus conhecimentos práticos, ajudando a todos que ligavam ou escreviam para elas.

"Está acontecendo uma explosão de selos pequenos", observou Toomey, e o Simple Machines tinha grande parcela de culpa. O selo já havia enviado mais de duas mil cópias do manual. "Agora recebemos pelo menos um [disco] por semana, de pessoas que dizem que usaram o guia", afirmou Toomey.

O Simple Machines era conhecido pelas embalagens divertidas, elaboradas e cheias de toques pessoais. O selo tinha até mesmo uma linha de vestuário chamada Cog Wear. "Era um *hobby* até o ano passado", disse Thomson. "Mas agora temos que lidar com coisas do mundo real, como impostos e contratos. Por sorte, temos pessoas ligadas ao punk trabalhando conosco, como nosso designer, nosso contador e também um agente de viagens que nos ajuda."

Sobre a sua banda Tsunami, Tommey disse: "Desafio qualquer um que diga que não somos uma banda punk. Punk significa tentar ficar independente. Estamos envolvidas em todos os níveis: marcamos nossas turnês, lançamos nossos próprios discos, fazemos nossas próprias camisetas. Não acreditamos que o punk tenha apenas um tipo de som. Trata-se de atitude, não do som".

As letras do Tsunami não demonstravam muito sobre a política da banda, mas haviam mensagens nos encartes do Simple Machines. A coleção de singles "Working Holiday" lançava um split (com duas bandas) por mês, relembrando datas importantes como a bomba de Hiroshima ou a Rebelião de Stonewall, que marcou o nascimento do movimento de libertação gay. O selo também lançou o disco *Fortune Cookie Prize*, um tributo ao Beat Happening cujas vendas foram revertidas para grupos sem fins lucrativos de DC.

Os integrantes do grupo enfrentaram muitos questionamentos sobre o Riot Grrrl. Toomey respondeu: "O Tsunami não é o porta-voz do movimento, mas sei que o Riot Grrrl tem um ponto de vista completamente válido". Algumas letras do Tsunami pareciam se dirigir ao ataque da mídia, que tinha calado a banda, como por exemplo na faixa "Lucky": "Stabbed in the back by a poison pen/And I feel it too/Girls who do/ Girls who dare/Don't sit around and count their lucky stars/Or wait for validation from you" ("Apunhalada pelas costas por uma caneta envenenada/E eu sinto isso também/Garotas que fazem/Garotas que ousam/Não ficar sentadas contando suas estrelas da sorte/Ou esperando a sua aprovação").

Toomey e Thomson compartilhavam um forte interesse sobre um "capitalismo alternativo". "Não há motivo algum para que os negócios sejam essencialmente demoníacos", disse Toomey. "Quanto mais poder você tem, é mais provável que você possa fazer mudanças substanciais. A Ben & Jerry's é uma grande inspiração pra nós. Por exemplo, eles têm uma unidade que também serve como centro de formação para moradores de rua. Eles salvaram reservas indígenas americanas ao comprar suas frutas. Eles fazem mudanças concretas, e é isso que estamos tentando fazer".

"Conforme você controla o capital [e] as estruturas, você detêm o poder para o bem, de uma maneira útil", argumentou Toomey. "Todos achavam que a Dischord era totalmente punk quando eles eram bem pequenos, mas eu diria que uma das coisas mais punks e inovadoras que eles já fizeram foi dar assistência médica para os seus funcionários".

O selo Simple Machines estava disposto a trabalhar com a MTV, com o New Music Seminar, com o College Music Journal, entre outros elementos do crescente mundo mercantil do indie rock. Para Chris Bald, o Tsunami e o Velocity Girl eram "carreiristas. Só porque elas são boas em fazer *press kits*, ou fazer conexões com a direção do CMJ (College Music Journal) – pau no cu disso tudo. Se deveríamos ficar ofendidos pelo Van Halen, por que não podemos nos ofender por uma porcaria como essa?"

O Tsunami subiu mais um degrau em direção ao *mainstream* quando tocou no segundo palco da terceira edição do Lollapalooza, assim como o Velocity Girl. Nessa época, já não havia mais quase nada de "alternativo" no festival. Em 1991, o Lollapalooza atraiu 430 mil pessoas e arrecadou 10 milhões de dólares, cifras que quase dobraram no ano seguinte: em 1992, foram 800 mil pessoas e 19 milhões de dólares.

O Tsunami tentou levar um pouco da sua estética para o festival, com a ideia de adicionar uma loja de discos independentes – mas a iniciativa naufragou em poucas semanas. Toomey também criticou o line-up formado majoritariamente por bandas masculinas pesadas. Depois que o Babes in Toyland abandonou a turnê pela metade, ela falou a *Rolling Stone:* "Deveria ter havido um empenho mais forte para manter no festival uma banda tão identificada com a cena feminina".

O Simple Machines fez uma parceria com o Southern Studios, seguindo o exemplo da Dischord; o Velocity Girl assinou com a Sub Pop (e por isso o baterista Jim Spellman deixou a sua outra banda, The High Back Chairs, na qual ele tocava guitarra). "Quando conhecemos o pessoal da Sub Pop, uma das coisas mais importantes era que eles eram muito legais", disse o guitarrista Kelly Riles. "Eles eram pessoas de verdade. Eles sabem como gerenciar um negócio, mas sem aquelas merdas da indústria".

Apesar do ceticismo, Kelly Riles não rejeitou totalmente as grandes gravadoras. "É inspirador o fato de que um álbum 'grunge' chegou ao topo das paradas", ele disse. "Essa é a proeza final do punk rock. Subverter as massas. As pessoas costumam olhar com desconfiança para uma banda quando pessoas que elas não gostam, digamos fãs do Van Halen, começam a comprar os discos dessa banda. Mas isso tira o foco do principal: a música é boa, o disco é bom?"

O álbum de estreia do quinteto, intitulado *Copacetic*, recebeu muitas críticas favoráveis. A sonoridade do disco seguia a tendência das bandas britânicas como o My Bloody Valentine, que tratava o vocal como mais um timbre. "As letras não são tão importantes assim", explicou a vocalista Sarah Shannon. O guitarrista Archie Moore acrescentou: "O que interessa pra gente é o som e o clima da música. Se estou interessado em um assunto político, não escuto música pop para aprender mais sobre o assunto".

A banda Unrest, agora com Bridget Cross (vocalista original do Velocity Girl) no baixo, também tentava evitar assuntos políticos. Liderado por Mark E. Robinson (do selo TeenBeat), o Unrest era uma das entidades mais enigmáticas do punk de DC. As entrevistas da banda eram, em geral, deliberadamente confusas, com citações a artistas como Kiss, Sammy Davis Jr., bandas britânicas obscuras como Crispy Ambulance ou ídolos bregas de qualquer época.

Dez anos depois do primeiro show do Unrest, o trio começou a atrair um grupo de fãs com seu ecletismo, imprevisibilidade e singles como "Yes, She Is My Skinhead Girl" e "Cherry Cream On", que misturavam um pop alternativo com letras sexualmente francas. O estilo provocador e camaleônico do Unrest chamou a atenção do Fugazi, que convidou a banda para abrir alguns de seus shows em outras cidades. "O Fugazi tem uma plateia bem hardcore", apontou Robinson. "Achava que as pessoas jogariam coisas na gente, assim como jogaram no Beat Happening quando eles abriram para o Fugazi. Mas na verdade deu tudo certo".

Assim como o Velocity Girl, o Unrest acabou assinando com selos indies maiores – primeiro com a Caroline e depois com a 4AD. Robinson trocou a filosofia do selo Simple Machines por uma postura de antagonismo e absurdo, por exemplo quando pediu que Simon LeBon, do Duran Duran, produzisse o primeiro álbum do Unrest pela 4AD. No entanto, a banda nunca teve que lidar com o dilema de estar em uma grande gravadora; quando a 4AD foi comprada por uma *major*, o Unrest já tinha acabado.

O Shudder to Think foi outra escolha questionável para abrir os shows do Fugazi. O quarteto desafiava a expectativa de muitas pessoas que esperavam por uma "banda no estilo da Dischord": ao invés disso, toques neopsicodélicos e os falsetes de Craig Wedren. Em um show com a banda de hardcore 411, "metade do público realmente gostou, e a outra metade nos vaiou de forma flagrante e violenta", lembrou Craig. "Gosto de provocá-los. É impossível não provocar as pessoas que estão tão envolvidos na porcaria dessa cena, e na porcaria do 'rápido e alto'".

"Se o punk era realmente algo que dizia 'faça você mesmo', então espero que um outro nível possa começar, onde qualquer um tenha o direito de cultivar seu próprio estilo", ele disse. "Para mim, o objetivo agora é realmente encontrar nossa própria voz, algo que não possa ser limitado ou categorizado. Minha vontade é ampliar nosso público, mas também foder com eles, desafiando-os cada vez mais". Após o EP de 1991, chamado *Funeral at the Movies*, a banda lançou o revelador *Get Your Goat*, em 1992.

O Shudder não era político de uma forma convencional. "Fazer algo belo ou fazer algo feio, algo que apenas mexa com você em primeiro lugar e depois com as outras pessoas, isso é tão válido quanto qualquer declaração política ou social", defendeu Wedren.

Em 1993, a banda tinha dois novos integrantes – Nathan Larson (ex-Swiz) substituiu o guitarrista Chris Matthews e Adam Wade (ex-Jawbox) entrou no lugar do baterista Mike Russell – e estava sendo cortejada pelas *majors*. "A Dischord é um ótimo selo, acho que é o melhor selo independente que existe, com exceção talvez da Touch and Go", disse Wade. "Funciona para o Fugazi, mas nem sempre funciona pra nós e várias outras bandas. As bandas não têm nenhuma ajuda nas turnês. E às vezes é um pouco frustrante quando você vai até as lojas de discos e seu álbum não está lá. Acho que gostaria de estar em uma grande gravadora. Não quero estar viajando numa van apertada quando tiver 30 anos, dormindo no chão, dividindo quarto de hotel de estrada, entende?"

Cair na estrada era muito cansativo, fato que podia ser comprovado pela quantidade de bandas que terminavam durante ou ao final das turnês. O exemplo mais recente foi o Circus Lupus, que fez dois LPs irregulares e um single bem legal produzido por Joan Jett, mas que terminou após uma torturante turnê europeia. O boca-a-boca podia servir aos propósitos do Fugazi, mas esse esquema da Dischord parecia infrutífero para bandas menos conhecidas.

Para os músicos que achavam que assinar com grandes gravadoras era "se vender", Larson disse: "[Eles vão] mudar de ideia quando crescerem, e vão ver como é quando tiverem algumas contas para pagar e precisarem comprar sua própria comida". O Shudder to Think estava prestes a assinar com a Epic.

O Jawbox se encontrava em uma encruzilhada semelhante. Ao contrário do Shudder to Think, eles ainda estavam fazendo shows para a Positive Force, geralmente fazendo um evento beneficente para cada evento pago. A banda tinha sobrevivido a uma crise afetiva interna, pois J. Robbins e Kim Coletta haviam se separado, e Kim estava saindo com o novo guitarrista, Bill Barbot. Além disso, o Jawbox também teve que lidar com a saída de Wade, que foi substituído por Zach Barocas, um fã de longa data da banda. Gravado no Inner Ear, o novo trabalho do grupo (*Novelty*) combinava perfeitamente guitarras barulhentas com melodias irresistíveis. Havia, no entanto, uma nota dissonante: a ausência das letras no encarte.

Em 1990, J. Robbins expressou seu prazer em formar uma banda com mais conteúdo do que o GI. "Para mim, a letra é a coisa mais importante quando ouço uma banda", afirmou. "Se a letra diz alguma coisa, a música não precisa ser a melhor coisa do mundo. Pura musicalidade não é o suficiente pra mim. Não sou conquistado por isso de maneira alguma". Aparentemente, algo havia mudado.

A mensagem também não era tão importante para o Holy Rollers, que parecia nunca ter se recuperado totalmente da perda de sua primeira baterista, Maria Jones. A banda lançou um sólido álbum pela Dischord em 1993, autointitulado. Mas alguma coisa na química do grupo tinha mudado, levando a sonoridade para um lado (quase) hard rock. A banda continuou tocando nos eventos da Positive Force, mas esses shows beneficentes eram difíceis – do ponto de vista financeiro – para uma banda que tentava sobreviver, e Aronstamn reconhecia que a nova formação do grupo tinha menos simpatia por manifestações políticas explícitas.

Para bandas criadas no punk de DC, as letras pareciam de modo crescente apenas mais um elemento no som. Enquanto novas organizações como Food Not Bombs e

Beehive Collective expandiam a questão política na cena, uma boa parte da música agora parecia distante desse tema. "É engraçado", disse Brad Sigal (da Beehive Collective), que antes esteve envolvido com a Positive Force e o Simple Machines. "A comunidade parece estar se tornando mais e menos politizada ao mesmo tempo".

Boas bandas continuavam a nascer. Antigos integrantes das bandas Admiral, Fine Day, Wind of Change e Hoonah se uniram para montar o Hoover, cujas apresentações eram melancólicas e cheias de emoção. Enquanto isso, Christine Billotte e Myra Power encontraram a formação do Slant 6 com a baterista Marge Marshall, e começaram a tocar um pop punk inteligente, com influência de Wire. Rain Like the Sound of Trains era uma nova e muito politizada banda, formada pelo baixista Dug Birdzell, pelo baterista Josh LaRue e pelo guitarrista/vocalista Pete Chramiec (ex-Verbal Assault). Em breve a banda se tornaria um quarteto, com a entrada de Bobby Sullivan. A versão do RLTSOT para "Washington Bullets" era uma união cheia de alma do harDCore com a fase worldbeat do The Clash, além de uma evocação do massacre em curso nas ruas de DC.

As bandas renomadas estavam se tornando cada vez mais pragmáticas. Quando Wade saiu do Jawbox, Kim Coletta disse que a banda não poderia se dar ao luxo de mudar de nome "pois as coisas estavam indo muito bem", e isso fazia sentido – assim como fazia sentido que bandas como Holy Rollers e Shudder to Think trocassem muito de integrantes.

O Jawbox ainda não parecia muito inclinado em assinar com uma *major*. "Eu sei o que motiva as grandes gravadoras, na verdade", afirmou J. Robbins. "Alguns analistas de mercado estão atrás de uma porcentagem nas vendas e eles falam, 'Olhe, as bandas independentes estão dando dinheiro'. Para as grandes gravadoras, o significado disso é: 'gravadoras independentes estão ficando com todo o dinheiro que poderíamos estar fazendo'. Isso parece acontecer periodicamente".

Contudo, no fim de 1993 o Jawbox havia assinado com a Atlantic. "O que aconteceu foi que um antigo amigo punk, chamado Mike Gitter, estava trabalhando na Atlantic", disse Robbins mais tarde. "Então fizemos uma lista [para ele] do que pensávamos que fossem exigências impossíveis. Queríamos controle criativo total do nosso disco – da sonoridade, com quem iríamos gravar, onde iríamos gravar, como seriam os anúncios, e a aprovação final. A Atlantic disse sim para todos os itens, menos para um, que era sobre o preço de tabela dos discos. Quando começamos a conhecer as pessoas na Atlantic, ficou muito claro que eles respeitariam o nosso jeito de fazer as coisas. Foi bem diferente daquela imagem estereotipada do executivo de grande gravadora que diz: 'Vamos levá-los para um bar em Poughkeepsie e transformá-los no próximo Kiss'".

Sobre a saída do Jawbox da Dischord, Robbins declarou: "Não tenho nenhum sentimento ruim em relação ao selo"; e também afirmou que esse processo de bandas assinarem com grandes gravadoras "não precisava prejudicar o senso de comunidade". Outros, no entanto, detectaram uma crise. Em uma resolução polêmica, a *Maximum RockNRoll* decidiu banir qualquer música fora do modelo "auto e rápido". A subsequente exclusão de bandas como o Rain Like the Sound of Trains (uma das bandas mais militantes de DC), dividiu ainda mais o underground. Enquanto isso, a MTV tinha "roubado" parte do conceito do Nation of Ulysses para um programa chamado "Alternative Nation".

Na quinta edição do *Jigsaw*, uma desconsolada Tobi Vail chamou o embargo da mídia em relação ao Riot Grrrl de "suficiente para me fazer chorar". Referindo-se à obsessão passageira com a palavra "grrrl", ela disse que isso era "apenas um exemplo de algo que um dia já foi meu e teve significado, [mas] foi tirado de mim, e transformado em algo bem diferente do que era no começo". Isso também aconteceu com o straight edge, mas com uma diferença significativa: a disputa sobre o significado do straight edge vinha acontecendo dentro do underground ao longo de uma década, enquanto o Riot Grrrl tinha sido validado pela mídia corporativa apenas um ano e meio após seu nascimento.

Em outro veículo, Vail escreveu que o carimbo Riot Grrrl "parece estar funcionando como um obstáculo para as mulheres que têm banda, em todas as matérias que são publicadas. Pessoalmente, eu não fico muito feliz em ser associada com tal fenômeno. Não me considero uma 'Riot Grrrl', e nem vejo mais muito poder no ato de chamar a si mesma dessa forma, embora tenha significados diferentes para diferentes garotas".

No encarte da coletânea *Stars Kill Rock* (do selo Kill Rock Stars), Vail refutou a alegação de que "o punk está morto" feita pelo antigo aliado Kurt Cobain: "A disseminação em massa de uma ideologia indicando [que o underground está morto] deveria ser entendida da maneira certa: como um apelo desesperado daqueles conspiradores da 'nação alternativa'[1], que estão muito ocupados tentando convencer eles mesmos de que o punk não existe mais, pelo simples fato de que eles não estão mais dentro do punk."

A coletânea *Stars Kill Rock* trazia nomes como Slant 6 e Getaway Car, uma banda que contava com Mike Fellows e Kim Thompson. Vail aclamou o disco, afirmando que se tratava da comprovação da contínua vibração do underground: "Você não precisa

1 N. de T.: um trocadilho com o programa "Alternative Nation" da MTV.

ser refém da ideia da MTV de que nada acontece sem que eles saibam ou divulguem; o disco *Stars Kill Rock* é importante justamente porque ele se contrapõe a tudo isso".

CARREIRAS EM ASCENSÃO, COMUNIDADE EM DECADÊNCIA

POR MARK ANDERSEN

Parecia infantil esse amargor em relação ao carreirismo. Algumas realidades eram cada vez mais difíceis de ignorar, especialmente com a cena punk sendo desvendada. Joey Aronstamn: "Você chega a esse ponto em que tudo é bem diferente do que você achava que seria. Você já está cansado de dormir no chão da casa das pessoas, cansado de ficar doente, você simplesmente fica cansado depois de um certo tempo. Você tem tanto para viver, e depois de ficar na estrada por três ou quatro meses, você vai para casa e se sente um total estranho, totalmente distante da cena".

Nesse contexto, a comunidade parecia uma ilusão, e o engodo das grandes gravadoras era real demais. Joey admitiu que a oportunidade de viver da música era o sonho da maioria dos músicos, incluindo dos punks. Brian Baker já tinha se sentido banido por defender exatamente isso; e agora a maioria parecia concordar. Essa nova atitude estava bem longe da antiga postura de DC, que determinava o fim da banda se um dos integrantes saísse. Essa ética desafiadora e anticomercial certamente ajudou a fazer de DC talvez a cena mais criativa e influente da década passada. Mas agora DC estava se tornando muito parecida com qualquer outra cena musical – e isso doía

X X X

O Bikini Kill estava prestes a levar a sua luta para o local conhecido por ser a alma do punk: Londres. Seria uma turnê britânica ao lado de outra banda da coletânea, o Huggy Bear, formado por três mulheres e dois homens. Tobi Vail: "[O Huggy Bear] mesclava um estilo de propaganda quase à la Nation of Ulysses com a retórica da revolução das garotas".

Pouco antes da turnê, o Huggy Bear apresentou o seu hit "Her Jazz" na edição do Dia dos Namorados de um programa de TV ao vivo, chamado *The Word*. A animação da banda se transformou em raiva quando o programa levou ao ar as "Barbi Twins" (modelos gêmeas que orgulhosamente se chamavam de "bobas") bem depois de sua apresentação. Jo Johnson, do Huggy Bear, juntou-se a outros punks para protestar contra isso, e o resultado foi caótico. A banda, seus amigos e muitos fãs foram expulsos do estúdio.

A confusão realmente interrompeu a transmissão do programa por alguns instantes, e o Huggy Bear foi parar na capa da *Melody Maker*. A publicidade conquistada graças a esse caso era a garantia de que a imprensa musical britânica (historicamente sensacionalista) daria muita cobertura para a turnê com o Bikini Kill.

O Bikini Kill aceitou a oferta do *New Musical Express* para escrever seu próprio artigo, mas viu seu trabalho sabotado pelo jornal. "Eles disseram que poderíamos escrever nosso próprio artigo, e que de nenhuma maneira iriam editá-lo", disse Vail. "Quando o artigo saiu, Kathi Wilcox não foi creditada; pelo contrário, suas ideias foram colocadas fora de contexto e ela foi citada apenas na introdução que eles escreveram para o meu artigo – ou seja, fizeram tudo o que imaginávamos que eles não fariam. Fizeram de tal maneira que as observações maliciosas pareciam mais importantes do que as nossas próprias palavras".

A banda também não estava muito feliz com a resenha que o *Melody Maker* tinha feito para o split Huggy Bear/Bikini Kill, que tentava colocar a banda contra outras roqueiras: "A arrogância da juventude – especialmente das Riot Grrrls –, quer aniquilar toda a história da música, (...) sugerindo que as mulheres esperaram todo esse tempo para serem salvas. Esqueça Patti Smith, Janis Joplin, Melanie, Marianne Faithfull, Mo Tucker, punk rock, Crass..." Uma acusação mal direcionada, pois o objetivo da "Revolução ao estilo das garotas agora" sempre foi o de resgatar heroínas roqueiras do passado da obscuridade.

O primeiro show do Bikini Kill em Londres foi no Conway Hall, com Billy Karren usando uma máscara de gorila, em homenagem às ativistas do Guerrilla Girls.

Segundo Sara Kestle, quando o Bikini Kill "entrou no palco para tocar 'Suck My Left One', fui jogada contra a parede pela força e emoção".

Em Newport, entretanto, a resposta violenta do público obrigou o Huggy Bear a fazer uma apresentação tensa e curta. Quando o Bikini Kill subiu ao palco, Kathleen Hanna anunciou que a banda não tocaria se os homens não fossem para trás, e deixassem que as mulheres e as meninas viessem para frente. Seu ultimato foi recebido com vaias. Ela cruzou os braços e esperou, enquanto os outros músicos deitaram e descansaram no chão do palco.

De repente, relatou o *Melody Maker*, "duas garotas começaram a cantar 'Rebel Girl', do Bikini Kill, e 30, talvez 40 vozes se juntaram ao coro. E era alto e cheio de esperança, e estava dizendo pau no cu dos bonitões da maneira mais perfeita. E os homens também começaram a cantar. Dá pra acreditar nisso? Vi pessoas chorando. Foi algo libertador, em função de toda a violência e tensão. A banda foi em frente, plugou os instrumentos e tocou".

Quatro dias depois, em Leeds, Hanna começou o show sozinha, com uma música lenta e cativante, aparentemente inspirada na insanidade da mídia. Então os outros integrantes se juntaram a ela, e tocaram várias músicas, antes de darem uma pausa para avisar que as pessoas próximas ao palco estavam sendo pressionadas de uma forma desconfortável. "Está tudo bem?", perguntou Hanna, e em seguida foi atacada por uma voz masculina (e zangada) vinda da plateia.

Hanna deixou o sujeito falar, e então retrucou: "Uau, estou tão iluminada agora. Vocês ouviram o que ele disse? 'Não importa seu sexo'. Realmente, o fato da maioria das mulheres aqui ganhar bem menos do que os homens para fazer o mesmo trabalho é um bom sinal de que não importa seu sexo. Não importa que uma entre quatro mulheres será estuprada, ou que existe violência doméstica, ou que mulheres são mortas por *serial killers*, ou que não há muitas mulheres na frente do palco. É, acho que realmente não importa seu sexo".

Acenando com desdém, Hanna deu uma cusparada. "Eu já escutei isso antes. E importa pra mim". Quando Tobi Vail assumiu o microfone, Kathleen tirou sua camiseta e ficou de sutiã, provocando uma reação em alguns homens da plateia. Quando as músicas acabaram, ela colocou de volta sua camiseta e perguntou: "Por que quando Ian MacKaye tira sua camiseta ninguém dá a mínima?" Após um breve discurso de algumas integrantes do recém-formado Riot Grrrl-Leeds, a banda voltou para tocar uma nova música, "New Radio". Na sequência veio "Resist Psychic Death" e "Rebel Girl", que foi cantada em coro.

Vários dias depois, um show em Derby ficou violento quando Jo, do Huggy Bear, foi agredida por um cara da plateia, depois que ele tinha sido convidado a se retirar. Tanto o Bikini Kill quanto o Huggy Bear foram expulsos da casa de shows, e o promotor culpou as bandas pelos problemas causados. O agressor recebeu desculpas [do pessoal do clube] e ingressos para outros shows, e a *Melody Maker* publicou um artigo que mostrava apenas o ponto de vista do promotor: "O Bikini Kill colocou fogo na situação, e era óbvio que alguma coisa ia acontecer. A coisa toda virou realmente algo anti-homem". De acordo com algumas pessoas que apoiavam o Bikini Kill, no entanto, o promotor nem ao menos testemunhou o incidente.

Depois do fiasco em Derby, o Bikini Kill começou a distribuir panfletos pedindo aos homens que respeitassem as meninas na frente do palco: "Não é nada legal nem punk, em nenhum sentido, que homens fiquem nos esmagando ou se esfregando na gente quando estamos tentando assistir o show. Estou cansada de ir a shows nos quais me sinto confinada ao fundo, por causa do mosh ou do assédio".

A turnê deu uma acalmada, mas a *Melody Maker* publicou o comentário mais feroz e negativo até então. Ele veio de Courtney Love, que tinha sido erroneamente apelidada pela *Newsweek* de "a padroeira do Riot Grrrl". Há tempos existia uma relação tensa e até mesmo uma antipatia declarada entre Courtney (originalmente da cena de Portland) e a galera de Olympia. Essa tensão cresceu com o romance entre Courtney Love e Kurt Cobain, e pelo vício em heroína que eles compartilhavam. Nas palavras de Courtney, "o Riot Grrrl celebra a falta de jeito e a incompetência das musicistas – é como dar às mulheres cargos importantes em grandes empresas, mesmo que elas não possam executar o trabalho adequadamente".

Ela disse que a maneira como o movimento Riot Grrrl lidava com a mídia era "fascistóide" e afirmou que "todos os meus amigos que são músicos – Jennifer Finch, Donita Sparks, Kat Bjelland, Ian MacKaye, meu marido Kurt, Kim Deal – estão tão horrorizados quanto eu pelas palhaçadas de alguns poucos. A maioria tem medo de falar sobre isso, mas eu tenho a boca aberta e não dou a mínima. A maior parte dessas pessoas não é rica e mimada, bebendo café gourmet com leite de soja e sonhando com manifestos para a minoria."

O relacionamento com a mídia tinha se tornado um ponto delicado para o Riot Grrrl. O caso mais famoso foi o de uma amiga de Courtney chamada Jessica Hopper, uma riot grrrl de 16 anos que vivia em Minneapolis. Ela deu uma entrevista ao *Newsweek*, e depois disso se sentiu deixada de lado pelo grupo, embora outras integrantes da cena de Minneapolis tenham negado isso. O caso abriu caminho para outra matéria com Hopper, dessa vez na *Seventeen*, na qual ela fez a pergunta: "O Riot Grrrl irá focar novamente no feminismo ou vai se afogar na sua própria fúria?"

Aparentemente, Courtney Love tinha ficado irritada com uma declaração de Hanna na *Option*, sobre as diferentes abordagens femininas no punk: "Bandas como o Babes in Toyland, L7 e Hole ficam falando que 'não é importante que eu seja uma garota, o importante é que eu quero fazer rock'. E está tudo bem. Mas isso é uma postura assimilacionista. Elas querem ser autorizadas a participar do mundo como ele é; enquanto eu penso em termos de revolução, radicalismo e na mudança total da estrutura."

"Não sou assimilacionista, sou populista", respondeu Courtney Love. "Acredito que todos – e não apenas as pessoas que conhecem o Fugazi pessoalmente – têm o direito de revolucionar. Se você quer entrar no meu clube, você pode vir, não me importo se você tem aquela primeira edição do EP dos Germs. Se isso não é suficientemente bom pra você, pois você quer ser especial no meu clube, então beleza: basta seguir um pouco mais adiante na estrada até a Capital Fascista do Rock" – ou seja, Olympia – "e lá você pode prensar 200 cópias do seu single para todos seus amigos descolados e ficar horrorizado se alguma idiota patética como eu comprar uma cópia. Estou tentando andar na linha delicada entre beneficiar e instigar a minha cultura (...) seguindo o caminho que escolhi, ao mesmo tempo em que tento não me sentir intimidada por três mulheres da minha idade que se dizem 'garotas'" – ou seja, as integrantes do Bikini Kill – "que agem desse jeito para que possam ter seus estúpidos e inúteis quinze minutos [de fama], e [para que possam] alimentar seus egos às custas dos outros."

Esse ataque foi o ápice de um dos meses mais pesados da história do Bikini Kill, ainda que a *tour* tenha terminado com um ponto favorável. A banda não permitiu que um repórter da *Melody Maker* entrasse de graça no último show da turnê, e por isso Lou Barlow (Sebadoh) e sua amiga Kathleen Billus ficaram encarregados da resenha. "O Bikini Kill é uma tempestade de punk rock", eles escreveram. "Elas trocam de instrumentos constantemente, e cada configuração tem seu próprio charme e poder".

"Essas bandas já causaram um impacto", continuou a resenha. "Sua influência irá ecoar como o punk de 1977 ou o hardcore de 1982 pelos próximos anos. São miseravelmente inocentes aqueles que acreditam que as mulheres não têm sérios obstáculos a quebrar. Os ataques estranhamente pessoais contra o [Bikini Kill] e suas bandas irmãs apenas comprovam seu poder e vitalidade".

X X X

De volta aos EUA, o Bikini Kill continuou provocativo. Durante um show em um pequeno centro comunitário em Los Angeles, Kathleen Hanna perguntou ao público: "Vocês já ouviram falar de celulite?" A reação da plateia foi discreta, mas ela continuou: "Vou mostrar pra vocês as minhas celulites... Vocês não vão ver isso na tevê, isso é real". Ela tirou sua saia, e virou-se para mostrar à plateia. Então, usando apenas uma lingerie preta e um top amarelo, Hanna conduziu a banda ao início de "Don't Need You", que foi rapidamente seguida por várias outras músicas.

Enquanto a banda começava "Sugar", um fotógrafo foi para trás do palco, supostamente para fotografar a bunda de Kathleen Hanna. Ela colocou a mão na frente da câmera dele enquanto cantava, mas ele insistiu. Ela pediu mais duas vezes para que ele parasse, mas foi ignorada. Por fim, ela jogou a câmera longe. O fotógrafo ficou a encarando pelo resto da música, enquanto Hanna devolvia as vibrações negativas, cantando diretamente para ele.

Quando a música terminou, Kathleen falou com o fotógrafo e com toda a plateia: "Se eu mostro pra você que não quero ser fotografada, se coloco a minha mão três vezes seguidas na frente da sua câmera, e mesmo assim você continua a tirar fotos, bom, desculpe-me, mas isso não está certo. Não quero que minha bunda seja fotografada por um cara que nem conheço".

Grande parte da plateia aplaudiu, mas o incidente mostrou o monitoramento enfrentado pela banda. "Não sabemos mais em quem confiar", disse Hanna. "Pouco tempo atrás, fizemos uma entrevista para um jornal de San Francisco, e eles prometeram usar apenas fotografias que nós autorizássemos. E então o jornal saiu com nossas fotos de biquini na praia. Um amigo nosso vendeu essa foto para eles".

A pressão estava ameaçando a existência da banda. Após os shows em Los Angeles e a gravação de um *single* com a produção de Joan Jett (que se tornou uma fã desde que viu a banda em Wetlands, em 1992), a banda deu uma pausa, e Kathleen mudou-se para Portland. A banda tinha um *single* e um disco – gravado pouco depois – prontos para serem lançados pela Kill Rock Stars, mas o futuro do grupo era incerto. Vail, Wilcox e Karren fizeram uma turnê americana ao lado do Huggy Bear no final do verão de 1993, como membros do The Frumpies, com Molly Neuman (do Bratmobile) na bateria, mas ainda não era certo que o Bikini Kill voltaria à ativa.

Ao mesmo tempo em que o Bikini Kill recuava, o Riot Grrrl estava quase enterrado sob as tolices da mídia. A *Seventeen* tentou combater sua rival *Sassy* ao distribuir pequenos cartões que diziam: "Se você gosta de Bratmobile ou Bikini Kill, então você também irá gostar da *Seventeen*".

"Sabia que tem um rap da Barbie?", perguntou Kathleen Hanna. "Tenho essa sensação que eles vão começar a fabricar a boneca 'Riot Barbie'. Ela virá com uma guitarrinha velha, algumas miniaturas de spray, e uma lista de slogans revolucionários do tipo 'Riot Coke: apenas pelo sabor'". Tobi Vail: "Todos estão falando sobre essa garota, mas ninguém está começando a revolta".

Não era bem assim. Encorajadas por Kathleen Hanna, Erika Reinstein e May Summer tinham começado a Riot Girrrl Press. De acordo com o texto "Seis razões que justificam a importância da Riot Girrrl Press": "Precisamos nos fazer visíveis sem usar a mídia *mainstream* como ferramenta. Sob o pretexto de nos ajudar a disseminar a palavra, a mídia corporativa tem banalizado um movimento que poderia ser verdadeiramente ameaçador e revolucionário. Além disso, eles distorcem nossas ideias, criando hostilidade, tensão e ciúmes em um movimento que supostamente deveria ser baseado em apoio e amor. [...] o Riot Grrrl é a bola da vez, por isso precisamos retomar o controle e encontrar nossa própria voz novamente".

No entanto, o clima continuou tenso, com a mídia buscando notícias e pessoas da cena fazendo pressão. Até mesmo baluartes do punk feminista como Molly Neuman e Lois Maffeo receberam severas críticas por terem falado com grandes veículos sobre o movimento Riot Grrrl.

X X X

A Positive Force encarou não apenas a desintegração do eixo Nation of Ulysses/Bikini Kill e a comercialização de várias bandas relacionadas à Dischord, mas também a perda de todos seus espaços para shows em igrejas. No caso da St. Stephen's, os vizinhos (residentes do Projeto Habitacional da Seção 8) estavam ficando bravos pela sujeira deixada em seus jardins pelos garotos bêbados e barulhentos, e por isso fizeram uma petição para proibir futuros shows.

O problema é que não foram os shows da Positive Force que causaram toda a desordem, mas mesmo assim a St. Stephen's achou melhor acatar os pedidos da vizinhança, sem exceções. Foi um retrocesso amargo: afinal, o objetivo da Positive Force era justamente aumentar a simpatia.

A Positive Force se encontrou totalmente limitada ao circuito dos clubes. Além disso, havia cada vez menos bandas conhecidas dispostas a fazer shows beneficentes.

Sendo assim, a frequência de shows da Positive Force caiu muito.

Das bandas mais conhecidas, a única que ainda estava disponível para shows beneficentes era o Fugazi, mas a crescente popularidade do quarteto na verdade criava um problema de logística: era muito difícil encontrar um local grande o suficiente para abrigar um show da banda. Uma saída lógica foi apelar para o circuito das universidades, uma alternativa que não agradava muito o Fugazi. A produtora IMP, que também comandava o 9:30 Club, vinha perseguindo a banda para marcar um show para duas mil pessoas na Universidade de Maryland. Com a ausência de outros espaços, a banda dessa vez ficou interessada. Porém, quando a produtora informou que seria impossível manter o preço do ingresso em cinco dólares, a banda decidiu não aceitar a oferta.

Com o consentimento do Fugazi, a Positive Force começou a negociar com o comitê de shows da Universidade de Maryland. Após todas as solicitações terem sido atendidas (preço do ingresso, segurança e outros pontos), o Fugazi concordou em tocar. O show beneficente seria em prol da Washington Free Clinic, com o Slant 6 e o Hoover como bandas de abertura.

A ideia era confrontar o público universitário fã de "rock alternativo" com uma boa dose de punk underground. Nomes fortes do punk já tinham tocado no local (The Clash, The Jam, PiL e Minor Threat), mas aquele era um espaço gigantesco para bandas acostumadas a tocar em clubes. O Slant 6 e o Hoover pareciam deslocados.

E a plateia também não era inteiramente amigável: rolaram algumas vaias para Reinstein e Summer, da Riot Grrrl Press. Ainda que o movimento Riot Grrrl estivesse passando por uma fase bem polêmica, causou estranheza uma reação desse tipo vinda de uma plateia do Fugazi. A Positive Force tentou subverter as armadilhas de um "show de rock" ao deixar os seguranças nas laterais do palco e distribuindo dezenas de pulseiras para o *backstage*, mas era uma situação estranha.

Contudo, aquela era uma noite com um objetivo. A Positive Force distribuiu centenas de panfletos detalhando todo o trabalho da Free Clinic e clamando por um sistema de saúde público de qualidade. A Free Clinic havia desafiado a "lei da mordaça" da administração Bush, que proibia as clínicas do governo de fornecerem aconselhamento em relação ao aborto; as políticas de aborto passavam por um momento violento desde o assassinato do Dr. David Gunn por um ativista "pró-vida" na Flórida.

Passar essa mensagem para uma plateia desse tamanho parecia algo desafiador, mas o Fugazi não se intimidou. Na metade da apresentação, Ian MacKaye deu uma pausa. Depois de pedir para algumas pessoas que parassem de pular do palco, ele dedicou "Reclamation" ao Dr. Gunn. Após uma versão feroz da música, a banda continuou seu *set*, tocando o material do seu próximo LP praticamente na íntegra.

Com exceção da obrigatória revista na porta do local e de um fã que se feriu no *mosh*, os seguranças não tiveram muito trabalho, limitando-se a apontar suas lanternas para o público pelas laterais do palco. No final da apresentação, MacKaye fez uma piadinha. "Gostaram das luzes do show? Dos caras com as lanternas? Nós os contratamos. Nós dissemos para eles: 'Esse é o nosso público. Abrace-os na entrada, sinta o corpo deles inteiramente. Quando eles entrarem, fiquem de olho neles, cuidadosamente, e certifiquem-se de que eles saibam que são amados. E quando você achar que viu alguma pessoa especial, aponte sua lanterna para ela'".

Apesar da brincadeira, aconteceram alguns incidentes desagradáveis nos bastidores. Depois de tocar "Shut the Door", MacKaye retornou ao assunto: "Na verdade, tivemos que lidar com muita burocracia nesse show – mas tudo bem, porque a universidade nos deu em retorno 100% da bilheteria para doarmos à Free Clinic". A plateia aplaudiu, e depois disso o Fugazi encerrou a sua apresentação com "Last Chance for a Slow Dance".

Os lucros do show chegaram a quase oito mil dólares, a maior quantia já arrecadada em um evento da Positive Force. O Fugazi e a Positive Force podem até ter sido bem-sucedidos na missão de levar o punk a uma plateia universitária, porém muitos companheiros de outrora não se impressionaram. Alguns reclamaram, afirmando que a noite tinha sido "um concerto de rock", e não um show de punk. Alguns até foram embora.

O punk de DC havia chegado a um estranho impasse, no qual o sucesso se misturava ao fracasso. O punk tinha se tornado uma mercadoria, que era comprada e vendida em guerras dentro de edifícios corporativos. O underground estava profundamente – e talvez até irremediavelmente – dividido. Até mesmo o Fugazi tinha se tornado "grande demais" para muitos dos seus antigos amigos e fãs. A conclusão era dolorida, mas inevitável: a cena talvez nunca mais fosse como antes.

CONFUSÃO, CONTROVÉRSIA, RUÍNA

POR MARK ANDERSEN

Colaboração corporativa reformista ou desafio revolucionário underground: estas eram as escolhas que o punk encarava agora. Embora me sentisse um pouco solitário, sabia muito bem de que lado estava.

Será que sabia? Kurt Cobain tinha dito a *Rolling Stone* que "não culpo os punks de dezessete anos por me chamarem de vendido. Entendo isso. Talvez quando eles crescerem um pouco mais, poderão entender que há mais coisas na vida do que viver sua identidade rock'n'roll de forma tão cega". Apesar de todas as minhas críticas ao Nirvana, eu concordo. A guerra dentro do punk pouco importava em comparação ao grande drama que a América estava encarando: a potencial reeleição de Bush e a consolidação da revolução conservadora dos últimos 12 anos.

Eu não podia negar a potencial importância do Nirvana nessa luta. Dave Grohl foi ao show beneficente da PF/Fugazi realizado em abril, enquanto estava de férias em Washington. Na época, eu fazia parte do Conselho de Direção da Free Clinic de Washington que, em uma votação muito disputada, havia decidido desafiar a lei da mordaça de Bush. Eu já tinha me posicionado sobre isso, e me senti responsável a ajudar na reposição do dinheiro; então, perguntei para Dave se o Nirvana poderia ajudar, tocando em um show beneficente. Ele concordou prontamente, e me colocou em contato com John Silva, empresário da banda.

Esse esforço para uma aliança entre a PF e o Nirvana me transformou num alvo em potencial. Numa deliciosa (ainda que dolorida) pitada de ironia, considerando a raiva politicamente correta que senti por Jenny quando ela colaborou com a MTV, agora eu havia me tornado um alvo das fofocas até mesmo dentro da PF House. Quando alguns dos residentes me viram conversando com John Silva, eles decidiram que eu estava dormindo com o inimigo. Para eles, Dave Grohl era apenas uma "estrela do rock", para mim, no entanto, não importava o seu sucesso no *mainstream*, ele ainda era um camarada, parte da comunidade de DC.

Enfrentei mais "caras feias" por causa de um artigo que escrevi para a *Dirt* (um subproduto da *Sassy*, direcionado ao público masculino) contando a história da Positive Force House. Embora eu tivesse pedido permissão a todos os então residentes da casa antes de ter concordado em fazer o artigo, e tivesse quase controle total sobre o que seria o produto final (e fui até pago por isso), o fato de que estaria cooperando com uma revista *mainstream* foi considerado suspeito.

Eu estava exausto em função do excesso de trabalho, e acabei tendo uma recaída com um antigo vício. Fiquei devastado quando descobri que eu era objeto de fofocas maldosas na PF House; tive vontade de dizer adeus a toda comunidade punk, largar tudo. Agora sabia por que Tomas zombava da minha grande lealdade ao punk, que ele considerava morto. Não admitia que ele estava certo, mas me sentia cada vez mais sozinho, como um dinossauro, uma piada.

As críticas ao show beneficente da PF/Fugazi em prol da Free Clinic, na Universidade de Maryland, foi a gota d'água. De certa maneira, conseguia entender o que se passava pela cabeça dos detratores: ver o Fugazi ali não era a mesma coisa do que ver a banda num clube para 100 pessoas.

Porém, aquele momento havia passado – e, por não aceitarmos isso, seguindo em frente, crescendo, o fato é que estávamos destruindo a nós mesmos. Em 1990, Henry Rollins tinha chamado a cena de DC de "tímida". E agora entendo. Precisávamos ter feito mais do que apenas ficar "em segurança": dar um passo além dos limites aceitáveis do underground era um risco que teríamos que correr.

Deprimido e abusando do meu organismo, o meu mundo simplesmente desmoronou. Na época do show beneficente em prol da Free Clinic, eu estava pesando 100 quilos, com uma aparência de velho – e me sentindo assim também. Pensamentos suicidas eram muito comuns; não era de se surpreender, uma vez que estava em uma versão câmera lenta do que já tinha sido.

Felizmente, ainda tinha amigos de verdade. Eles perceberam meu estado e falaram comigo, demonstrando que estavam preocupados. Com o apoio deles, deixei DC em junho de 1993, e voltei para Montana em busca de ajuda. Como parte do meu processo de recuperação, comecei finalmente a escrever os primeiros rascunhos do que se tornaria este livro.

1993

*

1995

CAPÍTULO QUINZE

PARA DERROTAR AS ESTATÍSTICAS

POR MARK ANDERSEN (1995)

"IMAGINE UM ADMIRÁVEL MUNDO NOVO... onde o punk rock domina as rádios, onde a revolução já tivesse sido televisionada, e agora é coisa antiga. Imagine 1993..."

Essa foi a introdução de um artigo da revista *Pulse,* assinado por Ira Robbins, um escritor punk das antigas. A matéria proclamava "O Novo *Mainstream*... A Geração Lollapalooza". Depois de ficar por quase duas décadas nos subterrâneos e grutas dos EUA, o punk tinha finalmente chegado ao panteão do rock.

No passado, ser punk significava encarar potenciais agressões apenas por caminhar pelas ruas. Agora o punk tinha se tornado uma parte aceitável (pra não dizer "na moda") da paisagem. Tropeçar em executivos de gravadoras em busca de novos contratados parecia ser o maior perigo no momento.

Essa reviravolta foi uma vitória ambivalente. Às vésperas da terceira edição do Lollapalooza, Robbins lembrou que "tempos atrás, no verão de 1991, o punk rock era apenas um sonho recorrente que alguns de nós alimentavam, uma fantasia quixotesca da música como o capítulo final em uma cultura rebelde [...]. O conflito de gerações nascido quatro décadas antes com James Dean foi finalizado com a [...] popularidade de Michael Jackson... Qualquer resíduo de fantasia do tipo 'nós contra eles' foi prudentemente descartado para garantir uma condução mais suave em direção ao Sonho Americano".

Depois de relembrar a razão pela qual o punk ganhou tanta simpatia da velha geração de roqueiros de alma ("era um lembrete de como costumava ser"), Robbins observou que "nessa linda figura flutuava o *Nevermind*, uma dúzia de canções que apresentou a 'terra da garagem' à 'terra devastada', e expulsou tudo que havia sobrado do punk rock diretamente dos guetos das college radios para o centro da arena social..."

No final do verão de 1993, a reverberação do fenômeno Nirvana havia levado o punk à capa da revista *Time*. O artigo "Generation Rage" ("Geração Raiva") documentava a ascensão de uma nova era de bandas de rock brutas e raivosas, simbolizadas pelo Nirvana, Pearl Jam e outras. No rescaldo dessa história, Henry Rollins disse a *Rolling Stone*: "Na minha cabeça, o Nirvana acabou com o metal farofa. [...] De repente, todas aquelas bandas como o Poison, Bon Jovi e o Warrant, tornaram-se tanques enferrujados no deserto sem nenhum combustível. São bandas como o Nirvana, que vieram na mesma época, que serão lembradas por terem mudado a cara do rock".

Porém, se o *Nevermind* tinha sido o catalisador daquilo que poderia ser descrito como uma revolução do rock, o resultado não foi exatamente o que muitos dentro do movimento (incluindo Ira Robbins) esperavam. Quem tinha mudado: o sistema ou os punks?

Robbins não estava otimista: "O dinheiro muda tudo... É óbvio que todas as crenças de que o rock'n'roll é um veículo para um progresso cultural e social estão obsoletas... A sinergia econômica esmagadora tornou absurda a ideia de que o rock ainda exista em oposição a tudo. [...] Tudo está à venda e nada é proibido. E com nenhum movimento político sério nos EUA agora [...], a rebelião se tornou um golpe de marketing. Colocando de lado o slogan promocional da MTV, Gil Scott-Heron estava certo: o que está sendo televisionado certamente não é a revolução. Nos dias atuais, quando escuto a palavra rebelião, eu pego meu cartão de crédito".

Em 1968, a CBS divulgou a campanha "The Man Can't Bust Our Music" ("O homem não pode destruir nossa música"). Em 1994, um nova propaganda da Columbia na *Rolling Stone* dizia: "For Those Who Don't Hang With the Herd" ("Para aqueles que não seguem o rebanho"). Esse anúncio destinado ao "rock alternativo", mostrava uma vaca com um walkman, rodeada por material do Nirvana, Pearl Jam, Sex Pistols e outros. Em outra parte da mesma edição, alguns anúncios da cerveja Bud Dry, que se apresentava como a "Cerveja Alternativa". Apesar de ainda existir um cenário underground bem vigoroso em DC, Olympia e em outros lugares, o "punk" estava se tornando uma jogada de marketing. Uma rebelião que havia começado quase duas décadas atrás, com os punks atacando os radicais derrotados dos anos 1960, tinha virado de ponta cabeça.

No final dos anos 1970, Mark Jenkins escreveu que "o rock tinha se tornado televisão", uma situação que ajudou a desencadear a insurreição do punk. Em 1993, o onipresente poder da MTV tornou essa crítica mais verdadeira do que nunca. Poucos artistas escaparam da mão sedutora da "Music Television". Robbins ainda atacou "Henry Rollins, aquela voz justa da independência incorruptível" por "racionalizar timidamente a hipocrisia dos seus ataques à MTV longe das câmeras, na medida em que a emissora sinalizava em sua direção (no programa Alternative Nation) com dinheiro".

De modo irônico, o artigo da *Pulse* representava por si só o que Robbins havia dito, porque não tinha sido escrito pela Trouser Press ou alguma outra publicação underground, mas sim em uma ação promocional da [rede de lojas] Tower Records. Robbins observou que "o punk rock sempre definiu um tipo de música que nunca poderia – ou, por incontáveis razões, nunca deveria – ser vendido em lojas de conveniência". Mas, para o bem ou para o mal, foi exatamente isso que acabou acontecendo.

Eu acompanhei essa transformação do Nordeste dos EUA, mais precisamente de Montana, trabalhando no rascunho deste livro, enquanto recuperava a minha saúde. Eu presenciei o "novo mundo" ao qual Robbins tinha se referido quando fui à uma farmácia em Williston, o mesmo local onde comprava publicações como *Rock Scene* e *Rock Revolution* em meados dos anos 1970. Naquela época, as bandas de punk rock raramente tinham algum espaço fora da mídia especializada.

Agora, enquanto fico mexendo nas prateleiras, os rostos de amigos, conhecidos e parceiros saltam em minha direção: Henry Rollins na *Details*, o Fugazi na *Warp*, e o Nirvana em várias delas. Na capa da *Rolling Stone* estava o Pearl Jam, com Eddie Vedder homenageando Henry Rollins e Ian MacKaye em sua entrevista. Apenas algumas páginas depois de um resenha sobre o Bad Brains na *RIP*, Zack de La Rocha, vocalista de uma jovem banda militante chamada Rage Against the Machine (que apesar de seu nome e política, gravava pela Epic), falava de ideais formados através do amor pelo punk de DC.

As palavras de Zack conectavam três gerações do rock: "A música sempre foi uma forma de atacar, que vai muito além do que o talento ou o som podem oferecer. Sempre havia alguma coisa – como Ian MacKaye ou Janis Joplin se expressando – que dialogava comigo. Isso me mostrou uma forma de me expressar contra qualquer tipo de repressão afetiva ou política".

Impressionado com a visão de De La Rocha, mas incomodado com suas concessões, eu devolvi a *RIP* e peguei a *Circus*, a primeira revista de rock que comprei na vida, em 1973. Era uma edição sobre a "História do Rock'N'Roll"; ao lado de tributos aos Rolling Stones e ao Led Zeppelin, estavam seções sobre os Sex Pistols e o Nirvana. Enquanto folheava a revista, duas páginas cheias de camisetas me chamaram a atenção. Essas "camisetas de rock colecionáveis" custavam U$15,50 cada, mais o frete. Além das estampas de Eric Clapton, Grateful Dead e Guns N'Roses, havia uma camiseta pirata que dizia "This Is Not a Fugazi T-Shirt".

Depois fui a uma loja de discos, que ficava no quarteirão ao lado. Na parede havia um grande pôster do meu velho herói Jimi Hendrix, promovendo as mais recentes edições dos seus discos. Na parede oposta, um pôster ainda maior do Nirvana. Quando olhei a imagem de Dave Grohl, lembrei na hora de uma vez em que o encontrei num ensaio do Mission Impossible, em um porão no subúrbio. Naquela época ele era um punk de 15 anos e sorriso largo, com o estilo mais frenético de tocar bateria que eu já tinha visto. Agora, Dave era um relutante "Deus" do rock.

Alguns punks pareciam ainda mais confortáveis nadando nas águas do *mainstream*, agora livres dos incômodos dilemas morais. Billy Corgan, cantor e guitarrista do Smashing Pumpkins, disse à *Rolling Stone:* "Sinto-me cada vez menos como um *outsider*. Afinal, todos estão vendendo milhões de álbuns. Todos estão fazendo vídeos. A questão da integridade está meio turva. Podemos muito bem julgar as coisas pré e pós-Nirvana, pelos menos para os meus colegas... esse foi o momento de transição definitivo".

O punk apareceu até mesmo nos jornais de Montana, como o *Billings Gazette*, em artigos que tinham títulos como "O Punk Faz Barulho De Novo" ou "*Moshers* Carregam Seus Hematomas Como Medalhas de Honra".

"Juntamente com camisetas e palhetas, os fãs de rock podem acrescentar aí galos, hematomas e ossos quebrados para a lista de coisas que podem levar para casa depois dos shows", dizia a abertura do artigo sobre o "*mosh*", salientando que o garoto Jeremy Libby (de 15 anos) quebrou o pescoço no Lollapalooza de Rhode Island, depois de cair enquanto estava "surfando nas pessoas". O jornal *Billings Gazette* relatou que "os promotores não estão fazendo esforço algum para deter o pogo, dizem ainda que os fãs e os músicos querem isso... 'Eu, pessoalmente, acho que é legal. Estamos vendo um renascimento do rock, e isso faz parte do processo', disse Jim Koplik, presidente da Metropolitan Entertainment".

Isso era algo bem difícil de engolir. Assim como os anos 1960 deixaram para trás um rastro de danos causados pelas drogas, o poderoso legado do punk pode ser, bem... o pogo.

Mais tarde, sentado na frente do computador no porão da casa dos meus pais, eu peguei a minha cópia velha da *Rock Revolution*. De repente eu era aquele garoto perdido e solitário novamente, devorando cada palavra, começando a acreditar em sonhos rebeldes que cresciam na minha cabeça: "A questão é: o que faremos no futuro? [...] Os emissários da revolução roqueira... não são nada além de você, lendo isso por aí, bem aí onde você está sentado. Faça isso, e nos encontraremos nas mesmas esquinas de novo, uma multidão fora da lei unida para sempre, pronta para acender o fogo que eles chamarão de 'a revolução rock'n'roll dos anos 1980'".

Então as lágrimas vieram. De certa forma, o sonho se tornou realidade. Eu tinha entregado meu coração para essa música e essa cultura, de alguma maneira acreditando que poderia "salvar o mundo", e agora estava acontecendo – mas a revolução não fazia parte do programa. Será que aquele sonho era uma mentira? Era difícil dizer. Mas uma coisa estava clara: enquanto 1993 virava 1994 (e além), com bandas como Green Day e Offspring chegando no Top 10, os jovens rebeldes de outrora agora estavam posicionados perigosamente ao lado do *establishment*. Além disso, como a maioria das grandes bandas estava fugindo para pastos mais verdes, a vitalidade do underground estava em declínio.

Nem DC escapou. Em 1994, tanto o Jawbox quanto o Shudder to Think lançaram seus primeiros álbuns por grandes gravadoras: *For Your Own Special Sweetheart* e *Pony Express Record*, respectivamente. E nenhuma das duas bandas parecia corrompida artisticamente pelo relacionamento com as gravadoras. O Shudder to Think já havia se distanciado do punk, mas o Jawbox não: e isso colocou a banda numa estranha posição de sofrer mais abusos. Em um show, eles foram atormentados pela plateia, que gritava coisas como "Saiam do palco, para que uma banda punk de verdade possa tocar".

Na *MRR*, Tim Yohannon atacou o Jawbox. Comparando o ataque corporativo à ameaça dos skins nazistas no final dos anos 1980, Tim escreveu que "nos últimos dois anos, as grandes gravadoras compraram pelo menos 50 bandas do underground, prejudicaram os clubes, pagaram para tocar em programas de rádio, subornaram editores de fanzines, donos de selos e distribuidores. Eles ameaçaram de uma maneira sufocante, até que finalmente conseguiram controlar essa comunidade, e pouco tem sido feito para tentar resistir a essas ameaças... A cena punk underground está sendo atacada. Assim como foi no passado. Sem nenhuma diferença, exceto que desta vez os criminosos são mais inteligentes e mais ricos".

Tim enxergou pouca complexidade moral nisso: "Não existe meio-termo quando você está sendo atacado por forças estranhas aos princípios fundamentais de uma comunidade ou sociedade. É fácil quando uma banda ou um selo muda seu comportamento de modo descarado, mas poucos agem dessa maneira. Normalmente é muito mais difícil quando acontece com pessoas próximas, com os seus amigos; pessoas que eram totalmente comprometidas e que começam a ficar íntimas dos invasores, ao ponto de prostituir-se, e depois usar qualquer merda como desculpa. Qual o significado do Green Day na MTV, ou do Seaweed assinando com a Hollywood Records por um milhão de dólares? Ou quando todas bandas 'alternativas' têm cabelo laranja? Ou quando Bono e Madonna parecem ser mais ameaçadores ao *mainstream* (por dizerem 'foda-se' na televisão) do que os chamados punks corporativos como o Jawbox e o Bad Religion?"

Para J. Robbins, a questão não era tão simples assim: "Alguns dos maiores nomes do punk rock de todos os tempos foram de grandes gravadoras. A coisa toda é muito complicada. Talvez a melhor forma seja fazer tudo você mesmo, e lutar para sobreviver. Ou talvez o mais importante seja mostrar sua música para todos, e assim essas ideias subversivas poderão se espalhar. Quem me dera se eu pudesse levantar uma bandeira e proclamar: 'não, esse é o caminho verdadeiro'".

Havia uma verdade nessa análise. Em 1976, um tabloide britânico afirmou que "o punk rock – a música selvagem da juventude rebelde que cospe e xinga – está varrendo a juventude britânica"; "mas não estava", observou o jornalista Richard Harrington, "até o momento em que a mídia entrou em cena e fez disso um assunto da moda em todos os lares da Inglaterra, recrutando assim um exército de potenciais punks". O sociólogo Jeff Goldthorpe argumentou que "a fórmula da destruição e da cooptação é muito simétrica, muito certinha. Muitos punks não têm acesso a uma experiência 'pura', não mercantilizada; a vasta maioria ouviu falar do punk pela primeira vez através da indústria da mídia, que estabelecia a autoria isolada dos Sex Pistols, The Clash, Devo ou Blondie".

Henry Rollins deu seu pitaco: "Adoro entrar nos buracos da grande mídia, em agências interesseiras, para pegar o dinheiro deles e colocar nos meus projetos de arte. Adoro gastar o dinheiro corporativo em contracultura. É uma missão tipo Rambo. Não estou fazendo isso para ser uma estrela do rock. Agora que já consegui algum dinheiro, e que muitas pessoas prestam atenção em mim, é uma oportunidade magnífica. Para mim, esse é o golpe perfeito. Eu vou lá, faço o que tem de ser feito no mercado, tenho a suprema oportunidade de ser um idiota – mas sem nunca me vender".

Na *Rolling Stone*, Rollins deu mais detalhes: "Eu não falo palavrões nas músicas. Isso é muito fácil. Adoro a ideia de ter um álbum mais pesado do que o NWA, mas sem a necessidade de colocar um adesivo nele. Essa foi a única coisa que aprendi com Jim Morrison, em uma entrevista na qual ele diz 'Armas não são perigosas, as mentes são perigosas... Você quer uma arma? Está bem aqui'", recordou Rollins, apontando para a própria cabeça. "Você já ouviu a música 'Five to One'? É tão incendiária... Minha vida sempre foi assim: levante-se, participe, envolva-se. Sem essa de cair fora. Por que você está acomodado? O mundo está pegando fogo. Para mim, os anos 1990 são um chamado às armas".

Tudo isso poderia ser uma racionalização conveniente. Porém, se o underground foi enfraquecido pela saída de nomes como Rollins, Jawbox e Nirvana, por outro lado o sucesso desses artistas também chamou atenção para a cena. A popularidade do Nirvana tinha garantido muitos recursos para a Sub Pop, da mesma maneira que o Green Day gerou dinheiro para a Lookout e o Offspring (graças ao apoio da MTV) proporcionou lucro para a Epitaph. Claro, não havia garantias de que esses fundos seriam usados para fortalecer o underground, embora parecesse provável que isso pudesse ocorrer. Mesmo assim, isso não servia de consolo aos punks: ainda havia um sentimento de invasão domiciliar pairando no ar.

Seja no reino do underground ou do mundo corporativo, ser criativamente vital e financeiramente viável ainda era um desafio. O novo Bad Brains retornou a DC para abrir o show do Living Colour no WUST Radio Hall, um local onde a banda já tinha tocado como atração principal em 1985. Como se fosse para compensar as imprudências do passado, a banda voltou alguns meses depois para um show no 9:30 Club, cuja renda seria parcialmente destinada à clínica Whitman-Walker (especializada em AIDS).

Darryl explicou a decisão da banda de seguir em frente sem HR e Earl Hudson: "Para mim, o Bad Brains não é exatamente uma banda. Ele envolve minha vida toda. Quando o HR saiu, eu não fiquei dizendo 'Ai meu Deus, o Bad Brains já era'... Nós ainda somos o Bad Brains... Se isso não representasse tudo para nós, certamente não estaríamos fazendo isso".

Os shows da banda estavam lotando, mas muitos ainda não estavam convencidos. *Rise*, o novo álbum pela Epic, apareceu em meados de 1993, e teve resenhas variadas. Alguns antigos fãs levaram a nova versão do Bad Brains quase como uma afronta pessoal. Adolf Kowalski, amigo da banda desde o final dos anos 1970, escreveu no *Maryland Musician*: "Esses pioneiros deveriam estar envergonhados". Em uma resenha para o *Washington Post*, Mark Jenkins comparou a balada "Without You" ao metal farofa do Winger.

Darryl ofereceu sua reflexão: "As pessoas que gostavam muito do HR certamente ficarão inclinadas a não gostar da banda. Teremos que superar isso. Mas nunca fomos uma banda cujo foco era conseguir mais fãs ou qualquer merda assim. Para nós, o que realmente importa é que possamos nos expressar, e expressar a nossa música – essa é a nossa missão".

Apesar dessas palavras desafiadoras, o resultado final ainda era o que mais importava. Apesar de ser muito superior à fase com Mosley, a nova formação não emplacou da maneira que a Epic desejava, e as vendas do *Rise* foram decepcionantes. Várias mudanças de formação atrapalharam no processo, como as saídas do baterista Mackie (temporariamente substituído por Chuck Treece) e do vocalista Israel. A banda continuou na batalha, mas foi em vão: a Epic abandonou o barco na metade de 1994.

Quando parecia que o Bad Brains havia finalmente chegado ao fim da linha, o destino providenciou uma reviravolta. Depois de Chuck Treece deixar a banda, Earl Hudson voltou para assumir as baquetas; e não demorou muito para que HR também voltasse. Pela terceira vez, a formação original do Bad Brains estava reunida.

Poucos meses antes, Darryl havia argumentado que apesar de HR ser "um dos maiores *frontman* do rock'n'roll de todos os tempos", tinha sido um erro deixá-lo à frente das grandes decisões da banda. Darryl: "Sempre apareceram convites de grandes gravadoras, mas o HR nunca concordava. Ele preferia se manter um sofredor, sempre lutando. Não foi a indústria que nos destruiu durante esses anos: fomos nós mesmos".

Agora HR estava de volta, mas ciente de que suas obstruções faziam parte do passado. Um velho amigo explicou essa inversão dizendo que "Joseph vê o Bad Brains como a cruz que ele tem de carregar... o destino dele é fazer parte dessa banda". HR juntou-se ao Bad Brains no outono de 1994, bem na época em que a banda assinou um contrato com a Maverick (selo da Madonna), uma subsidiária da Warner Brothers.

Inacreditavelmente, o Bad Brains teve mais desafios pela frente. Embora a banda tenha composto, gravado e lançado o novo álbum *God of Love* em tempo recorde (com a ajuda do velho aliado Ric Ocasek), os resultados sugeriam que HR não havia superado seus demônios. Algumas músicas conseguiam se aproximar do poder do antigo Bad Brains (como "Justice Keepers"), mas as letras de HR eram clichês nos melhores casos, e incompreensíveis nos piores. De nada adiantava a banda estar afiadíssima e explosiva: sem HR na melhor forma, as músicas não decolavam.

Em maio de 1995, quando o Bad Brains voltou a DC para um show gratuito na danceteria Tracks, o desgaste de HR ficou evidente. Ele subiu ao palco usando um par de óculos escuros que permaneceu no seu rosto durante todo o show: o outrora feroz vocalista mal parecia estar presente. Em vários momentos ele caminhou em direção ao *backstage* bem no meio da música, cantando de forma apática. Enquanto o trio Darryl, Gary e Earl estava tão impressionante como de costume, HR parecia perdido... esse era o Bad Brains apenas no nome.

Mesmo com os problemas de HR, o Bad Brains foi para a estrada, abrindo os shows de seus velhos fãs, os Beastie Boys. Antes do show de Montreal, HR se recusou a entrar no palco, e então explodiu e atacou violentamente o empresário da banda Tony Countey. Earl e outras pessoas tentaram apartar, e HR foi pra cima deles também. Por fim, ele foi preso e levado algemado.

Embora Tony tenha sido hospitalizado, ele não quis prestar queixa contra HR, e explicou a Richard Harrington (repórter do *Post*): "As coisas físicas cicatrizam. Você jogaria fora 14 anos de trabalho por causa de uma agressão?" Assim que foi liberado, HR saiu da banda e voltou para casa – mas ele foi preso novamente, dessa vez por posse de maconha na fronteira do Canadá. Após HR sair sob fiança, a banda se reuniu novamente para finalizar a tour com os Beastie Boys, e depois fez mais alguns shows em clubes como atração principal.

Infelizmente, o pior ainda estava por vir. Poucos dias depois, num show em Lawrence (Kansas), HR entrou numa onda de raiva, pois acreditava que um fã na plateia estava cuspindo nele, algo que ninguém mais testemunhou. HR pulou na plateia, com o pedestal na mão. Quando a poeira baixou, dois fãs estavam no hospital, HR tinha sido preso (com duas acusações criminais por lesão corporal), e a reputação do Bad Brains estava em ruínas mais uma vez. Enquanto HR definhava na cadeia aguardando julgamento, o Bad Brains foi descartado pela Maverick e silenciosamente separou-se.

Foi um fim terrível para uma das maiores bandas dessa geração.

Na mesma época, outros expatriados de DC estavam lidando com a faca de dois gumes que era o mundo pós-"Smells Like Teen Spirit". Nem todos foram correndo em direção às grandes gravadoras. O Girls Against Boys (que consistia do Soul Side menos Bobby Sullivan, mais Eli Janney nos teclados e segundo baixo, e Scott McCloud no vocal) havia migrado para Nova York. Uma vez lá, eles ganharam fãs e viraram notícia na mídia, com sua música de tempero industrial e shows poderosos. Quando a banda deixou a Adult Swim Records em 1993, grandes gravadoras manifestaram interesse, mas o GAB não foi fisgado pelo trem corporativo e fechou com o selo indie Touch And Go.

Outros apostaram suas fichas nos figurões. O álbum de estreia do Manifesto pela Atlantic, que foi adiado por muito tempo (segundo Hampton, por conta de "pesadelos contratuais" com a Indie Fire do Reino Unido), finalmente foi lançado em 1993. O disco recebeu resenhas positivas, mas as vendas foram mornas. Pouco tempo depois, eles foram dispensados pela Atlantic, sem nenhuma cerimônia. A banda decidiu seguir em frente: mudou seu nome para Clear, lançou um compacto de forma independente e saiu em busca de uma nova gravadora.

Como integrantes do Wool, Peter e Franz Stahl também tinham se tornado artistas de uma grande gravadora. Se o Wool marcava uma guinada em direção ao mundo do rock, músicas como "SOS" e "Medication" (que ao vivo tinham tanta potência quanto as melhores coisas do Scream) evidenciavam que o coração punk dos irmãos continuava batendo. No entanto, as vendas não eram animadoras. O segundo CD da banda também não conseguiu emplacar, e o Wool tornou-se a vítima da vez.

Nessa mesma época, o Scream ressurgiu por algumas semanas, com o seu (agora) internacionalmente famoso baterista a tiracolo. Em meados de 1993, a Dischord relançou todos os antigos álbuns do Scream, juntamente com o inédito *Fumble*. Dave Grohl: "Quando o Pete disse que todo esse [material do Scream] seria lançado em CD, primeiramente ele apenas me consultou sobre remixar as coisas. E, depois, isso acabou virando 'Por que não fazemos um show no 9:30?' Por fim, acabou virando uma turnê completa".

As reuniões de bandas punk estavam em alta, mas essa fazia mais sentido do que a maioria, pois permitiria que o Scream encerrasse sua história de maneira mais digna do que tinha sido a desintegração na estrada de três anos antes. Os irmãos Stahl deram um tempo no Wool para se reunirem com Thompson e Grohl – durante uma pausa do Nirvana, enquanto se aproximava o lançamento do seu novo CD, *In*

Utero –, para pegar a estrada no velho e confiável Dodge Ram, que havia levado o Scream por todo o país no passado.

Dave disse a Eric Brace, do *Post*: "Estou muito feliz que estamos fazendo isso. Imagino que vá colocar tudo em perspectiva de novo. Vamos tocar nesses clubes e possivelmente dormir na casa das pessoas, como sempre fizemos; e no outono sairei [em turnê] com o Nirvana, vamos passar pelas cidades e tocar para 10 ou 15 mil pessoas, ficaremos hospedados em bons hotéis, para dormir ou então ver TV. Não é a mesma coisa do que tocar em um palco pequeno com caras que são basicamente meus irmãos".

Nesse momento, o Nirvana era a personificação da banda "vendida" para muitos punks do underground. No entanto, a banda mostrava um contínuo comprometimento com o radicalismo punk. Além de seu som cru e raivoso, o novo CD também trazia uma série de fotos (aparentemente fornecidas por Jello Biafra) da sede incendiada do Partido Republicano de Los Angeles, após os conflitos de 1992. Esse pequeno lembrete era remanescente da ideia (não realizada) de incluir em *Nevermind* o que Cobain chamou de "fragmentos revolucionários... ensaios anarquistas e revolucionários, e diagramas de como fazer sua própria bomba". No final, *In Utero* foi banido pelo Wal-Mart e outras redes em função das "colagens de fetos" na sua contra capa.

Kurt também tinha conseguido que a DGC lançasse o LP da banda britânica The Raincoats, que estava fora de catálogo. Além disso, e de ter escolhido o Breeders como banda de abertura para sua turnê, havia um sentimento de apoio ao rock feminino espalhado pelo novo disco e também na sua arte. Em uma entrevista, Cobain argumentou: "As garotas são o futuro do rock – se é que ele terá um futuro".

Enquanto detratores diziam que o Nirvana estava irremediavelmente comprometido pelo *status* de grande gravadora e/ou que poderia ter feito mais, a banda estava visivelmente tentando usar sua fama inesperada de forma responsável. Chris Novoselic (que nessa época já tinha começado a usar "Krist", a forma original eslava de soletrar seu nome) ajudou a focar atenção no conflito sangrento na antiga Iugoslávia. A banda inclusive organizou e tocou em um evento beneficente para enviar auxílio para centenas de mulheres que tinham sido molestadas durante a campanha de terror na Guerra dos Balcãs. Novoselic também fez pressão contra a censura em Washington.

Dave Grohl tampouco tinha esquecido de sua velha comunidade. Ele foi procurado por Dante Ferrando, que solicitou ajuda para a construção de um novo clube, como uma alternativa para o 9:30; Dave colaborou, injetando milhares de dólares no projeto. Capitaneado por veteranos do harDCore, o Black Cat Club tornar-se-ia um pilar para a cena, mesmo enquanto dava uma guinada em direção ao profissionalismo.

Eu sabia que o comprometimento da banda era genuíno, pois eu já tinha trabalhado em conjunto com Dave e John Silva (empresário do Nirvana e ex-funcionário da *MRR*) nos preparativos de um show de protesto em DC, inicialmente planejado para ser um ato *pro-choice* pouco antes das eleições de 1992. Essa ideia acabou sendo engavetada por problemas de agenda e/ou dificuldades pessoais, mas planos para um futuro protesto no National Mall continuaram em andamento.

Enquanto nossos planos se tornavam reais o bastante para conseguirmos as permissões necessárias (e para ser divulgado como "um rumor" em pelo menos uma revista de música), a data planejada para o evento – começo de junho de 1994 – teve de ser reconsiderada pois conflitava com a data da lua de mel de Dave. Além disso, a banda estava sendo sondada para ser a atração principal do quarto Lollapalooza. Apesar do atraso, John me disse que a banda estava interessada em tentar outra data, talvez mais no final do verão, junto com o Pearl Jam, numa espécie de reconciliação pública entre as duas bandas "rivais".

Em 13 de novembro de 1993, o Nirvana retornou a DC, tocando para uma grande plateia na Bender Arena. As bandas de abertura foram Breeders e Half Japanese. Reforçada pelo guitarrista Pat Smear (ex-Germs), além da violoncelista Lori Goldston (que tocou durante um mini set acústico), a banda soou muito bem, tocando com convicção e habilidade. Além disso, eles demonstravam bom humor: Cobain e Novoselic estavam brincalhões no palco, e simularam socos em "todos os porcos" de DC; Grohl foi ao microfone e falou sobre o Black Cat Club, fazendo a conexão com o underground.

Todavia, nada disso foi suficiente para dissolver a tensão criada pela popularidade do Nirvana. A banda poderia ter tocado em um espaço como o Capital Centre, mas tinha optado por um local bem menor. Mesmo assim, com uma fila de seguranças entre a banda e o público, além das demais pompas de um "concerto de rock" (o oposto de um show punk), a noite estava muito distante do clima da última passagem da banda por DC (no 9:30) ou mesmo daquilo que eles provavelmente teriam preferido.

No final do bis, Cobain embarcou em uma longa devastação do equipamento da banda. Apesar da plateia ter aplaudido, uma questão ficou no ar: tudo aquilo era raiva de verdade ou apenas um espetáculo de entretenimento? Cobain parecia estranhamente desinteressado enquanto prosseguia na destruição do palco. Era um luxo bem caro – e aparentemente repetido com frequência –, e parecia uma forma simbólica de destruir a riqueza recém-adquirida, uma maneira de trabalhar a culpa causada pelo sucesso.

Charles Aaron conseguiu capturar o dilema do Nirvana no *Village Voice*, pouco depois do show na Bender Arena: "Em um grande palco vazio, exceto por rosas vermelhas aqui e ali, [Cobain] permaneceu imóvel diante de uma plateia enlouquecida, cantando uma música após a outra, e soando melhor do que nunca, mas parecendo absolutamente derrotado. O recinto virou de ponta cabeça quando 'Smells Like Teen Spirit' foi executada: uma enxurrada de detritos voou em direção ao palco – garrafas, botas, camisas de flanela. Cobain não se esquivava, gritando como se estivesse em transe [...]. A barreira entre a plateia e o artista" – o ponto inicial da revolução punk – "era como o Muro de Berlin; ele deve ter se achado um idiota por já ter tentado superá-la".

Era tentador deixar de lado as dúvidas em meio a aclamação após o lançamento de *In Utero*. Parecia uma redenção, com as ótimas críticas do disco e dos shows, que sugeriam que o Nirvana tinha de algum modo vencido sua luta contra o lado negro da aceitação em massa.

Essa era certamente a imagem que a banda gostaria de projetar. Em janeiro de 1994, o Nirvana apareceu novamente na capa da *Rolling Stone*, dessa vez usando ternos, e afirmando que tinham feito as pazes com o sucesso. A entrevista de Kurt Cobain, no entanto, indicava uma realidade mais complexa: "Tenho que admitir que me peguei fazendo as mesmas coisas que várias outras estrelas do rock fazem, ou são forçadas a fazer... não podendo responder as cartas, não podendo acompanhar o que está acontecendo na música, praticamente isolado. O mundo do lado de fora é muito estranho para mim".

Cobain ainda disse: "O Nirvana está quase esgotado. As coisas estão ficando bem repetitivas. Não há nada que possamos mudar em uma certa direção, nada que possamos esperar... Mal consigo tocar 'Teen Spirit'. Eu literalmente quero jogar minha guitarra e ir embora. Não posso fingir que estou me divertindo quando estou tocando 'Teen Spirit'."

Tudo isso em pouco tempo ganharia uma dimensão terrível. Os trágicos eventos que ocorreram no início de 1994 certamente foram noticiados por todo tipo de mídia na face da Terra. Para alguém que estivesse fazendo uma viagem espacial naquela época, e por isso perdeu os acontecimentos, aí vai o básico: pouco depois de um mês que a *Rolling Stone* publicou a manchete "Nirvana: O Sucesso Não É Uma Bosta", Kurt Cobain teve uma overdose de pílulas e álcool durante a turnê pela Europa – um infortúnio que mais tarde seria descrito como uma tentativa de suicídio.

Depois que a turnê foi cancelada, Kurt voltou aos EUA, e supostamente teve uma recaída em seu vício em heroína. O mês de março tornou-se um festival de acidentes preocupantes, incluindo uma visita da polícia para tentar tirar Cobain de um quarto, no qual ele havia se trancado com diversas armas. A operação foi bem-sucedida e as armas foram confiscadas.

No meio de uma grande pressão da indústria para que fizesse o contrário, o Nirvana não participou do Lollapalooza. (Curiosamente, na mesma época Kurt concordou em fazer uma mudança na contra capa do *In Utero*, para que o álbum pudesse ser vendido no Wal-Mart.) Vários amigos tentaram ajudar Cobain, suplicando para que ele procurasse ajuda para tratar da sua depressão e do vício em drogas. As tentativas de intervenção não surtiram efeito. Num dado momento ele até concordou em começar um tratamento, mas em pouco tempo mudou de ideia e saiu fora. Durante uma semana, ele dificultou as tentativas de encontrá-lo. No fim das contas, ele evidentemente não viu outra saída. Por volta do dia 5 de abril de 1994, Kurt Cobain cometeu suicídio, com um tiro de espingarda na cabeça.

A sua carta de suicídio fez sentido imediato para qualquer um que tivesse uma certa vivência no underground: "Todas as advertências das aulas de Introdução ao Punk Rock ao longo dos anos, desde minha apresentação à – digamos assim – ética da independência e o acolhimento de sua comunidade, se provaram verdadeiras. Eu não tenho sentido a excitação de ouvir, nem de criar música, faz muitos anos. Sinto-me culpado por essas coisas além do que posso expressar com palavras... O pior crime que posso imaginar seria enganar as pessoas fingindo. Às vezes sinto como se eu tivesse que bater o cartão de ponto antes de subir ao palco..."

A carta escrita à mão termina com "É melhor queimar do que se apagar aos poucos", um verso escrito por Neil Young em 1978, referindo-se ao fim dos Sex Pistols. A carta parecia ser o pedido de desculpas derradeiro de Cobain, por ter ajudado, sem querer, a transformar a rebelião punk em comércio.

No rescaldo da morte de Cobain, pipocaram dezenas de comentários na mídia sobre a "Geração da Preguiça" [Slacker Generation] e a "Geração X" [Generatio X], muitas análises com ângulos de interesse humano, teorias psicológicas, depoimentos de fãs, e muito mais. Uma matéria de capa no *Washington Post* dizia que o "fatalismo" de

Cobain tocou uma geração; Kurt foi descrito como "um autêntico discípulo da estética 'sem futuro' do punk" – seja lá o que isso quer dizer.

Tristemente, esse foi um dos melhores artigos. Florestas inteiras foram derrubadas para que as especulações mais duvidosas pudessem ser compartilhadas – via de regra, escritas por pessoas que não tinham a menor noção do que era o underground. Por isso, quase ninguém notou aquilo que era óbvio para os veteranos da cena que havia originado o Nirvana: Kurt Cobain era um punk em desacordo com a sua geração, sem a menor intenção de ser o seu o porta-voz.

Conectado a isso, havia uma ética antiestrelismo. Durante uma vigília improvisada em Seattle, Krist Novoselic pronunciou uma mensagem através de uma gravação: "A abordagem de Kurt em relação aos fãs estava enraizada na maneira de pensar do punk rock. Nenhum músico é realeza. Pegue uma guitarra, coloque pra fora aquilo que você pensa, e então você é a superestrela". Esse é um fator que em geral foi ignorado: o idealismo punk deve ter contribuído para a angústia de Kurt, na medida em que ele se tornou aquilo que tanto desdenhava.

Mas é óbvio que havia alternativas ao suicídio. Com lágrimas nos olhos, Courtney Love leu uma nota na vigília (também em uma mensagem gravada): "Se você odiava tanto ser uma estrela do rock, você poderia ter parado". Segundo um amigo de longa data de Cobain, "o bilhete mostrou que a época na vida dele em que ele vislumbrava alguma coisa era quando estava em Olympia"; e acrescentou, com uma dor óbvia, "ele poderia ter voltado, nós estávamos lá".

Suas palavras apontavam em direção a um fato importante. Apesar da comoção, o underground persistiu. Em DC, muitas bandas novas e boas apareceram (e algumas sumiram rapidamente), como Norman Mayer Group, Mob Action, Cupid Car Club, Ape House, Antimony, Las Mordidas e Kerosene 454. Comprovando o impacto permanente da revolução das garotas, a maioria dessas bandas tinha mulheres na formação.

O Black Cat rapidamente se tornou um importante espaço para shows. Embora isso garantisse um fluxo contínuo de shows, também desviava o foco da cena para o circuito de clubes/bares, ou seja, longe dos espaços verdadeiramente independentes. No território político, grupos como Beehive Collective, Riot Grrrl, Food Not Bombs, Anarchist Black Cross e Positive Force continuavam a se organizar para realizar trabalhos comunitários, shows beneficentes, eventos educacionais e protestos.

Lois Maffeo tinha lançado um ótimo novo disco, chamado *Strumpet* (K Records), que foi gravado com a baterista Molly Neuman. Depois de uma turnê pelo Reino Unido junto com Neuman, Lois chamou dois novos integrantes para a banda: Juan Carrera (baixo) e Amy Farina (bateria). Na mesma época, o Tsunami e o Velocity Girl lançaram LPs que ficaram populares, e isso levou Mark Jenkins a escrever o seguinte no *Post*: "Poucos anos atrás, DC era conhecida pelo punk, mas agora o pop está fazendo mais barulho".

A série "Working Holiday" do selo Simple Machines tinha sido um grande sucesso, culminando com um festival de três noites no Black Cat, em janeiro de 1994. O selo foi destaque em uma matéria da *Rolling Stone* sobre gravadoras independentes, com direito a uma foto do Tsunami. Embora o artigo não tenha aprofundado o aspecto anticorporativo da música independente, ele serviu muito bem para difundir um conhecimento prático essencial, pois publicou o endereço de correspondência do selo e também informações sobre a edição de 1994 do "Guia Mecânico de como lançar Música".

O Holy Rollers parecia estar de volta, com uma nova baixista e músicas potentes como "Rage Incorporated". Entre 1993 e 1994, bandas como Rain Like the Sound of Trains, Hoover e Slant 6 lançaram ótimos álbuns pela Dischord. Todavia, no final de 1995 apenas o Slant 6 ainda estava na ativa. Seguindo a venerável tradição de DC, Sevens e Crown Hate Ruin surgiram das cinzas dessas extintas bandas. Outros grupos como Antimony, Norman Mayer Group, Cupid Car Club e The Suspects tiveram singles editados pela Dischord, Kill Rock Stars e Torque (um novo selo cujo embrião tinha sido formado na PF House).

A Kill Rock Stars, de Olympia, tinha se tornado talvez o melhor selo independente dos EUA. Dentre os excepcionais lançamentos da KRS em 1994, estava um EP do Bratmobile chamado *The Real Janelle*. Embora fosse curto – seis faixas, incluindo um cover – o EP mostrava que o Bratmobile continuava crescendo artisticamente, apesar do fato de que as integrantes da banda agora moravam em três lugares diferentes: DC, Olympia e Bay Area.

No encarte do CD, Erin, Molly e Allison tentaram abordar a sua imagem na mídia: "Nunca estabelecemos uma pauta unificada sobre o lance de sermos mulheres fazendo música, mas todas concordamos que isso é algo legal. Temos ideias diferentes sobre uma série de coisas, mas como já fomos muito mal-interpretadas diversas vezes, a única maneira que encontramos para representar nós mesmas foi lançando discos [...] e fazendo turnês sempre que possível". A banda fez alguns shows na Costa Oeste, e também uma turnê britânica que foi muito bem recebida.

Porém, se a música do Bratmobile parecia mais forte do que nunca, as integrantes da banda (presas na panela de pressão da mídia) estavam se distanciando. As diferenças ficaram visíveis em um show em Nova York, no qual o Bratmobile literalmente rompeu no palco. Foi um fim triste para uma banda importante – e talvez para algumas amizades, pois a quinta e última edição do *Girl Germs* foi lançada por Allison sozinha. Os planos de Allison e Erin para o futuro ainda eram incertos, mas Molly reapareceu rapidamente, tocando bateria no PeeChees, que lançou um single pela Kill Rock Stars e fez uma turnê durante o verão de 1994.

Enquanto o Bratmobile caminhava para o fim, o Bikini Kill ressurgia, com um vigor totalmente renovado. Além de ter lançado um álbum consistente (*Pussy Whipped*) e um single ainda melhor ("New Radio") pela Kill Rock Stars, a banda fez uma curta turnê pela Costa Leste no verão de 1994, seguida por uma mais longa durante o outono. Os shows estavam cada vez mais cheios (mais de 600 pessoas, tanto em DC quanto em Berkeley) e a resposta do pública foi intensa. Às vezes apareciam neonazistas nos shows (por conta da popularidade da banda), mas as apresentações que assisti – na Califórnia e no Minnesota – mostraram um espírito muito poderoso, com um número expressivo de garotas na plateia. A banda parecia muito revigorada, e tocando melhor do que nunca, efetivamente calando a boca de muito críticos de outrora. Kathleen me disse: "Eles achavam que sumiríamos, que nos calaríamos, mas isso não aconteceu".

O Bikini Kill também reuniu seus dois primeiros EPs em um CD, com notas combatendo as informações equivocadas que circulavam sobre a banda: "O BIKINI KILL É UMA BANDA CONSTITUÍDA POR QUATRO INDIVÍDUOS... Muitas coisas têm sido escritas sobre a gente, em grandes revistas que nunca falaram conosco ou viram nossos shows. Eles escrevem sobre a banda de forma contundente, como se compreendessem nossas ideias, táticas e significado melhor do que a gente. Eles se equivocam completamente, pois não fazem a menor ideia de qual é/foi o nosso contexto. A ideia que eles possuem do punk rock não é fundamentada em nada que eles já tenham vivido diretamente... Nós queremos ser uma banda underground, não queremos sair na *Newsweek*".

A banda foi cuidadosa ao observar que "sabemos que diferentes estratégias são totalmente válidas para situações diferentes. Não queremos estabelecer nenhum tipo de padrão do que é 'correto', apenas apresentar nossa visão do que nossa experiência com a mídia tem sido... Pense um pouco: o que você sabe sobre a banda e onde ficou sabendo disso? Em geral, não é uma informação confiável". O Bikini Kill aprofundou o processo de desfazer mal-entendidos com dois grandes shows em Los Angeles ao lado da banda Spitboy, que tinha sobrevivido a uma mudança de formação, com a saída da baixista Paula (que estava com síndrome do túnel do carpo).

No underground, o Bikini Kill continuou sendo alvo de críticas, mas não tão severas quanto antes. Circulavam rumores de que a banda assinaria com a Warner ou que tocaria no próximo Lollapalooza. Mais críticas vieram quando a banda concordou em abrir um show (cujo ingresso custava 22 dólares) de reunião das Go-Go's, pioneiras do punk que eram muito respeitadas pelo Bikini Kill. Dois dias antes, no palco do Gilman Street (em um show cuja entrada custou 6 dólares), Kathleen reconheceu a controvérsia, mas sem pedir desculpas. A banda não demonstrava vontade de sair do underground, mas Kathleen observou, de modo desafiador, o privilégio de classe que poderia estar envolvido no fato de não assinar com uma *major*. Foi uma declaração corajosa, e ela sabia que não seria exatamente popular em um local cujas paredes recebiam pichações do tipo "Destrua o Green Day", uma banda que tinha nascido no palco do Gilman.

O Fugazi também não baixava a guarda. Apesar da grande popularidade – que inclusive permitiu que a banda esgotasse os ingressos para três noites em LA, com 12 mil pagantes no total – o quarteto continuava inflexível em relação à indústria da música. Quando foram procurados por alguns amigos da revista *Dirt* para uma entrevista, eles permitiram apenas que usassem como referência uma entrevista que Ian tinha concedido a três fanzineiros. Isso era uma indicação de que o Fugazi permanecia leal à cena.

Na metade da turnê de 1993, o álbum *In On The Kill Taker* finalmente foi lançado. Na minha opinião, ele tinha tudo que um disco punk precisava ter: era desafiador em termos artísticos, radical em termos políticos, emocionante e independente. Apenas o fato de ele ter saído pela Dischord já era um triunfo dentro do contexto da ascensão do punk corporativo.

Nem todos concordaram. Pelo menos uma meia dúzia de antigos aliados achou que a banda agora estava demasiadamente dissimulada. Mark Jenkins escreveu no *City Paper*: "*In On The Kill Taker* e seu predecessor *Steady Diet of Nothing* trazem algumas canções com mensagens, mas as letras são tão enigmáticas que mais parecem códigos. Hoje, parece que a banda se preocupa mais com o som da guitarra do que com a injustiça". Mark ainda criticou o som cada vez mais abrasivo da banda: "Ninguém espera que a banda seja fofinha, mas um pouco de acessibilidade não faria mal". Tim Yohannon não gostava da sonoridade do álbum por várias razões, e concordou com as críticas de Mark às letras, dizendo que eram tão "egocêntricas que me dão vontade de pegar uma arma e atirar nas pessoas".

Outros foram mais compreensivos em relação às letras do Fugazi. Eis o testemunho de Cathi Unsworth, na *Melody Maker*: "*In On The Kill Taker* evoca de modo assustador toda a paranoia, o medo e a repugnância de uma noite de verão em LA, quente demais para qualquer pessoa suportar, em faixas como 'Great Cop' e '23 Beats Off', que encerra o lado A de modo quente, com uma insuportável fumaça negra e o barulho sinistro de helicópteros. *In On The Kill Taker* apresenta o Fugazi em plena forma... O Fugazi se preocupa demais. Provavelmente mais do é saudável para a sua sanidade".

Na revista australiana *Revue*: "As letras complicadas do Fugazi podem frustrar o ouvinte que deseja desvendar o tema específico de cada música, mas não há escapatória para o medo coletivo e para a repugnância do seu imaginário. Da paranoia de 'Great Cop' e 'Public Witness Program' ao pressentimento de desgraça de 'Last Chance', passando pelo ataque ao passado de seu país (e o atual tratamento dado aos povos nativos) em 'Smallpox Champion', o álbum documenta uma sociedade corrupta e violenta [...]".

O álbum também apareceu em alguns lugares bem incomuns, como na parada da *Billboard*. Segundo a revista *The Music Paper*, "se você não é muito familiarizado com a Dischord Records, uma grande porcentagem das vendas do selo ocorre via-correios ou em pequenas lojas. Mesmo com apenas 15 a 25% das vendas registradas através do SoundScan, [*In On The Kill Taker*] conseguiu aparecer no Top 200". Mesmo sem divulgação, o álbum rapidamente vendeu mais de duzentas mil cópias, alcançando o número um nas paradas independentes da *NME* e *Melody Maker*. A revista *Time* fez uma matéria cheia de elogios sobre a banda, intitulada "Not for sale or lease" ("Não está a venda ou aluguel").

In On The Kill Taker também conseguiu o quase impossível: ganhou ótimas resenhas na *Rolling Stone* e na *Maximum RockNRoll*. Ironicamente, ambas publicações evocaram a mesma comparação. A *Rolling Stone* escreveu: "Em 1979, o Clash se promovia como 'a única banda que realmente importa'. Em 1993, essa reivindicação pertence ao Fugazi. Em uma era de música 'alternativa' patrocinada pelas corporações, o Fugazi é a coisa verdadeira. Permanecendo independente, o Fugazi consegue vender milhares de discos, ao mesmo tempo em que sustenta sua política incendiária e uma sonoridade crua e difícil, nascida na cena hardcore de DC".

Na medida em que cresciam os exageros, crescia também a insistência do Fugazi de desmistificar a própria banda. Ian: "Tudo que fazemos é compor músicas que gostamos... Somos seres humanos. Não temos o menor interesse de tentar ser algo mais do que uma banda".

Apesar disso, a mística da banda continuava a crescer. Em agosto de 1993, o *Washington Post* fez um artigo sobre a banda cujo título era: "O Fugazi, de Washington, garante que é apenas uma banda. Então por que tantos garotos pensam que é uma divindade?" Escrito pelo experiente Eric Brace, esse artigo forneceu uma imagem reveladora do Fugazi em meio ao caos produzido pela explosão do punk.

Depois de listar os fãs famosos da banda (Kurt Cobain, Courtney Love, Michael Stipe, Eddie Vedder e outros), Brace indagou: "Fugazi. Não passa na MTV. Não toca no rádio. Quem são esses caras e o quê leva a realeza do rock à sua porta?"

A resposta inicial era simplesmente a música do Fugazi. Descrevendo um show em Vancouver, Brace escreveu: "A dinâmica sonoridade punk-funk vai da sutileza à explosão em uma batida. Ela evoca termos como 'visceral', 'cinética' e 'apaixonada', adjetivos que não conseguem transmitir o impacto de Picciotto se contorcendo no palco, gritando suas letras, movendo-se como se estivesse descalço em brasa quente. Eles não conseguem explicar a explosão emocional no anfiteatro quando Joe Lally começa as notas brutais de seu baixo em 'Waiting Room'... MacKaye grita, milhares gritam junto; e a conexão foi feita. Duas guitarras distorcidas por cima do funk de Canty e Lally".

Para Brace, essa conquista artística é o que garantiu o significado do segundo elemento: a ética radical do Fugazi. Brace: "No começo do ano, a banda foi convidada para tocar no Lollapalooza, mas a oferta foi recusada imediatamente. O ingresso de 33 dólares era 28 dólares mais caro do que o valor padrão da banda. E, caso o Fugazi tivesse aceitado o convite, seria a única banda no palco principal sem o suporte de uma grande gravadora". A banda recebeu ofertas tentadoras de gravadoras como Atlantic, Geffen, Columbia, EMI, Elektra e Warner, dentre outras, mas permaneceu na Dischord. Nas palavras de Brace: "Hoje, a Dischord é um dos selos independentes mais respeitados no mundo. Eles já venderam aproximadamente um milhão e meio de discos, basicamente no esquema boca-a-boca, com o Fugazi respondendo por mais da metade desse montante".

Sem criticar outras bandas, o Fugazi mantinha-se fiel à sua comunidade e à sua visão. Tempos depois, Ian disse: "Quando você assina com uma grande gravadora, isso é um investimento e a gravadora espera um retorno. Não há nada necessariamente maligno ou ruim em relação a isso. Mas não estou interessado em ser manipulado para alguém fazer dinheiro. Claro, poderíamos ter assinado com uma grande gravadora, tivemos dezenas de ofertas. Mas, no fim das contas, é mais interessante ter sido uma banda de punk rock que permaneceu no controle e optou pela independência, e quando terminou, ainda conseguiu tomar suas próprias decisões. De qualquer maneira, o dinheiro não significa porra nenhuma quando você morre".

O falatório sobre o Fugazi (e também a crescente diferença de idade entre a banda e o público) poderia ter enfraquecido o igualitarismo punk que eles defendiam, mas a banda ainda tentava minimizar a distância, como comprovavam as obrigatórias conversas com a plateia depois dos shows, que muitas vezes duravam mais de uma hora. Brace testemunhou essas conversas e ponderou que "o público tem curiosidade sobre uma banda cujas músicas parecem oferecer mais direcionamento do que entretenimento"; sua tese não teve o aval de Guy Picciotto, que disse que "algumas pessoas acham que nós temos algum tipo de mensagem, mas se eu quisesse expressar uma mensagem dessa forma, eu teria sido um político. Mas não sou. Sou um músico. Tudo está nas músicas. Está lá para que as pessoas usem ou não."

Ian acrescentou: "Nossa maior preocupação é sermos nós mesmos, na nossa própria banda, e nunca nos tornarmos propriedade de outra pessoa. É por isso que não vendemos o nosso nome em camisetas, é por isso que não prestamos contas da nossa vida pessoal, é por isso que não explicamos detalhadamente cada canção que escrevemos".

A banda se expressava através de palavras sinceras, mas também com os eventos beneficentes organizados pela Positive Force, shows gratuitos e protestos. O Fugazi também fazia shows fora da cidade (mais esporádicos), como por exemplo um beneficente pelos direitos dos homossexuais no Colorado; eles também fizeram uma apresentação na ultracatólica Irlanda, na qual milhares de camisinhas foram distribuídas.

Durante um show beneficente para a UM Free Clinic, Ian observou que "a coisa mais importante sobre esses shows beneficentes é gerar energia para as pessoas que estão na linha de frente. Ou quando tocamos na frente do Capitólio, que algo desse tipo possa ocorrer. Para mim, esse tipo de conscientização é crucial: que as pessoas vejam que as coisas são possíveis, que você pode fazer algo".

O Fugazi, mais do que qualquer outra banda que emergiu do punk, estava desbravando novos caminhos, ampliando o alcance daquilo que era considerado "possível" pelo discernimento convencional, apenas pelo fato inegável de que eles estavam fazendo alguma coisa. De certo modo, não apenas o punk, mas a história do rock estava sendo escrita. Os integrantes do Fugazi eram humanos e imperfeitos como nós, mas apesar disso representavam um exemplo inspirador que nasceu durante os longos anos da rebelião punk.

Todavia, a banda continuava a encarar fortes críticas, muitas vezes dentro da sua própria comunidade underground. Por exemplo, desde o desentendimento no protesto da Suprema Corte, algumas garotas do Riot Grrrl passaram a ver o Fugazi mais como um inimigo do que como um aliado.

Erika Reinstein expressou sua frustração na KAOS-FM, de Olympia: "Com o Fugazi e várias outras bandas masculinas de punk, há esse tipo de atitude 'liberal' de mostrar solidariedade com algumas questões, mas sem uma vontade verdadeira de realizar uma ação radical para lidar com isso, especialmente quando se trata de abrir mão de uma parte de seu poder. Em DC, os garotos tomam conta da cena. Ian MacKaye teria de abrir mão de muitos privilégios para que a cena pudesse ser realmente igualitária. O seu selo realmente não encoraja as garotas, até onde eu saiba".

A ironia dessa crítica era notável, pois Ian sempre estimulou a participação feminina na cena. Para muitos, o movimento Riot Grrrl de DC (e em especial Erika e Mary) tinha se tornado uma metralhadora giratória, transformando um clamor legítimo em uma loucura relacionada ao poder. Era difícil saber quem estava certo ou errado em muitos casos; mas era fácil de enxergar que a cena estava dividida.

Na mesma época, outro ponto de discórdia apareceu. No seu artigo para o *Post*, Eric Brace tinha escrito que "antigamente o Fugazi não colocava código de barras nos discos, mas isso mudou em *In On The Kill Taker*. Agora o Fugazi permite um adesivo com o código de barras, mas se recusa a incorporar o código na arte do disco, como é prática na maioria das gravadoras... Uma concessão que possibilita a entrada da banda nas grandes redes [de lojas de discos], que não aceitam nenhum tipo de mercadoria sem as famosas barrinhas".

Para algumas pessoas da cena underground (que desprezavam as grandes lojas e não viam razão para atender às demandas delas) os códigos de barras representavam a cooptação do punk pelo mundo corporativo. Mesmo assim, até selos como K Records e Kill Rock Stars estavam incorporando os códigos nas artes dos seus discos. A estratégia do Fugazi foi bem astuta, pois tratava o código de barras como um adesivo que poderia ser removido depois que o cliente tivesse feito a compra. Para alguns, isso colocava a banda no lado errado da mais nova linha divisória do underground.

E isso ficou evidente quando o Fugazi fez uma doação voluntária de quinhentos dólares para o centro comunitário Beehive. Para os punks mais militantes de DC, o

Beehive era um elemento de esperança numa cena cada vez mais despolitizada e co-optada. A banda queria contribuir para o trabalho do centro, e de fato expressou esse desejo num bilhete que acompanhou o cheque; agradecidos, os membros do Beehive colocaram o bilhete no seu quadro de recados.

Dias depois, outro membro do centro comunitário fixou o código de barras do *In On The Kill Taker* ao lado do bilhete, com o seguinte comentário: "Este é o código de barras do Fugazi. Ele não é uma graça?" Como o bilhete não foi assinado, parecia que tal comentário representava a opinião geral do Beehive, para a decepção do Fugazi.

Embora o incidente tenha gerado vários pedidos de desculpa, a verdade é que ele colaborou para o envenenamento da atmosfera do underground de DC; pouco tempo depois, o centro comunitário optou por não trabalhar em conjunto com o Jawbox em um show beneficente, em função da ligação da banda com uma grande gravadora. E teve mais: o Beehive foi procurado pela jornalista Susan Corrigan, da revista *ID*, para uma matéria sobre a cena de casas comunitárias de DC; Sob a influência de alguns membros, a resposta do coletivo foi um ataque selvagem a Susan, com um sonoro "vá se foder e morra".

De modo irônico, logo depois o próprio coletivo se viu envolvido em polêmica. Mais uma vez, Erika e Mary estavam no olho do furacão. Outrora esquecida, a U Street agora estava se tornando a "Nova U", um bairro da moda. Era o processo de gentrificação. E o Beehive parecia estar contribuindo para esse fenômeno, pois a sua loja de discos e livros atraía uma clientela branca e de classe média para esse contexto. Erika e Mary (juntamente com Cindy e Akiko, ligadas ao movimento Riot Grrrl de Olympia) pressionaram o coletivo sobre esse assunto, e até mesmo simpatizantes tiveram de admitir que o Beehive não tinha lidado com o problema de maneira efetiva.

Os questionamentos faziam sentido, mas a abordagem (com direito a vandalismo, abuso verbal e acusações falsas) foi bem pouco construtiva. Elas insistiam que o Beehive deveria deixar o bairro imediatamente, como se essa fosse a única alternativa para que o coletivo não instigasse ainda mais o processo de gentrificação. Essa insistência revelava um absolutismo moral que predominava no punk nessa época, em grande parte como uma resposta autodestrutiva à ameaça corporativa. Nesse caso, o confronto levou o Beehive a lidar com o problema de modo mais efetivo; em geral, rachas no underground eram o resultado mais comum em enfrentamentos desse tipo.

A ascensão desse "fundamentalismo punk" parecia quase tão perigosa para a comunidade quanto as grandes gravadoras. Críticas sinceras eram essenciais, mas precisavam ser equilibradas com apoio e flexibilidade, ou então os vínculos da comunidade seriam estraçalhados e o potencial seria atenuado, ou até mesmo destruído. Se o underground não aprendesse a respeitar as diferenças e não conseguisse encontrar um meio termo, isso poderia destruir o que as corporações não conseguiram.

No ensaio "The Master's Tools Will Never Dismantle the Master's House" a escritora Audre Lorde tratava das divisões dentro do movimento feminista; contudo, as questões abordadas também tinham profunda relevância para outras comunidades, incluindo o punk. O comprometimento revolucionário de Audre era evidente, mas ela entendia que esse processo deveria ser trabalhado no sentido da preservação, e não da destruição dos laços. "Sem comunidade não há libertação, apenas a mais vulnerável e temporária trégua entre um indivíduo e seu opressor". Ela observou que isso "não deve significar o esquecimento das nossas diferenças, e nem a patética pretensão de que essas diferenças não existem". Lorde foi em frente e argumentou o seguinte: "Assumir as nossas diferenças e transformá-las em força".

Molly Neuman, do Bratmobile, usou palavras que mostraram similaridade com as ideias de Audre Lorde: "Chegamos ao punk rock com nossas próprias experiências individuais, histórias e abusos, ou então com experiências maravilhosas, coisas maravilhosas que aconteceram com a gente. Estou sempre me policiando, pois sei que as pessoas com as quais vou me relacionando [dentro do punk] também tiveram experiências ruins, provavelmente. Não fico julgando cada coisinha que as pessoas fazem ou falam, porque minha história também é bem complicada. Nossa união é muito importante. É uma coisa que não quero colocar em perigo".

As palavras de Molly representavam uma direção esperançosa para uma comunidade em apuros. Do seu próprio jeito, a abordagem do Fugazi também cumpriu sua promessa. No final de 1986, Ian me falou sobre sua ideia de "revolução pelo exemplo". Esse conceito sugeria que qualquer revolução real aconteceria através de ações, e não de palavras.

A atmosfera do punk dos anos 1990 validava uma abordagem desse tipo. Em meio a tanta recriminação e dedos apontados, a insistência do Fugazi em seguir em frente da sua própria maneira parecia uma aposta inteligente. Como na música "Modern Times", da banda britânica New Model Army, uma espécie de réquiem para o movimento punk: "It matters not what you believe in/It matters less what you say/It matters what you are" ("Não importa no que você acredita/Ainda menos o que você diz/O que importa é o que você é").

Em março de 1995, usei essas palavras em um panfleto para um show da PF na reabertura do Wilson Center. O show contou com o Slant 6 e três novas (e poderosas) bandas de DC: Make-Up, The Warmers e Jury Rig. Para mim, esse show sinalizava o fim de um ciclo e o começo de outro. Um caminho em direção a um futuro que ainda nutria a promessa e as possibilidades do punk.

As novelas às vezes tristes que são descritas nessas páginas dão pistas de um drama ainda maior: a natureza hesitante e incompleta do progresso humano. "Não é para você terminar a tarefa, mas também não deve abandonar o trabalho", diz o provérbio judaico. Na minha opinião, o punk é uma história recheada de coragem e covardia, sonhos e desilusões. Mas, acima de tudo, o punk é a história de uma comunidade que persistiu, de maneira imperfeita e poderosa, para mostrar a visão de um mundo melhor que ainda está por vir.

As linhas simplistas traçadas por alguns falsificam a realidade e enfraquecem a transformação. Qualquer esforço sincero no sentido de falar a verdade ou fazer a mudança deve ser aplaudido. Dito isso, acredito em criar instituições fora do *status quo* corporativo – por isso tomei a decisão de evitar as editoras grandes para publicar este livro, optando por trabalhar com amigos do underground. Espero que este não seja um livro apenas sobre o punk, mas sim um exemplo desse fenômeno.

Para alguns, o punk foi apenas uma fase, uma interrupção momentânea da inexorável marcha em direção a um nicho social pré-determinado. Para outros, no entanto, a vida nunca mais foi a mesma depois disso. Guy Picciotto: "A última vez que fui a um desses shows grandes, em estádios, eu era um pirralho. Eu pensava que aquilo era o rock'n'roll. Mas então eu vi o Cramps tocando bem na minha frente, vomitando e atacando merda pelas janelas, quebrando tudo. E nunca mais voltei. *Porque você não pode voltar*".

Eu não estava no show do Cramps, mas sei o que Guy quis dizer, pois de uma maneira ou de outra também passei por isso. A maioria dos punks passou. Tais momentos são poderosamente intimistas, cheios de mágica, beleza e possibilidades. Indiretamente, esses momentos nos ajudam a refutar a farsa travestida de "vida" na nossa sociedade, para derrotar as estatísticas que geralmente comandam nossas vidas, para fazer algo que pareça real.

Qual é o significado do punk? Para onde ele vai? Essa é a pergunta para você responder. No fim, rótulos não significam quase nada. Para mim, é isso que o punk tem sido: apenas o rótulo mais recente, entre vários, para uma energia de individualidade, compaixão, questionamento e criatividade, que sempre alimentou as melhores realizações da humanidade, o verdadeiro progresso do nosso mundo. Essa ideia, essa energia, ainda está lá, disponível para qualquer um que queira abraçá-la, para desafiar o mundo, para desafiar a si mesmo, para redefinir o que é "possível" com seu próprio suor, sangue e lágrimas – e, ao fazer isso, talvez até encontrar a felicidade, e ajudar o próximo nessa busca também.

Esse último ponto é fundamental, pois isso está sendo escrito na ressaca da vitória esmagadora dos conservadores na eleição de novembro de 1994. Vivemos um período sombrio, marcado por cortes nos programas sociais e pela aprovação de uma legislação anti-imigrantes na Califórnia. O dinheiro compra as eleições – e hoje ninguém pode concorrer a um alto cargo nesse país sem ter muito dinheiro, ou sem se submeter àqueles que possuem. A distância entre ricos e pobres é a maior desde a Grande Depressão. A população carcerária americana triplicou durante os anos retratados neste livro. [Em 2009, a população carcerária era de 2.3 milhões, quase cinco vezes mais do que o número de 1980]. Em um resumo tristemente correto, Jesse Jackson observou que nós "declaramos um fim à guerra contra a pobreza, e declaramos guerra contra os pobres".

Nesse contexto, o que o punk teria para oferecer? Essa é uma boa pergunta, pois é difícil construir um movimento de mudança social mais ampla através de momentos que ocorrem de forma irregular no subterrâneo. De acordo com o sociólogo Jeff Goldthorpe, "as subculturas jovens do pós-1960 descobriram as possibilidades da solidariedade na arena subcultural, e não dentro das organizações políticas. Nos clubes, nas assembleias das universidades, nas marchas espontâneas, nos bloqueios, na invasão dos espaços corporativos, nos festivais Rock Against Reagan, nas paradas gays, nós ganhamos um breve vislumbre da vida além de nossos fragmentos. Mas esses momentos de êxtase passam, e então voltamos ao trabalho em nossos cubículos subdivididos".

Goldthorpe estava certo quando disse que "subculturas jovens, definidas pela sua marginalidade, não oferecem nenhuma rota direta à terra prometida". Politicamente, o punk sempre será um instrumento limitado. Porém, como Goldthorpe observou, "esse campo é onde começamos". Durante muitos anos, meu trabalho tem sido cada vez mais fora da cena punk. Isso não significou uma saída daquele mundo. A comunidade punk é o que Dug Birdzell chamou de "uma cultura de resistência". Não pode ser tudo aquilo que queremos, mas pode ser um marco, um lar, que vai nos alimentar até que possamos nos unir a outras comunidades, para trabalhar em uma mudança ainda maior.

Não quero uma revolução juvenil; quero vínculos de respeito mútuo alcançando gerações, classes, raças, orientações sexuais e gêneros. A política associada a bandas como Los Crudos e Heavens to Betsy, assim como fenômenos como o Riot Grrrl e o Beehive (no seu melhor momento), representam a esperança de um campo mais amplo de preocupação e ação. O punk foi onde começamos – e onde agora esperamos que possamos ir além.

Isso não significa que devemos nos afastar de nossas visões, ou então negar nossa individualidade. Como Lorde sugere, temos de romper as paredes de nossas subculturas e tentar encontrar um jeito de abraçar nossas diferenças com outras comunidades, e moldá-las em um movimento que possa construir uma transformação real.

Não precisamos ficar presos em velhos conceitos. Quanto mais me aproximo da meia-idade, mais as palavras de Jen Smith fazem sentido: "A grande verdade é que todos vamos envelhecer, todos vamos morrer – mas podemos ser o manifesto da Ideia Jovem em corpos velhos, nossas vidas nos rostos de bebês, nós, na carne, na carne viva. Não podemos tentar?" Ou então como Amy Pickering uma vez me repreendeu, de modo gentil: "É muito fácil ser jovem e idealista; o difícil é ser velho e idealista".

Hoje, tais desafios representam tudo que é verdadeiro para mim. O passado – todas essas centenas de páginas – é apenas um prólogo. Aquilo que é realmente importante está adiante, vinculado a todo novo acontecimento, nesse exato momento. As apostas são altas e o resultado é incerto... e eu não teria isso de nenhuma outra maneira.

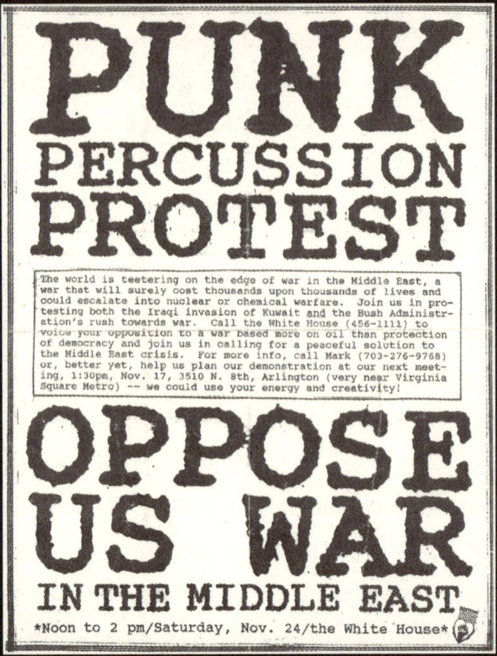

Flyer do protesto punk-percussivo em frente à Casa Branca, em 24 de novembro de 1990.

Mark Sullivan, Andy Rapoport e Pat Bobst, do King Face.

(FOTO: AMANDA MACKAYE)

Shawn Brown e Jason Farrell, do Swiz.

(FOTO: AMANDA MACKAYE)

Flyer do protesto (com show do Fugazi) em frente à Casa Branca. 12 de janeiro de 1991.

Jawbox no Sanctuary Theater, em janeiro de 1991. (FOTO: PAT GRAHAM)

Sean Coleman, Ryan Nelson, Amanda MacKaye e Todd McDonald, da banda Jury Rig.

O Ignition tocando "Lucky 13", com Chris Thomson no sax, Jon K. no baixo, Alec MacKaye no vocal e Chris Bald na guitarra. (FOTO: MARK ANDERSEN)

Detalhe da capa da Rolling Stone, abril de 1992.

Capa da terceira edição do zine Riot Grrrl.

Jen Smith, do Haymaker. Show beneficente na igreja St. Stephen's. (FOTO: PAT GRAHAM)

Pat Maley e Lois Maffeo. (FOTO: ALLISON STARK)

Jenny Toomey e Kristin Thomson, na sede do selo Simple Machines. (FOTO: PAT GRAHAM)

Desenho de Jasmine Kerns (RIOT GRRRL DC).

Nation of Ulysses ao vivo.

Slant 6: Christina Billotte, Myra Power e Marge Marshall (FOTO: MONICA CESUE)

Al Dunham e Fred Erskine, do Hoover. (FOTO: PAT GRAHAM)

HR (Bad Brains) saudando o público, em 1995. (FOTO: CHRIS HENDERSON)

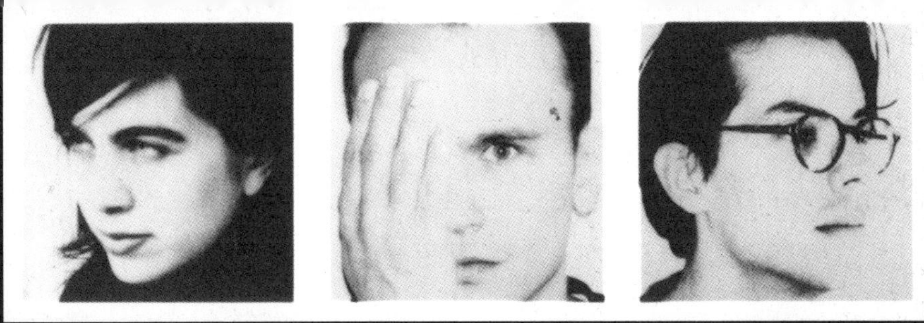

The Warmers: Amy Farina, Alec MacKaye e Juan Carrera.

Shudder To Think: Nathan L[illegible]on, Adam Wade, Craig Wedren e Stuart Hill (FOTO: JOHN FALLS)

Fugazi: Ian MacKaye, Brendan Canty e um pedaço do baixo de Joe Lally.

(FOTO: JIM SAAH)

Pete Chramiec, da banda Rain Like the Sound of Trains. (FOTO: PAT GRAHAM)

Jeff Nelson trabalhando na campanha anti-Oliver North, em 1994. (FOTO: PAT GRAHAM)

Make-Up: James Canty, Steve Gamboa, Ian Svenonius e Michelle Mae.

(FOTO: © GLEN E. FRIEDMAN. ESTA FOTO FAZ PARTE DO LIVRO THE IDEALIST, DA BURNING FLAGS PRESS)

Ian MacKaye, do Fugazi,
durante o show no
Monumento de Washington.
Agosto de 1993.
(FOTO: PAT GRAHAM)

Kathleen Hanna, do Bikini Kill, no Sanctuary Theater, em abril de 1991.
(FOTO: SHAWN SCALLEN)

THE REVOLUTION STARTS HERE AND NOW within each one of us

Recognize that you are not the center of the universe.
Figure out how the idea of winning and losing fits into your relationships.
Be a dork, tell your friends how you really feel.
Selectively ignore all oppressive laws.
Don't judge other people, only yourself.
Resist the temptation to view those around you as objects and use them.
Acknowledge emotional violence as real.
Close your mind to the propaganda of the status quo by examining it's effects on you, cell by (artificial) cell.
Resist psychic death.
Be as vulnerable as you possibly can.
Recognize vulnerability and empathy as strengths.
Cry in public.
Don't allow the fact that other people have been assholes to you make you into a bitter and abusive person.
Burn down the walls that say you can't be connected to other people and species.
Refute organized religion as a distraction from the revolution.
Resist the internalization of capitalism, the reducing of oneself and others to commodities, meant to be consumed and discarded.
Commit to the revolution as a method of psychological and physical survival.
Make ammendments to this list and think about why you don't agree with some of what i've written.
Enjoy sex, food, and the company of other people without having to hoard them
If someone tells you they are in pain, believe them. Help them figure a way to stop the pain or deal with the pain's existence.
Don't assume people invent pain in order to manipulate you or make you feel bad.
Decide that you'd rather be truly alive and in a state of constant flux than to have everything under control (labeled, your identity staid and unchangeable, you've figured everything out) and lead a dead simulation of existence.

Lista "A Revolução começa aqui e agora, dentro de cada um de nós", extraída da terceira edição do zine Riot Grrrl. (TEXTO: KATHLEEN HANNA)

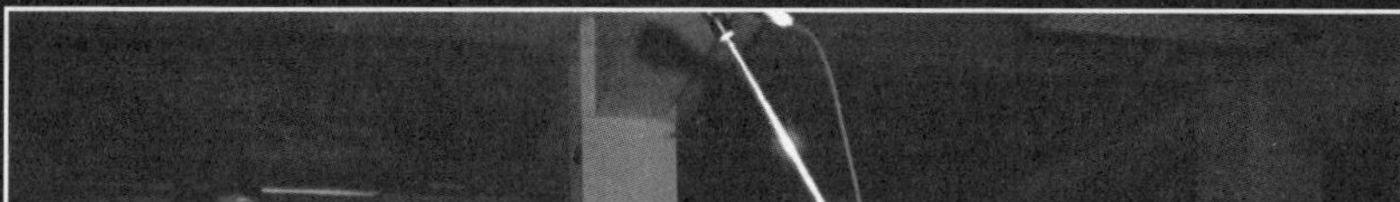

Kathi Wilcox e Kathleen Hanna, do Bikini Kill. Na primeira fila, Laura Solitaire e Erika Reinstein (Riot Grrrl DC). Outubro de 1991. (FOTO: BRAD SIGAL)

Ian MacKaye, do Fugazi, na igreja St. Stephen's, em 1992.
(FOTO: PAT GRAHAM)

Nesta e na página ao lado: Fugazi no Brasil, no Bar do 3, em Santos (SP). 20 de agosto de 1997.

(FOTOS: ALEXANDRE VIANNA)

JEFFERSON

DANCE OF DAYS

MARK ANDERSEN

MARK JENKINS

* *

POSFÁCIO

* *

POR MARK ANDERSEN (NOVEMBRO DE 2000)

ESTE NÃO É O FIM, MAS É AQUI QUE EU VOU PARAR. EU NÃO PLANEJEI ser o "historiador do punk" de DC. Eu comecei este projeto em 1986, simplesmente porque achei que essa era uma história que deveria ser contada. Conforme os anos foram passando, essa história foi ficando cada vez mais rica e desafiadora. Em 1993, quando comecei a escrever o esboço, esse projeto se tornou uma jornada pelas minhas próprias lutas, uma maneira, como um dia já foi cantado pelo Rites of Spring, de olhar para trás para poder seguir em frente. Contar essa história foi um exorcismo pessoal, uma expedição que buscava ruínas – e também lições. Que buscava uma faísca em tempos de confusões amargas. Em 1995, encontrei o que precisava. E, como resultado, fiquei novamente focado no *agora*, em viver – daí meu desinteresse em escrever sobre os últimos cinco anos do punk de DC.

Por que o rascunho ficou na gaveta por cinco anos, inacabado? Você já sabe metade da resposta. Mas acrescento que, em função de todos os abutres que ficaram circulando pelo cadáver de Kurt Cobain, eu não tinha desejo algum de lançar um livro que pudesse parecer uma tentativa de capitalizar com aquela tragédia. Além disso, eu estava cansado deste projeto, tinhas outras prioridades e corri atrás disso. Mesmo quando eu já estava pronto e decidi retomar o livro, o tempo jogava contra. Tive muita sorte de encontrar um colaborador tão sensível e habilidoso como Mark Jenkins; se não fosse assim, o rascunho inacabado ainda estaria juntando pó.

Depois de todas as palavras, fotos e emoções, essa dança compartilhada chega ao seu ponto final, e de longe o mais importante: essa foi uma história de pessoas como você. Tudo o que foi feito, você também poderia fazer – ou ainda mais – no seu próprio contexto. O passado ficou pra trás, o futuro sempre está um pouco além do nosso alcance, tudo o que temos é o *agora*, o momento presente. *E a sua história* é a única que interessa agora.

Como o Urban Verbs cantou muito tempo atrás, a história não acabou. Encontre os músculos que você nunca usou, fale as línguas que nunca escutamos. Se você precisar, espero que diga "foda-se" para mim, para todos neste livro, para todos os nossos ideais e sonhos. Encontre seus próprios ideais, seus próprios sonhos. Escreva a sua própria história, e escreva com toda sua paixão, com toda sua convicção; acima de tudo, escreva com suas ações. Faça dela uma história que seja digna de ser contada por outros um dia. Uma história que valeu a pena ter sido vivida.

DANCE OF DAYS
MARK ANDERSEN
MARK JENKINS

DANCE OF DAYS

MARK ANDERSEN

MARK JENKINS

* *

REPERCUSSÕES/ REIGNIÇÃO

* *

POR MARK ANDERSEN (MAIO DE 2009)

COMO UM ADOLESCENTE PUNK RADICAL, EU ACREDITAVA QUE OS museus eram lugares onde nossa sociedade mantinha coisas mortas. "Essa pessoa já teve o suficiente de memórias inúteis", cantou Johnny "Rotten" Lydon, e eu concordei; o chamado do DOA para "destruir a tradição" fazia total sentido na minha juventude.

Talvez isso fosse compreensível pelo fato de que eu cresci na rural e conservadora Montana, onde o passado tinha um peso absurdo, e parecia que esmagava não apenas o presente, mas qualquer possibilidade de futuro.

Na minha infância, eu tinha me encantado com contos sobre a Guerra da Independência, narrativas bíblicas, mitologia nórdica e muito mais. Conforme amadurecia, cheio de vontade de construir algo melhor do que o *status quo*, essa constante referência ao passado parecia sufocante, deixando-nos escravizados, perdidos em idolatria ao "que foi e sempre será".

Para mim, o punk significava *enterrar o passado*, como o Avengers cantou na música "We Are the One". Estávamos nos agarrando ao momento, avançando em direção a um futuro que nos pertencia, que foi feito por nós... um "agora" livre de todas as algemas construídas por "eles". Ainda hoje, homem feito e com minha visão radical ligeiramente suavizada pela experiência, continuo reticente em relação a maneira que constantemente olhamos para trás, correndo o risco de perder o momento (ou seja, a *vida real*).

Acredito que a história do punk de DC é digna de ser contada, muito em função da sua insistência em se envolver com o "agora", pisando fundo no momento presente e refutando a adoração falsa dos "velhos tempos", incluindo qualquer versão punk disso.

Tente imaginar a minha emoção confusa ao me deparar com um retrato de Ian MacKaye no Instituto de Arte Contemporânea de Boston, pendurado ao lado de fotos de Henry Rollins, Johnny Rotten, Joe Strummer e muitos outros, numa série intitulada Punk Pioneers (Pioneiros do Punk). Esse tributo – na verdade bem-intencionado – carregava um leve aroma de morte; o profeta sepultado com carinho, pronto para ser homenageado, ou até mesmo ouvido.

Eu não deveria ter ficado surpreso. Afinal de contas, a mostra exibia o trabalho de Shepard Fairey, um talentoso artista nascido no punk underground. Seus adesivos e cartazes ecoavam, de certo modo, o espírito guerrilheiro e irreverente da campanha "Meese é um Porco".

Com o passar do tempo, o trabalho de Fairey se tornou cada vez mais popular, e alcançou fama internacional graças a sua imagem icônica de Barack Obama, para a campanha presidencial de 2008. Para aqueles que conhecem, a inclusão de um leve toque de Andre the Giant no pôster de Obama serviu para fazer a brincadeira ainda mais deliciosa; ao seu modo, uma abordagem punk da política.

Porém, a arte de Fairey apoiava um candidato que – apesar de suas palavras inspiradoras – é profundamente atrelado ao complexo corporativo-industrial que domina o nosso mundo. O fato de que o nosso novo presidente listou "poetas performáticos do punk rock" como amigos dentro de sua galera radical da faculdade, apenas aumenta a ironia da situação.

Assim, pareceu uma reviravolta prazerosa quando retratos gigantescos de heróis anarquistas (como Emma Goldman, Peter Kropotkin e Emiliano Zapata) começaram a aparecer misteriosamente nas paredes de DC depois das eleições, imitando o estilo de Fairey – muitas vezes ao lado (ou por cima) dos famosos cartazes de Obama. O esperto contra-ataque apontava para uma nova realidade: a arte do *outsider*, de algum modo, agora se encontrava *dentro* do *mainstream*, e até mesmo no mais alto escalão.

Isso não é uma aberração; olhe ao seu redor, há fragmentos do punk espalhados por toda a paisagem cultural. Os antigos rebeldes juvenis agora fazem parte da tradição, uma mercadoria nostálgica muito rentável, pronta para os corredores mofados das universidades e para os mausoléus coloridos da cultura do shopping center. Livros como *Radio Silence: A Selected Visual History of American Hardcore Music* são bonitos, feitos com muito amor... porém, apresentam fotos como por exemplo da jaqueta do Jeff Nelson, mostrada como um artefato cultural, pendurada em um manequim sem vida, pronta para o museu.

Não escrevo isso como uma acusação simples e justa, para esfregar na cara dos outros – afinal, este livro que você tem nas mãos não é indiscutivelmente parte da mesma coisa? Escrevo para que possamos refletir. Em breve, um guia cultural do bairro Columbia Heights (de Washington), criado pelo escritório de Turismo Cultural, vai incluir os punks de DC ao lado de escritores famosos, igrejas, embaixadas, defensores dos desabrigados, entre outros representantes ilustres do bairro (e em parte devido ao meu próprio trabalho nesse âmbito).

Por que lutar por essa inclusão? A resposta não é simples. Os ecos das lutas culturais do punk ressoam por todos os lados, muitas vezes da maneira mais rasa ou idiota. São vários os exemplos: os moicanos e alfinetes que se tornaram chiques nos círculos da moda, trechos de músicas como "Salad Days" ou "Waiting Room" sendo usados em jogos da NFL, a publicação de livros sobre o "marketing punk", a venda por atacado de imagens clássicas do punk para propagandas, a enxurrada de referências pode ser estonteante... ou coisa pior.

As coisas pelas quais lutamos viraram apenas um eco, ressoando pelos corredores vazios da história e do comércio? Será que este livro é apenas mais um produto? Uma espécie de museu portátil contando uma história recente, uma coleção de fantasmas que talvez possa assombrar corações e mentes de pessoas de meia-idade, mas que agora existe somente como curiosidade para os mais jovens? Será que o punk é apenas uma pose para ser assumida e depois descartada quando a moda ou o gosto pessoal mudar?

Por mais bobo que isso possa soar, esses são os pensamentos que me deixam acordado a noite toda. Para fazer uma brincadeira malvada com o título de outro livro recente que vasculha essa história, chamado *Punk Is Dead/Punk Is Everything* [*O Punk*

Está Morto/O Punk É Tudo], às vezes sinto que o punk está vivo e que o punk é tudo... e também que o punk não é nada.

Apesar de seu *pedigree* anticomercial, o punk de DC não está ausente dessa evolução contraditória. Algumas vezes a referência aparece na forma de uma homenagem merecida, carregando um pouco do espírito original, como nesse pôster que encontrei da banda militante (mas de grande gravadora) Rise Against, em uma loja de discos em Boston. O pôster usava descaradamente o logo da Positive Force (e sem crédito aparente ao artista Seth Tobocman), mas ao menos a banda parecia de fato comprometida em usar a sua música como um catalisador para uma ação política radical.

Do mesmo modo, ecos do No Business As Usual ressoaram no protesto "Funk the War", de 2009, convocado pela organização "Estudantes por uma Sociedade Democrática": "Estaremos em DC para interromper o funcionamento normal dos negócios, em reconhecimento à guerra brutal que já dura seis anos e à ocupação do Iraque, e também em função da escalada da guerra no Afeganistão... Vamos sair pelas ruas de DC, em uma demonstração barulhenta do poder estudantil contra as corporações e contra aqueles que lucram com a guerra!"

No outro extremo, atos audaciosos de roubo corporativo como a campanha "Major Threat" da Nike, que tentou explorar o prestígio rebelde do Minor Threat e da Dischord para vender tênis de skate. Um dos criadores do anúncio não autorizado (e que foi rapidamente cancelado) disse inclusive que ele tinha sido concebido como uma homenagem! Uma desculpa esfarrapada, porém sincera, que me fez pensar como era possível que um "fã" do Minor Threat tivesse compreendido a mensagem de forma tão equivocada. Isso gerou outra preocupação: será que o punk tinha falhado na maneira como transmitiu seus ideais?

Mais um exemplo audacioso e indecente: o livro (e site) *Punk Marketing: Get Off Your Ass and Join the Revolution*, que utiliza uma paródia do logo do Dag Nasty como símbolo visual. Talvez esse exemplo seja menos absurdo do que a campanha da Nike, mas mesmo assim é grotesco, dado o histórico do punk de DC, que sempre tratou com desdém maquinações comerciais desse tipo. E "revolução"? Desculpe, acho que não.

Encontrei esse livro pela primeira vez numa prateleira estranha da loja Borders, em Fredericksburg: era um setor intitulado como "Vida Punk Rock", e que trazia volumes como *Everybody Hurts: An Essential Guide to Emo Culture* e *Punk Rock Dad: No Rules, Just Real Life* repousando ao lado da poderosa biografia de Joe Strummer (*Redemption Song*) e de *Never Mind the Bollocks*, o clássico incendiário do Sex Pistols.

Se coisas desse tipo já me deixavam atordoado, tente imaginar como me senti quando vi uma imagem gigantesca de Dave Grohl (e outros integrantes do Foo Fighters) em um outdoor na Times Square. As tensões complexas de ser uma "banda punk tocando em grandes estádios" pareciam ainda mais desorientadoras ali, nadando em meio ao turbilhão sensorial da mídia comercial.

Mais tarde, naquele mesmo dia, no Lower East Side (a área que já tinha sido o lar do Bad Brains), esbarrei com uma foto de Henry Rollins em um anúncio da Vans, num telhado bem ao lado dos arcos dourados do McDonald's. Ainda que a propaganda proclamasse Henry como um "iconoclasta", honrando seu idealismo e suas muitas conquistas, a real imagem mostrada era de um "ícone", uma traição completa ao espírito anti-estrela do punk.

Isso certamente não foi tão hediondo quanto, digamos, a recente visão do outrora temido Johnny Rotten fazendo propaganda de manteiga na televisão britânica. Mesmo assim, e com todo o respeito a Henry, o outdoor deixou um gosto um pouco ruim: uma marca de tênis (comercial por essência) tentando passar uma imagem anticomercial. É claro que um conceito desse tipo vende mais para uma geração criada para comprar sua individualidade, ao mesmo tempo em que negam a cultura de massa na qual permanecem absolutamente mergulhados.

Em um certo ponto, o espetáculo parece quase inevitável. Por exemplo, fiz uma pausa enquanto escrevia esse capítulo, e saí para comprar comida num mercado perto de casa. E então vi a nova edição da revista *XXL*, cuja capa trazia a seguinte pergunta: *Que diabos significa Emo Rap?*

Sem obter uma resposta, tentei outro corredor, apenas para dar de cara com as capas da *People* e da *US*, que traziam Joel Madden (Good Charlotte) e sua companheira Nicole Ritchie. Fofocas para a nova geração! Fiquei triste pela invasão de privacidade, mas logo depois fui surpreendido pela avalanche de programas de TV que transformaram a (então grávida) Nicole em uma celebridade.

Minutos depois, estou lendo sobre CM Punk, o lutador de UFC que usa X nas mãos e tem *Straight Edge* tatuado na barriga. Não demorei muito para descobrir que há pelo menos mais um lutador que usa o straight edge como cartão de visita e estilo de vida. Seu nome é Eric Hammers, e ele usa Earth Crisis como trilha sonora em um dos seus vídeos.

De volta à casa, toca o telefone e meu camarada Mark Jenkins está na linha, para conversar sobre a nova edição do livro. Durante a conversa, ele me informa que o termo "straight edge" apareceu no diálogo de um novo filme indie chamado *Sunshine Cleaning;* a expressão foi usada casualmente, já que agora o seu conceito era mundialmente compreendido.

Então, eu lembrei de outra ocorrência cinematográfica recente. O straight edge tinha virado assunto de um documentário da National Geographic, narrado por Thurston Moore, do Sonic Youth. O filme mostrava algumas gangues que, aparentemente, tinham emergido da cena, e a crescente resposta da polícia a essa "ameaça" nas cidades norte-americanas.

Logo outro filme surge na nossa conversa, *Girls Rock!*, um poderoso epílogo da saga Riot Grrrl, documentando os acampamentos musicais para garotas que as ativistas originais do RG tinham desenvolvido em vários locais do país, inclusive em DC.

Alguns dias depois, dei uma outra pausa no trabalho e liguei a TV para assistir a nova série de Joss Whedon (o criador de *Buffy, a Caça-Vampiros*), chamada *Dollhouse*... e não é que um dos personagens diz que está "ficando emo"? Teve mais: John Connor, o personagem principal da aclamada série *The Sarah Connor Chronicles*, tinha recentemente mudado o seu "corte de cabelo emo", segundo um comentarista de TV.

O muito caluniado emo tinha se espalhado pelo mundo, com tempero de aclamação universal. No México, as manchetes dos jornais noticiavam a explosão das chamadas "Guerras Emo". Se a violência era real, também é válido lembrar que era, em grande parte, uma via de mão única, direcionada contra elementos pacíficos da crescente subcultura emo. Mais do que qualquer outra coisa, lembrava os ataques aos gays em DC e muitas outras cidades, e parecia que a motivação era a mesma: insegurança sexual.

Em uma matéria de março de 2008, da revista *Time*, Ioan Grillo relembrou uma cena terrível que foi ao ar na televisão mexicana: "Três garotos de cabelos longos se apertaram contra a parede da praça para proteger seus corpos, enquanto eram chutados e esmurrados por centenas de garotos, que filmavam tudo com seus celulares. 'Matem os emos', gritavam os delinquentes, que tinham organizado o ataque pela internet. Por fim, a polícia acalmou os ânimos e fez algumas prisões. As vítimas, cobertas de sangue, ficaram aos prantos aguardando a chegada das ambulâncias, enquanto a multidão se dissipava pelas ruas vizinhas, rindo e celebrando".

Segundo Grillo, esse episódio terrível "faz parte de uma nova onda de violência contra essa tribo urbana que surgiu no México na última década". Grillo vai além, e dá crédito a DC como o berço acidental do emo, observando que "os emos são apenas uma das culturas juvenis coloridas dos Estados Unidos e Europa, que tomaram conta do México com a abertura econômica e política da nação, e uma nova geração que cresce com o uso da internet e da TV a cabo".

Era evidente que o emo tinha adquirido um significado profundo para milhares de adolescentes mexicanos, assim como para outros jovens mundo afora, uma vez que eles continuaram firmes, apesar da ameaça – e da realidade – de violência física contra eles. Lendo esse artigo (e muitos outros que pipocaram desde então), eu desenvolvi um novo respeito por esse filho bastardo do *Revolution Summer*.

O impacto internacional de DC foi reforçado com a antologia *Sober Living for the Revolution*, que tratava da cena straight edge e de política radical. Na capa, o famoso XXX do harDCore. Idealizada pelo austríaco Gabriel Kuhn, e com supervisão do editor Ramsey Kanaan, a coletânea trazia contribuições de diversas partes do globo.

Eu poderia dar muitos outros exemplos, mas acho que já consegui passar a minha mensagem. As inovações nascidas na cena punk de DC tinham se espalhado pelo mundo, até mesmo dentro da cultura *mainstream*, um sinal de seu sucesso alarmante.

Porém, quanto mais longe o eco vai, mais incompreensível fica o som. Enquanto eu relia inteiramente este livro (pela primeira vez desde 2001) para a preparação da nova edição, fui golpeado por um turbilhão de emoções confusas e conflitos. A pergunta fundamental era: eu estava ressuscitando o punk de DC ou ajudando no embalsamento? Nem sempre estou certo dos meus resultados, mas conheço o meu coração: não estou interessado nos ecos, mas sim nas reverberações, nas maneiras em que o passado se conecta com o futuro, ainda balançando pessoas e instituições, desafiando os outros – e a nós mesmos – a caminhar no sentido de um futuro melhor.

Ao mesmo tempo, busco uma reignição. O processo através do qual temas familiares e ainda relevantes podem gerar faíscas, reacendendo a chama. Realmente não me importo qual rótulo será usado; as falhas ainda estão dentro de nossa psique, sob o assoalho da nossa sociedade. As questões fundamentais ainda não foram totalmente respondidas. Novas erupções são inevitáveis. Terremotos nascem das mesmas angústias, imperfeições e visões, emergindo da injustiça e do sofrimento – e conduzindo à superação do sofrimento.

Foi por isso que, quando decidimos fazer uma nova edição deste livro, optei por não escrever um capítulo sobre "Novos Começos" (como havia feito na edição de 2003), pois seria algo superficial, uma tentativa incompleta de atualizar a história do punk de DC em meados de 2009. Mas isso não quer dizer que aquela abordagem e capítulo não têm validade, muito pelo contrário. No entanto, quis escrever algo que fosse mais a fundo, que trouxesse mais perguntas fundamentais, mais questionamentos daquilo que é real, daquilo é possível. Não queria apenas reviver o passado; esperava fazer reivindicações sobre o aqui e agora, refletindo sobre os últimos seis anos do punk de DC apenas na medida em que eles pareciam avançar nessa discussão mais relevante.

A releitura deste livro foi um combustível poderoso para essa missão. Honestamente, nunca me dei conta de quão emocionante – e doloroso – seria revisitar aqueles anos, com direito a impressões e imagens refrescando meu banco de memórias, por vezes meio enferrujado.

Senti saudades dos velhos tempos e dos velhos amigos, muitos dos quais havia me afastado, ou então tinha perdido o contato totalmente. Às vezes, eu fazia cara feia perante nossa ingenuidade, ou então lamentava a perda do nosso espírito inocente. Com frequência, entretanto, senti orgulho do que tentamos fazer, mesmo com as falhas e direções equivocadas.

De modo geral, revisitar as décadas passadas serviu para fortalecer o meu apreço pelo "agora", pelas novas aventuras que se colocam no caminho tanto dos veteranos quanto dos novatos do punk de DC. Do mais famoso ao mais humilde, tocando para estádios lotados ou gritando no porão, ou mesmo desaparecendo naquilo que o Clash chamou de "o desfile da rua", isso é o que importa agora: as inúmeras maneiras como seguimos em frente, cada um na sua trajetória, crescendo – algumas vezes em direções inesperadas, mas esforçando-se para encarnar o mesmo espírito de antes, tentando escalar novas paredes, com a mesma energia e talvez com mais sabedoria.

Para a galera mais antiga do punk, essa ética continua viva através de novas bandas formadas por velhos conhecidos, como XMC (com Marc Lambiotte do Holy Rollers), Girl Loves Distortion (com Jen Thomas do Twister), Weird War (com Ian Svenonious e Michelle Mae do Make-Up) e Sleeper Agent (com John Stabb do Government Issue). Além disso, e com mais frequência, essa ética é expressada de formas diversificadas e igualmente artísticas: no ativismo sindical, no ensino, nas artes gráficas, no universo audiovisual, com trabalho voluntário, em editoras, bibliotecas, pequenos negócios... e, acima de tudo, na criação de uma nova geração.

Esses diferentes mundos ainda se misturam com certa regularidade. Enquanto o Fugazi permanece oficialmente em "pausa", creio na verdade que a banda completou sua trajetória, terminando com a mesma graça e integridade que caracterizaram todos os quinze anos de sua existência. Ao se afastar do sucesso para cuidar de assuntos familiares mais urgentes, a banda permaneceu fiel ao seu ideal e à comunidade que lhe deu origem.

Apesar de estarem mais focados nas suas respectivas famílias, os integrantes do Fugazi continuam ativos artisticamente, através de filmes, música ou *spoken word*. Em termos sonoros, o grande exemplo é a banda The Evens, uma discreta e apaixonante dupla formada por Ian MacKaye e sua companheira Amy Farina. Desde o seu surgimento, em meados de 2003, a banda fez uma série de shows brilhantes em DC e também tocou em diversos protestos, além de ter feito turnês e lançado dois álbuns, conquistando o seu espaço apesar do fantasma do Fugazi.

Uma das apresentações mais marcantes da banda ocorreu em novembro de 2007 no antigo Wilson Center (agora o local é ocupado por uma escola, Capital City Public Charter School). Foi o último show antes de uma pausa para cuidar de assuntos familiares, e a dupla ofereceu algo realmente único, instigante e belo: a mistura do punk politizado com volume do tipo "não machucaria o ouvido de um bebê". Ian e Amy tocam sentados, mas a música caminha com seus próprios pés, cintilando com desafio e humor.

E por falar em todas as idades... a dupla sempre consegue juntar diferentes gerações. Neste show, idosos do bairro ao lado de punks adolescentes (e outros nem tão adolescentes assim), bem como uma horda de crianças agitadas na frente do palco. O amadurecimento da velha cena harDCore estava lá para ser contemplado; o evento evocou um espírito de carinho que era totalmente punk, da maneira mais emotiva e inesperada – e, eis a melhor parte, estava acontecendo onde boa parte da história do punk de DC tinha nascido.

O show do The Evens no Wilson Center sugeria um novo caminho muito promissor, sem as distrações do espetáculo e sem cair na armadilha da indústria da nostalgia; pelo contrário, um caminho cada vez mais aberto, cheio de possibilidades. Essa difícil tarefa é essencial, mesmo correndo o risco de errar o alvo algumas vezes.

Talvez o mais doloroso acontecimento dos últimos anos envolveu o centro comunitário Arthur S. Flemming Center, um dos projetos mais emocionantes que vivenciei nos meus vinte e tantos anos de ativismo. O projeto continua funcionando como um centro para idosos, mas aquela visão mais ampla da iniciativa morreu em função de uma troca de comando. O novo diretor Rusty Smith, com uma postura arrogante, rude e autoritária, conseguiu afugentar antigos aliados, como Ian MacKaye, Mutualaid.org, Washington Peace Center e a própria Positive Force.

Todavia, a grande marca do punk de DC é a atitude mental positiva, tirando sempre algo positivo de uma situação negativa, encontrando luz na escuridão. Quando a PF estava se preparando para deixar o centro, renovamos nossa aliança com a St. Stephen's, reabrindo a igreja para shows de punk rock (o primeiro foi The Evens, em março de 2005) e, por fim, transformando o local em um posto avançado para o ativismo punk.

A Positive Force divide seu espaço com um novo aliado, que nasceu das cinzas do Flemming Center: We Are Family, uma rede de apoio para idosos de DC, que é tão "punk" quanto qualquer outra coisa que já estive envolvido. A organização foi fundada a partir de uma doação inicial de 15 mil dólares feita pela banda Good Charlotte, e desde então vem recebendo o suporte de nomes como The Evens, Ted Leo, Anti-Flag e Against Me!. Mensalmente, a We Are Family ajuda mais de 400 idosos, em dois bairros do centro da cidade (Columbia Heights/Park View e North Capitol/Shaw), provendo gratuitamente alimentos, serviços de advocacia, companhia e esforços contra o processo de gentrificação.

A We Are Family possui um reduzido grupo de funcionários remunerados, mas a parte mais substancial do trabalho é feita por voluntários; o objetivo não é criar "profissionais do assistencialismo", mas sim despertar o senso de comunidade, para que os vizinhos cuidem uns dos outros, deixando no passado desavenças que poderiam nos dividir. A We Are Family leva o espírito do "faça você mesmo" para o serviço social, procurando quebrar barreiras entre jovens e velhos, negros, brancos, gays, héteros, ao mesmo tempo em que desenvolve relações duradouras.

Eis um posicionamento poderoso: reivindicar "valores familiares" através de uma pauta mais inclusiva. Um lembrete de que os valores do *mainstream* podem ser radicais, desde que sejam levados a sério e aplicados de modo consistente. Embora possa parecer contraditório, é possível ser conservador e revolucionário ao mesmo tempo, se aquilo que for "conservado" é algo útil para cultivar uma comunidade verdadeiramente justa, solidária e abrangente.

Em outras palavras, opostas ao que aprendi nesses anos todos no punk, a tradição pode ser uma parteira, que faz nascer um presente transformado e, através dele, um futuro melhor.

Essa ideia joga luz em um conflito que, à sua maneira, nos conduzirá novamente às complexas questões que abriram esse capítulo. Mesmo na época em que a Positive Force lidava com o colapso do sonho do Flemming Center, algumas tensões internas (oriundas de diferentes concepções do punk) já estavam vindo à tona. Por ironia, o atrito tinha relação com duas das mais bem-sucedidas expressões políticas do punk:

as campanhas Punk Voter e Rock Against Bush, iniciadas e financiadas (em grande parte) por "Fat" Mike, da banda NOFX e do selo Fat Wreck Chords.

Em 2004, o sentimento anti-Bush era tão intenso dentro do punk que Fat Mike rapidamente encontrou aliados como The Unseen, Against Me!, Yellow Card, Bad Religion, Foo Fighters e Good Charlotte, que se juntaram à cruzada. Todavia, a ideia do Punk Voter gerou polêmica dentro da Positive Force. Os debates chegaram a um impasse, e a PF concordou em colaborar apenas com o Rock Against Bush.

De certa forma, isso não deveria ter sido surpresa. Afinal, para muitas pessoas, o nosso posicionamento político tinha sido representado (de forma metafórica) pela imagem na capa do disco do Bad Brains, o raio atingindo o Capitólio, um sinal do nosso desdém pela hipocrisia das estruturas políticas, ou até um apelo para a destruição delas. O famoso logo do Punk Voter deixou intacto o Capitólio, o que para alguns representava uma convocação dos punks para a arena política institucional, para o jogo de implorar pelos restos dos pratos dos figurões.

Para alguns membros da PF, a política eleitoral era vista como algo absolutamente corrompido. O mero ato de votar era considerado suspeito, um sinal de ilusão, ou até de colaboração com o inimigo. Apesar de não acreditar que a única forma de fazer política era através do jogo eleitoral, eu também sentia que o voto era uma parte importante da estrutura democrática, uma arma útil no arsenal da mudança social. Eu tinha conhecimento das lutas das gerações passadas para conquistar esse direito – e respeitava isso.

Contudo, para preservar a unidade, eu apoiei o Punk Voter como indivíduo, mas não como representante da Positive Force. Do mesmo modo, outros membros da PF se engajaram numa campanha que combatia a ideia, chamada Don't Just Vote, Get Active. Eu não fazia objeção a essa iniciativa; pelo contrário, ela me parecia complementária ao Punk Voter. No entanto, outros pareciam agir como se o nome da campanha fosse na verdade "Não Vote". Eu não tinha interesse de participar de um ataque anarquista em um ano eleitoral bem crítico, por isso mantive distância.

Essa dança delicada sugeria que os desafios seriam repletos de perigos – e que a talvez inevitável explosão logo aconteceria, na cerimônia de posse presidencial de 2005. Bush tinha sido reeleito, em uma disputa acirrada, marcada por uma provável armação. A Positive Force quis dar uma resposta, e organizou um show/protesto com as bandas Anti-Flag, Q and Not U, 1905 e Del Cielo, no Sanctuary Theater.

Durante a organização do evento, as cisões nascidas no debate sobre o Punk Voter ressurgiram, conforme o grupo discutia sobre a melhor maneira de protestar contra a posse de Bush. Após uma longa disputa interna, o grupo chegou a um acordo: um protesto/marcha noturno que não seria endossado pela PF, mas sim organizado por alguns de nossos membros; os manifestantes seriam autorizados a dar início ao protesto no local do show, avançando até as proximidades do evento de posse.

Mais de trezentos punks se uniram a marcha. Infelizmente, graças a descuidos na parte de segurança do protesto (por questões ideológicas, não permitiram a presença de "monitores" na marcha), a manifestação acabou sendo usada por uma minoria como uma cobertura conveniente para atos de vandalismo, como pichações e a destruição de algumas vitrines.

De modo previsível, a polícia entrou em choque com os manifestantes, numa confusão de cassetetes e força bruta. Quando a poeira baixou, mais de setenta pessoas tinham sido detidas. O *Washington Post* noticiou exaustivamente o fiasco já na manhã seguinte, com direito a cobertura fotográfica. Surpreendentemente, ninguém se feriu no tumulto.

Por sorte, a Positive Force não foi mencionada na matéria do *Post*, mas as divisões dentro do grupo se aprofundaram. Eu estava entre aqueles que se sentiram ultrajados, pois o nosso evento acabou sendo usado como pretexto para o caos, colocando em risco pessoas inocentes e traindo a confiança das bandas envolvidas. Depois de algumas trocas de farpas pela internet e de uma reunião lotada e controversa, a Positive Force se dividiu, e alguns membros de longa data resolveram trabalhar em conjunto com o coletivo anarquista Brian Mackenzie Infoshop.

O resto do grupo (inclusive eu) seguiu em frente, focando mais no trabalho na nossa comunidade. Pouco depois, organizamos uma conferência punk ativista chamada "All Our Power: Punks Active, Bridging Communities, Building A Movement" (em português, "Todo nosso poder: punks ativos, conectando comunidades, construindo um movimento"). O ambicioso projeto foi possível graças a uma doação de cinco mil dólares feita pelo Anti-Flag. A conferência foi pensada no sentido de pegar a ideia do Punk Voter e transformá-la em uma ação contínua, buscando construir coalizões com outras comunidades para criar um movimento ainda maior, que pudesse alcançar uma mudança fundamental.

Realizada em outubro de 2006, a conferência "All Our Power" ficou muito aquém de suas grandiosas aspirações. Mesmo assim, a iniciativa foi bem-sucedida em levar a conversa a um outro nível, através de palestras, atividades comunitárias, e até um filme, chamado *Green Hair, Grey Hair*, que documentava de forma convincente a ambiciosa aliança entre idosos e punks, fruto da conexão PF/We Are Family.

Na sua base, a divisão da PF foi resultado de diferentes concepções da política punk. O punk deve ser o eterno *outsider*, sempre distante do *mainstream*? Ou deveria fazer parte de um movimento mais abrangente, disposto a remodelar o *mainstream* e transformar a sociedade? Se a resposta correta for a última, nós devemos ter certeza do que funciona e do que não funciona, e não apenas procurar abordagens emocionalmente satisfatórias.

Na minha opinião, a resposta está bem clara: se o punk necessariamente começa no primeiro nível, ele precisa avançar em direção ao segundo, do contrário ele será sempre definido por aquilo a que se opõe, ou seja, sua própria marginalidade. Mas não vou me alongar sobre esse assunto aqui, pois ele é o foco do meu outro livro, *All the Power: Revolution Without Illusion* (Punk Planet Books, 2004). No entanto, essa discrepância nos conduz de volta ao enigma Obama/Fairey, que foi discutido no princípio desse capítulo. Como podemos entrar nesse campo amplo da sociedade de massas sem perder a nossa essência e sentido? Mais uma vez, é difícil de dizer.

Porém, não seria uma forma de covardia escolher conveniência e conforto ao invés de desafios e crescimento? Não existem respostas fáceis, mas ainda devemos lutar com essas questões. No final, talvez exista uma tensão criativa entre as facções da Positive Force, do mesmo modo que existe entre as imagens de Obama e Goldman; a maneira sutil e dinâmica através da qual um impulsiona o outro para uma compreensão mais profunda, uma expressão mais verdadeira.

Em 2000, Joe Strummer foi indagado se alguém evolui para além do punk. Sua resposta foi um pequeno e sincero manifesto: "Nunca! Veja bem, o punk rock é como a máfia. Uma vez que você está dentro, você está dentro. O punk rock não é a roupa ou a música. O punk rock é uma atitude, do tipo 'não-tente-me-empurrar-qualquer-merda-porque-eu--enxergo-a-raiz-do-problema'. Porque conheço os truques do mundo. Estamos de saco cheio dessa merda. Queremos um pouco de verdade. Essa é a energia do punk."

Strummer foi além e admitiu que "não é um jeito fácil de se viver". Porém, a recompensa era óbvia: o punk é um jeito *real* de se viver. Se o punk significa "lute contra essa merda", então todos precisamos de nossos detectores de merda em pleno funcionamento, sempre prontos para diferenciar a verdade da ilusão, e dispostos tanto a abraçar quanto a desafiar as tradições do punk, assim como outras.

O mesmo espírito determinado e questionador é encontrado na música "Long Distance Runner", do Fugazi. Embora admita logo de cara que "quanto mais longe eu vou, menos eu sei", a canção aponta na direção da luta diária contra a "gravidade" nas nossas vidas. A luta contra o cansaço, a complacência e o desejo pelo conforto que podem nos puxar para baixo, um desvio na busca pela verdade, na luta por uma vida autêntica. A música deixa bem claro que existem respostas, mas elas são provisórias – não estão talhadas em rochas, de modo imutável. Não, isso teria sido muito fácil, e falso na essência. As respostas continuam a mudar, elas vão evoluindo, sempre exigindo mais de nós. No processo, somos empurrados para a frente, para a batalha, para o misterioso, devastador e inexplicável turbilhão da vida.

O punk, assim, permanece eternamente relevante, existindo muito além da força do espetáculo para desarmar... e é por isso que eu luto pelo seu legado, não apenas tentando viver a vida, mas também com palavras e fotos, por mais frágeis que essas ferramentas possam parecer.

E é aqui que o subtítulo do livro *Punk Is Dead/Punk Is Everything* fornece uma pequena, mas talvez salvadora luz: *Raw Material from the Martyred Music Movement* [em português, "Matéria Prima do Movimento Musical Martirizado"]. Na capa, o torso da figura de Cristo, com uma ferida jorrando sangue. A metáfora do renascimento depois da morte.

Em uma entrevista com Ian MacKaye, o autor Bryan Ray Turcotte fecha o círculo: "Não sentimos que o punk está morto de verdade, e sim que ele é uma ideia que está sempre sendo reinventada, repetidas vezes... [O punk] morre e nasce novamente. Ele torna-se tudo".

No final, acredito que essa é a maneira que a história encontrou para não se distrair com o que "ficou", e sim fornecer combustível para o "agora"; como museus, reais ou metafóricos, podem ser arsenais de resistência, celeiros da revolução. Não devemos nem idolatrar nem enterrar o passado; devemos, isso sim, depositar na fogueira nossas esperanças, sonhos, vitórias, derrotas, todos os nossos pequenos nascimentos e mortes, para acender novas chamas a partir do passado.

Dessa maneira, o passado pode fornecer a matéria prima para uma nova vida, novas aventuras, novas respostas e novas esperanças. Essas memórias podem ser nossas lições, nosso combustível, nossa base, o presente deixado pelas gerações anteriores, aguardando para ser descoberto e colocado em uso, para fertilizar o solo da nova batalha, para iluminar a escuridão. Assim, essa é uma maneira que livros de história podem nos trazer vida, e não através de um emaranhado de morte e distração.

Este livro é um desses? Não sou a pessoa certa para dar essa resposta, mas cada palavra, em cada página, foi escrita com essa esperança, com esse desejo...

Em última análise, no entanto, esse não é apenas um desafio ao escritor, mas também ao leitor. Assim como Ian MacKaye afirmou sobre suas músicas, esse intercâmbio não é simplesmente uma questão de transmissão, mas sim de *recepção*. O quê essas palavras e essas fotos significam para você? Elas podem ser apenas mais um pedaço do insuportável espetáculo da vida... ou elas podem mudar sua vida de verdade. Você – e apenas você – deve decidir.

Que essa pira funerária particular – meu epitáfio carinhoso ao passado do punk de DC, e meu grito de guerra pelo seu futuro, pelo futuro de todos nós – de alguma maneira possa tocar seu coração, reacender seus sonhos, ajudá-lo a alcançar a verdade, a beleza, o amor. Acima de tudo, espero que sirva de inspiração para que você possa desfrutar a vida em sua plenitude... sempre aqui, somente agora.

A batalha dos pôsteres pelas ruas de Washington. A imagem icônica de Obama criada por Shepard Fairey ao lado do contra-ataque anarquista com Emma Goldman. Novembro de 2008. (PÔSTER OBAMA POR SHEPARD FAIREY, PÔSTER EMMA POR BAKUNINJA)

Positive Force DC, junho de 2009. Mark Andersen é o primeiro à direita.

(FOTO: ESER OZDEGER)

O pôster do anarquista russo Kropotkin fez parte da ação de contra-ataque à imagem icônica de Obama criada por Shepard Fairey.

Capa do programa da conferência punk ativista All Our Power. Outubro de 2006.
(ARTE DA CAPA POR SARAH LAWRANCE, LOGO ALL OUR POWER POR KIM CARLYLE)

Flyer do evento da Positive Force no Fort Reno, com Fugazi e The Vertebrates.

Logo da We Are Family, uma rede de apoio para idosos de DC.

Sarah Lawrance (Positive Force) e Travis Morrison (The Dismemberment Plan) com a senhora Alma Williams, uma das idosas assistidas pela We Are Family.

(FOTO: RICK REINHARD)

Jess, da banda 1905, cara a cara com o público no Cafe Mawonaj, em 2005.

(FOTO: SCOTT SOMMERS)

Voluntários da Positive Force e da We Are Family montando sacolas de mantimentos, em 2006. (FOTO: RICK REINHARD)

A Positive Force DC
reunida em 2000.

A Positive Force DC reunida em 2003.

Cartaz do show do The Evens na igreja St. Stephen's, em 2005.

The Evens: Ian MacKaye e Amy Farina. (FOTO: DIVULGAÇÃO / THE EVENS)